Abaqus 有限元软件在道路工程中的应用

（第三版）

马 涛 廖公云 黄晓明 编著

东南大学出版社
·南京·

内容提要

本书分为基础篇和应用篇两个部分。基础篇介绍了有限单元法的基本原理、Abaqus 软件基础、常用材料的本构模型及用户子程序、单元及网格划分技术、inp 文件用法；应用篇中采用实例的形式，分析了道路工程（包括部分岩土工程）中的典型问题；包括沥青路面结构中的裂缝问题和动态响应问题、沥青路面结构的车辙问题及摊铺温度场分析、软土地基上路面结构和桥台地基的沉降问题、路堤边坡稳定性问题和水泥混凝土路面上的接缝传荷问题、水泥混凝土路面上的轮胎振动噪声问题、沥青混合料细观结构建模及黏弹性响应分析等。

本书可作为高等学校道路相关专业研究生和高年级本科生的有限元课程教材，也可作为道路工程、岩土工程等相关专业科研人员的专业参考书或培训教材。

图书在版编目(CIP)数据

Abaqus 有限元软件在道路工程中的应用 / 马涛，廖公云，黄晓明编著 . —3 版 . —南京：东南大学出版社，2021.12（2024.2重印）
ISBN 978-7-5641-9767-4

Ⅰ. ①A… Ⅱ. ①马… ②廖… ③黄… Ⅲ. ①道路工程-有限元分析-应用软件 Ⅳ. ①U412.6

中国版本图书馆 CIP 数据核字(2021)第 226780 号

责任编辑：丁 丁 责任校对：子雪莲 封面设计：毕 真 责任印制：周荣虎

Abaqus 有限元软件在道路工程中的应用（第三版）
Abaqus YouXianyuan Ruanjian Zai Daolu Gongcheng Zhong De Yingyong (Di-san Ban)

编　　著	马　涛　廖公云　黄晓明
出版发行	东南大学出版社
社　　址	南京市四牌楼 2 号（邮编：210096　电话：025-83793330）
经　　销	全国各地新华书店
印　　刷	苏州市古得堡数码印刷有限公司
开　　本	787mm×1092mm　1/16
印　　张	23.5
字　　数	543 千字
版　　次	2021 年 12 月第 1 版
印　　次	2024 年 2 月第 2 次印刷
书　　号	ISBN 978-7-5641-9767-4
定　　价	98.00 元

本社图书若有印装质量问题，请直接与营销部联系，电话：025-83791830。

第一版序言

当今中国经济飞速发展,我国道路建设也正经历着一场翻天覆地的巨大变化,但同时也遇到一些技术难题,如软土路基沉降、边坡稳定性问题,沥青路面的裂缝、车辙等损坏问题等。这都激励我们对这些道路工程问题进行深入研究,本书正是廖公云和黄晓明先生对多年 ABAQUS 有限元分析实践的总结。

道路工程是有限元分析应用的一个重要领域,而达索 SIMULIA 公司(原 ABAQUS 公司)拥有的 ABAQUS 是世界上最先进的大型通用有限元分析软件之一。ABAQUS 主要有三个模块:ABAQUS/CAE 模块为 ABAQUS 求解器提供快速交互式的前后处理环境,其为 ABAQUS 的建模、分析、监测和控制,以及结果评估的完整界面;ABAQUS/Standard 是一个通用分析模块,它能够求解广泛的线性和非线性问题,包括结构的静态、动态、热和电响应等,对于通常同时发生作用的几何、材料和接触非线性采用自动控制技术处理;ABAQUS/Explicit 是利用对事件变化的显示积分求解动态有限元方程。ABAQUS 强大的建模、分析功能为其在道路工程中的广泛应用奠定了坚实基础。

本书从有限元基本理论出发,介绍了 ABAQUS 在道路工程中的一些重要功能,重点对道路工程的普遍问题,即沥青路面结构中的裂缝和动态响应问题、沥青路面结构中的车辙问题、软土地基上路面结构的沉降问题、桥台地基沉降问题、路堤边坡稳定性问题进行了详细的讲解。

本书既有一定的有限元理论,又有比较丰富的工程算例,既可适合初学者使用,又可以为有一定 ABAQUS 背景,需要提高自己应用水平的高级用户提供参考。

我相信,本书的内容将会给广大读者带来不小的收获。

DS SIMULIA 中国区技术经理
高绍武　博士
2008 年 12 月

第一版前言

在我国高速公路的建设和使用过程中,遇到了大量的工程技术问题,如软土地基上路面结构的沉降问题、桥台地基的沉降问题、沥青路面结构的车辙问题和沥青路面结构的裂缝问题等。这些技术问题的解决一方面依赖于材料技术和施工技术水平的提高,另一方面依赖于对所遇到的技术问题的深层次认识。ABAQUS 有限元程序就是提高对这些技术问题深层次认识的强有力的工具。

本书主要讲述 ABAQUS 有限元软件在道路工程中的应用,分为基础篇和应用篇两部分。其中基础篇包括第 2~6 章,主要讲述有限单元法的基本原理、ABAQUS 有限元的基本知识、道路工程中常用材料模型和 UMAT 用户子程序、单元及网格划分技术、inp 文件用法;应用篇包括第 7~11 章,主要讲述沥青路面结构的裂缝问题和动态响应问题、车辙问题、软土地基上沥青路面结构的沉降问题、桥台地基的沉降问题和路堤稳定性问题。

本书第 1、2、10、11 章由东南大学黄晓明编写,其余章节由东南大学廖公云编写。全书由廖公云统稿。

本书在编著过程中,得到了浙江工业大学刘萌成博士、南京林业大学王宏畅博士、南京工业大学侯曙光博士、南京地铁建设指挥部杨庆刚博士等专家学者的支持,东南大学黄晓明教授课题组张久鹏、付凯敏等提供了沥青混合料修正 Burgers 模型的 UMAT 用户子程序,李辉提供了连续变温条件下路面温度场的模拟计算方法。此外,本书的出版得到了 DS SIMULIA 中国区技术经理高绍武博士的鼎力协助。在此表示衷心感谢。

由于编著者能力和水平有限,加上时间仓促,书中错误和疏漏在所难免,恳请读者提出宝贵意见。

编著者

2008 年 12 月

第二版前言

本书第一版自从 2008 年年底出版以来,得到了广大 Abaqus 用户(尤其是道路工程相关专业的研究生和学者)的喜爱,先后收到了不少用户的反馈信息;与此同时,在道路工程及相关领域也涌现了一些新问题,如轮胎/路面间的噪声问题,这都促使我们酝酿本书的再版工作。

相对于第一版,本版的主要修订内容如下:

(1) 内容的增补。本版新增了水泥混凝土路面上轮胎/路面的振动噪声模拟、水泥混凝土路面接缝传荷的模拟、沥青混凝土路面摊铺过程温度场的模拟等。力求内容广泛,涵盖道路工程和相关领域所涉及的主要问题。

(2) 软件的更新。第一版中所有例子,均以 ABAQUS 6.5－1 软件为基础;本版中所有例子均更新为以 Abaqus 6.11－1 软件为基础。力求内容翔实,操作性强,为用户提供更好的 Abaqus 使用体验。

(3) 内容的补正。第一版中一些错误的修正。

本版修订工作中新增内容主要由东南大学廖公云博士完成;软件的更新和内容的补正由东南大学黄晓明博士和廖公云博士共同完成。

在本版的修订过程中,得到了东南大学陈小兵高工、杨玉芳硕士等的大力支持与协助,相继完善了水泥混凝土路面接缝传荷的模拟、轮胎/路面的振动噪声模拟等;同时,广大用户积极反馈和提出建设性意见,在此一并致谢。

期望本书带给读者更好的 Abaqus 用户体验,解决更多的道路工程及相关领域的实际问题。由于编著者水平所限,书中难免会出现错误等情况。恳请各位读者一如既往地对本书提出宝贵意见,以便下次修订时参考。

编著者
2014 年 8 月

第三版前言

随着我国交通强国战略和"一带一路"倡议的持续推进，道路工程领域迎来了持续的发展，也涌现了一些新的问题。本书自 2008 年第一版、2014 年第二版出版以来，受到广大道路工程及其相关领域的研究生和工程技术人员的喜爱，同时他们迫切希望增添道路工程领域典型问题的新内容，故启动了本书的再版工作。

相对于第二版，本版的主要修订内容如下：

（1）内容的增补。本版新增了沥青混合料黏弹-黏塑性用户子程序 UMAT 的编写及实例、沥青混合料细观结构建模与黏弹性响应分析及实例。

（2）内容的补正。对本书第二版中存在的一些错误进行了全面的修正和补充。

本版修订工作中新增内容主要由东南大学马涛博士完成；内容的补正主要由东南大学廖公云博士完成。

在本版的修订过程中，得到了东南大学顾临皓博士、童巨声博士等的大力支持与协助，相继完善了沥青混合料黏弹-黏塑性用户子程序及细观结构建模分析；广大读者提出的意见和建议，也为本书的修订工作提供了莫大的帮助，在此一并致谢。

由于编著者水平和时间所限，书中疏漏、错误等在所难免。恳请各位读者一如既往地提出宝贵意见和建议，以便下次修订时参考。

编著者
2021 年 6 月

目 录

第一部分 基础篇 ………………………………………………………………… 1

第1章 绪论 …………………………………………………………………………… 3
  1.1 有限元的发展与 Abaqus 软件 ………………………………………………… 3
  1.2 道路工程中的典型问题 ………………………………………………………… 6
  1.3 本书内容安排 …………………………………………………………………… 8

第2章 有限单元法的基本原理 …………………………………………………… 9
  2.1 有限单元法求解的基本步骤 …………………………………………………… 9
    2.1.1 位移函数 …………………………………………………………………… 9
    2.1.2 单元应变和初应变 ………………………………………………………… 11
    2.1.3 单元应力 …………………………………………………………………… 12
    2.1.4 等效结点力与单元刚度矩阵 ……………………………………………… 14
    2.1.5 结点荷载 …………………………………………………………………… 18
    2.1.6 结点平衡方程与整体刚度矩阵 …………………………………………… 20
  2.2 常见单元的单元刚度矩阵和结点荷载 ………………………………………… 23
    2.2.1 矩形单元 …………………………………………………………………… 24
    2.2.2 四面体单元 ………………………………………………………………… 26
  2.3 能量原理 ………………………………………………………………………… 30
    2.3.1 虚位移原理 ………………………………………………………………… 30
    2.3.2 最小势能原理 ……………………………………………………………… 31
    2.3.3 最小余能原理 ……………………………………………………………… 32
  2.4 有限元解的收敛性 ……………………………………………………………… 33
  2.5 形函数及其应用 ………………………………………………………………… 34
    2.5.1 形函数的定义 ……………………………………………………………… 34
    2.5.2 典型的一维、二维和三维形函数 ………………………………………… 34
    2.5.3 坐标变换 …………………………………………………………………… 37
  2.6 本章小结 ………………………………………………………………………… 39

第3章 Abaqus 软件基础 …………………………………………………………… 41
  3.1 Abaqus 产品的组成(Products) ……………………………………………… 41
  3.2 Abaqus/CAE 的组成(Components) ………………………………………… 43
  3.3 Abaqus/CAE 中的分析模块(Modules) ……………………………………… 46
  3.4 Abaqus/CAE 的常用工具(Tools) …………………………………………… 51
    3.4.1 Abaqus/CAE 中的常用工具 ……………………………………………… 52

3.4.2　实例:路面结构的受力分析 …………………………………… 54
3.5　Abaqus 分析模型的组成 …………………………………………… 68
　　3.5.1　Abaqus 分析的过程 ……………………………………………… 68
　　3.5.2　Abaqus 分析模型的组成 ………………………………………… 68
3.6　Abaqus 的常用命令(Commands) ………………………………… 70
3.7　Abaqus 的常用文件(Files) ………………………………………… 73
　　3.7.1　常用文件 ………………………………………………………… 74
　　3.7.2　其他文件 ………………………………………………………… 76
3.8　Abaqus 的帮助文档(Documentation) …………………………… 78
3.9　本章小结 ……………………………………………………………… 79

第4章　常用材料的本构模型及用户子程序 ……………………………… 81
4.1　道路工程中常用材料的本构模型 …………………………………… 81
4.2　典型的弹性模型和塑性模型 ………………………………………… 82
　　4.2.1　线弹性模型 ……………………………………………………… 82
　　4.2.2　Mohr-Coulomb 塑性模型 ………………………………………… 83
　　4.2.3　线性 Drucker-Prager 模型 ……………………………………… 85
4.3　道路工程常见材料模型及用户子程序 ……………………………… 87
　　4.3.1　道路工程中常见材料模型 ……………………………………… 87
　　4.3.2　用户子程序(User Subroutines)和应用程序(Utilities) ……… 91
　　4.3.3　修正 Burgers 模型用户子程序 UMAT 的编写 ………………… 95
　　4.3.4　Duncan-Chang 模型用户子程序 UMAT 的编写 ……………… 101
　　4.3.5　黏弹—黏塑性模型用户子程序 UMAT 的编写 ………………… 102
　　4.3.6　UMAT 用户子程序的用法 ……………………………………… 109
4.4　本章小结 …………………………………………………………… 111

第5章　单元及网格划分技术 …………………………………………… 113
5.1　有限单元 …………………………………………………………… 113
　　5.1.1　单元的表征 ……………………………………………………… 114
　　5.1.2　实体单元 ………………………………………………………… 117
　　5.1.3　壳单元 …………………………………………………………… 118
　　5.1.4　梁单元 …………………………………………………………… 120
　　5.1.5　桁架单元 ………………………………………………………… 121
5.2　刚性体 ……………………………………………………………… 122
　　5.2.1　刚性体使用的时机 ……………………………………………… 123
　　5.2.2　刚性体部件 ……………………………………………………… 123
　　5.2.3　刚性单元 ………………………………………………………… 124
5.3　实体单元的使用 …………………………………………………… 125
　　5.3.1　单元的数学描述和积分 ………………………………………… 125
　　5.3.2　实体单元的选择 ………………………………………………… 131

5.4 网格划分技术 ·· 132
5.4.1 结构网格划分 ·· 132
5.4.2 自由网格划分 ·· 134
5.4.3 扫掠网格划分 ·· 134
5.4.4 网格划分算法 ·· 136
5.4.5 不能进行网格划分的几种情形 ······························ 137
5.5 本章小结 ·· 138

第6章 inp 文件用法 ·· 139
6.1 inp 文件格式 ·· 139
6.1.1 关键词行(Keyword line) ··································· 139
6.1.2 数据行(Data line) ·· 140
6.1.3 注释行(Comment line) ···································· 141
6.2 编写完整 inp 文件实例:桥式吊架 ······························ 141
6.2.1 编写 inp 文件 ·· 142
6.2.2 检查运行 inp 文件 ·· 148
6.3 编写部分 inp 文件实例:软土地基上路面结构的沉降问题 ··········· 150
6.3.1 Abaqus/CAE 生成部分模型数据 ······························ 151
6.3.2 编写部分 inp 文件 ·· 156
6.3.3 运行和后处理 ·· 161
6.4 本章小结 ·· 163

第二部分 应用篇 ·· 165
第7章 沥青路面结构中的裂缝和动态响应问题 ························ 167
7.1 相关理论和计算方法 ··· 167
7.1.1 断裂力学理论和计算方法 ··································· 167
7.1.2 动态分析理论和计算方法 ··································· 173
7.1.3 移动均布荷载在有限元模型中的实现 ························· 179
7.2 实例:路面结构裂缝和动态响应问题 ···························· 180
7.2.1 静态分析一:直接写 inp 文件 ······························· 180
7.2.2 静态分析二:Abaqus/CAE 建模 ······························ 190
7.2.3 动态分析一:平面 Abaqus/CAE 建模 ························· 195
7.2.4 动态分析二:三维 Abaqus/CAE 建模 ························· 200
7.3 本章小结 ·· 212

第8章 沥青路面结构的车辙问题及摊铺温度场分析 ···················· 213
8.1 相关理论和计算方法 ··· 213
8.2 实例:沥青路面结构车辙计算 ·································· 217
8.2.1 温度场的分析 ·· 219
8.2.2 路面车辙的计算 ·· 229

8.3 实例:利用黏弹—黏塑性模型计算沥青路面车辙 ………………………………… 238
8.4 实例:沥青路面上面层摊铺温度场分析 ………………………………………… 246
8.5 本章小结 ……………………………………………………………………… 253

第9章 软土地基上路面结构和桥台地基的沉降问题 …………………………… 254
9.1 相关理论和计算方法 …………………………………………………………… 254
  9.1.1 沉降计算理论和比奥固结方程 ………………………………………… 254
  9.1.2 三维固结向平面应变固结的等效转换 ………………………………… 256
  9.1.3 附加应力计算 …………………………………………………………… 259
9.2 实例:软土地基上路面结构的沉降分析 ………………………………………… 260
  9.2.1 水平向增强体(土工格栅)的应用 ……………………………………… 260
  9.2.2 竖向增强体(桩)的应用 ………………………………………………… 264
  9.2.3 软土地基路面结构的附加应力分析 …………………………………… 269
9.3 实例:软土地基上桥台结构的沉降分析 ………………………………………… 273
9.4 本章小结 ……………………………………………………………………… 288

第10章 路堤边坡稳定性问题 …………………………………………………… 289
10.1 相关理论和计算方法 ………………………………………………………… 289
10.2 实例:边坡稳定性分析 ………………………………………………………… 292
10.3 本章小结 ……………………………………………………………………… 297

第11章 水泥混凝土路面上的接缝传荷问题 …………………………………… 298
11.1 实例:水泥混凝土路面的接缝传荷模拟 ……………………………………… 298
  11.1.1 无传力杆的混凝土路面受力 ………………………………………… 299
  11.1.2 有传力杆的混凝土路面受力 ………………………………………… 311
11.2 本章小结 ……………………………………………………………………… 320

第12章 水泥混凝土路面上的轮胎振动噪声问题 ……………………………… 321
12.1 相关理论和计算方法 ………………………………………………………… 321
12.2 轮胎振动噪声计算实例 ……………………………………………………… 323
12.3 本章小结 ……………………………………………………………………… 344

第13章 沥青混合料细观结构建模及黏弹性响应分析 ………………………… 345
13.1 相关理论和计算方法 ………………………………………………………… 345
  13.1.1 常规黏弹性本构模型参数拟合 ……………………………………… 345
  13.1.2 连续谱黏弹性本构模型及参数拟合 ………………………………… 347
13.2 实例:沥青混合料动态模量试验模拟 ………………………………………… 351
13.3 本章小结 ……………………………………………………………………… 361

参考文献 ………………………………………………………………………………… 362

第一部分
基础篇

第1章 绪 论

1.1 有限元的发展与 Abaqus 软件

1. 有限元的发展

在科学技术领域内,对于许多力学问题和物理问题,人们已经得到了它们应遵循的基本方程(常微分方程或偏微分方程)和相应的定解条件。但能用解析方法求出精确解的只是少数方程性质比较简单且几何形状相当规则的问题,如悬臂梁自由端的挠度和转角。对于大多数问题,由于方程的某些特征的非线性性质,或由于求解区域的几何形状比较复杂,则不能得到解析的解答。伴随着计算机技术的飞速发展,数值分析方法已成为求解科学技术问题的主要工具之一。

有限单元法是数值分析方法的一种,其基本思想是将连续的求解区域离散为一组有限数量且按一定方式相互联结在一起的单元组合体。由于单元能按不同的连接方式进行组合且单元本身又可以有不同形状,因此可以模拟几何形状复杂的求解域。有限单元法的另一个重要特点是,可利用每一个单元内假设的近似函数来分片地表示全求解域上待求的未知场函数。单元内的近似函数通常用未知场函数或其导数在单元的各个结点的数值和插值函数来表达。这样一来,一个问题的有限元分析中,未知场函数或其导数在各个结点上的数值就成为新的未知量(也即自由度),从而使一个连续的无限自由度问题变成离散的有限自由度问题。一求解出这些未知量,就可以通过插值函数计算出各个单元内场函数的近似值,从而得到整个求解域上的近似解。显然随着单元数目的增加,也即单元尺寸的缩小,或者随着单元自由度的增加及插值函数精度的提高,解的近似程度将不断改进。如果单元是满足收敛要求的,近似解最后将收敛于精确解。

有限元的基本思想最早于 1943 年由 Courant 提出(图 1.1),他第一次尝试在三角形区域上将分片连续函数和最小位能原理相结合,研究了 St. Venant 的扭转问题。1947 年,Levy 建立了柔度法(力法),1953 年提出了刚度法(位移法),用来分析静不定飞机结构。1954 年,Argyris 和 Kelsey 利用能量原理建立了矩阵结构分析方法。

现代有限单元法的第一个成功的尝试,是 1956 年 Turner、Clough 等在分析飞机结构时,将钢架位移法推广应用于弹性力学平面问题,第一次给出了利用直接刚度法采用三角形单元求得平面应力问题的正确解答。他们的研究工作打开了利用电子计算机求解复杂平面弹性问题的新局面。1960 年,Clough 进一步处理了平面弹性问题,并第一次提出了"有限单元法"的名称,使人们开始认识了有限单元法的功效,其研究领域逐步扩展至非线性、小位移的静态问题。1967 年,Zienkiewicz 与 Y. K. Cheung(张佑启)合作,出版了第一本有限元专著 Finite Element Method in Structural & Continuum Mechanics，成为有限单元领域的世界名著。

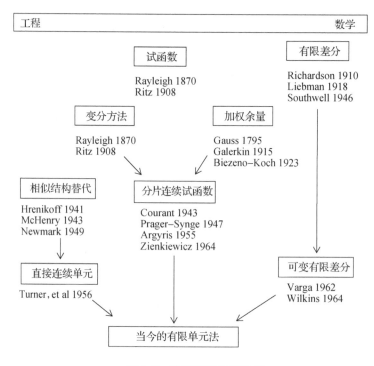

图 1.1　有限元的早期发展

20 世纪 70 年代后，随着计算机和软件技术的发展，有限单元法也迅速发展起来，发表的论文犹如雨后春笋，学术交流频繁，期刊、专著不断出现，进入了有限单元法的鼎盛时期。研究涵盖了以下内容：有限单元法在数学和力学领域所依据的理论；单元的划分原则，形函数的选取及协调性；有限单元法所涉及的各种数值计算方法及其误差、收敛性和稳定性；计算机程序设计技术；向其他领域的推广。

有限单元法采用 Hellinger-Reissner 原理、Hu-Washizu 原理等多场变量的变分原理，作为新单元应用的理论基础，从最早的平面三角形单元、等参元、高参元、板壳单元，发展了协调元、非协调元、拟协调元、样条元、混合型单元、杂交型单元等有限元表达形式，并采用了加权余量法，用于建立有限元的表达格式，将有限元的应用扩展到不存在泛函或者泛函尚未建立的问题中。

有限单元法采用的求解器得到了不断的丰富，包括解决线性代数方程的直接法、迭代法和解决非线性方程的载荷增量法、位移控制增量法。其中非线性问题的求解算法取得了很大进步。研究人员于 1969 年开发了著名的单元乘单元的技术，结点力的计算不必应用刚度矩阵。1975 年，Sandia 试验室的 Sam Key 完成了 HONDO 程序，可以处理材料非线性和几何非线性问题。Hallquist 开发了有效接触—碰撞的算法，采用一点积分单元和高阶矢量使得工程仿真得以有显著性突破的可能。

多年来，有限单元法的理论和应用都得到迅速、持续不断的发展，其应用已由弹性平面问题扩展到空间问题、板壳问题，由静力平衡问题扩展到稳定问题、动力问题和波动问题。

分析的对象从弹性材料扩展到塑性、黏弹性、黏塑性和复合材料等,从固体力学扩展到流体力学、传热学等连续介质力学领域。

有限单元法已经广泛应用于机械工程、土木工程、微电子、电磁场、生物力学等领域,以其强大的功能成为解决工程问题的强有力工具。有限元程序发展也很快,我国已引进的主要程序有:SuperSAP,ADINA,ANSYS,MSC.NASTRAN,Abaqus 等。

可以预计,随着现代力学、计算数学和计算机技术等学科的发展,有限单元法作为一个具有理论基础和广泛应用效力的数值分析工具,必将在国民经济建设和科学技术发展中发挥更大的作用,其自身亦将得到进一步的发展和完善。

2. Abaqus 软件

Abaqus 公司成立于 1978 年,是世界知名的高级有限元分析软件公司,总部设在美国罗得岛州普罗维登斯市(Providence, Rhode Island, USA),在法国 Surésnes 设有研发中心。其主要业务为非线性有限元分析软件 Abaqus 的开发、维护及售后服务。Abaqus 软件在技术、品质以及可靠性等方面具有非常卓越的声誉,对简单或复杂的线性和非线性工程问题,都提供了一套完整而强大的有限元理论解决方案。Abaqus 公司致力于发展统一的有限元分析平台,以用于多种产品开发,适合各种用户的需求。

2005 年 10 月,Abaqus 公司成为在三维建模和产品生命周期管理上享有盛誉的达索公司的一个子公司。SIMULIA 是达索公司的品牌,包括著名的 Abaqus 和 CATIA 的分析模块等。它把人们从以往不关联的分析仿真应用,带入协同、开放、集成的多物理场仿真平台。SIMULIA 提供各种仿真模拟功能,通过卓越的技术、出众的质量以及完善的服务,使工业界的工程师和科学家可以利用仿真结果去提高产品性能,减少物理模型的制作,加快产品创新进程。

Abaqus 是一套功能强大的工程模拟有限元软件,其解决问题的范围从相对简单的线性分析到复杂的非线性问题。Abaqus 包括一个丰富的、可模拟任意几何形状的单元库,并拥有各种类型的材料模型库,可以模拟典型工程材料的性能,其中包括金属、橡胶、高分子材料、复合材料、钢筋混凝土、可压缩超弹性泡沫材料以及土壤和岩石等地质材料。

作为通用的模拟工具,Abaqus 除了能解决大量结构(应力/位移)问题,还可以模拟其他工程领域的许多问题,例如热传导、质量扩散、热电耦合分析、声学分析、岩土力学分析(流体渗透/应力耦合分析)及压电介质分析:

- 静态应力/位移分析

包括线性、材料和几何非线性,以及结构断裂分析等。

- 动态分析

包括结构固有频率的提取、瞬态响应分析、稳态响应分析,以及随机响应分析等。

- 黏弹性/黏塑性/蠕变响应分析

与率相关的黏弹性/黏塑性/蠕变材料响应分析。

- 热传导分析

传导、辐射和对流的瞬态或稳态分析。

- 质量扩散分析

静水压力造成的质量扩散和渗流分析等。

- 非线性动态应力/位移分析

可以模拟各种随时间变化的大位移、接触分析等。
- 瞬态温度/位移耦合分析

解决力学、热学响应及其耦合问题。
- 准静态分析

应用显式积分方法求解静态问题和冲压等准静态问题。
- 退火成型过程分析

可以对材料退火热处理过程进行模拟。
- 海洋工程结构分析

对海洋工程的特殊载荷如流载荷、浮力、惯性力等进行模拟；

对海洋工程的特殊结构如拉链、管道、电缆等进行模拟；

对海洋工程的特殊连接，如土壤/管柱连接、拉链/海床摩擦等进行模拟。
- 水下冲击分析

对冲击载荷作用下的水下结构进行分析。
- 疲劳分析

根据结构和材料的受载情况统计进行生存力分析和疲劳寿命预估。
- 设计灵敏度分析

对结构参数进行灵敏度分析，并据此进行结构的优化设计。

Abaqus 为用户提供了广泛的功能，且使用起来非常简单。大量的复杂问题可以通过选项块的不同组合很容易地模拟出来。例如，对于复杂多构件问题的模拟，可通过把定义每一构件的几何尺寸的选项块与相应的材料性质选项块结合起来。在大部分模拟，甚至高度非线性问题中，用户只需提供一些工程数据，如结构的几何形状、材料性质、边界条件及载荷工况。在一个非线性分析中，Abaqus 不仅能自动选择相应载荷增量、收敛限度和合适参数，而且能连续调节参数，以保证在分析过程中可以有效地得到精确解。用户通过准确的定义参数就能很好地控制数值计算结果。由于优秀的分析能力和模拟复杂系统的可靠性，使得 Abaqus 被各国的工业和研究广泛采用。

1.2 道路工程中的典型问题

1. 沥青路面结构中的裂缝问题和动态响应问题

沥青路面的裂缝(扩展)问题直接关系到沥青路面长期使用性能和使用寿命。了解带裂缝路面结构在静态及动态载荷作用下的力学响应，具有非常重要的意义。

现有的道路工程分析程序，无法很好地处理带裂缝路面结构的力学响应，更无法模拟裂缝尖端附近应力/位移场的奇异性；同时，传统的道路工程分析程序，如 Bisar，只能分析静力作用下路面结构的响应(应力、应变、位移等)，无法获得移动荷载作用下路面结构的力学响应。

2. 沥青路面结构中的车辙问题

沥青路面车辙是沥青路面最主要的病害之一。依据交通条件、环境条件、材料与结构类型等来预测沥青路面的车辙发展趋势,对采取合适的处治措施,具有重要的借鉴价值。

现有的道路工程分析程序,要么是经验性的(无法适应不同的使用条件),要么是理论性的(使用复杂,难以实用化)。而有限元为模拟计算沥青路面结构的车辙等问题(路面结构中的温度场、路面结构的车辙等)提供了一条可行途径。

3. 软土地基上路面结构和桥台地基的沉降问题

软土地基上人工构筑物(路面结构、桥台等)的沉降问题,一直是影响其使用品质(如行驶舒适性等)的重要因素。准确预测这些结构物的长期沉降状态,具有非常重要的意义。

现有的固结计算程序——分层总和法,虽然使用简单,但不能考虑土的侧向变形,不能考虑时间因素对沉降的影响,因而也无法很好地处理软土地基的沉降等系列工程问题(如软土地基上路面结构的沉降、桥台地基的沉降、新老路基的拼接等),有限元等数值分析方法为处理这些问题提供了可能。

4. 路堤边坡稳定性问题

路堤边坡的稳定性关系到路堤使用的长期安全性,受到了工程界的持续关注。

对于边坡稳定性问题,常规使用直线滑动面(砂类土)或圆弧滑动面(大多数土)分析法,这些方法计算烦琐,而且容易出错。而基于强度折减的弹塑性有限单元法,为边坡稳定性的研究提供了一个新的思路。

5. 水泥混凝土路面的接缝传荷问题

由于水泥混凝土是一种典型的热胀冷缩的材料,除连续配筋混凝土外,常用的混凝土路面接缝间距都在 $4\sim8$ m,这些接缝的存在直接削弱了混凝土路面的整体性。在工程实践中,大多采用传力杆等来加强接缝两侧混凝土承载的一体性和协调性。

有限元等数值分析方法为传力杆等的合理配置提供了便利条件。

6. 水泥混凝土路面的噪声问题

轮胎/路面噪声问题是当前备受关注的环境问题之一。刻槽水泥路面的噪声问题尤其严重,而水泥路面的表面形态(槽深、槽宽、槽间距等)直接影响噪声的大小。现有噪声研究主要基于现场测试,而有限元等数值分析方法为定量噪声研究提供了可能,也为水泥路面表面形态的优化提供了便利。

7. 沥青混合料细观结构建模及分析问题

在常规的有限元分析中,常常假设沥青混合料为均质、各向同性材料,在此基础上,分析沥青路面结构的力学响应。实际上,沥青混合料由不同粒径的集料和胶结料所组成,在外荷载的作用下,力学响应的分布直接受到细观结构的影响。进行沥青混合料的细观结构建模与分析,为沥青混合料的集料级配优化提供了有利条件。

上述道路工程(包括部分岩土工程)中的典型问题,现有的分析程序无法给出完美的解决方案(要么无法处理,要么处理效率不高),给研究工作带来了不便,而有限单元法提供了解决上述典型道路工程问题的有效途径。

1.3　本书内容安排

本书力求从读者学习的角度,按照先易后难的原则,安排相关章节内容,主要分为两大部分:

第一部分:基础篇

这一部分主要讲述有限单元法的基本原理、Abaqus 软件基础(产品组成、Abaqus/CAE 分析模块、常用工具、常用命令和常用文件等)、材料模型及用户子程序 UMAT、单元及网格划分技术和 inp 文件用法等。通过这部分的学习,有助于读者快速掌握和理解 Abaqus 有限元软件的基本知识、有限单元法分析问题的过程和基本方法。

第二部分:应用篇

这一部分主要讲述采用 Abaqus 解决典型道路工程问题的方法和要点,包括沥青路面结构中的裂缝和动态响应问题、沥青路面结构中的车辙问题及摊铺温度场分析、软土地基上路面结构和桥台地基的沉降问题、路堤边坡稳定性问题、水泥混凝土路面上的接缝传荷问题、轮胎振动噪声问题和沥青混合料细观结构建模与分析问题。这部分的学习,有助于深入体会 Abaqus 解决道路工程典型问题(包括部分岩土工程问题)的方法和技巧,从而提高利用 Abaqus 分析实际工程问题的能力。

第 2 章　有限单元法的基本原理

有限单元法(Finite Element Method,FEM),即把一个结构看成是由有限个单元通过结点组合而成的整体,除去边界上被固定的结点外,对可以产生位移的各结点,利用平衡条件求出它们的位移,然后由结点位移求出各单元内力的一种数值方法。按未知量的类型,可分为位移法(以位移作为基本未知量)和力法(以内力作为基本未知量)。由于位移法矩阵运算较力法简单,在实际工作中应用较多。

本章主要讲述有限单元法求解的基本步骤、常见单元的单元刚度矩阵,以及能量原理和形函数。

2.1　有限单元法求解的基本步骤

对于一个连续体,采用位移有限元进行结构分析的基本步骤如下:

(1) 连续介质的离散化。按照所求解问题的需要,用虚拟的线将连续介质划分为有限个单元,这些单元由结点相互连接。

(2) 位移函数 $\{r\}$ 的选择。以结点位移 $\{\delta\}^e$ 为基本的未知量;选择一个位移函数,用单元的结点位移唯一地表示单元内部任一点的位移。

(3) 应变 $\{\varepsilon\}$ 和应力 $\{\sigma\}$ 的表达。通过位移函数,用结点位移唯一地表示单元内任一点的应变;再利用广义虎克定律,用结点位移唯一地表示单元内任一点的应力。

(4) 单元刚度矩阵 $[k]^e$ 的建立。利用能量原理,确定与单元内部应力状态等效的结点力;再利用单元应力与结点位移的关系,建立等效结点力与结点位移的关系(即单元刚度矩阵)。这是有限单元法求解应力问题的最重要一步。

(5) 荷载 $\{P\}$ 的移置。将每一单元所承受的外荷载,按静力等效原则移置到结点上:$\{P\}^e$。

(6) 平衡方程组的建立和求解。在每一结点建立用结点位移表示的静力平衡方程:$[k]^e\{\delta\}^e=\{P\}^e$,得到一个线性方程组 $[K]\{\delta\}=\{P\}$;求解这个方程组,求出结点位移 $\{\delta\}$;求得每个单元的应力 $\{\sigma\}$。

下面以三角形单元为例,介绍位移有限单元法进行结构应力分析的基本步骤。

2.1.1　位移函数

图 2.1 表示一个典型的三角形单元,3 个结点分别为 i、j、m,按逆时针方向排列。每一结点具有两个位移分量,即

$$\{\pmb{\delta}_i\} = \begin{Bmatrix} u_i \\ v_i \end{Bmatrix} \tag{2-1}$$

每个三角形单元的 6 个结点位移分量可表示为一个向量,即

$$\{\boldsymbol{\delta}\}^e = \begin{Bmatrix} \delta_i \\ \delta_j \\ \delta_m \end{Bmatrix} \qquad (2-2)$$

只知道结点位移,并不能直接求出单元内的应变和应力。因此,为了用结点位移表示单元内的应变和应力,必须假定单元内任一点的位移分量为坐标的某种函数。一般情况下,假定单元内的位移分量为坐标的线性函数,即

$$u = \beta_1 + \beta_2 x + \beta_3 y, \quad v = \beta_4 + \beta_5 x + \beta_6 y \qquad (2-3a)$$

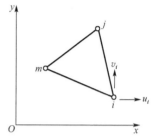

图 2.1 平面问题三角形单元

式(2-3a)中的 6 个系数 β_i 可以用结点位移表示。以 i、j、m 结点的坐标代入式(2-3a),有:

$$u_i = \beta_1 + \beta_2 x_i + \beta_3 y_i, \quad u_j = \beta_1 + \beta_2 x_j + \beta_3 y_j, \quad u_m = \beta_1 + \beta_2 x_m + \beta_3 y_m \qquad (2-3b)$$

$$v_i = \beta_4 + \beta_5 x_i + \beta_6 y_i, \quad v_j = \beta_4 + \beta_5 x_j + \beta_6 y_j, \quad v_m = \beta_4 + \beta_5 x_m + \beta_6 y_m \qquad (2-3c)$$

按照线性代数中的克莱姆法则,从式(2-3b)解出系数 β_1、β_2、β_3,从式(2-3c)解出系数 β_4、β_5、β_6,再代回式(2-3a),得到单元位移函数如下:

$$\begin{cases} u = \dfrac{1}{2A} \{(a_i + b_i x + c_i y) u_i + (a_j + b_j x + c_j y) u_j + (a_m + b_m x + c_m y) u_m \} \\ v = \dfrac{1}{2A} \{(a_i + b_i x + c_i y) v_i + (a_j + b_j x + c_j y) v_j + (a_m + b_m x + c_m y) v_m \} \end{cases} \qquad (2-4)$$

$$\begin{cases} a_i = x_j y_m - x_m y_j, & b_i = y_j - y_m, & c_i = x_m - x_j \\ a_j = x_m y_i - x_i y_m, & b_j = y_m - y_i, & c_j = x_i - x_m \\ a_m = x_i y_j - x_j y_i, & b_m = y_i - y_j, & c_m = x_j - x_i \end{cases} \qquad (2-5)$$

$$A = \frac{1}{2} \begin{vmatrix} 1 & x_i & y_i \\ 1 & x_j & y_j \\ 1 & x_m & y_m \end{vmatrix} \qquad (2-6)$$

按照解析几何,A 等于三角形 ijm 的面积。为了使得出的面积 A 不至于成为负值,i、j、m 的次序必须为逆时针方向。

为了简化位移函数的表达式,记

$$N_i = \frac{a_i + b_i x + c_i y}{2A}, \quad N_j = \frac{a_j + b_j x + c_j y}{2A}, \quad N_m = \frac{a_m + b_m x + c_m y}{2A} \qquad (2-7)$$

代入式(2-4),得到位移函数的表达式如下:

$$u = N_i u_i + N_j u_j + N_m u_m, \quad v = N_i v_i + N_j v_j + N_m v_m \qquad (2-8)$$

式中,N_i、N_j、N_m 为坐标的函数,它们反映了单元的位移形态,称为单元位移的形态函数,简

称为形函数。在第 2.5 节中,将讨论形函数的定义及其应用。

式(2-8)表示的单元位移,可改写为如下矩阵形式:

$$\{r\} = \begin{Bmatrix} u \\ v \end{Bmatrix} = [N]\{\delta\}^e = \begin{bmatrix} IN_i & IN_j & IN_m \end{bmatrix}\{\delta\}^e \tag{2-9}$$

式中,$I = \begin{bmatrix} 1 & 0 \\ 0 & 1 \end{bmatrix}$ 是二阶单位阵。

根据位移函数式(2-8),在单元的边界上位移是线性变化的,由于两个相邻的单元在其公共结点上具有相同的结点位移,因此在它们的公共边界上,两个单元将具有相同的位移,也就是说,所选择的位移函数保证了两相邻单元之间位移的连续性。

2.1.2 单元应变和初应变

1. 单元应变

作为平面问题,单元内具有 3 个应变分量 ε_x、ε_y、γ_{xy},可用矩阵表示如下:

$$\{\varepsilon\} = \begin{Bmatrix} \varepsilon_x \\ \varepsilon_y \\ \gamma_{xy} \end{Bmatrix} = \begin{Bmatrix} \dfrac{\partial u}{\partial x} \\ \dfrac{\partial v}{\partial y} \\ \dfrac{\partial u}{\partial y} + \dfrac{\partial v}{\partial x} \end{Bmatrix} \tag{2-10}$$

将位移函数式(2-8)代入式(2-10),得到

$$\{\varepsilon\} = \begin{bmatrix} \dfrac{\partial N_i}{\partial x} & 0 & \dfrac{\partial N_j}{\partial x} & 0 & \dfrac{\partial N_m}{\partial x} & 0 \\ 0 & \dfrac{\partial N_i}{\partial y} & 0 & \dfrac{\partial N_j}{\partial y} & 0 & \dfrac{\partial N_m}{\partial y} \\ \dfrac{\partial N_i}{\partial y} & \dfrac{\partial N_i}{\partial x} & \dfrac{\partial N_j}{\partial y} & \dfrac{\partial N_j}{\partial x} & \dfrac{\partial N_m}{\partial y} & \dfrac{\partial N_m}{\partial x} \end{bmatrix} \begin{Bmatrix} u_i \\ v_i \\ u_j \\ v_j \\ u_m \\ v_m \end{Bmatrix} = \dfrac{1}{2A} \begin{bmatrix} b_i & 0 & b_j & 0 & b_m & 0 \\ 0 & c_i & 0 & c_j & 0 & c_m \\ c_i & b_i & c_j & b_j & c_m & b_m \end{bmatrix} \{\delta\}^e$$

$$\tag{2-11}$$

或

$$\{\varepsilon\} = [B]\{\delta\}^e \tag{2-12}$$

式(2-12)中矩阵 $[B]$ 可写成分块形式,即

$$[B] = \begin{bmatrix} B_i & B_j & B_m \end{bmatrix} \tag{2-13}$$

其子矩阵为

$$[B_i] = \dfrac{1}{2A} \begin{bmatrix} b_i & 0 \\ 0 & c_i \\ c_i & b_i \end{bmatrix} \quad (i, j, m) \tag{2-14}$$

由于单元面积 A 以及系数 b_i、c_i 等都是常量,所以矩阵 $[\boldsymbol{B}]$ 的元素都是常量,因此应变 $\{\boldsymbol{\varepsilon}\}$ 的元素也是常量,即在每一个三角形单元中,应变分量 ε_x、ε_y、γ_{xy} 都是常量。

2. 初应变

初应变指与应力无关,由温度、收缩等因素引起的应变:

$$\{\boldsymbol{\varepsilon}_0\} = \begin{Bmatrix} \varepsilon_{x0} \\ \varepsilon_{y0} \\ \gamma_{xy0} \end{Bmatrix} \quad (2-15)$$

一般来说,单元内的初应变是不均匀的,是坐标的函数,但是当单元充分小时,单元内的初应变可采用平均值,也就是采用一个常量。以温度变形为例,设单元内温度为 $T(x, y)$,计算初应变时将采用平均温度:

$$\overline{T} = \frac{1}{A} \iint T(x, y) \mathrm{d}x \mathrm{d}y$$

当 $T(x, y)$ 为 x 和 y 的线性函数时,由上式可得:

$$\overline{T} = \frac{T_i + T_j + T_m}{3}$$

式中,T_i、T_j、T_m 分别为结点 i、j、m 的温度。

对于平面应力问题,温度 $\overline{T}$ 引起的初应变为:

$$\{\boldsymbol{\varepsilon}_0\} = \begin{Bmatrix} \alpha\overline{T} \\ \alpha\overline{T} \\ 0 \end{Bmatrix} \quad (2-16)$$

式中,α 为材料的线膨胀系数。

由于温度变化在各向同性介质中不引起剪切变形,所以 $\gamma_{xy0} = 0$。

对于平面应变问题,温度 $\overline{T}$ 引起的初应变为:

$$\{\boldsymbol{\varepsilon}_0\} = (1+\mu) \begin{Bmatrix} \alpha\overline{T} \\ \alpha\overline{T} \\ 0 \end{Bmatrix} \quad (2-17)$$

式中,μ 为材料的泊松比。

2.1.3 单元应力

在求出单元应变后,利用广义虎克定律,不难求出单元应力。

1. 各向同性体——平面应力

根据广义虎克定律,对于各向同性体的平面应力问题,应变分量取决于式(2-18):

$$\begin{cases} \varepsilon_x = \dfrac{1}{E}(\sigma_x - \mu\sigma_y) + \varepsilon_{x0} \\ \varepsilon_y = \dfrac{1}{E}(\sigma_y - \mu\sigma_x) + \varepsilon_{y0} \\ \gamma_{xy} = \dfrac{2(1+\mu)}{E}\tau_{xy} + \gamma_{xy0} \end{cases} \tag{2-18}$$

从式(2-18)中解出应力分量,得:

$$\begin{cases} \sigma_x = \dfrac{E}{1-\mu^2}(\varepsilon_x - \varepsilon_{x0} + \mu\varepsilon_y - \mu\varepsilon_{y0}) \\ \sigma_y = \dfrac{E}{1-\mu^2}(\mu\varepsilon_x - \mu\varepsilon_{x0} + \varepsilon_y - \varepsilon_{y0}) \\ \tau_{xy} = \dfrac{E}{2(1+\mu)}(\gamma_{xy} - \gamma_{xy0}) = \dfrac{E}{1-\mu^2}\dfrac{1-\mu}{2}(\gamma_{xy} - \gamma_{xy0}) \end{cases} \tag{2-19}$$

式(2-19)可用矩阵表示为:

$$\begin{Bmatrix} \sigma_x \\ \sigma_y \\ \tau_{xy} \end{Bmatrix} = \dfrac{E}{1-\mu^2} \begin{bmatrix} 1 & \mu & 0 \\ \mu & 1 & 0 \\ 0 & 0 & \dfrac{1-\mu}{2} \end{bmatrix} \begin{Bmatrix} \varepsilon_x - \varepsilon_{x0} \\ \varepsilon_y - \varepsilon_{y0} \\ \gamma_{xy} - \gamma_{xy0} \end{Bmatrix} \tag{2-20}$$

或

$$\{\boldsymbol{\sigma}\} = [\boldsymbol{D}](\{\boldsymbol{\varepsilon}\} - \{\boldsymbol{\varepsilon}_0\}) \tag{2-21}$$

$$[\boldsymbol{D}] = \dfrac{E}{1-\mu^2} \begin{bmatrix} 1 & \mu & 0 \\ \mu & 1 & 0 \\ 0 & 0 & \dfrac{1-\mu}{2} \end{bmatrix} \tag{2-22}$$

式中,$[\boldsymbol{D}]$ 为弹性矩阵,它取决于材料的弹性常数 E 和 μ。对于三角形单元而言,弹性矩阵 $[\boldsymbol{D}]$ 也是常数矩阵。

把式(2-12)代入式(2-21),得到

$$\{\boldsymbol{\sigma}\} = [\boldsymbol{S}]\{\boldsymbol{\delta}\}^e - [\boldsymbol{D}]\{\boldsymbol{\varepsilon}_0\} \tag{2-23}$$

$$[\boldsymbol{S}] = [\boldsymbol{D}][\boldsymbol{B}] = [\boldsymbol{S}_i \quad \boldsymbol{S}_j \quad \boldsymbol{S}_m] \tag{2-24}$$

$$[\boldsymbol{S}_i] = [\boldsymbol{D}][\boldsymbol{B}_i] = \dfrac{E}{2(1-\mu^2)A} \begin{bmatrix} b_i & \mu c_i \\ \mu b_i & c_i \\ \dfrac{1-\mu}{2}c_i & \dfrac{1-\mu}{2}b_i \end{bmatrix} \quad (i, j, m) \tag{2-25}$$

式中,$[\boldsymbol{S}]$ 为应力矩阵。

按照式(2-23),可由结点位移计算单元应力。

由于位移函数是线性的,故在每个单元中,应变分量和应力分量都是常量。在一个变化的应力场中,相邻的单元一般具有不同的应力,因此在两单元的公共边界上,应力会有突变。这是在平面问题中,不推荐采用三角形单元的原因(但三角形单元的形状适应能力强,对于非常复杂的求解域,有时是唯一的选择)。但随着单元的逐步取小,这种突变将急剧减小,并不妨碍有限单元法的解答收敛于正确解。

2. 各向同性体——平面应变

对于平面应变问题,除了应力分量 σ_x、σ_y、τ_{xy} 外,还存在着正应力 σ_z。设初应变是由温度变化引起的,单元中的应变分量取决于式(2-26):

$$\begin{cases} \varepsilon_x = \dfrac{1}{E}(\sigma_x - \mu\sigma_y - \mu\sigma_z) + (1+\mu)\alpha\overline{T} \\ \varepsilon_y = \dfrac{1}{E}(\sigma_y - \mu\sigma_x - \mu\sigma_z) + (1+\mu)\alpha\overline{T} \\ \gamma_{xy} = \dfrac{2(1+\mu)}{E}\tau_{xy} \end{cases} \quad (2\text{-}26)$$

此外有:

$$\varepsilon_z = \dfrac{1}{E}(\sigma_z - \mu\sigma_x - \mu\sigma_y) + (1+\mu)\alpha\overline{T} = 0 \quad (2\text{-}27)$$

由式(2-27)求出 σ_z,代入式(2-26),再解出 3 个应力分量 σ_x、σ_y、τ_{xy},得到的矩阵方程与式(2-21)形式相同,但此时的初应变 $\{\varepsilon_0\}$ 见式(2-17),而弹性矩阵 $[D]$ 为:

$$[D] = \dfrac{E(1-\mu)}{(1+\mu)(1-2\mu)}\begin{bmatrix} 1 & \mu/(1-\mu) & 0 \\ \mu/(1-\mu) & 1 & 0 \\ 0 & 0 & (1-2\mu)/2(1-\mu) \end{bmatrix} \quad (2\text{-}28)$$

将平面应力各公式中的 E、μ、α 分别换成 $E/(1-\mu^2)$、$\mu/(1-\mu)$、$(1+\mu)\alpha$,即可得到平面应变的相应公式。反之,将平面应变各公式中的 E、μ、α 分别换成 $E(1+2\mu)/(1+\mu)^2$、$\mu/(1+\mu)$、$(1+\mu)\alpha/(1+2\mu)$,即可得到平面应力的相应公式。

2.1.4 等效结点力与单元刚度矩阵

1. 力学推导法

对于平面连续结构,在外荷载作用下,每个单元都将产生位移和应力。从中取出一个单元 ijm,如图 2.2 所示,根据线性位移假设,单元内将有均匀的应力分量 σ_x、σ_y、τ_{xy}。在单元的 3 条边界上均作用着分布力 p,这些分布力与单元应力维持平衡。

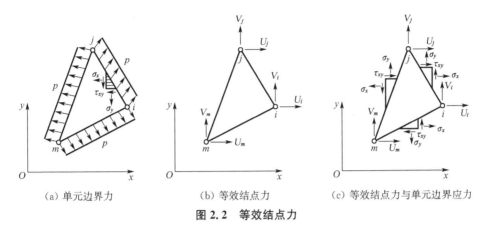

(a) 单元边界力　　　　(b) 等效结点力　　　　(c) 等效结点力与单元边界应力

图 2.2　等效结点力

为了能用结构力学的概念求解弹性力学问题,用作用于单元结点上的等效集中力来代替这些作用于单元边界的分布力,称为结点力,其方向与结点位移方向一致。例如,在结点 i,结点力为:

$$\{\boldsymbol{F}_i\} = \begin{Bmatrix} U_i \\ V_i \end{Bmatrix}$$

现根据静力等效原则,计算这些等效结点力。在图 2.2(c) 中,作用于 ij 边上的水平合力为:

$$X_{ij} = \sigma_x t(y_j - y_i) + \tau_{xy} t(x_i - x_j)$$

式中,t 为单元厚度。

同理,作用于 mi 边上的水平合力为:

$$X_{mi} = \sigma_x t(y_i - y_m) - \tau_{xy} t(x_i - x_m)$$

把这两个水平合力分到共同的结点 i 上去,得到该结点水平力如下:

$$U_i = \frac{1}{2}(X_{ij} + X_{mi}) = \frac{t}{2}\sigma_x(y_j - y_m) + \frac{t}{2}\tau_{xy}(x_m - x_j)$$
$$= \frac{t}{2}(b_i \sigma_x + c_i \tau_{xy})$$

同理,可求得作用于 i 点的竖向力如下:

$$V_i = \frac{t}{2}(c_i \sigma_y + b_i \tau_{xy})$$

用类似方法,可求得作用于 j 点和 m 点的结点力,合并起来,用矩阵表示如下:

$$\{\boldsymbol{F}\}^e = \begin{Bmatrix} U_i \\ V_i \\ U_j \\ V_j \\ U_m \\ V_m \end{Bmatrix} = \frac{t}{2} \begin{bmatrix} b_i & 0 & c_i \\ 0 & c_i & b_i \\ b_j & 0 & c_j \\ 0 & c_j & b_j \\ b_m & 0 & c_m \\ 0 & c_m & b_m \end{bmatrix} \begin{Bmatrix} \sigma_x \\ \sigma_y \\ \tau_{xy} \end{Bmatrix} \quad (2\text{-}29)$$

利用矩阵$[B]$的表达式(2-14),式(2-29)可简写为:

$$\{F\}^e = tA\,[B]^T\{\sigma\} \tag{2-30}$$

在无初应变的情况下,应力可用结点位移表示如下:

$$\{\sigma\} = [D]\{\varepsilon\} = [D][B]\{\delta\}^e$$

代入式(2-30),得到:

$$\{F\}^e = [B]^T[D][B]tA\{\delta\}^e \tag{2-31}$$

令

$$[k]^e = [B]^T[D][B]tA \tag{2-32}$$

则

$$\{F\}^e = [k]^e\{\delta\}^e \tag{2-33}$$

式(2-33)建立了结点力与结点位移之间的关系。矩阵$[k]^e$为单元刚度矩阵,它的元素表示该单元e发生一定的结点位移所对应的结点力。单元刚度矩阵$[k]^e$取决于该单元的形状、大小、方向和弹性常数,而与单元的位移无关,即不随单元或坐标轴的平移而改变。

根据式(2-13),可将矩阵$[B]$写成分块形式如下:

$$[B] = [B_i \quad B_j \quad B_m]$$

代入式(2-32),则刚度矩阵也可以写成分块形式如下:

$$[k]^e = \begin{bmatrix} k_{ii} & k_{ij} & k_{im} \\ k_{ji} & k_{jj} & k_{jm} \\ k_{mi} & k_{mj} & k_{mm} \end{bmatrix} \tag{2-34}$$

子矩阵$[k_{rs}]$为2×2矩阵,即:

$$[k_{rs}] = [B_r]^T[D][B_s]tA = \begin{bmatrix} k_{rs}^1 & k_{rs}^2 \\ k_{rs}^3 & k_{rs}^4 \end{bmatrix} \quad (r, s = i, j) \tag{2-35}$$

式(2-35)是便于计算的形式。

对于各向同性平面应力问题,将式(2-22)弹性矩阵$[D]$代入式(2-35),得到:

$$[k_{rs}] = \frac{Et}{4(1-\mu^2)A}\begin{bmatrix} b_r b_s + (1-\mu)c_r c_s/2 & \mu b_r c_s + (1-\mu)c_r b_s/2 \\ \mu c_r b_s + (1-\mu)b_r c_s/2 & c_r c_s + (1-\mu)b_r b_s/2 \end{bmatrix} \tag{2-36}$$

对于各向同性平面应变问题,式(2-36)中的E应换以$E/(1-\mu^2)$,μ应换以$\mu/(1-\mu)$,于是得到:

$$[k_{rs}] = \frac{E(1-\mu)t}{4(1+\mu)(1-2\mu)A} \times$$

$$\begin{bmatrix} b_r b_s + (1-2\mu)c_r c_s/2(1-\mu) & \mu b_r c_s/(1-\mu) + (1-2\mu)c_r b_s/2(1-\mu) \\ \mu c_r b_s/(1-\mu) + (1-2\mu)b_r c_s/2(1-\mu) & c_r c_s + (1-2\mu)b_r b_s/2(1-\mu) \end{bmatrix}$$

$$\tag{2-37}$$

对于各向同性体,平面应力和平面应变的单元刚度矩阵$[k]^e$如下:

$$[k]^e = H \begin{bmatrix} b_i^2 + qc_i^2 & rb_ic_i & b_ib_j + qc_ic_j & pb_ic_j + qb_jc_i & b_ib_m + qc_ic_m & pb_ib_m + qc_mc_i \\ & c_i^2 + qb_i^2 & pb_jc_i + qb_ic_j & c_ic_j + qb_ic_j & pb_mc_i + qb_ic_m & pb_jb_m + qc_mc_j \\ & & b_j^2 + qb_j^2 & rb_jc_j & b_jb_m + qc_jc_m & pb_jc_m + qb_mc_j \\ & 对\quad称 & & c_j^2 + qb_j^2 & pb_mc_j + qb_jc_m & c_jc_m + qb_jc_m \\ & & & & b_m^2 + qc_m^2 & rb_mc_m \\ & & & & & c_m^2 + qb_m^2 \end{bmatrix}$$

(2-38)

平面应变:$H = \dfrac{E(1-\mu)t}{4(1+\mu)(1-2\mu)A}$,$p = \dfrac{\mu}{1-\mu}$,$q = \dfrac{1-2\mu}{2(1-\mu)}$,$r = \dfrac{1}{2(1-\mu)}$。

平面应力:$H = \dfrac{Et}{4(1-\mu^2)A}$,$p = \mu$,$q = \dfrac{1-\mu}{2}$,$r = \dfrac{1+\mu}{2}$。

2. 虚位移原理法

上述推导单元刚度矩阵$[k]^e$的过程也可以利用虚位移原理得到。

所谓虚位移原理是指,如果在虚位移发生之前,物体处于平衡状态,那么在虚位移发生时,外力在虚位移上所做的虚功等于物体内应力在虚应变上的虚应变能,即:

$$\{\boldsymbol{\delta}^*\}^T \{\boldsymbol{F}\} = \iiint \{\boldsymbol{\varepsilon}^*\}^T \{\boldsymbol{\sigma}\} \mathrm{d}x\mathrm{d}y\mathrm{d}z \tag{2-39}$$

式中,$\{\boldsymbol{\delta}^*\}$和$\{\boldsymbol{\varepsilon}^*\}$分别为物体的虚位移和虚应变;$\{\boldsymbol{F}\}$和$\{\boldsymbol{\sigma}\}$分别为物体所受外力和物体内应力。

用$\{\boldsymbol{F}\}^e$表示单元e全部结点力所组成的向量:

$$\{\boldsymbol{F}\}^e = [F_i \quad F_j \quad F_m \cdots]^T$$

假定在单元e中发生了虚位移$\{\boldsymbol{r}^*\}^e$,相应结点的虚位移为$\{\boldsymbol{\delta}^*\}^e$,根据式(2-9),有:

$$\{\boldsymbol{r}^*\}^e = [\boldsymbol{N}]\{\boldsymbol{\delta}^*\}^e$$

根据式(2-12),单元内单元的虚应变$\{\boldsymbol{\varepsilon}^*\}^e$为:

$$\{\boldsymbol{\varepsilon}^*\}^e = [\boldsymbol{B}]\{\boldsymbol{\delta}^*\}^e$$

结点力所做的虚功等于每个结点力分量(U_i, V_i, W_i)与相应的结点虚位移分量(u_i^*, v_i^*, w_i^*)的乘积之和:

$$u_i^* U_i + v_i^* V_i + w_i^* W_i + \cdots$$

用矩阵表示,即为:

$$\delta V = (\{\boldsymbol{\delta}^*\}^e)^T \{\boldsymbol{F}\}^e \tag{2-40}$$

在整个单元内,应力在虚应变$\{\boldsymbol{\varepsilon}^*\}$上的虚应变能为:

$$\delta U = \iiint (\{\pmb{\varepsilon}^*\}^e)^{\mathrm{T}} \{\pmb{\sigma}\} \mathrm{d}x \mathrm{d}y \mathrm{d}z \tag{2-41}$$

根据虚位移原理,有 $\delta U = \delta V$,即:

$$(\{\pmb{\delta}^*\}^e)^{\mathrm{T}} \{\pmb{F}\}^e = \iiint (\{\pmb{\varepsilon}^*\}^e)^{\mathrm{T}} \{\pmb{\sigma}\}^e \mathrm{d}x \mathrm{d}y \mathrm{d}z \tag{2-42}$$

又 $\{\pmb{\varepsilon}^*\}^e = [\pmb{B}] \{\pmb{\delta}^*\}^e$,$\{\pmb{\sigma}\}^e = [\pmb{D}] \{\pmb{\varepsilon}\}^e = [\pmb{D}][\pmb{B}] \{\pmb{\delta}\}^e$,故:

$$(\{\pmb{\delta}^*\}^e)^{\mathrm{T}} \{\pmb{F}\}^e = \iiint (\{\pmb{\delta}^*\}^e)^{\mathrm{T}} [\pmb{B}]^{\mathrm{T}} \cdot [\pmb{D}][\pmb{B}] \{\pmb{\delta}\}^e \mathrm{d}x \mathrm{d}y \mathrm{d}z \tag{2-43}$$

式(2-43)对于任何虚位移都必须成立。由于虚位移可以是任意的,所以 $(\{\pmb{\varepsilon}^*\}^e)^T$ 也是任意的。式(2-43)两边相乘的矩阵应当相等,于是得到:

$$\{\pmb{F}\}^e = \iiint [\pmb{B}]^{\mathrm{T}} [\pmb{D}] [\pmb{B}] \mathrm{d}x \mathrm{d}y \mathrm{d}z \cdot \{\pmb{\delta}\}^e \tag{2-44}$$

令

$$[\pmb{k}]^e = \iiint [\pmb{B}]^{\mathrm{T}} [\pmb{D}] [\pmb{B}] \mathrm{d}x \mathrm{d}y \mathrm{d}z \tag{2-45}$$

对于平面问题中的三角形单元,$[\pmb{k}]^e = [\pmb{B}]^{\mathrm{T}} [\pmb{D}] [\pmb{B}] \cdot tA$

则

$$\{\pmb{F}\}^e = [\pmb{k}]^e \{\pmb{\delta}\}^e \tag{2-46}$$

从上述过程可以看出,采用虚位移原理建立单元刚度矩阵(式2-45)非常方便简洁,同时用这种方法建立的单元刚度矩阵不仅适用于三角形单元,而且适用于其他所有单元类型,只不过对于每种单元而言,其矩阵 $[\pmb{B}]$ 和 $[\pmb{D}]$ 的具体形式是不同的。在第 2.2 节中,将给出常见单元(矩形单元、四面体单元)的单元刚度矩阵。

2.1.5 结点荷载

作用于结构上的荷载有两种,一种是集中荷载,另一种是分布荷载。对于集中荷载,在划分网格时应使集中荷载的作用点成为一个结点。至于分布荷载,应代以静力等效的结点荷载,以便于计算。

1. 分布边界力的等效结点荷载

如图 2.3(a)所示,设 e 是靠近边界的三角形单元,在 ij 边上作用着均匀分布的水平边界力 p_x,其合力为 $p_x tl$,其中 l 为 ij 边的长度,t 为单元的厚度。合力的作用点是 ij 边的中点,利用虚位移原理,不难证明等效结点荷载为:

$$\{\pmb{P}\}^e = \begin{bmatrix} X_i^e & Y_i^e & X_j^e & Y_j^e & X_m^e & Y_m^e \end{bmatrix}^{\mathrm{T}} = p_x tl \begin{bmatrix} \dfrac{1}{2} & 0 & \dfrac{1}{2} & 0 & 0 & 0 \end{bmatrix}^{\mathrm{T}} \tag{2-47}$$

如图 2.3(b)所示,在 ij 边上作用着三角形分布水平边界力,在 j 点的集度为 p_x,其合力为 $p_x tl/2$,合力的作用点至 j 点的距离为 $l/3$,至 i 点的距离为 $2l/3$,用虚位移原理不难证

明,等效结点荷载为:

$$\{\pmb{P}\}^e = \frac{p_x tl}{2} \begin{bmatrix} \frac{1}{3} & 0 & \frac{2}{3} & 0 & 0 & 0 \end{bmatrix}^{\mathrm{T}} \tag{2-48}$$

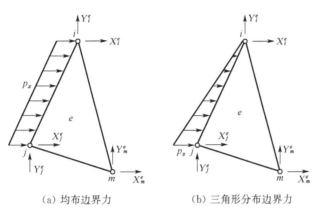

(a) 均布边界力　　(b) 三角形分布边界力

图 2.3　边界力的等效结点荷载

2. 均布体积力的结点荷载

设均质、等厚度三角形单元 ijm,在其单位体积上作用着水平体积力 q_x 和竖向体积力 q_y,其合力为:

$$Q_x = q_x tA, \quad Q_y = q_y tA$$

式中,A 为单元的面积,t 为单元的厚度。

合力的作用点为三角形单元的重心 c,如图 2.4 所示。

首先求 i 点的水平荷载 X_i^e,假想单元发生这样的虚位移:结点 i 沿水平方向产生单位虚位移,其他两个结点 j 和 m 保持不动,根据线性位移假设,b 点也不移动,重心 c 在水平方向移动 1/3 单位,在竖向虚位移为零。按静力等效原则,荷载的虚功应等于 X_i^e 的虚功,即:

$$X_i^e \times 1 = Q_x \times \frac{1}{3} + Q_y \times 0$$

由此可知,$X_i^e = Q_x/3$,同理可求出其他结点荷载,最后得到荷载向量如下:

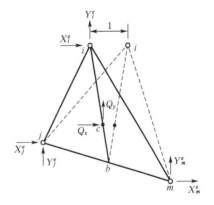

图 2.4　均布体积力的等效结点荷载

$$\{\pmb{P}\}^e = \frac{1}{3} \begin{bmatrix} Q_x & Q_y & Q_x & Q_y & Q_x & Q_y \end{bmatrix}^{\mathrm{T}} \tag{2-49}$$

2.1.6 结点平衡方程与整体刚度矩阵

1. 结点平衡方程

每个结点,在结点力和结点荷载的作用下,必须保持平衡。例如,从如图 2.5(a)所示的结构中取出结点 i,这个结点 i 周围有 6 个单元,从中再取出一个单元 e,这个单元受到 i、j、m 结点所施加的结点力为:

$$\{F\}^e = \begin{bmatrix} F_i & F_j & F_m \end{bmatrix}^T = \begin{bmatrix} U_i & V_i & U_j & V_j & U_m & V_m \end{bmatrix}^T$$

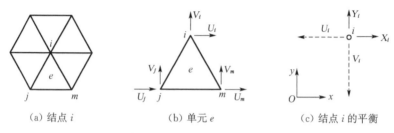

(a) 结点 i (b) 单元 e (c) 结点 i 的平衡

图 2.5 结点的平衡

反过来,结点 i、j、m 也受到该单元 e 所施加的力,与上述结点力大小相等而方向相反。如图 2.5(c)所示,结点 i 就受到单元 e 所施加的沿负方向的力 U_i 和 V_i。同样,环绕结点 i 的其他单元也对结点 i 施加有这样的力。

结点 i 一般还承受着从结点周围各单元移置而来的结点荷载:

$$\{P_i\} = \sum_e \{P_i\}^e = \begin{Bmatrix} X_i \\ Y_i \end{Bmatrix}$$

根据结点 i 在水平及竖向的平衡条件,可建立平衡方程如下:

$$\sum_e U_i = X_i, \quad \sum_e V_i = Y_i$$

式中, $\sum_e$ 为环绕结点 i 的所有单元求和。

上述平衡方程也可用矩阵表示为:

$$\sum_e \{F_i\} = \{P_i\} \tag{2-50}$$

以 $\{F\}^e = [k]\{\delta\}^e$ 代入上式,得到用结点位移表示的结点平衡方程为:

$$[K]\{\delta\} = \{P\} \tag{2-51}$$

整体刚度矩阵 $[K]$ 的各元素可计算如下:

$$K_{rs} = \sum_e k_{ij} \tag{2-52}$$

式中, $\sum_e$ 为对交会于结点 i 的各单元求和;rs 为 K_{rs} 位于整体刚度矩阵 $[K]$ 的第 r 行第 s

列；ij 为 k_{ij} 位于单元刚度矩阵的第 i 行第 j 列。

整体刚度系数 K_{rs} 的物理意义是，结构第 s 个自由度的单位变形所引起的第 r 个结点力。

如果共有 n 个结点，平衡方程组(2-51)将是 $2n$ 阶线性代数方程组，解出这个方程组，可求出结点位移，然后由式(2-21)可求出单元应力。因此，问题的关键在于建立整体刚度矩阵 $[K]$。

2. 整体刚度矩阵的合成

为了简便起见，下面以杆单元结构为例，说明由单元刚度矩阵 $[k]^e$ 合成整体刚度矩阵 $[K]$ 的过程。

对于如图 2.6 所示的桁架，在结点 3 施加水平位移 b，求取各杆单元的内力。

(1) 计算杆单元的单元刚度矩阵

该桁架共有 6 个杆单元：12、13、14、23、24 和 34。首先计算单元的刚度矩阵：

$$[k]^e = \frac{AE}{l} \begin{Bmatrix} \alpha^2 & \alpha\beta & -\alpha^2 & -\alpha\beta \\ \alpha\beta & \beta^2 & -\alpha\beta & -\beta^2 \\ -\alpha^2 & -\alpha\beta & \alpha^2 & \alpha\beta \\ -\alpha\beta & -\beta^2 & \alpha\beta & \beta^2 \end{Bmatrix}$$

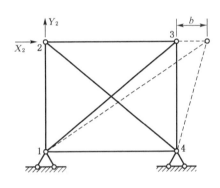

图 2.6 桁架杆单元结构

式中，$\alpha = \cos\theta, \beta = \sin\theta, \theta$ 为杆件与水平方向的夹角。

将每个杆单元的数据代入上式，可得：

$$[k]_{12}^e = \frac{AE}{l} \begin{bmatrix} 0 & 0 & 0 & 0 \\ 0 & 1 & 0 & -1 \\ 0 & 0 & 0 & 0 \\ 0 & -1 & 0 & 1 \end{bmatrix}$$

$$[k]_{13}^e = \frac{AE}{\sqrt{2}\,l} \begin{bmatrix} 0.5 & 0.5 & -0.5 & -0.5 \\ 0.5 & 0.5 & -0.5 & -0.5 \\ -0.5 & -0.5 & 0.5 & 0.5 \\ -0.5 & -0.5 & 0.5 & 0.5 \end{bmatrix}$$

$$[k]_{14}^e = \frac{AE}{l} \begin{bmatrix} 1 & 0 & -1 & 0 \\ 0 & 0 & 0 & 0 \\ -1 & 0 & 1 & 0 \\ 0 & 0 & 0 & 0 \end{bmatrix}$$

$$\vdots$$

(2) 单元刚度矩阵的合成

该结构共有 8 个自由度，结点平衡方程为：

$$\begin{bmatrix} K_{11} & K_{12} & K_{13} & K_{14} & K_{15} & K_{16} & K_{17} & K_{18} \\ K_{21} & K_{22} & K_{23} & K_{24} & K_{25} & K_{26} & K_{27} & K_{28} \\ K_{31} & K_{32} & K_{33} & K_{34} & K_{35} & K_{36} & K_{37} & K_{38} \\ \vdots & \vdots & \vdots & \vdots & \vdots & \vdots & \vdots & \vdots \\ K_{81} & K_{82} & K_{83} & K_{84} & K_{85} & K_{86} & K_{87} & K_{88} \end{bmatrix} \begin{Bmatrix} u_1 \\ v_1 \\ u_2 \\ \vdots \\ v_4 \end{Bmatrix} = \begin{Bmatrix} X_1 \\ Y_1 \\ X_2 \\ \vdots \\ Y_4 \end{Bmatrix}$$

由前文可知,整体刚度矩阵中的元素 K_{rs} 由下式计算:$K_{rs} = \sum_e k_{ij}$。下面是整体刚度矩阵中部分元素的合成过程。

例如有 12、13、14 共 3 个杆单元交会于结点 1,在计算结点 1 的整体刚度系数时,应将这 3 个单元的有关刚度系数 k_{ij} 代入上式求和,以获得整体刚度矩阵 $[\boldsymbol{K}]$ 中第 1 行的各元素:

$$K_{11} = (k_{11})_{12} + (k_{11})_{13} + (k_{11})_{14} = \frac{AE}{\sqrt{2}l}(0 + 0.5 + \sqrt{2})$$

$$K_{12} = (k_{12})_{12} + (k_{12})_{13} + (k_{12})_{14} = \frac{AE}{\sqrt{2}l}(0 + 0.5 + 0)$$

$$K_{13} = (k_{13})_{12} = 0$$

$$K_{14} = (k_{14})_{12} = 0$$

$$K_{15} = (k_{13})_{13} = \frac{AE}{\sqrt{2}l} \times (-0.5)$$

$$K_{16} = (k_{14})_{13} = \frac{AE}{\sqrt{2}l} \times (-0.5)$$

$$K_{17} = (k_{13})_{14} = \frac{AE}{l} \times (-1)$$

$$K_{18} = (k_{14})_{14} = 0$$

以上各式中,$(k_{13})_{14}$ 表示杆 14 的单元刚度矩阵中的第 1 行第 3 个元素,其余依此类推。下面简要说明一下这些系数的计算:

K_{11} 是结构第 1 个自由度 u_1 产生单位位移 $u_1 = 1$ 时所引起的第 1 个结点力 U_1,由图 2.6 可知,$u_1 = 1$ 时,3 个单元 12、13、14 都产生结点力 U_1,所以由 3 个单元的刚度矩阵系数 k_{11} 相加而得到 K_{11}。

K_{16} 是结构第 6 个自由度 $v_3 = 1$ 所引起的结点力 U_1,单元 12、14 与 v_3 无关,不参加计算。v_3 对整个结构来说是第 6 个自由度,但对单元 13 来说,是第 4 个自由度,故 $K_{16} = (k_{14})_{13}$。

以此类推,可计算获得整体刚度矩阵 $[\boldsymbol{K}]$ 的其他各元素,从而得到结点平衡方程组如下:

$$\frac{AE}{\sqrt{2}l} \begin{bmatrix} 1.914 & 0.5 & 0 & 0 & -0.5 & -0.5 & -1.414 & 0 \\ 0.5 & 1.914 & 0 & -1.414 & -0.5 & -0.5 & 0 & 0 \\ 0 & 0 & 1.914 & -0.5 & -1.414 & 0 & -0.5 & 0.5 \\ 0 & -1.414 & -0.5 & 1.914 & 0 & 0 & 0.5 & -0.5 \\ -0.5 & -0.5 & -1.414 & 0 & 1.914 & 0.5 & 0 & 0 \\ -0.5 & -0.5 & 0 & 0 & 0.5 & 1.914 & 0 & -1.414 \\ -1.414 & 0 & -0.5 & 0.5 & 0 & 0 & 1.914 & -0.5 \\ 0 & 0 & 0.5 & -0.5 & 0 & -1.414 & -0.5 & 1.914 \end{bmatrix} \begin{Bmatrix} u_1 \\ v_1 \\ u_2 \\ v_2 \\ u_3 \\ v_3 \\ u_4 \\ v_4 \end{Bmatrix} = \begin{Bmatrix} X_1 \\ Y_1 \\ X_2 \\ Y_2 \\ X_3 \\ Y_3 \\ X_4 \\ Y_4 \end{Bmatrix}$$

以上便完成了整体刚度矩阵的合成。

3. 边界条件的处理

下面来考虑边界条件。在本例中,其边界条件是:$u_1=v_1=u_4=v_4=0, u_3=b$。

在整体刚度矩阵$[K]$中,把与u_1、v_1、u_4、v_4、u_3等对应的主对角线上的刚度系数k_{11}、k_{22}、k_{77}、k_{88}、k_{55}各乘以一个大的整数,如10^8;在荷载列阵$\{P\}$中,把相应的荷载X_1、Y_1、X_4、Y_4改为0,把X_3改为$k_{55} \times 10^8 \times b$,得到平衡方程,即:

$$\frac{AE}{\sqrt{2}l}\begin{bmatrix} 1.914 \times 10^8 & 0.5 & 0 & 0 & -0.5 & -0.5 & -1.414 & 0 \\ 0.5 & 1.914 \times 10^8 & 0 & -1.414 & -0.5 & -0.5 & 0 & 0 \\ 0 & 0 & 1.914 & -0.5 & -1.414 & 0 & -0.5 & 0.5 \\ 0 & -1.414 & -0.5 & 1.914 & 0 & 0 & 0.5 & -0.5 \\ -0.5 & -0.5 & -1.414 & 0 & 1.914 \times 10^8 & 0.5 & 0 & 0 \\ -0.5 & -0.5 & 0 & 0 & 0.5 & 1.914 & 0 & -1.414 \\ -1.414 & 0 & -0.5 & 0.5 & 0 & 0 & 1.914 \times 10^8 & -0.5 \\ 0 & 0 & 0.5 & -0.5 & 0 & -1.414 & -0.5 & 1.914 \times 10^8 \end{bmatrix} \times$$

$$\begin{Bmatrix} u_1 \\ v_1 \\ u_2 \\ v_2 \\ u_3 \\ v_3 \\ u_4 \\ v_4 \end{Bmatrix} = \begin{Bmatrix} 0 \\ 0 \\ X_2 \\ Y_2 \\ 1.914 \times 10^8 \times b \\ Y_3 \\ 0 \\ 0 \end{Bmatrix}$$

求解上式,便可得到符合边界条件的结点位移的解答,按照下式可方便地求出杆单元ij的轴力N_{ij}:

$$N_{ij} = AE\varepsilon_{ij} = \frac{AE}{l}[\alpha(-u_i + u_j) + \beta(-v_i + v_j)]$$

式中,u_i、u_j分别为结点i、j的水平位移;v_i、v_j分别为结点i、j的竖向位移。

2.2 常见单元的单元刚度矩阵和结点荷载

前面介绍了三角形单元的单元刚度矩阵$[k]^e = [B]^T[D][B] \cdot tA$,采用更一般的形式为$[k]^e = \iiint [B]^T[D][B]dxdydz$。该单元刚度矩阵不仅适用于三角形单元,也适用于其他类型的单元,只不过对于每种单元而言,矩阵$[B]$和$[D]$的具体形式是不同的。

2.2.1 矩形单元

1. 矩阵 [B]

边长为 $2a$ 及 $2b$ 的矩形单元如图 2.7。为了简便,把坐标原点取在单元形心上,并以平行于两边的两个对称轴作为 x 轴和 y 轴。单元位移函数取为:

$$\begin{cases} u = \beta_1 + \beta_2 x + \beta_3 y + \beta_4 xy \\ v = \beta_5 + \beta_6 x + \beta_7 y + \beta_8 xy \end{cases} \quad (2\text{-}53)$$

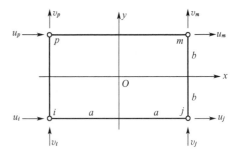

图 2.7　四结点矩形单元

将矩形单元的 4 个结点 i、j、m、p 的坐标分别代入上式,运用线性代数中的克莱姆法则,可求出 8 个系数 $\beta_1 \sim \beta_8$,然后再回代入式(2-53),可得:

$$\begin{cases} u = N_i u_i + N_j u_j + N_m u_m + N_p u_p \\ v = N_i v_i + N_j v_j + N_m v_m + N_p v_p \end{cases} \quad (2\text{-}54)$$

式中,N_i、N_j、N_m 和 N_p 为形函数:

$$\begin{cases} N_i = \dfrac{1}{4}(1-\xi)(1-\eta), \quad N_j = \dfrac{1}{4}(1+\xi)(1-\eta) \\ N_m = \dfrac{1}{4}(1+\xi)(1+\eta), \quad N_p = \dfrac{1}{4}(1-\xi)(1+\eta) \\ \xi = \dfrac{x}{a}, \quad \eta = \dfrac{y}{b} \end{cases} \quad (2\text{-}55)$$

矩形单元的单元应变可用结点位移表示如下:

$$\{\boldsymbol{\varepsilon}\} = \begin{Bmatrix} \dfrac{\partial u}{\partial x} \\ \dfrac{\partial v}{\partial y} \\ \dfrac{\partial u}{\partial y} + \dfrac{\partial v}{\partial x} \end{Bmatrix} = \begin{Bmatrix} \sum \dfrac{\partial N_i}{\partial x} u_i \\ \sum \dfrac{\partial N_i}{\partial y} v_i \\ \sum \left(\dfrac{\partial N_i}{\partial y} u_i + \dfrac{\partial N_i}{\partial x} v_i \right) \end{Bmatrix} = [\boldsymbol{B}]\{\boldsymbol{\delta}\}^e \quad (2\text{-}56)$$

$$[\boldsymbol{B}] = \begin{bmatrix} \dfrac{\partial N_i}{\partial x} & 0 & \dfrac{\partial N_j}{\partial x} & 0 & \dfrac{\partial N_m}{\partial x} & 0 & \dfrac{\partial N_p}{\partial x} & 0 \\ 0 & \dfrac{\partial N_i}{\partial y} & 0 & \dfrac{\partial N_j}{\partial y} & 0 & \dfrac{\partial N_m}{\partial y} & 0 & \dfrac{\partial N_p}{\partial y} \\ \dfrac{\partial N_i}{\partial y} & \dfrac{\partial N_i}{\partial x} & \dfrac{\partial N_j}{\partial y} & \dfrac{\partial N_j}{\partial x} & \dfrac{\partial N_m}{\partial y} & \dfrac{\partial N_m}{\partial x} & \dfrac{\partial N_p}{\partial y} & \dfrac{\partial N_p}{\partial x} \end{bmatrix} \quad (2\text{-}57)$$

把形函数式(2-55)代入式(2-57),可求得:

$$[\boldsymbol{B}] = \frac{1}{4ab}\begin{bmatrix} -(b-y) & 0 & b-y & 0 & b+y & 0 & -(b+y) & 0 \\ 0 & -(a-x) & 0 & -(a+x) & 0 & a+x & 0 & a-x \\ -(a-x) & -(b-y) & -(a+x) & b-y & a+x & b+y & a-x & -(b+y) \end{bmatrix}$$

2. 弹性矩阵[D]

同样作为平面单元，矩形单元的弹性矩阵[D]与三角形的弹性矩阵相同，即：

$$[\boldsymbol{D}] = \frac{E}{1-\mu^2}\begin{bmatrix} 1 & \mu & 0 \\ \mu & 1 & 0 \\ 0 & 0 & \frac{1-\mu}{2} \end{bmatrix}$$

3. 矩形单元的单元刚度矩阵

把矩阵[B]和[D]的元素代入式(2-45)进行计算，对矩阵的每一个元素进行积分，可得到平面问题矩形单元的单元刚度矩阵：

$$[\boldsymbol{k}]^e = HEt \begin{bmatrix} \beta + r\alpha & & & & & & & \\ m & \alpha + r\beta & & & & & & \\ -\beta + \frac{1}{2}r\alpha & s & \beta + r\alpha & & \text{对} & \text{称} & & \\ -s & \frac{\alpha}{2} - r\beta & -m & \alpha + r\beta & & & & \\ -\frac{\beta}{2} - \frac{1}{2}r\alpha & -m & \frac{\beta}{2} - r\alpha & s & \beta + r\alpha & & & \\ -m & \frac{\alpha}{2} - \frac{r\beta}{2} & -s & -\alpha + \frac{r\beta}{2} & m & \alpha + r\beta & & \\ \frac{\beta}{2} - r\alpha & -s & -\frac{\beta}{2} - \frac{r\alpha}{2} & m & -\beta + \frac{r\alpha}{2} & s & \beta + r\alpha & \\ s & -\alpha + \frac{r\beta}{2} & m & -\frac{\alpha}{2} - \frac{r\beta}{2} & -s & \frac{\alpha}{2} - r\beta & -m & \alpha + r\beta \end{bmatrix}$$

(2-58)

平面应力：$H = \frac{1}{1-\mu^2}$, $r = \frac{1-\mu}{2}$, $s = \frac{1-3\mu}{8}$, $m = \frac{1+\mu}{8}$, $\alpha = \frac{a}{3b}$, $\beta = \frac{b}{3a}$

平面应变：$H = \frac{1-\mu}{(1+\mu)(1-2\mu)}$, $r = \frac{1-2\mu}{2(1-\mu)}$, $s = \frac{1-4\mu}{8(1-\mu)}$, $m = \frac{1}{8(1-\mu)}$, $\alpha = \frac{a}{3b}$, $\beta = \frac{b}{3a}$

4. 矩形单元的结点荷载

矩形单元的结点荷载与三角形单元的结点荷载类似，这里不再赘述。

2.2.2 四面体单元

1. 矩阵$[B]$

如图 2.8 所示的一个四面体单元,以 4 个角点 i、j、m、p 为结点。这是最早提出的,也是最简单的空间单元。

每个结点有 3 个位移分量:

$$\{\boldsymbol{\delta}_i\} = \begin{Bmatrix} u_i \\ v_i \\ \omega_i \end{Bmatrix}$$

每个单元共有 12 个结点位移分量,可表示为一个向量:

$$\{\boldsymbol{\delta}\}^e = \begin{bmatrix} \delta_i & \delta_j & \delta_m & \delta_p \end{bmatrix}^{\mathrm{T}}$$

假定单元内任一点的位移分量是坐标的线性函数:

$$\begin{cases} u = \beta_1 + \beta_2 x + \beta_3 y + \beta_4 z \\ v = \beta_5 + \beta_6 x + \beta_7 y + \beta_8 z \\ \omega = \beta_9 + \beta_{10} x + \beta_{11} y + \beta_{12} z \end{cases} \tag{2-59}$$

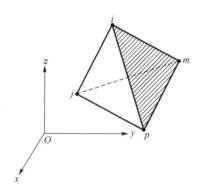

图 2.8 常应变四面体单元

将 i、j、m、p 结点的坐标代入式(2-59),可求得 12 个系数 $\beta_1 \sim \beta_{12}$,再回代入式(2-59),可得:

$$\begin{cases} u = N_i u_i + N_j u_j + N_m u_m + N_p u_p \\ v = N_i v_i + N_j v_j + N_m v_m + N_p v_p \\ w = N_i w_i + N_j w_j + N_m w_m + N_p w_p \end{cases} \tag{2-60}$$

其中:

$$\begin{cases} N_i = \dfrac{(a_i + b_i x + c_i y + d_i z)}{6V} \\ N_j = \dfrac{(a_j + b_j x + c_j y + d_j z)}{6V} \\ N_m = \dfrac{(a_m + b_m x + c_m y + d_m z)}{6V} \\ N_p = \dfrac{(a_p + b_p x + c_p y + d_p z)}{6V} \end{cases} \tag{2-61}$$

$$V = \frac{1}{6} \begin{vmatrix} 1 & x_i & y_i & z_i \\ 1 & x_j & y_j & z_j \\ 1 & x_m & y_m & z_m \\ 1 & x_p & y_p & z_p \end{vmatrix} \tag{2-62}$$

$$\begin{cases} a_i = \begin{vmatrix} x_j & y_j & z_j \\ x_m & y_m & z_m \\ x_p & y_p & z_p \end{vmatrix}, & b_i = -\begin{vmatrix} 1 & y_j & z_j \\ 1 & y_m & z_m \\ 1 & y_p & z_p \end{vmatrix} \\ c_i = -\begin{vmatrix} x_j & 1 & z_j \\ x_m & 1 & z_m \\ x_p & 1 & z_p \end{vmatrix}, & d_i = -\begin{vmatrix} x_j & y_j & 1 \\ x_m & y_m & 1 \\ x_p & y_p & 1 \end{vmatrix} \end{cases} (i, j, m, p) \quad (2\text{-}63)$$

式中,V 为四面体 $ijmp$ 的体积。

为了使四面体的体积 V 不致得出负值,单元结点的标号 i、j、m、p 必须按照一定的顺序。在右手坐标系中,当按照 $i \to j \to m$ 的方向转动时,右手螺旋应向 p 的方向前进,如图 2.8 所示。

在空间问题中,每个结点具有 6 个应变分量。由弹性力学可知,应变矩阵可定义如下:

$$\begin{aligned} \{\boldsymbol{\varepsilon}\} &= \begin{bmatrix} \varepsilon_x & \varepsilon_y & \varepsilon_z & \gamma_{xy} & \gamma_{yz} & \gamma_{zx} \end{bmatrix}^\mathrm{T} \\ &= \begin{bmatrix} \dfrac{\partial u}{\partial x} & \dfrac{\partial v}{\partial y} & \dfrac{\partial \omega}{\partial z} & \dfrac{\partial u}{\partial y}+\dfrac{\partial v}{\partial x} & \dfrac{\partial v}{\partial z}+\dfrac{\partial \omega}{\partial y} & \dfrac{\partial \omega}{\partial x}+\dfrac{\partial u}{\partial z} \end{bmatrix}^\mathrm{T} \end{aligned} \quad (2\text{-}64)$$

将式(2-60)代入式(2-64),得到:

$$\{\boldsymbol{\varepsilon}\} = [\boldsymbol{B}]\{\boldsymbol{\delta}\}^e = [\boldsymbol{B}_i \quad -\boldsymbol{B}_j \quad \boldsymbol{B}_m \quad -\boldsymbol{B}_p]\{\boldsymbol{\delta}\}^e \quad (2\text{-}65)$$

子矩阵 $[\boldsymbol{B}_i]$ 是如下的 6×3 矩阵:

$$[\boldsymbol{B}_i] = \dfrac{1}{6V}\begin{bmatrix} b_i & 0 & 0 \\ 0 & c_i & 0 \\ 0 & 0 & d_i \\ c_i & b_i & 0 \\ 0 & d_i & c_i \\ d_i & 0 & b_i \end{bmatrix} \quad (i, j, m, p) \quad (2\text{-}66)$$

由于矩阵 $[\boldsymbol{B}]$ 中的元素都是常量,单元应变分量也都是常量。

由式(2-59)和式(2-64)可知,式(2-59)中系数 β_1、β_5、β_9 代表刚体移动,β_2、β_7、β_{12} 代表常量正应变,其余 6 个系数反映了常量剪应变和刚体转动。因此,式(2-59)中 12 个系数充分反映了单元的刚性位移和常量应变。

2. 弹性矩阵 $[D]$

对于各向同性体,弹性矩阵 $[D]$ 取决于式(2-67):

$$[D] = \frac{E(1-\mu)}{(1+\mu)(1-2\mu)} \begin{bmatrix} 1 & \frac{\mu}{1-\mu} & \frac{\mu}{1-\mu} & 0 & 0 & 0 \\ & 1 & \frac{\mu}{1-\mu} & 0 & 0 & 0 \\ & & 1 & 0 & 0 & 0 \\ & & & \frac{1-2\mu}{2(1-\mu)} & 0 & 0 \\ & 对 & 称 & & \frac{1-2\mu}{2(1-\mu)} & 0 \\ & & & & & \frac{1-2\mu}{2(1-\mu)} \end{bmatrix}$$

(2-67)

3. 四面体单元的单元刚度矩阵

将矩阵$[B]$的表达式(2-65)代入式(2-45)，可求出单元刚度矩阵$[k]^e$。由于矩阵$[B]$的元素是常量，计算是简便的。计算公式如下：

$$[k]^e = [B]^T [D] [B] V$$

或

$$[k]^e = \begin{bmatrix} k_{ii} & -k_{ij} & k_{im} & -k_{ip} \\ -k_{ji} & k_{jj} & -k_{jm} & k_{jp} \\ k_{mi} & -k_{mj} & k_{mm} & -k_{mp} \\ -k_{pi} & k_{pj} & -k_{pm} & k_{pp} \end{bmatrix} \quad (2-68)$$

子矩阵$[k_{rs}]$由下式计算：

$$[k_{rs}] = [B_r]^T [D] [B_s] V$$

对于各向同性体

$$[k_{rs}] = \frac{E(1-\mu)}{36(1+\mu)(1-2\mu)V} \begin{bmatrix} b_r b_s + g_2(c_r c_s + d_r d_s) & g_1 b_r c_s + g_2 c_r b_s & g_1 b_r d_s + g_2 d_r b_s \\ g_1 c_r b_s + g_2 b_r c_s & c_r c_s + g_2(b_r b_s + d_r d_s) & g_1 c_r d_s + g_2 d_r c_s \\ g_1 d_r b_s + g_2 b_r d_s & g_1 d_r c_s + g_2 c_r d_s & d_r d_s + g_2(b_r b_s + c_r d_s) \end{bmatrix}$$

$(r, s = i, j, m, p)$

(2-69)

式中，$g_1 = \mu/(1-\mu)$，$g_2 = (1-2\mu)/2(1-\mu)$。

4. 四面体单元的结点荷载

下面用虚位移原理推导各种结点荷载算式。

(1) 分布体积力

设单位体积内承受的体积力为：

$$\{q\} = \begin{Bmatrix} q_x \\ q_y \\ q_z \end{Bmatrix}$$

当单元中发生虚位移$\{r^*\}$时,体积力$\{q\}$所做的功为:

$$\iiint \{r^*\}^T \{q\} \mathrm{d}x\mathrm{d}y\mathrm{d}z = (\{\pmb{\delta}^*\}^e)^T \iiint [N]^T \{q\} \mathrm{d}x\mathrm{d}y\mathrm{d}z$$

它应该等于等效结点荷载所做的功,即:

$$(\{\pmb{\delta}^*\}^e)^T \{P\}_q^e = (\{\pmb{\delta}^*\}^e)^T \iiint [N]^T \{q\} \mathrm{d}x\mathrm{d}y\mathrm{d}z$$

由于虚位移$\{\pmb{\delta}*\}^e$是任意的,由上式可得体积力$\{q\}$的等效结点荷载如下:

$$\{P\}_q^e = \iiint [N]^T \{q\} \mathrm{d}x\mathrm{d}y\mathrm{d}z \tag{2-70}$$

式(2-70)右边的重积分应当在单元 e 的整个体积内进行。

对于四面体单元而言,可求得 i 点的结点荷载如下:

$$\{P_i^e\}_q = \begin{Bmatrix} X_i^e \\ Y_i^e \\ Z_i^e \end{Bmatrix}_q = \frac{V}{4} \begin{Bmatrix} q_x \\ q_y \\ q_z \end{Bmatrix} \quad (i, j, m, p) \tag{2-71}$$

式中,V 为单元体积。

也就是说,3 个方向的体积力都平均分配到单元的 4 个结点上。

(2) 分布面力

设单元 e 是靠近边界的单元,其在边界 S 上作用着分布的面力$\{p\}$:

$$\{p\} = \begin{Bmatrix} p_x \\ p_y \\ p_z \end{Bmatrix}$$

当单元中发生虚位移$\{r^*\} = [N]\{\pmb{\delta}^*\}^e$时,面力$\{p\}$所做的功为:

$$\int_S \{r^*\}^T \{p\} \mathrm{d}S = (\{\pmb{\delta}^*\}^e)^T \int_S [N]^T \{p\} \mathrm{d}S$$

它必须等于等效结点荷载所做的功,由此得到:

$$\{P\}_p^e = \int_S [N]^T \{p\} \mathrm{d}S \tag{2-72}$$

式(2-72)右边的面积分是在分布荷载所作用的表面 S 上进行的。

对于四面体单元而言,如果其边界面 ijm 上作用着面力$\{p\}$,在结点 i、j、m 上的集度分别为$[p_x^i \quad p_y^j \quad p_z^m]^T$,则可求得结点荷载如下:

$$X_{ip}^e = \frac{1}{6} A_{ijm} \left(p_x^i + \frac{1}{2} p_x^j + \frac{1}{2} p_x^m \right) \quad \begin{pmatrix} i, & j, & m \\ x, & y, & z \end{pmatrix} \tag{2-73}$$

式中，A_{ijm} 为边界表面 ijm 的面积。

2.3 能量原理

2.3.1 虚位移原理

所谓虚位移可以是任何无限小的位移，它在结构内部必须是连续的，在结构的边界上必须满足运动学边界条件，例如对于悬臂梁来说，在固定端处，虚位移及其斜率必须等于零。

考虑如图 2.9 所示的物体，它受到外力 F_1、F_2、… 的作用，记：

$$\{\bm{F}\} = \begin{bmatrix} F_1 & F_2 & F_3 & \cdots \end{bmatrix}^T$$

在这些外力作用下，物体的应力为：

$$\{\bm{\sigma}\} = \begin{bmatrix} \sigma_x & \sigma_y & \sigma_z & \tau_{xy} & \tau_{yz} & \tau_{zx} \end{bmatrix}^T$$

现在假设物体发生了虚位移，在外力作用处与各个外力相应方向的虚位移为 δ_1^*、δ_2^*、δ_3^* …，记：

$$\{\bm{\delta}^*\} = \begin{bmatrix} \delta_1^* & \delta_2^* & \delta_3^* & \cdots \end{bmatrix}^T$$

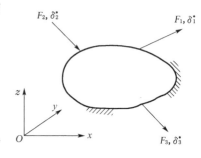

图 2.9 物体的边界条件

上述虚位移所产生的虚应变为：

$$\{\bm{\varepsilon}^*\} = \begin{bmatrix} \varepsilon_x^* & \varepsilon_y^* & \varepsilon_z^* & \gamma_{xy}^* & \gamma_{yz}^* & \gamma_{zx}^* \end{bmatrix}^T$$

在产生虚位移时，外力已作用于物体，而且在虚位移过程中，外力保持不变。因此，外力在虚位移上所做的虚功为：

$$\delta V = F_1 \delta_1^* + F_2 \delta_2^* + F_3 \delta_3^* + \cdots = \{\bm{\delta}^*\}^T \{\bm{F}\}$$

在物体的单位体积内，应力在虚应变上的虚应变能为：

$$\sigma_x \varepsilon_x^* + \sigma_y \varepsilon_y^* + \sigma_z \varepsilon_z^* + \tau_{xy} \gamma_{xy}^* + \tau_{yz} \gamma_{yz}^* + \tau_{zx} \gamma_{zx}^* = \{\bm{\varepsilon}^*\}^T \{\bm{\sigma}\}$$

整个物体的虚应变能为：

$$\delta U = \iiint \{\bm{\varepsilon}^*\}^T \{\bm{\sigma}\} \mathrm{d}x \mathrm{d}y \mathrm{d}z$$

虚位移原理表明，如果在虚位移发生之前，物体处于平衡状态，那么在虚位移发生时，外力在虚位移上所做虚功等于物体内应力在虚应变上的虚应变能，即：

$$\{\bm{\delta}^*\}^T \{\bm{F}\} = \iiint \{\bm{\varepsilon}^*\}^T \{\bm{\sigma}\} \mathrm{d}x \mathrm{d}y \mathrm{d}z \tag{2-74}$$

式中，$\{\bm{\delta}^*\}$ 和 $\{\bm{\varepsilon}^*\}$ 分别为物体的虚位移和虚应变；$\{\bm{F}\}$ 和 $\{\bm{\sigma}\}$ 分别为物体所受外力和物体内

应力。

上述虚位移原理可以用于建立单元的刚度矩阵(见第 2.1.4 节),不仅适用于线性材料,也适用于非线性材料。

2.3.2 最小势能原理

物体的势能 Π_p 定义为物体的应变能 U 与外力势 V 之差,即:

$$\Pi_p = U - V \tag{2-75}$$

$$U = \frac{1}{2} \iiint \{\boldsymbol{\varepsilon}\}^T [\boldsymbol{D}] \{\boldsymbol{\varepsilon}\} \mathrm{d}x\mathrm{d}y\mathrm{d}z \tag{2-76}$$

$$V = \sum \boldsymbol{F\delta} + \iiint \{\boldsymbol{r}\}^T \{\boldsymbol{q}\} \mathrm{d}x\mathrm{d}y\mathrm{d}z + \int_{S_\sigma} \{\boldsymbol{r}_b\}^T \{\overline{\boldsymbol{p}}\} \mathrm{d}s \tag{2-77}$$

式(2-77)中右端第 1 项为集中力 F 的势;第 2 项为体积力 $\{q\}$ 的势;第 3 项为面力 $\{p\}$ 的势;S_σ 为面力作用的表面;$\{r_b\}$ 为表面 S_σ 上的位移;$\{\overline{p}\}$ 为给定的面力。

最小势能原理可叙述如下:在所有满足边界条件的协调位移中,那些满足平衡条件的位移使物体势能取驻值,即:

$$\delta \Pi_p = \delta U - \delta V = 0$$

对于线性弹性体,势能取最小值,即:

$$\delta^2 \Pi_p = \delta^2 U - \delta^2 V \geqslant 0$$

最小势能原理可用虚位移加以证明。设物体产生了虚位移 $\delta\{r\} = \delta[u \quad v \quad w]^T$,相应的虚应变为 $\delta\{\boldsymbol{\varepsilon}\}$,整个物体的虚应变能为:

$$\iiint \{\boldsymbol{\sigma}\}^T \delta\{\boldsymbol{\varepsilon}\} \mathrm{d}x\mathrm{d}y\mathrm{d}z$$

把 $\{\boldsymbol{\sigma}\} = [\boldsymbol{D}]\{\boldsymbol{\varepsilon}\}$ 代入上式,得到:

$$\iiint \{\boldsymbol{\varepsilon}\}^T [\boldsymbol{D}] \delta\{\boldsymbol{\varepsilon}\} \mathrm{d}x\mathrm{d}y\mathrm{d}z = \delta U$$

由式(2-76)可知,上式右端等于应变能的一阶变分。同理,由式(2-77)可知,外力在虚位移 $\delta\{r\}$ 上所做的虚功等于外力势的一阶变分 δV,根据虚位移原理 $\delta U - \delta V = 0$,所以有:

$$\delta \Pi_p = 0$$

利用最小势能原理,可以求出单元刚度矩阵及结点荷载。

虚位移原理与最小势能原理在本质上是相同的,虚位移原理应用较方便,但由最小势能原理可以判断解的收敛性及解的下限性质(其值将小于精确解)。

提示:按最小势能原理求解时,也必须先假定单元位移函数。从物体中取出的一个单元,作为连续介质的一部分,本来具有无限个自由度,在采用位移函数以后,只有以结点位移

表示的有限个自由度,位移函数对单元的变形能力有所限制,使单元的刚度增加了,物体的整体刚度也随之增加,因此计算的位移近似解将小于精确解。(有限元解的下限性质解释)

2.3.3 最小余能原理

如果在物体的一部分边界 S_u 上给定了位移 $\{\bar{r}_b\} = [\bar{u}_b \quad \bar{v}_b \quad \bar{w}_b]^T$,并设作用在 S_u 上的边界反力(包括支座反力)为 $\{p\} = [p_x \quad p_y \quad p_z]^T$,那么边界反力的势可由式(2-28)计算:

$$V^* = \int_{S_u} (p_x \bar{u}_b + p_y \bar{v}_b + p_z \bar{w}_b) \mathrm{d}S = \int_{S_u} \{\bar{r}_b\}^T \{p\} \mathrm{d}S \tag{2-78}$$

物体的余能 Π_c 定义为物体的余应变能与给定位移的那一部分边界 S_u 上边界反力的势 V^* 之差,即:

$$\Pi_c = U^* - V^* \tag{2-79}$$

其中物体的余应变能为

$$U^* = \frac{1}{2} \iiint \{\sigma\}^T [D]^{-1} \{\sigma\} \mathrm{d}x \mathrm{d}y \mathrm{d}z$$

故物体的余能可由式(2-80)计算:

$$\Pi_c = \frac{1}{2} \iiint \{\sigma\}^T [D]^{-1} \{\sigma\} \mathrm{d}x \mathrm{d}y \mathrm{d}z - \int_{S_u} \{\bar{r}\}^T \{p_b\} \mathrm{d}S \tag{2-80}$$

最小余能原理可叙述如下:在物体内部满足平衡条件并在边界上满足规定的应力条件的所有应力状态中,只有那些在物体内部满足应力—应变关系,并在边界上满足规定的边界位移条件的应力状态,使物体的余能取驻值,即:

$$\delta \Pi_c = \delta U^* - \delta V^* = 0 \tag{2-81}$$

对于线性弹性体,Π_c 取最小值,即:

$$\delta^2 \Pi_c = \delta^2 U^* - \delta^2 V^* \geqslant 0 \tag{2-82}$$

最小余能原理与最小势能原理的基本区别如下:最小势能原理对应于结构的平衡条件,而最小余能原理对应于结构的变形协调条件。最小势能原理以位移为变化量,最小余能原理以力为变化量。

在单元分析中,如果假设单元的位移函数,由最小势能原理可求出单元刚度矩阵;如果假定单元的应力状态,由最小余能原理可求出单元柔度矩阵。下面加以说明。

单元结点力为 $\{F\}^e$,设单元应力 $\{\sigma\}$ 可用结点力 $\{F\}^e$ 表示如下:

$$\{\sigma\} = [\rho]\{F\}^e \tag{2-83}$$

式(2-83)在单元边界上的取值即为单元的边界力 $\{p\}$,现记为:

$$\{p\} = [\lambda]\{F\}^e \tag{2-84}$$

必须指出,除了杆单元和梁单元,对于一般的连续介质,要像式(2-83)那样用结点力表示单元内部应力是很困难的,把式(2-83)、式(2-84)代入式(2-80),得到:

$$\Pi_c = \frac{1}{2}(\{F\}^e)^{\mathrm{T}}[f]\{F\}^e - (\{F\}^e)^{\mathrm{T}}\{\bar{\delta}\} \tag{2-85}$$

$$[f] = \iiint \{\rho\}^{\mathrm{T}}[D]^{-1}\{\rho\}\mathrm{d}x\mathrm{d}y\mathrm{d}z \tag{2-86}$$

$$\{\bar{\delta}\} = \iint_{S_u} [\lambda]^{\mathrm{T}}\{\bar{r}_b\}\mathrm{d}S \tag{2-87}$$

式中,$[f]$为单元柔度矩阵;$\{\bar{\delta}\}$为单元结点位移。

根据最小余能原理,$\delta\Pi_c = 0$,故:

$$\frac{\partial \Pi_c}{\partial \{F\}^e} = 0$$

由式(2-85)得:

$$[f]\{F\}^e = \{\bar{\delta}\} \tag{2-88}$$

式(2-88)用于结构的整体分析,即所谓矩阵力法。先选择赘余力,再根据变形协调条件建立以结点力为未知量的方程组,即可求出结点力。矩阵力法在计算机上实现远比矩阵位移法困难,所以采用较少。按最小余能原理求解时,所假设的应力场在单元内部应满足平衡方程,在相邻单元的公共边界上应力不必连续,但应满足平衡条件,这种单元称为平衡单元,求解时的未知量是结点力。

2.4 有限元解的收敛性

一个连续介质本来具有无限个自由度,代以有限个单元的集合以后,便只有有限个自由度了,计算结果能否收敛于真解呢?

当按位移求解时,为使计算结果收敛于真解,应满足下列条件:

(1) 单元的刚体位移不产生应变。这个条件显然是必要的,否则,坐标的平移和转动都将产生应变了。

(2) 位移函数应反映单元的常应变。当单元尺寸无限缩小时,单元应变将趋近于常量,因此单元位移函数中应包括常应变项(即线性项)。

(3) 位移函数必须保证在相邻单元的接触面上应变是有限的。

上述第(1)条可以看成是第(2)条的特例,因为刚体位移是常应变的特例——应变等于零,这两个条件合称为完备性条件。第(3)个条件称为连续性条件。

在有限单元法中,按位移(即按最小势能原理)求解时,只计算了各单元内部的功(应变能),没有计算相邻两单元接触面上的功,由于接触面的厚度为零,当接触面上的应变是有限值时,此功等于零;反之,当接触面上的应变不是有限值时,此功就可能不等于零,忽略它就会引起一定的误差。

2.5 形函数及其应用

在有限单元法中,当单元形状和相应的形函数确定以后,剩下的运算可依照标准步骤和普遍公式进行。同时,形函数还可以用来构建复杂单元的几何形状。因此,在有限单元法中,形函数的作用十分重要。

2.5.1 形函数的定义

形函数是定义于单元内部的、坐标的连续函数,它应满足下列条件:
(1) N_i 的取值
在结点 i: $N_i=1$
在其他结点: $N_i=0$
(2) 能保证用它定义的未知量(u、v、w 或 x、y、z)在相邻单元之间的连续性。
(3) 应包含任意线性项,以便用它定义的单元位移可满足常应变条件。
(4) 应满足下列等式,以便用它定义的单元位移能反映刚性移动。

$$\sum N_i = 1 \tag{2-89}$$

现在说明上述等式的必要性。用形函数定义单元位移如下:

$$u = \sum N_i u_i, \ v = \sum N_i v_i, \ w = \sum N_i w_i \tag{2-90}$$

式中,u_i、v_i、w_i 分别为结点 i 的 x、y、z 方向位移。

设单元产生单位水平方向(或其他方向)刚体移动:$u=1$,则所有结点及单元内任一点都产生单位水平移动,由上式可得:

$$u = \sum N_i \times 1 = 1$$

即式(2-89)。

形函数阶次越高,单元形状就越复杂,单元适应能力越强,求解应力问题时所需单元数量也越少,平衡方程组的阶次较低,求解方程组的时间较少。但形函数阶次提高后,建立刚度矩阵的运算较复杂,因此对于每一个特定的问题,都有一个最合适的形函数的阶次,它使得总的计算时间最经济,这一般需要由计算经验决定。

2.5.2 典型的一维、二维和三维形函数

1. 一维形函数

对于如图 2.10 所示的一维杆单元(一维母单元),采用坐标 ξ(局部坐标),$-1 \leqslant \xi \leqslant +1$。通过坐标变换,可以得到整体坐标系$(x,y,z)$中不同长度和形状的曲线单元(子单元)。一维形函数如下:

(a) 线性单元　(b) 二次单元　(c) 三次单元

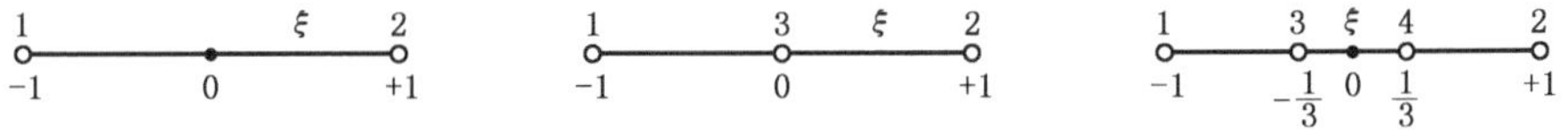

图 2.10　一维母单元

(1) 线性单元(2 结点)

$$N_1=\frac{1-\xi}{2},\ N_2=\frac{1+\xi}{2} \tag{2-91}$$

(2) 二次单元(3 结点)

$$N_1=-\frac{(1-\xi)\xi}{2},\ N_2=\frac{(1+\xi)\xi}{2},\ N_3=1-\xi^2 \tag{2-92}$$

(3) 三次单元(4 结点)

$$\begin{cases} N_1=\dfrac{(1-\xi)(9\xi^2-1)}{16}, & N_2=\dfrac{(1+\xi)(9\xi^2-1)}{16} \\ N_3=\dfrac{9(1-\xi^2)(1-3\xi)}{16}, & N_4=\dfrac{9(1-\xi^2)(1+3\xi)}{16} \end{cases} \tag{2-93}$$

2. 二维形函数

二维母单元是(ξ,η)平面中 2×2 的正方形,其中,$-1\leqslant\xi\leqslant+1$,$-1\leqslant\eta\leqslant+1$。

如图 2.11 所示,坐标原点位于单元形心上。单元边界由 4 条直线确定:$\xi=\pm1$,$\eta=\pm1$,结点数目应与形函数阶次相适应,以保证用形函数定义的未知量在相邻单元之间的连续性。对于线性、二次、三次形函数,单元每边应分别有 2、3、4 个结点。除了 4 个角点外,其他结点放在各边的二等分或三等分点上。

(a) 线性单元　(b) 二次单元　(c) 三次单元

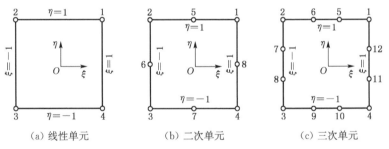

图 2.11　二维母单元

二维形函数如下:

(1) 线性单元(4 结点)

$$\begin{cases} N_1=\dfrac{(1+\xi)(1+\eta)}{4}, & N_2=\dfrac{(1-\xi)(1+\eta)}{4} \\ N_3=\dfrac{(1-\xi)(1-\eta)}{4}, & N_4=\dfrac{(1+\xi)(1-\eta)}{4} \end{cases} \tag{2-94}$$

式(2-94)也可以合并为下列形式：

$$\begin{cases} N_i = \dfrac{(1+\xi_0)(1+\eta_0)}{4} & (i=1,2,3,4) \\ \xi_0 = \xi_i\xi, \ \eta_0 = \eta_i\eta \end{cases} \tag{2-95}$$

式中，ξ_i、η_i 为结点 i 的坐标。

显然，在单元的 4 条边界上，形函数是线性的。

(2) 二次函数(8 结点)

$$\text{角 点：} N_i = \frac{1}{4}(1+\xi_0)(1+\eta_0)(\xi_0+\eta_0-1) \ (i=1,2,3,4)$$

$$\text{边中点：} N_i = \frac{1}{2}(1-\xi^2)(1+\eta_0) \ (i=5,7) \tag{2-96}$$

$$N_i = \frac{1}{2}(1-\eta^2)(1+\xi_0) \ (i=6,8)$$

在单元的 4 条边上，形函数是二次函数。

(3) 三次单元(12 结点)

$$\text{角 点：} N_i = \frac{1}{32}(1+\xi_0)(1+\eta_0)[9(\xi^2+\eta^2)-10] \ (i=1,2,3,4)$$

$$\text{边三分点：} N_i = \frac{9}{32}(1+\xi_0)(1-\eta^2)(1+9\eta_0) \ (i=7,8,11,12) \tag{2-97}$$

$$N_i = \frac{9}{32}(1+\eta_0)(1-\xi^2)(1+9\xi_0) \ (i=5,6,9,10)$$

在单元的 4 条边上，形函数是三次函数。

3. 三维形函数

三维母单元是 (ξ,η,ζ) 坐标系中 $2\times2\times2$ 的正六面体，其中，$-1\leqslant\xi\leqslant+1$，$-1\leqslant\eta\leqslant+1$，$-1\leqslant\zeta\leqslant+1$。

如图 2.12 所示，坐标原点在单元形心上，单元边界是 6 个平面：$\xi=\pm1$，$\eta=\pm1$，$\zeta=\pm1$。单元结点放在角点及各棱的等分点上。

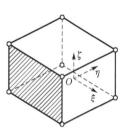
(a) 线性单元(8 结点)

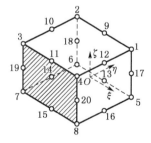
(b) 二次单元(20 结点)

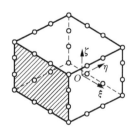
(c) 三次单元(32 结点)

图 2.12 三维母单元

三维形函数如下：

(1) 线性单元(8 结点)

$$N_i = \frac{1}{8}(1+\xi_0)(1+\eta_0)(1+\zeta_0) \tag{2-98}$$

(2) 二次单元(20 结点)

角　　点：$N_i = \frac{1}{8}(1+\xi_0)(1+\eta_0)(1+\zeta_0)\{\xi_0+\eta_0+\zeta_0-2\}$

典型边中点：$\xi_i = 0, \eta_i = \pm 1, \zeta_i = \pm 1$ $\qquad(2\text{-}99)$

$$N_i = \frac{1}{4}(1-\xi^2)(1+\eta_0)(1+\zeta_0)$$

(3) 三次单元(32 结点)

角　　点：$N_i = \frac{1}{64}(1+\xi_0)(1+\eta_0)(1+\zeta_0)[9(\xi^2+\eta^2+\zeta^2)-19]$

典型边中点：$\xi_i = \pm\frac{1}{3}, \eta_i = \pm 1, \zeta_i = \pm 1$ $\qquad(2\text{-}100)$

$$N_i = \frac{9}{64}(1-\xi^2)(1+9\xi_0)(1+\eta_0)(1+\zeta_0)$$

2.5.3　坐标变换

前面介绍的几种母单元，几何形状简单规则，便于进行计算，但难以适应实际工程中出现的各种结构的复杂形状。为此必须进行坐标变换，必须在坐标系(ξ,η,ζ)(母单元所在的坐标系)和坐标系(x,y,z)(子单元所在的坐标系)之间建立一一对应关系。在有限单元法中，这种对应关系是利用形函数建立起来的。

子单元在几何上可以适应各种实际结构的复杂外形，经过坐标变换后的单元具有双重特性：一方面，子单元的几何特征、载荷等，都来自实际结构，充分反映了实际情况；另一方面，大量计算工作是在母单元内进行的，由于它们的形状简单而且规则，计算比较方便，并便于循环，因此特别有利于在电子计算机上进行计算。

1. 平面坐标变换

在整体坐标系中，子单元内任一点的坐标用形函数表示如下：

$$\begin{cases} x = \sum N_i x_i = N_1 x_1 + N_2 x_2 + \cdots \\ y = \sum N_i y_i = N_1 y_1 + N_2 y_2 + \cdots \end{cases} \tag{2-101}$$

式中，N_i为用局部坐标表示的形函数；(x_i, y_i)为结点i的整体坐标。

图 2.13 表示了一维单元的坐标变换。原来的直线分别变换成直线、二次曲线和三次曲线，这是因为变换式(2-101)中的形函数N_i分别是ξ的一次、二次和三次函数。

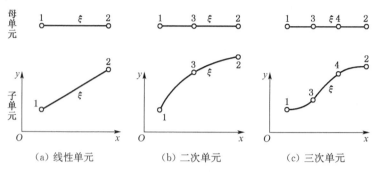

(a) 线性单元　　　　　(b) 二次单元　　　　　(c) 三次单元

图 2.13　一维单元的平面坐标变换

图 2.14 表示了二维线性单元的平面坐标变换。母单元是正方形,子单元是任意四边形。

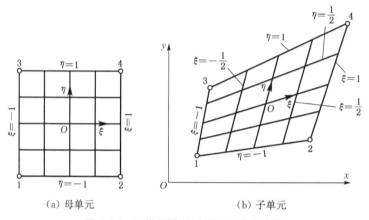

(a) 母单元　　　　　　　　　　(b) 子单元

图 2.14　二维线性单元的平面坐标变换

其坐标变换公式为:

$$\begin{cases} x = \dfrac{x_1}{4}(1-\xi)(1-\eta) + \dfrac{x_2}{4}(1+\xi)(1-\eta) + \dfrac{x_3}{4}(1-\xi)(1+\eta) \\ \quad + \dfrac{x_4}{4}(1+\xi)(1+\eta) \\ y = \dfrac{y_1}{4}(1-\xi)(1-\eta) + \dfrac{y_2}{4}(1+\xi)(1-\eta) + \dfrac{y_3}{4}(1-\xi)(1+\eta) \\ \quad + \dfrac{y_4}{4}(1+\xi)(1+\eta) \end{cases}$$

2. 空间坐标变换

空间坐标变换公式如下:

$$\begin{cases} x = \sum N_i x_i = N_1 x_1 + N_2 x_2 + \cdots \\ y = \sum N_i y_i = N_1 y_1 + N_2 y_2 + \cdots \\ z = \sum N_i z_i = N_1 z_1 + N_2 z_2 + \cdots \end{cases} \qquad (2\text{-}102)$$

式中，N_i 为用局部坐标表示的形函数；(x_i, y_i, z_i) 为结点 i 的整体坐标。

经过空间坐标变换后，原来的直线将变成空间曲线，原来的平面将变成空间曲面。母单元正六面体将变为具有曲棱、曲面的六面体子单元，如图 2.15 所示。

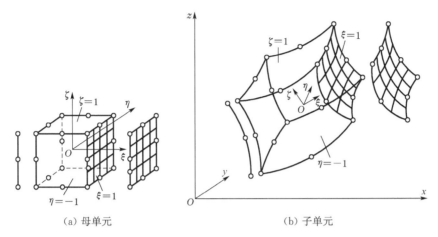

(a) 母单元　　　　　　　(b) 子单元

图 2.15　空间坐标变换

3. 等参数单元的定义

单元位移用形函数表示如下：

$$\begin{cases} u = \sum N_i u_i = N_1 u_1 + N_2 u_2 + \cdots \\ v = \sum N_i v_i = N_1 v_1 + N_2 v_2 + \cdots \\ w = \sum N_i w_i = N_1 w_1 + N_2 w_2 + \cdots \end{cases} \quad (2\text{-}103)$$

式中，N_i 为形函数。

比较式(2-102)和式(2-103)可见，坐标变换公式和单元位移函数中都利用了形函数 N_i，它们可以是局部坐标 (ξ, η, ζ) 的一次、二次和三次甚至更高次的函数。

如果单元坐标变换和位移函数所用形函数的阶次相等，那么用以规定单元形状的结点数等于用以规定单元位移的结点数，这种单元称为等参数单元。在等参数单元中，坐标变换和位移函数一般采用相同的结点。

如果坐标变换所用形函数的阶次高于位移函数中的形函数，坐标变换的结点数超过用于规定单元位移的结点数，这种单元称为超参数单元。反之，如果坐标变换所用形函数的阶次低于位移函数中形函数的阶次，则称为逊参数单元。

在实际使用中，常采用等参数单元。

2.6　本章小结

本章主要讲述有限单元法求解的基本步骤、常见单元的单元刚度矩阵，以及能量原理和形函数。

（1）有限单元法求解的核心步骤为建立等效结点力$\{F\}^e$与结点位移$\{\pmb{\delta}\}^e$的关系（即建立单元刚度矩阵$[k]^e$），采用虚位移原理建立这种关系非常方便。

（2）虚位移原理与最小势能原理在本质上是相同的，虚位移原理应用较方便，但由最小势能原理可以判断解的收敛性及解的下限性质（其值小于精确解）。

（3）最小余能原理与最小势能原理的基本区别如下：最小势能原理对应结构的平衡条件，而最小余能原理对应结构的变形协调条件。前者以位移为变化量，后者以力为变化量。

（4）形函数是建立位移函数和坐标变换不可缺少的函数。

第 3 章 Abaqus 软件基础

本章是 Abaqus 有限元软件基础,主要介绍 Abaqus 产品的组成、Abaqus/CAE 中的分析模块与常用工具、分析模型组成、常用命令、常用文件类型和帮助文档,为初学者了解和使用 Abaqus 打下基础。

3.1 Abaqus 产品的组成(Products)

Abaqus 由三个主要的分析模块组成:Abaqus/Standard、Abaqus/Explicit 和 Abaqus/CFD。其中 Abaqus/Standard 附带了四个特殊用途的分析模块:Abaqus/Aqua(模拟近海结构如海上石油钻井平台,也可以模拟波浪、风载及浮力的影响)、Abaqus/Design(设计敏感度的计算)、Abaqus/AMS(在固有频率提取中使用自动多极子结构特征求解器)和 Abaqus/Foundation(可以更有效地使用 Abaqus/Standard 的线性静态和动态分析功能),Abaqus/Aqua 也可与 Abaqus/Explicit 一起使用。此外,Abaqus 还分别为 MOLDFLOW 和 MSC.ADAMS 提供了 MOLDFLOW 接口和 ADAMS/Flex 接口。

Abaqus/CAE 是集成的 Abaqus 完整工作环境(Complete Abaqus Environment),包含 Abaqus 模型的建模、交互式提交作业与监控运算过程以及结果评估(后处理)等功能。Abaqus/Viewer 是 Abaqus/CAE 的子模块,它只包含后处理功能。这些模块之间的关系见图 3.1。

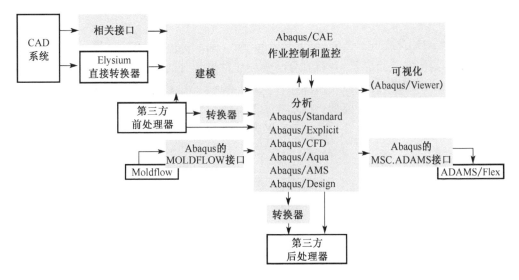

图 3.1 Abaqus 产品的组成

1. Abaqus/Standard、Abaqus/Explicit 和 Abaqus/CFD

在 Abaqus 的组成模块中，Abaqus/Standard、Abaqus/Explicit 和 Abaqus/CFD 是三个核心求解器。其中 Abaqus/Standard 是一个通用分析模块，可以求解广泛领域的线性和非线性问题，包括静力、动力、构件的热和电磁响应的问题；Abaqus/Explicit 是一个具有专门用途的分析模块，采用显式动力学有限元公式，适用于模拟短暂、瞬时的动态事件，如冲击和爆炸问题，此外它对改变接触条件的高度非线性问题也非常有效，如模拟成型问题；Abaqus/CFD 是计算流体动力学的分析模块，可以求解广泛的不可压缩流体问题，包括层流和湍流、热量对流和变形网格问题。Abaqus/Standard 和 Abaqus/Explicit 的主要区别如表3.1 所示。

表 3.1　Abaqus/Standard 与 Abaqus/Explicit 的主要区别

项　目	Abaqus/Standard	Abaqus/Explicit
单元库(Element library)	提供了广泛的单元库	为显式分析提供了广泛的单元库，它是 Abaqus/Standard 单元库的子集
分析程序(Analysis procedures)	通用和线性摄动分析程序	通用分析程序
材料模型(Material models)	提供了广泛的材料模型	与 Abaqus/Standard 类似，一个显著区别是允许失效的材料模型
接触公式(Contact formulation)	强大的解决接触问题的能力	对非常复杂的接触模拟尤其适用
求解技术(Solution technique)	无条件稳定的、基于刚度的求解技术	有条件稳定的、显式积分求解技术
磁盘和内存需求(Disk space and memory)	每个增量步中可能存在大量的迭代步，因而磁盘和内存需求较大	与 Abaqus/Standard 相比，通常磁盘和内存需求较小

2. Abaqus/CAE 和 Abaqus/Viewer

Abaqus/CAE(Complete Abaqus Environment)是 Abaqus 的交互式图形环境。通过生成或输入分析结构的几何形状，并将其分解为便于网格划分的若干区域，然后对生成的几何体赋予物理和材料特性、载荷以及边界条件。Abaqus/CAE 具有对几何体划分网格的强大功能，并可检验所形成的分析模型。模型生成后，Abaqus/CAE 可以提交、监视和控制分析作业。而 Visualization(可视化)模块(也称为 Abaqus/Viewer)可以用来进行模型的后处理。

提示：Abaqus/CAE 为 Abaqus 默认的前后处理环境，也可采用第三方的前后处理程序，如 Hypermesh。

3.2　Abaqus/CAE 的组成(Components)

Abaqus/CAE 主窗口由标题栏、菜单栏、工具栏、环境栏、模型树和结果树、工具区、视图区和提示区等组成,如图 3.2 所示。

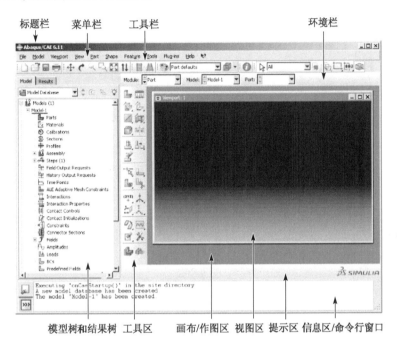

图 3.2　Abaqus/CAE 主窗口的组成

1. 标题栏(Title bar)

标题栏显示了正在运行的 Abaqus/CAE 版本和当前的模型数据库名字。

2. 菜单栏(Menu bar)

菜单栏包含所有当前可用的菜单,通过对菜单的操作可调用 Abaqus/CAE 的全部功能。

提示：Abaqus/CAE 的菜单栏和工具区会随着环境栏中模块的改变而发生变化,环境栏自身也会随着模块的不同而发生变化,这为模型的建模和分析提供了极大的方便。

3. 工具栏(Toolbar)

工具栏提供了菜单访问的快捷访问方式(图 3.3),这些功能也可以通过菜单直接访问。

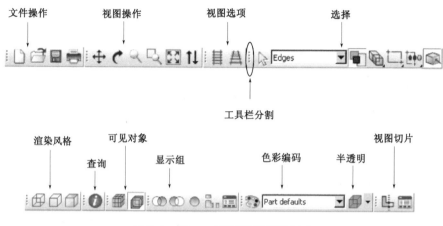

图 3.3　Abaqus/CAE 工具栏的组成

提示：（View manipulation，视图操作）：允许用户从不同角度显示模型的全部或局部区域，给用户定义模型，尤其是三维模型，带来了极大方便。

（Query，查询）：运用查询工具可获取模型几何与特征信息、探测（Probe）取值与 X-Y 图、对计算结果进行应力线性化等。

（Display groups，显示组）：该工具允许用户有选择地绘制一个或多个模型或输出数据库项目，为复杂模型定义接触条件、边界条件和载荷等提供了极大方便。

---

4. 环境栏（Context bar）

Abaqus/CAE 具有一组功能模块（Modules），每个模块对应模型处理的一个方面。用户可以在环境栏的模块（Module）列表中的各模块之间进行切换。

提示：要进入 Abaqus/CAE 的各功能模块，除了在环境栏中的模块列表中选择以外，还可以直接在左侧的模型树中进行切换。

对于初学者而言，在环境栏中选择相应的功能模块较为方便；对于高级用户，直接在左侧的模型树中切换将更加快捷。

---

5. 模型树（Model tree）和结果树（Result tree）

模型树提供了模型及其包含对象的图形化描述，如部件、材料、分析步、荷载和输出需求等；结果树为用户提供了输出数据库和其他与进程有关的数据（Session-specific Data）的图形化概况。

提示：当用户熟悉模型树后，可快速完成菜单栏、工具栏和各种管理器等的绝大多数操作，大大提高了工作效率；相似地，当用户熟悉结果树后，用户可以快速执行可视化模块中大

多数操作。可通过模型树和结果树上方的 Model 或 Results 进行切换。

在一些特别情况下,模型树将非常有用,如对部分部件进行删除操作后,可能会影响到装配件(Assembly)的状态,而在 Assembly 模块中看不到任何异常,但提交运算总是得不到正确的结果或计算不收敛。这时在模型树中依次点击[Model Database]→[Models]→[Model-1]→[Assembly]→[Instances],下一级子目录中将出现一个或多个红"×",删除相应的部件实例后,再提交运算,结果可能就会一切正常。

6. 工具区(Toolbox area)

当进入某一功能模块时,工具区就会显示该功能模块相应的工具。可以快速调用该模块的许多功能。

7. 画布和作图区(Canvas and drawing area)

画布(Canvas)可设想为一个无限大的屏幕或布告板,可在其中放置视图(Viewports)。作图区是画布的可见部分。

8. 视图区(Viewport)

视图区是画布上用来显示 Abaqus/CAE 模型的部分。其中视图区标题和边界称为视图区装饰,图标、状态块、标题块和视图方向标识称为视图区标注(图 3.4)。

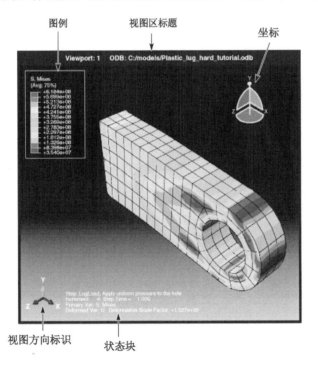

图 3.4　Abaqus/CAE 视图区的组成

9. 提示区(Prompt area)

在进行各种操作时,提示区将显示与该操作相应的信息,提示用户进行相应的操作或输入相应的数据。

提示:提示区的信息,对用户尤其是初学者而言特别有用。

10. 信息区(Message area)和命令行接口(Command line interface)

这两个区域位于同一位置,默认状态下显示的是信息区。两者可以通过主窗口左下角 (Message Area)图标和 (Kernel Command)图标相互切换。

Abaqus/CAE 在信息区显示状态和警告信息,可采用鼠标拖拽操作改变其大小,也可采用滚动条查阅信息区信息。

当切换到命令行状态时,利用 Abaqus/CAE 内置的 Python 编译器,可以使用命令行接口输入 Python 命令和数学表达式。接口中包含了主要(>>>)和次要(...)提示符,实时提示用户按照 Python 的语法缩进命令行。

提示:当在命令行状态时,如果此时在信息区有新的信息加入,Abaqus/CAE 会将围绕该信息区图标的背景颜色改为红色;当切换到信息区时,背景将变回到其正常颜色。

命令行接口可作为简单的计算器使用,在创建模型时比较有用。

3.3 Abaqus/CAE 中的分析模块(Modules)

Abaqus 模拟分析由三个阶段组成:前处理、模拟(计算)和后处理(图 3.5)。可在 Abaqus/CAE 中点击环境栏 Module 的下拉框,如图 3.6 所示。Abaqus/CAE 的分析模块由 11 个模块组成,依次为 Part(部件)、Property(特性)、Assembly(装配)、Step(分析步)、Interaction(相互作用)、Load(载荷)、Mesh(网格)、Optimization(优化)、Job(作业)、Visualization(可视化)和 Sketch(草图),其中 Sketch(草图)模块可以看作是 Part(部件)模块的子模块。

提示:上述 11 个模块中,除了 Sketch(草图)模块外,其他 10 个模块是 Abaqus/CAE 推荐的默认建模顺序。当用户熟悉 Abaqus/CAE 后,也可以自由地使用模块,以方便模型的创建和分析。

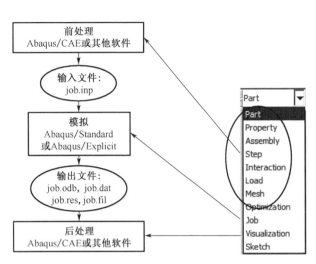

图 3.5　Abaqus 分析的三个阶段　　图 3.6　Abaqus/CAE 的分析模块　　图 3.7　Create Part 对话框

1. Part(部件)模块

Part(部件)模块可创建 3D、2D 和轴对称变形体、离散刚体和分析刚体(图 3.7),基本特征(Base Feature)为:实体(Solid)、壳(Shell)、线(Wire)和点(Point);使用特征操作工具可对部件特征进行编辑、删除、抑制、恢复和重新生成等操作。

提示:在生成 Part 过程中,为了便于在 Part 不同区域赋予不同材料参数、接触定义、网格划分等,Abaqus/CAE 为用户提供了集合(Set)、基准(Datum)和分区(Partition)工具。这些工具的具体应用见本章实例。

2. Property(特性)模块

Property(特性)模块主要用于定义材料的本构模型(图 3.8),Abaqus 中包含了大量可用于道路工程和岩土工程的材料本构模型。在这个模块中,定义材料属性一般分为三个基本步骤:定义材料本构模型、定义材料截面、指派材料截面。

提示:在定义材料本构模型时,可在图 3.8 中选择[General]→[User Material],以定义用户材料模型。这时需编写用户子程序 UMAT,关于该子程序的用法,参见第 4.3 节。

3. Assembly(装配)模块

Assembly(装配)模块将部件(Part)进行实例化(图 3.9),通过移动、旋转以及布尔操作,可将多个实例组配成一个装配件(Assembly)。

提示：部件(Part)存在于自己的局部坐标系中，与其他部件相互独立。但使用装配模块创建部件实例(Instances)并相互定位时，它们处于整体坐标系中。

一个模型可包含多个部件(Parts)，在装配件中一个部件可被多次实例化(即一个部件对应多个实例)，但是一个模型有且只能有一个装配件(Only one assembly)。若一个分析模型中包含两个及其以上个装配件，将得不到正确的分析结果或根本得不到计算结果。

可以创建两种类型的部件实例(Part instances)：独立实例和非独立实例。

荷载、边界条件等全部施加在装配件(Assembly)上。

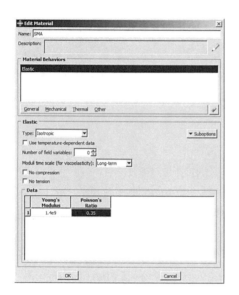
图 3.8　Edit Material 对话框

图 3.9　Create Instance 对话框

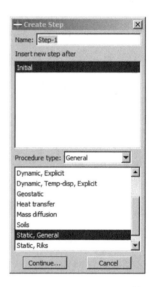
图 3.10　Create Step 对话框

4. Step(分析步)模块

Step(分析步)模块主要作用是创建分析步(图 3.10)和输出需求(场变量输出、历史输出)，还可以指定自适应网格和分析控制。

分析类型(Procedure type)分为两类：线性摄动分析(Linear perturbation)，通常用于频率的计算和振型的提取；通用分析(General)，几乎包含了所有的分析类型。在道路工程(包括部分岩土工程)中常用的类型如下：(1) 耦合温度—位移场分析(Coupled temp-displacement)：可进行沥青路面结构的车辙分析。(2) 动态显式分析(Dynamic,Explicit)：可进行路面结构在移动荷载下的响应分析。(3) 动态显式温度位移场耦合分析(Dynamic,Temp-disp,Explicit)：可进行沥青路面结构在移动荷载下的车辙分析。(4) 地应力场分析(Geostatic)：进行软土地基固结分析的首要步骤。(5) 土体的固结和渗流分析(Soils)：进行软土地基固结和渗流分析。(6) 静态通用分析(Static,General)：一般的静力分析。(7) 黏弹性和蠕变分析(Visco)：可进行沥青路面的蠕变分析。

提示：在 Step 模块中确定采用 Abaqus/Standard 还是 Abaqus/Explicit 求解器，或者在启动 Abaqus/CAE 时，通过点击  按钮，确定使用 Abaqus/CFD 求解器。若选择 Abaqus/Explicit 求解器，在 Mesh（网格）模块中指定单元类型时，应将 Element Library 设为 Explicit。

5. Interaction（相互作用）模块

Interaction（相互作用）模块可创建模型不同区域之间的力学或热接触（Interactions）、约束（Constrains），以及模型内两点之间或模型内一点与地面之间的连接件。

提示：对道路工程而言，该模块可以用于模拟路面结构内的裂缝、路面结构层间接触分析以及软土地基上路面结构和桥台沉降分析等。

6. Load（载荷）模块

Load（载荷）模块可用来定义模型的边界条件、载荷、场变量以及荷载工况（图 3.11）。

提示：Abaqus 中的 Load 模块不仅包含了传统意义上的载荷，还包含了边界条件，这与其他的有限元软件是不同的。

图 3.11　Create Load 对话框

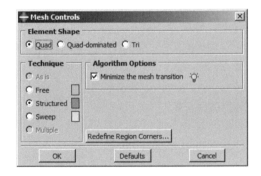

图 3.12　Mesh Controls 对话框

7. Mesh（网格）模块

Mesh（网格）模块可定义网格密度，进行单元的控制（单元形状、网格划分技术和划分算法等）（图 3.12），指定单元类型，划分并细化模型网格，并验证模型网格质量。

提示：这是最直接体现有限单元法的模块，对同一个分析模型可有不同的网格划分方法与策略。具体的网格划分方法参见第5章。

模型的网格划分质量不仅影响计算精度，而且会影响计算进程（是否收敛、收敛速度等）。初学者应在实践中逐渐积累网格划分技术和技巧。

8. Job(作业)模块

Job(作业)模块可创建(图3.13)、提交分析作业，监控分析过程，并可在分析结束之前终止分析作业。

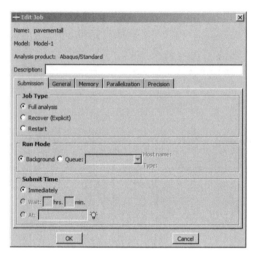

图 3.13　Edit Job 对话框

提示：Job(作业)模块在提交分析作业时，Abaqus 自动在当前工作目录创建 inp 文件；也可在单独生成 inp 文件后，采用其他的字处理程序进行编辑修改，再在 Abaqus Command 环境下提交分析。关于 inp 文件的编辑修改，参见第6.2、第6.3、第7.2.1、第9.2、第9.3节。

9. Visualization(可视化)模块

Visualization(可视化)模块(也称为 Abaqus/Viewer)是 Abaqus/CAE 的后处理模块，可显示变形前后模型图、云图等。输出结果可显示场变量输出和历史变量输出，可将输出结果导出到外部文件中，还可将输出结果以动画形式输出。

提示：在 Visualization(可视化)模块中应用最频繁的是 (Query)工具。关于该工具的应用参见本章实例。

10. Sketch(草图)模块

Sketch(草图)模块是二维绘图程序,可用来创建部件、梁、区域的二维平面图,或定义可用来拉伸、扫掠、旋转而形成三维部件的二维平面图。该模块还可导入由 AutoCAD 等生成的文件(如 *.dxf 文件),其导入方法为:在 Abaqus/CAE 环境下依次选择[File]→[Import]→[Sketch]。

提示:该模块实际上已包含在 Part(部件)模块中。在 Part 模块中的使用方法为:创建 Part,进入 Sketch 环境中,点击[Add]→[Sketch...],或点击左侧工具区的 (Add Sketch)按钮,选择从 AutoCAD 导入 Sketch,从而创建所需的 Part。

3.4 Abaqus/CAE 的常用工具(Tools)

Abaqus/CAE 中的常用工具,如查询(Query)、基准(Datum)、分区(Partition)、集合(Set)、面(Surface)、显示组(Display Group)等,可为模型定位、网格划分等提供非常便捷的条件。

各个模块中可以使用的工具稍有不同,如图 3.14 所示。Part 模块中独有的工具是几何编辑(Geometry Edit)等,Assembly 模块中独有的工具是 CAD 界面(CAD Interface),Step 模块中独有的工具是 Filter(过滤),Step、Interaction 和 Load 模块中独有的工具是幅值(Amplitude),Mesh 模块中独有的工具是虚拟拓扑(Virtual Topology)。

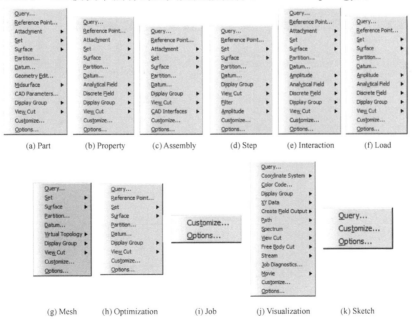

图 3.14 不同模块中的工具(Tools)

3.4.1 Abaqus/CAE 中的常用工具

1. 查询(Query)

查询(Query)工具是 Abaqus/CAE 中使用最为频繁的工具之一,该工具出现在除作业模块(Job Module)以外的其他所有模块中。查询可分为通用查询(General Queries)和与模块有关的查询(Module Queries),通用查询包括点/结点、距离、角度、特征、单元、网格等;与模块有关的查询在 Part、Property、Assembly、Interaction、Mesh、Visualization 模块中可用,而在 Step、Load 和 Optimization 模块中不可用(图 3.15)。

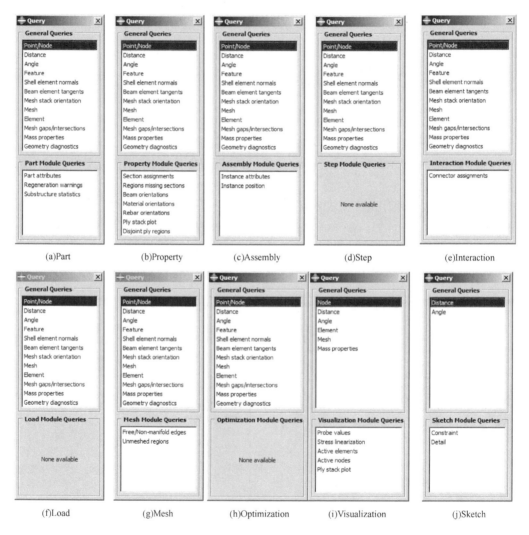

(a)Part　　(b)Property　　(c)Assembly　　(d)Step　　(e)Interaction

(f)Load　　(g)Mesh　　(h)Optimization　　(i)Visualization　　(j)Sketch

图 3.15　不同模块中的查询(Query)工具

2. 基准(Datum)

采用基准(Datum)工具(图 3.16),可以在模型上方便地定义点(Point)、轴(Axis)、平面(Plane)

和坐标系(CSYS),主要作用是方便定位,如可为分区(Partition)等工具提供辅助定位点等。

图 3.16 基准(Datum)工具

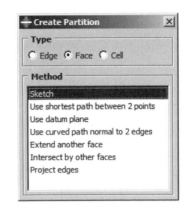
图 3.17 分区(Partition)工具

3. 分区(Partition)

分区(Partition)工具是 Abaqus/CAE 中使用最为频繁的工具之一。采用分区(Partition)工具可把复杂模型划分为相对简单的几个区域,以方便施加边界条件、荷载和划分网格,或赋予不同的材料属性等。根据需要,可以对边(Edge)、面(Face)和实体(Cell)进行剖分(图 3.17)。

提示:特别地,当一个分析模型区域过于复杂时,通常将整个分析区域按照需要剖分为几个不同的区域,以便施加更好的网格控制,获得较好的网格质量。

4. 集合(Set)与表面(Surface)

集合与表面工具是 Abaqus/CAE 中使用最频繁的工具之一。使用集合(Set)与表面(Surface)可以方便地定义模型区域、边界和接触面等。在 inp 文件中,使用集合(Set)与表面(Surface)可方便地施加边界条件、荷载和接触对等。

提示:在 Abaqus/CAE 前处理模块中,除了作业(Job)模块外,均可方便地定义集合与表面。在 Abaqus/CAE 中具有两种不同效用范围的集合与表面。一种是作用于整个装配(Assembly)的集合与表面,可以在 Assembly、Step、Interaction、Load 和 Mesh(为独立实例划分网格时)模块中进行定义;另一种是仅仅作用于某个部件(Part)上的集合与表面,可在 Part、Property 和 Mesh(为非独立实例划分网格时)模块中进行定义。相对而言,前一种集合与表面使用较为方便,尤其在 inp 文件操作中更是如此。

定义表面(Surface)时,只有部件(Part)或装配(Assembly)的外边界可以定义为表面(Surface),其内部区域是不能定义为表面(Surface)的,这在使用时应当引起注意。而集合(Set)定义时则没有这种限制。通常只有在需要定义接触、施加表面荷载时才需要定义表面(Surface)。

5. 显示组(Display Group)

在处理复杂模型时,显示组(Display Group)工具通过显示模型的特定区域,以方便施加边界条件与荷载、定义集合与表面等,是非常有用的工具。在 Abaqus/Viewer 中,采用该工具可获取复杂模型特定区域的力学响应(应力、应变、位移和应变能等)。

显示组(Display Group)提供了替换(Replace)、增加(Add)、去除(Remove)等布尔操作,可灵活地显示模型的特定区域。

各个模块中的显示组(Display Group)工具可显示的项(Item)稍有不同,其中装配(Assembly)、分析步(Step)等模块中的显示组工具,如图 3.18 所示,而部件(Part)和特性(Property)模块中的显示组工具则缺少部件实例(Part instances)这一项。

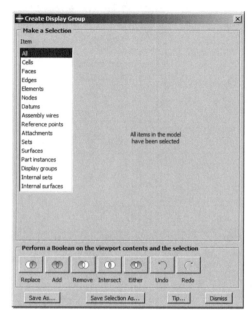

图 3.18 装配(Assembly)等模块中的显示组(Display Group)工具

3.4.2 实例:路面结构的受力分析

主要目的:熟悉 Abaqus/CAE 中的常用工具。

问题描述:具有五层结构的沥青路面(表 3.2),路面总厚度为 69 cm。在路面顶面作用标准行车荷载,即垂直压力为 0.7 MPa,两荷载圆半径为 1δ(10.65 cm),圆心距为 3δ(31.95 cm)。求取轮隙中心点下沥青稳定碎石层(ATB)层底的拉应力。

模型深度取 3 m,宽度取 6 m。

表 3.2 路面材料特性

结构层	材料名称	厚度/cm	弹性模量 E/MPa	泊松比 μ
表面层	沥青玛蹄脂 SMA	4	1400	0.35
中面层	沥青混凝土 AC20	6	1200	0.3
下面层	沥青稳定碎石 ATB	24	1000	0.3
上基层	级配碎石 GM	15	500	0.35
下基层	水泥稳定碎石 CTB	20	1500	0.25
土基	压实土 SG	—	40	0.4

1. 启动 Abaqus/CAE

可采用以下任何一种方法来启动 Abaqus/CAE。

(1) 菜单法:[开始]→[程序]→[Abaqus 6.11-1]→[Abaqus CAE]。

(2) 命令法：在 Abaqus Command 环境(DOS 窗口)下键入命令：abaqus cae。

启动 Abaqus/CAE 后，在出现的 Start Session 对话框中选择 With Standard/Explicit Model。

2. 创建部件

Abaqus/CAE 窗口顶部的环境栏 Module: Part 显示当前工作模块为 Part 模块(这是 Abaqus/CAE 的默认模块)，可以定义模型各部分的几何形体。可按以下步骤创建具有五层结构的沥青路面模型。

(1) 创建部件

点击工具区 (Create Part)按钮，或在主菜单中选择[Part]→[Create...]，出现如图 3.19 所示的 Create Part 对话框。在 Name 后输入 pave，将 Modeling Space(模型空间)设为 2D Planar(二维平面)，在 Approximate size 后输入 20，其余参数保持默认值。点击[Continue...]按钮，进入草图(Sketch)环境。

提示：Abaqus 有限元程序中没有规定默认的尺寸单位，需要用户自行定义一致的尺寸单位。常用的尺寸单位如表 3.3 所示(一般建议采用国际单位制 SI)。

表 3.3 常用的尺寸单位

物理量 Quantity	SI	SI (mm)	US Unit (ft)	US Unit (inch)
长度 Length	m	mm	ft	in
力 Force	N	N	lbf	lbf
质量 Mass	kg	tonne (10^3 kg)	slug	lbf s^2/in
时间 Time	s	s	s	s
应力 Stress	Pa (N/m^2)	MPa (N/mm^2)	lbf/ft^2	psi (lbf/in^2)
能量 Energy	J	mJ (10^{-3} J)	ft lbf	in lbf
密度 Density	kg/m^3	tonne/mm^3	slug/ft^3	lbf s^2/in^4

提示：对话框中的"Approximate size"，表示草图(Sketch)环境页面显示的区域大小(Sheet size)为 20 个单位。一般情况下应根据模型的大小进行选择，如该值设置过小，则绘制的模型将超出显示边界；反之如果该值设置得过大，则绘制出的模型过小，给绘图操作带来不便。出现上述两种情况时，可点击草图(Sketch)环境中工具区左下角的 (Sketcher Options)按钮，在弹出 Sketcher Options 对话框(图 3.20)中修改区域大小(Sheet Size)。

(2) 绘制路面结构模型的外轮廓

在草图环境中，工具区中显示可用的绘图工具按钮；视图区内显示格栅，其正中两条相互垂直的点划线为当前二维模型的 X 轴和 Y 轴，两者相交于坐标原点(0.0,0.0)。

点击绘图工具区 (Create lines: Connected)按钮，窗口底部的提示区中显示"Pick a starting point for the line—or enter X, Y:"(选择线段起点，或直接输入 X,Y 坐标)，在提示

区的输入框中输入坐标(-3.00,0.00)(输入时不需要带括号,下同),按键盘上的 Enter 键确认。这时提示区中的信息变为"Pick an end point for the line—or enter X,Y:",在输入框中输入坐标(3.00,0.00),再次按 Enter 键确认。再依次输入坐标(3.00,3.00)、(-3.00,3.00)、(-3.00,0.00),分别按 Enter 键确认。单击鼠标右键并选择 Cancel procedure,或按键盘上的 Esc 键,结束线段的绘制。

提示：对于上述坐标值,也可直接在视图区的适当位置,单击鼠标左键完成输入。当工具区 按钮被选中后,在视图区中移动鼠标时,视图区左上角会显示当前的坐标值。坐标默认只具有两位小数,可在如图 3.20 所示的 Sketcher Options 对话框中,将 Dimensions 选项卡中的 Decimal places 设为所需的位数,最大位数为 6。

如果在绘图过程中操作有误,可点击绘图工具区上的撤销工具 (Undo Last Action)撤销上一步操作(根据需要,可无限次撤销);或点击删除工具 (Delete)删除错误的几何图形。

点击提示区"Sketch the section for the planar shell"后的[Done]按钮,退出草图环境。

 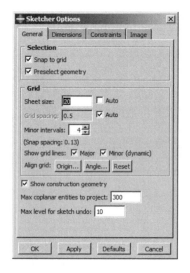

图 3.19 Create Part 对话框　　　　图 3.20 Sketcher Options 对话框

（3）剖分路面模型

在 Abaqus/CAE 菜单上依次点击[Tools]→[Datum...],将出现如图 3.16 所示的 Create Datum 对话框。将 Type 设为 Point,Method 设为 Offset from point,这时提示区显示"Select a point from which to offset"(选择偏移所参照的点),点击模型左上顶点,在提示区"Offset(X,Y,Z)"后的输入框中键入(0.0,-0.04,0.0),按键盘上的 Enter 键确认。此时模型上将显示一个黄色小圆圈,至此完成了第一基准点(用于确定表面层 SMA 与中面层 AC20 分界面位置)。

按照同样的步骤,仍以模型左上角顶点为偏移基准点,在提示区"Offset(X,Y,Z)"后的输入框中依次键入(0.0,－0.10,0.0)、(0.0,－0.34,0.0)、(0.0,－0.49,0.0)、(0.0,－0.69,0.0),分别按键盘上的 Enter 键确认,关闭 Create Datum 对话框,以完成各路面结构层的定位。

在 Abaqus/CAE 菜单上依次点击[Tools]→[Partition...],将出现如图 3.17 所示的 Create Partition 对话框,将 Type 设为 Face,将 Method 设为 Sketch。或直接在工具区中点击 (Partition Face:Sketch)按钮。这时 Abaqus/CAE 将自动进入草图环境。

点击绘图工具区 (Create lines:Connected)按钮,点击创建的第一个基准(Datum)点。将鼠标指针放在模型右上角,滚动鼠标滚轮放大模型,当鼠标指针移至模型右边界上出现"×"时,单击鼠标左键,按 Esc 键以完成路面表面层的分区。这时草图环境中将显示一条绿色水平线(剖分线),在其中部将显示"H"标志。

提示:为操作方便,需要放大模型局部时,可点击窗口顶部工具栏上 (Box Zoom View)按钮,用鼠标左键拖拽划出待放大模型区域即可;或滚动鼠标的滚轮缩放模型。

当需要显示全部模型时,可点击窗口顶部工具栏上 (Auto-fit View)按钮。

按照上述步骤,完成路面结构其他层次的分区(图 3.21)。点击草图环境提示区上的[Done]按钮,退出草图环境。再次点击提示区上的[Done]按钮,关闭 Create Partition 对话框,以完成路面结构的分区。

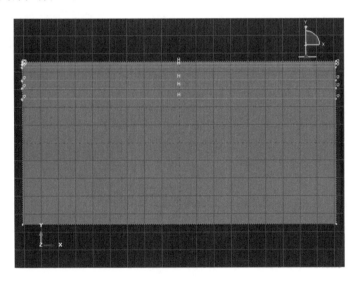

图 3.21 剖分后的路面结构模型(路面部分)

提示:在草图环境中,当完成某层路面结构的分区后,若分区线为黄色,且在其中部显示 标志时,点击草图环境提示区上的[Done]按钮,会出现如图 3.22 所示的错误提示。这时需点击 按钮,删除该分区线。重新按上述步骤完成该结构层的分区(分区线为绿色时),再点击草图环境提示区上的[Done]按钮,退出草图环境。

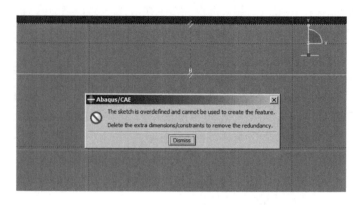

图 3.22　由于过多的尺寸或约束导致的剖分问题

(4) 保存模型

点击窗口顶部工具栏上的 ■（Save Model Database）按钮，键入所需的文件名（如 03 pave），点击[OK]按钮，Abaqus/CAE 会自动加上后缀".cae"。

提示：Abaqus/CAE 不会自动保存模型数据库，建议读者养成经常保存的习惯。这在创建复杂模型时非常重要。

3. 创建材料和截面属性

在 Abaqus/CAE 窗口顶部环境栏 Module 后的下拉框中选择 Property（特性）模块。按以下步骤创建材料和材料截面，并指派材料截面。

(1) 创建材料

点击工具区 （Create Material）按钮，弹出 Edit Material 对话框（图 3.23）。在 Name 后输入 sma，依次点击对话框中的[Mechanical]→[Elasticity]→[Elastic]。在杨氏模量（Young's Modulus）下的表格中输入 1.4e9，Poisson's Ratio（泊松比）中输入 0.35，点击[OK]按钮，完成材料 sma 的创建。

图 3.23　Edit Material 对话框

提示：在 Abaqus 有限元软件中，材料名不区分大小写。

按照上述步骤，完成其他材料（ac20、atb、gm、ctb 和 sg）的创建。

(2) 创建材料截面

点击工具区 （Create Section）按钮，弹出 Create Section 对话框，在 Name 后输入 sma，保持其他默认参数不变，点击[Continue...]按钮，弹出 Edit Section 对话框。在 Material 后的下拉框中选择 sma，点击[OK]按钮，完成材料截面 sma 的创建。

按同样的步骤，创建 ac20、atb、gm、ctb 和 sg 等材料的截面。

(3) 指派材料截面

点击工具区 按钮,这时提示区显示"Select the regions to be assigned a section",在视图区中模型最上部分区域点击鼠标左键,再点击提示区的[Done]按钮,弹出 Edit Section Assignment 对话框(图 3.24),在 Section 后的下拉框中选择 sma,点击[OK]按钮完成 sma 材料界面的指派。

按照同样步骤,完成其他材料界面的指派(图 3.25)。

提示:在创建材料截面属性时,如果没有指定材料截面名称,则截面名称默认为 Section-1、Section-2 等的形式,这样在指派材料截面时容易出错。这时最好的办法是选择材料截面后,检查 Edit Section Assignment 对话框中的材料名称是否正确。

另外值得注意的是,如果部件的某些区域没有被赋予材料截面属性(3.26),即部分部件区域仍显示为白色时就进入后续模块(如 Assembly 等)的操作,在 Job 模块中提交作业时将会被异常终止。对于比较复杂的模型,一定要仔细检查部件的全部区域是否均被指派了正确的材料截面。

图 3.24 Edit Section Assignment 对话框

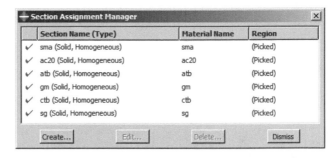

图 3.25 Section Assignment Manager 对话框

图 3.26 部分区域没有被赋予材料界面属性

4. 创建装配件

在 Abaqus/CAE 窗口顶部环境栏 Module 后的下拉框中选择 Assembly(装配)模块,以创建装配件。

(1) 创建装配件

点击工具区 (Instance Part)按钮,弹出 Create Instance 对话框(图 3.27),将 Instance Type 设为 Independent(mesh on instance),点击[OK]按钮,以完成部件的实例化。

提示:部件实例(Instance)具有两种类型:非独立实例(Dependent Instance)和独立实例(Independent Instance)。两者的主要区别在于,划分网格时,非独立实例的网格存在于部件上,独立实例的网格存在于实例上。

两种类型的实例可以在窗口左侧的模型树中相互转化,具体步骤如下:在模型树中,依次点击[Model-1]→[Assembly]→[Instances]前的+号,右键单击 pave-1,在弹出的菜单上选择 Make Dependent,即可将独立实例变为非独立实例,反之亦然。

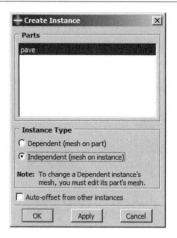

图 3.27　Instance Instance 对话框

图 3.28　Selection Toolbar

(2) 定义边界集合

依次点击菜单[Tools]→[Set]→[Create...],在弹出的 Create Set 对话框中的 Name 后输入 left,点击[Continue...]按钮。在工具栏上的 Selection Toolbar(图 3.28)的下拉框中选择 Edges,并将 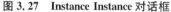(Select Entities Inside and crossing the Drag Shape)按钮改变为 (Select Entities Inside the Drag Shape)按钮,在视图区中划选模型左侧边界,点击提示区中[Done]按钮,完成集合 left(模型左边界集合)的定义。

按照同样的方法,定义模型右侧边界为集合 right,模型底部边界为集合 bottom。

提示:对话框中 按钮右下角的小黑三角,表示具有多个同类型的选项,用鼠标左键点击该图标不放,片刻后将显示全部内容 ,此时即可用鼠标左键选择相应的选项。将具有同样类型的多个图标集中在一个图标上,在右下角加小黑三角,以节约有限的屏幕空间,这在 Abaqus/CAE 工具中非常普遍。

5. 创建分析步

在 Abaqus/CAE 窗口顶部环境栏 Module 后的下拉框中选择 Step(分析步)模块,以创建分析步。

点击工具区 (Create Step)按钮,弹出 Create Step 对话框,保持默认参数不变,点击[Continue...]按钮,弹出 Edit Step 对话框,保持默认参数不变,点击[OK]按钮,完成分析步的创建。

6. 边界条件定义和荷载施加

在 Abaqus/CAE 窗口顶部环境栏 Module 后的下拉框中选择 Load(载荷)模块,以完成边界条件的定义和荷载的施加。

(1) 边界条件定义

点击工具区 (Create Boundary Condition)按钮,弹出 Create Boundary Condition 对话框(图 3.29),在 Name 后输入 bottom,将 Step 设为 Initial,Category 设为 Mechanical,Types for Selected Step 设为 Symmetry/Antisymmetry/Encasrte,点击[Continue...]按钮,点击提示区右下角的[Set...],弹出 Region Selection 对话框(图 3.30),其中显示了先前定义的三个集合:bottom、left 和 right。选择 bottom,点击[Continue...]按钮,在弹出的 Edit Boundary Condition 对话框(图 3.31)中,选择 ZASYMM,点击[OK]按钮,完成模型底部(bottom)的边界条件定义。此时,视图区模型底部显示该边界条件的标识。

按照同样的步骤,完成模型左侧、右侧边界条件的定义,其中模型左侧边界在 Create Boundary Condition 对话框 Name 后输入 left,Region Selection 对话框中选择集合 left,Edit Boundary Condition 对话框中选择 XSYMM;模型右侧边界在 Create Boundary Condition 对话框 Name 后输入 right,Region Selection 对话框中选择集合 right,Edit Boundary Condition 对话框中选择 XSYMM。

提示:在 Region Selection 对话框中,选中视图区高亮(Highlight selections in viewpoint)选项前的复选框,这时在视图区将高亮显示该集合所代表的模型区域。当创建的集合较多时,高亮选项非常有用。

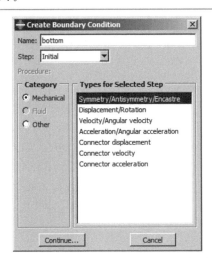

图 3.29 Create Boundary Condition 对话框

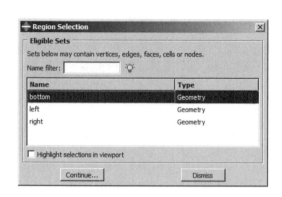

图 3.30 Region Selection 对话框

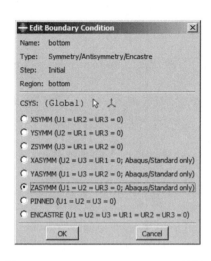

图 3.31 Edit Boundary Condition 对话框

(2) 荷载施加

在 Abaqus/CAE 菜单上点击[Tools]→[Datum...],在弹出的 Create Datum 对话框中将 Type 设为 Point,Method 设为 Offset from point,点击模型最左上角的点,在提示区"Offset(X,Y,Z)"后输入(3.00,0.00,0.00)(图 3.32 中的 O 点),按 Enter 键确认。按同样的方法,创建另外四个基准点 P、Q、R 和 S 点(与 O 点的偏移量依次为(−0.26625,0.00,0.00)、(−0.05325,0.00,0.00)、(0.05325,0.00,0.00)、(0.26625,0.00,0.00))。关闭 Create Datum 对话框。

在 Abaqus/CAE 菜单上点击[Tools]→[Partition...],在弹出的 Create Partition 对话框中将 Type 设为 Face,将 Method 设为 Sketch(或点击工具区  按钮),在视图区中选中整个模型,点击提示区中[Done]按钮,Abaqus 自动进入草图(Sketch)环境。点击工具区 按钮,选择 P 点作

图 3.32 创建基准 Datum 点

为线段起点,作垂线与模型底部相交,当出现"×"时单击鼠标左键,按 Esc 键。按同样方法,分别以 Q 点、O 点、R 点和 S 点作为线段起点,终点均为模型底部的垂点。点击提示区中[Done]按钮,退出草图环境并完成模型的分区。关闭 Create Partition 对话框。分区后的模型如图 3.33 所示。

提示:上述模型分区的主要目的是便于后续模型网格划分,以防网格畸形。

点击工具区 (Create Load)按钮,在弹出的 Create Load 对话框中将 Step 设为 Step—1,将 Types for Selected Step 设为 Pressure,点击[Continue...]按钮,同时选择 PQ、RS 线段(选择 PQ 后,按住 Shift 键不放,再选择 RS 线段),点击提示区[Done]按钮,在弹出的 Edit Load 对话框(图 3.34)中,在 Magnitude 后输入 117371,点击[OK]按钮,完成荷载的施加。

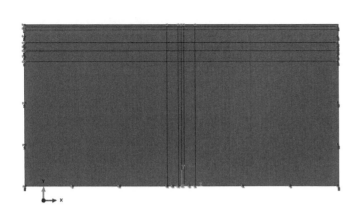
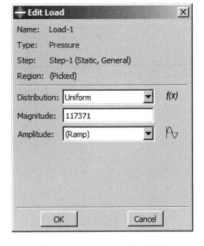

图 3.33　分区后的路面结构模型　　　　图 3.34　Edit Load 对话框

提示：在实际问题中，标准轴载 0.7 MPa 是作用在两个表面上的，而简化为平面问题后，施加的荷载大小就不再是 0.7 MPa。应该按照静力等效原则进行适当转换，转换后的大小为：$25 \times 10^3 / 0.213 = 117371$ Pa/m。

7. 划分网格

在 Abaqus/CAE 窗口顶部环境栏 Module 后的下拉框中选择 Mesh(网格)模块，为模型划分网格。

(1) 种子定义

点击工具区 (Seed Part Instance)按钮，弹出 Global Seeds 对话框，在 Approximate global size 后输入 0.3，点击[OK]按钮，完成模型种子(Seeds)定义。

(2) 网格控制

点击工具区 (Assign Mesh Controls)按钮，在视图区中选中整个模型，点击提示区中[Done]按钮，弹出 Mesh Controls 对话框(图 3.35)，将 Element Shape 设为 Quad，将 Technique 设为 Structure，点击[OK]按钮，点击提示区[Done]按钮，完成网格控制的定义。此时整个模型内部显示为绿色。

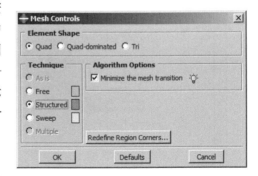

图 3.35　Mesh Controls 对话框

(3) 单元类型指定

点击工具区 (Assign Element Type)按钮，在视图区中选中整个模型，点击提示区中[Done]按钮，弹出 Element Type 对话框(图 3.36)。将 Geometric Order 设为 Quadratic(二次单元)，将 Family 设为 Plane Strain，此时对话框中显示单元为 CPE8R(八结点双向二次平面应变四边形单元，减缩积分)，点击[OK]按钮，点击提示区[Done]按钮,完成模型单元类型的指定。

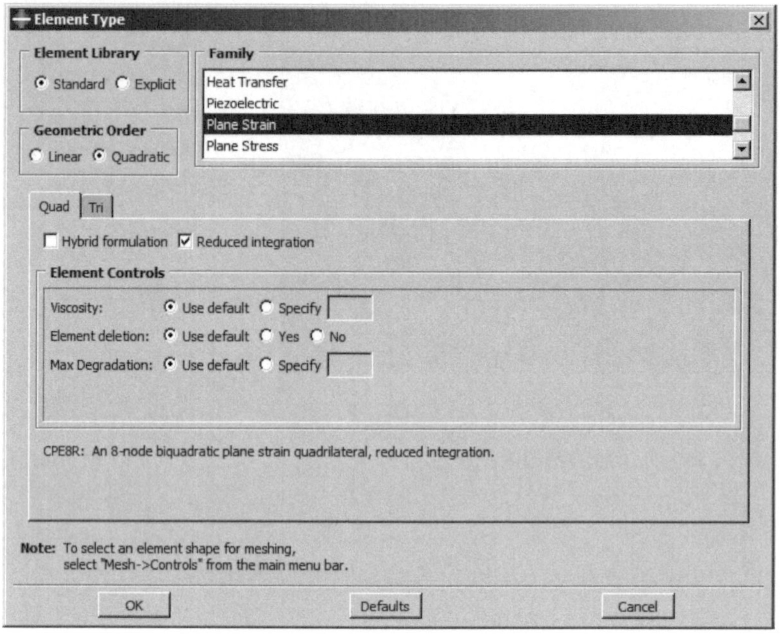

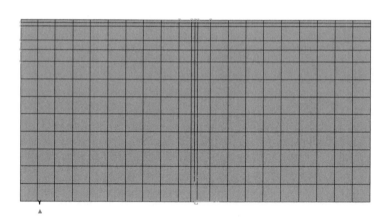

图 3.36 Element Type 对话框

(4) 网格划分

点击工具区 (Mesh Part Instance)按钮,点击提示区[Yes]按钮,完成网格的划分。完成后的模型网格如图 3.37 所示。

图 3.37 完成后的模型网格

8. 创建并提交作业

在 Abaqus/CAE 窗口顶部环境栏 Module 的下拉框中选择 Job(作业)模块,创建并提交作业。

点击工具区 (Create Job)按钮,弹出 Create Job 对话框,在 Name 后输入 pave,保持其

他参数不变,点击[Continue...]按钮,弹出 Edit Job 对话框,保持默认参数不变,点击[OK]按钮,完成作业的创建。

点击工具区 ■(Job Manager)按钮,弹出 Job Manager 对话框(图 3.38)。点击对话框右侧的[Submit]按钮,提交作业。点击[Monitor...]按钮,可随时监控作业的运行状态。点击 pave Monitor 对话框中的[Dismiss]按钮。

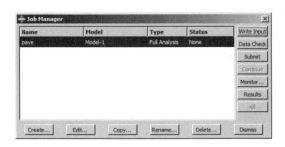

图 3.38 Job Manager 对话框

提示:如果在运行的过程中出现错误导致模拟计算异常终止,应查看 Abaqus 工作目录(默认为 C:\Temp)下的 pave.dat 文件(文本文件)。在该文件中搜索"error",如果存在相关的"error"信息,则分析出现该"error"信息的原因,在 Abaqus/CAE 中修改相关的模型参数后,再在 Job Manager 中点击[Submit]按钮。

如果在 pave.dat 中不存在相关的"error"信息,则需要查看 Abaqus 工作目录(默认为 C:\Temp)下的 pave.msg 文件(文本文件),根据相关"error"信息,在 Abaqus/CAE 中修改相关的模型参数后,再在 Job Manager 中点击[Submit]按钮。

对于比较复杂的模型,有时需要反复查看 *.dat 或 *.msg 文件,并反复在 Abaqus/CAE 中对模型进行相关的修改,直到提交运算后没有"error"信息为止(允许出现"Warning"信息)。

9. 后处理

点击 Job Manager 对话框中的[Results]按钮,Abaqus/CAE 将自动进入 Visualization(可视化)模块。此时,工具区 ■(Plot Undeformed Shape)默认被选中,在视图区显示模型未变形前的网格。

(1) 模型变形显示

点击工具区 ■(Plot Deformed Shape)按钮,视图区显示模型变形网格图。

(2) 云图显示

点击工具区 ■(Plot Contours on Deformed Shape)按钮,视图区显示变形模型的云图。

(3) 查询取值

点击菜单[Result]→[Field Output...],弹出 Field Output 对话框(图 3.39),将 Output Variable 设为 S,将 Invariant 设为 Max. Principal,点击[OK]按钮。

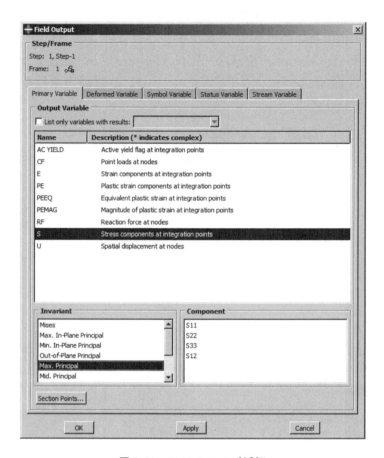

图 3.39　Field Output 对话框

提示：常用的输出变量有 S(积分点上的应力分量)，其不变分量有 Mises(Mises 应力)、Max. Principal(最大主应力)、Min. Principal(最小主应力)等，直接分量有 S11、S22、S33(分别为 X、Y、Z 方向上的应力)和 S12、S13、S23(分别为 XY、XZ 和 YZ 方向上的剪应力)。

点击工具栏上 (Magnify View)按钮(此时鼠标指针变为放大镜形状)，按住鼠标左键向右下滑动，以放大视图区中的模型显示(图 3.40)，或采用鼠标滚轮放大模型显示。点击工具栏上 (Pan View)按钮，按住鼠标左键左右滑动，可平移视图区中的模型。

点击菜单[Tools]→[Query...]或点击工具栏上 (Query information)按钮，弹出 Query 对话框，将 Visualization Module Queries 设为 Probe values(探测取值)，弹出 Probe Values 对话框(图 3.41)，在[Probe:]的下拉框中选择 Nodes，在视图区模型上移动鼠标，点选两轴载轮隙中心线下沥青稳定碎石(ATB)层底点，此时在 Probe Values 对话框下部将显示被选点的最大主应力值 0.0173 MPa(BISAR 软件计算结果为 0.0543MPa)。如果需要，可以点击[Write to File...]按钮，将结果保存在文件中(默认文件名为 abaqus.rpt，可用文本编辑工具打开)。

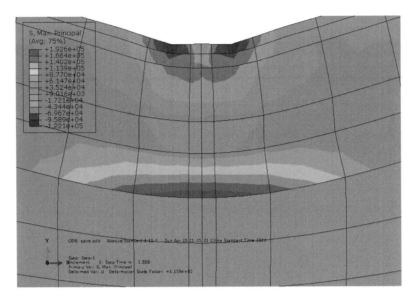

图 3.40　模型局部的放大显示

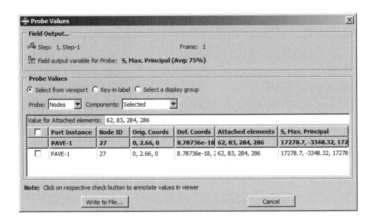

图 3.41　Probe Values 对话框

提示：Abaqus 软件中应力正值表示拉应力，负值表示压应力。

图 3.41 中结点 27 具有 4 个最大主应力(S,Max.Principal)值，这是由于此结点为单元 62,83,284 和 286 的共有结点的缘故。为了获得正确的结果，点击工具区 ![icon](Common Options)按钮，弹出 Common Plot Options 对话框，点击 Labels 选项卡，选中 Show element labels 前的复选框，点击[OK]按钮。此时在视图区中显示单元 62、284 位于沥青稳定碎石(ATB)层上，即第一和第三个结果为结点所需的最大主应力值。

可能读者按照本书的步骤完成有限元模拟计算后，两轴载轮隙中心线下沥青稳定碎石(ATB)层底点的节点编号不是 27(共享该节点的四个单元编号也与上述不同)，这主要是由于网格划分步骤不同所致，只要该节点的坐标正确，最终模拟计算结果将与上述计算值相近或相同。

3.5 Abaqus 分析模型的组成

3.5.1 Abaqus 分析的过程

从上面的实例可以看出,一个完整的 Abaqus/Standard、Abaqus/Explicit 或 Abaqus/CFD 分析过程通常由三个明确的步骤组成:前处理、模拟计算和后处理。这三个步骤通过文件之间建立的联系如图 3.5 所示。

1. 前处理(Abaqus/CAE)

在前处理阶段需要定义物理问题的模型,并生成一个 Abaqus 输入文件($*.inp$)。尽管一个简单分析可以直接用文本编辑工具生成 Abaqus 输入文件,但通常的做法是使用 Abaqus/CAE 或其他前处理程序,以图形方式创建模型,并生成输入文件。

2. 模拟计算(Abaqus/Standard、Abaqus/Explicit 或 Abaqus/CFD)

模拟计算阶段使用 Abaqus/Standard、Abaqus/Explicit 或 Abaqus/CFD 求解器,来求解输入文件中所定义的数值模型,它通常以后台方式进行。以应力分析的输出为例,包括位移和应力的输出数据保存在二进制文件中以便于后处理。完成一个求解过程所需的时间可以从几秒到几天不等,这取决于所分析问题的复杂程度和所使用计算机的运算能力。

3. 后处理(Abaqus/CAE 或 Abaqus/Viewer)

一旦完成模拟计算并得到位移、应力或其他基本变量后,就可以对计算结果进行评估。评估可以通过 Abaqus/CAE 的可视化模块、Abaqus/Viewer 或其他后处理软件在图形环境下交互式进行。可视化模块可以将读入的二进制输出数据库中的文件以多种方法显示结果,包括彩色等值线图、动画、变形图和 $X-Y$ 曲线图等。

3.5.2 Abaqus 分析模型的组成

从上文的实例可以看出,Abaqus 模型通常由若干不同的部分组成,它们共同描述了所分析的物理问题和需要获得的结果。一个分析模型至少要包含如下信息:离散化的几何形体、单元截面属性、材料数据、载荷和边界条件、分析类型和输出要求。

1. 离散化的几何形体(Discretized geometry)

有限单元和结点定义了 Abaqus 所模拟的物理结构的基本几何形体。模型中的每一个单元都代表了物理结构的离散部分,单元之间通过公共结点彼此相互连接,模型的几何形状由结点坐标和结点所属单元的连接所确定。模型中所有的单元和结点的集合称为网格。通常,网格只是实际结构几何形状的近似表达。

提示:离散化的几何形体主要在 Part(部件)模块和 Mesh(网格)模块中进行定义。

2. 单元截面属性(Element section properties)

Abaqus 拥有广泛的单元库,其中许多单元的几何形状不能完全由它们的结点坐标来定义。例如工字梁截面的尺寸数据就不能通过单元结点来定义,这些附加的几何数据可由单元的物理特性定义。

3. 材料数据(Material data)

必须指定所有单元的材料特性。然而,由于高质量的材料数据很难得到,尤其是对于一些复杂的材料模型,所以 Abaqus 计算结果的有效性受材料数据的准确程度和范围的制约。

提示:单元截面属性和材料数据在 Property(特性)模块中进行定义。如果部分模型区域没有被指派材料截面属性,由于无法完成单元刚度矩阵的计算(弹性矩阵$[D]$缺失),导致计算无法顺利进行。

4. 载荷和边界条件(Loads and boundary conditions)

载荷使物理结构产生变形,因而产生应力。最常见的载荷形式包括:点载荷(集中载荷)、表面压力载荷、体力(如重力)和热载荷等;应用边界条件可以使模型的某一部分受到约束,从而保持固定(零位移)或使其移动指定大小的位移值。

在静态分析中,需要满足足够的边界条件以防止模型在任意方向上的刚体移动,否则,没有约束的刚体位移会导致刚度矩阵产生奇异,求解时求解器将发生问题,并可能引起模拟过程过早中断。在模拟过程中,如果存在刚体位移,Abaqus/Standard 将发出警告信息。例如在静态分析中,出现警告信息"numerical singularity"(数值奇异)或"zero pivot"(主元素为零),用户必须检查整个或部分模型是否缺少限制刚体平动或转动的约束。

在动态分析中,由于结构模型中的所有分离部分都具有一定的质量,其惯性力可以防止模型产生无限大的瞬时运动。因此,在动力分析时,求解器的警告信息通常提示了某些其他的模拟问题,如过度塑性。

提示:载荷和边界条件在 Load(载荷)模块中进行定义。

5. 分析类型(Analysis type)

Abaqus 可以进行多种不同类型的模拟分析。最常见的两种类型是:静态(Static)和动态(Dynamic)应力分析。静态分析获得的是外载荷作用下结构的长期响应。在其他情况下,用户关心的可能是结构的动态响应。

6. 输出要求(Output requests)

Abaqus 的模拟计算过程会产生大量的输出数据。为了避免占用过多的磁盘空间,用户可根据所研究问题的实际需要对输出数据进行限制。

提示：分析类型和输出需求在 Step(分析步)模块中进行定义。

3.6 Abaqus 的常用命令(Commands)

Abaqus 中的所有运算均通过 Abaqus 命令调用相应的 Abaqus 求解器(Abaqus/Standard、Abaqus/Explicit 或 Abaqus/CFD)来进行。在 Abaqus/CAE 中提交作业进行运算时，实际上 Abaqus 也是通过 Abaqus 命令调用相应的 Abaqus 求解器来进行的。

使用"环境"文件(abaqus_v6.env,位于安装目录下 site 子目录中)可定制 Abaqus 计算环境。

依次点击[开始]→[所有程序]→[Abaqus 6.11-1]→[Abaqus Command]，可以进入 Abaqus Command 环境，窗口顶端自动显示 C:\Temp＞(假定采用 Abaqus 默认的工作目录，否则将显示用户自定义的工作目录)。

1. 命令约定

在 C:\Temp＞后输入 abaqus help|more，按 Enter 键，将显示当前版本 Abaqus 所支持的所有命令(均以 abaqus 开头)。在下面的 Abaqus 命令中有以下约定：

① 黑体字(Boldface)部分为可选项。可选项位置不限，并可被简写；
② 默认选项下加下划线(──)；
③ 方括号([])之间的部分是可选的；
④ 用竖线(|)隔开的部分是相互排斥的；
⑤ 花括号({})之间的部分必须选择一个；
⑥ 斜体字(italics)部分必须由用户给定一个值；
⑦ 空格(blanks)作为选项之间的分隔符，不要在等号(=)之前或之后使用；
⑧ 格式(option=value)可用格式(-option value)代替。

2. Abaqus 命令

Abaqus 所支持的命令可达 31 类，其中使用较多的命令如下：
(1) 获取信息(**Obtaining information**)

abaqus {**help** | **information**={environment | local | memory | release | support | system | all} [**job**=*job-name*] | **whereami**}

提示：使用较多的是 **abaqus help**，用来获取 Abaqus 的所有命令。

(2) **Abaqus/Standard、Abaqus/Explicit 和 Abaqus/CFD 运算**（**Abaqus/Standard, Abaqus/Explicit, and Abaqus/CFD execution**）

abaqus job=*job-name* [analysis | datacheck | parametercheck | continue |

convert={select | odb | state | all} | **recover** |
syntaxcheck | **information**={environment | local |
memory | release | support | system | all}]
[**input**=*input-file*]
[**user**={*source-file* | *object-file*}]
[**oldjob**=*oldjob-name*]
[**fil**={append | new}]
[**globalmodel**={*results file-name* |
 output database file-name}]
[**cpus**=*number-of-cpus*]
[**parallel**={domain | loop}]
[**domains**=*number-of-domains*]
[**dynamic_load_balancing**]
[**mp_mode**={mpi | threads}]
[**standard_parallel**={all | solver}]
[**gpu**={NVIDIA | OFF}]
[**memory**=*memory-size*]
interactive | <u>**background**</u> | **queue**=[*queue-name*]
  [**after**=*time*]
[**double**={<u>explicit</u> | both | off | constraint}]
[**scratch**=*scratch-dir*]
[**output_precision**={<u>single</u> | full}]
[**madymo**=*MADYMO-input-file*]
[**port**=*co-simulation port-number*]
[**host**=*co-simulation hostname*]
[**listenerport**=*Co-Simulation Engine listener
 port-number*]
[**remoteconnections**=*Co-Simulation Engine remote
 connection host : port-number*]
[**timeout**=*co-simulation timeout value in seconds*]
[**unconnected_regions**={yes | no}]

提示：使用较多的命令有：

abaqus job=*job-name* **interactive**（常简写为 abaqus job=*job-name* int）：用来进行 Abaqus 分析运算。

abaqus job=*job-name* **user**={*source-file* | *object-file*} **int**：用来进行带用户子程序的 Abaqus 分析运算。

（3）**Abaqus/Standard、Abaqus/Explicit 和 Abaqus/CFD 协同运算**（Abaqus/Standard，

Abaqus/Explicit, and Abaqus/CFD co-simulation execution)

abaqus cosimjob=*cosim-job-name* job=*comma-separated pair of job names*
 [cpus={*number-of-cpus* | *comma-separated pair of number-of-cpus*}]
 [cpuratio=*comma-separated pair of weight factors specifying cpu allocation to child analyses*]
 [<u>interactive</u> | <u>background</u> | queue=[*queue-name*][after=*time*]]
 [timeout=*co-simulation timeout value in seconds*]
 [portpool=*colon-separated pair of socket port numbers*]
 [input=*comma-separated pair of input-file names*]
 [user=*comma-separated pair of* {*source-file* | *object-file*} *names*]
 [globalmodel=*comma-separated pair of* {*results file* | *output database file*} *names*]
 [memory=*comma-separated pair of memory-sizes*]
 [oldjob=*comma-separated pair of oldjob-names*]
 [double=*comma-separated pair of double precision executable settings*]
 [scratch=*comma-separated pair of scratch-dir names*]
 [output_precision=*comma-separated pair of* {<u>single</u> | full}]

(4) 执行 Abaqus/CAE(Abaqus/CAE execution)

abaqus cae [database=*database-file*] [replay=*replay-file*]
  [recover=*journal-file*] [startup=*startup-file*]
  [script=*script-file*] [noGUI=[*noGUI-file*]] [noenvstartup]
  [noSavedOptions] [noStartupDialog] [custom=*script-file*]
  [GUITester={*GUI-script-file*}] [guiRecord] [guiNoRecord]

提示：使用较多的是 abqus cae，此命令用来调用 **Abaqus/CAE**。这个命令等同于以下菜单操作：[开始]→[所有程序]→[Abaqus 6.11-1]→[Abaqus CAE]。

---

(5) 执行 Abaqus/Viewer(Abaqus/Viewer execution)

abaqus viewer [database=*database-file*] [replay=*replay-file*]
  [startup=*startup-file*] [script=*script-file*]
  [noGUI=[*noGUI-file*]] [noenvstartup]
  [noSavedOptions] [noStartupDialog] [custom=*script-file*]
  [GUITester={*GUI-script-file*}] [guiRecord] [guiNoRecord]

提示：使用较多的是 abaqus viewer，此命令用来调用 Abaqus/Viewer。这个命令等同于以下菜单操作：[开始]→[所有程序]→[Abaqus 6.11-1]→[Abaqus Viewer]。

---

(6) 执行 Python(Python execution)

abaqus python [*script-file*]

(7) 参数研究(**Parametric studies**)

abaqus script $[=script\text{-}file]\,[\textbf{startup}=startup\ file\text{-}name]$
　　　　　　$[\textbf{nonenvstartup}]$

(8) **AbaqusHTML 文档**(**Abaqus HTML documentation**)

abaqus doc

提示：abaqus doc，此命令用来打开 Abaqus Documentation(Abaqus 在线帮助文档)。这个命令等同于以下菜单操作：[开始]→[所有程序]→[Abaqus 6.11-1]→[Abaqus Documentation]或[开始]→[所有程序]→[Abaqus 6.11 Documentation]→[HTML Documentation]。

---

(9) 查询关键字/问题数据库(**Querying the keyword/problem database**)

abaqus findkeyword $[\textbf{job}=job\text{-}name]\,[\textbf{maximum}=maximum\text{-}output]$

(10) 抽取实例输入文件(**Fetching sample input files**)

abaqus fetch job=$job\text{-}name$ $[\textbf{input}=input\text{-}file]$

提示：使用较多的是 **abaqus fetch job**=$job\text{-}name$：可用来提取 **Abaqus** 程序中 **Samples** 中的例子(输入文件、用户子程序文件、日志文件、参数研究 script 文件或后处理程序)，是经常使用的 Abaqus 命令之一。

如在 Abaqus Commander 环境下输入 C:\Temp>$abaqus\ fetch\ job=difftocrack\_stress$(其中"C:\Temp>"不需要输入)，执行过程如下：

Abaqus FETCH job difftocrack_stress
　Archive： C:/SIMULIA/Abaqus/6.11-1/samples/job_archive/samples.zip
　　inflating: difftocrack_stress.inp

$job\text{-}name$ 可使用通配符(*或?)；如果不指定 $job\text{-}name$ 的后缀名，所有与 $job\text{-}name$ 同名的文件将一同被提取。

---

(11) 作业执行控制(**Job execution control**)

abaqus {**suspend** | **resume** | **terminate**} **job**=$job\text{-}name$

提示：**abaqus** {**suspend** | **resume** | **terminate**} **job**=$job\text{-}name$，用于暂停/继续/终止分析作业，在分析复杂问题时非常有用。这是使用最频繁的 Abaqus 命令之一。

3.7　Abaqus 的常用文件(Files)

Abaqus 程序文件按生成的时间，可以分为模型创建时的文件和模型分析时的文件；按文件存在的状态，可分为临时文件和永久文件。

1. 临时文件

有些文件仅在 Abaqus 运算过程中产生,当运算结束时,这些文件将自动被删除,如 lck 文件。这类文件对用户而言意义不大。

2. 永久文件

这些文件由 Abaqus 程序运算过程中产生,但并不随着运算的结束而自动被删除,如 inp 文件、odb 文件等。这类文件是用户经常要接触的文件类型。

3.7.1 常用文件

在使用 Abaqus 进行运算时,最常用的文件如下:

1. inp 文件

模型输入文件(Input file)。当提交一个作业进行分析时,Abaqus/CAE 将自动在工作目录产生一个 inp 文件,这个文件可供 Abaqus/Standard、Abaqus/Explicit 或 Abaqus/CFD 求解器进行分析求解。

在 Abaqus/CAE 中,可点击主菜单[File]→[Import]→[Model...],选择 inp 文件后,导入一个孤立网格(Orphan Mesh),供分析之用。

提示:inp 文件是 Abaqus 分析中最重要的文件,因为 inp 包含了分析问题所需要的全部参数,只需要有这一文件就可进行问题的模拟分析。cae 中并不能包含全部的计算参数,因为 inp 中的某些关键字无法在 Abaqus/CAE 中实现。

inp 文件可采用任意的文字编辑工具(如记事本程序、写字板程序等)进行编辑修改。

---

2. cae 和 jnl 文件

模型数据库(Model database file)和日志文件(Journal file)。对初学者来说,这两种文件是最有用的文件之一。

当在主菜单上点击[File]→[Save]时,Abaqus/CAE 将同时生成 cae 和 jnl 文件。其中 cae 文件中包含了分析模型以及相关的分析作业等模型数据;jnl 文件包含了 Abaqus/CAE 的命令,可用来重新生成模型数据库。

提示:cae 文件和 jnl 文件构成支持 Abaqus/CAE 的两个重要文件,要保证在 Abaqus/CAE 环境下正常打开一个项目,这两个文件必须同时存在。

如果只有 cae 文件,而缺少相应的 jnl 文件,Abaqus/CAE 将出现如图 3.42 所示的警告窗口(当 Abaqus/CAE 出现非正常错误时,所有对模型数据的修改将不能恢复)。

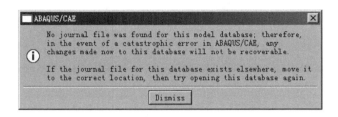

图 3.42 不存在 *.jnl 文件时的警告信息

3. odb 文件

输出数据库文件(Output database file)。这类文件可供后处理之用。

odb 文件中保存了模型分析的结果。在 Abaqus/CAE 中的 Step 模块中,可指定输出到 odb 文件的变量和输出频率。

4. dat 和 msg 文件

打印输出文件(Printed output file)和信息文件(Message file)。这两种文件是进行分析过程诊断的重要文件。

dat 文件包含了输入文件处理器(Input file processor)的输出内容,以及分析过程中的指定结果。在每个分析步结束时,Abaqus/CAE 将自动输出当前分析步的默认输出信息,用户不能对 dat 文件中内容进行额外的控制。Abaqus/Explicit 和 Abaqus/CFD 求解器不在 dat 文件输出分析结果。

msg 文件中包含了分析过程中的诊断和提示信息(如分析计算中的平衡迭代次数、计算时间等)。在 Abaqus/CAE 中的 Step 模块中,用户可以控制诊断信息的内容。如果在 Abaqus/Standard 分析中进行了单元操作的并行分析,将产生多个信息文件,这时将在每个文件名上加上处理标识符。

提示:当 Abaqus 运行异常终止时,应首先在 dat 文件中查找出错的原因,一般比较简单的错误,如误写关键字,可在此文件中找到解决办法;当出现不收敛等问题时,则应在 msg 文件中查找出错的原因,如网格密度过小、材料参数不正确、约束不足等。

5. sta 文件

状态文件(Status file)。sta 文件是了解分析过程信息的窗口,在分析复杂问题进行时间安排时尤其有用。在 Abaqus/CAE 中的 Step 模块中,可将单个结点的单个自由度输出到该类文件中。

6. f 文件

用户子程序或其他特定用途的 FORTRAN 文件(User subroutine or other special—

purpose FORTRAN file)。用户在编写用户子程序文件时经常用到。

安装完 Abaqus 程序后,在 C:\SIMULIA\Abaqus\6.11-1\samples\job_archive(假设 Abaqus 安装在 C:\SIMULIA\Abaqus)目录下会生成 samples.zip 文件,打开该文件,会看到很多 f 文件。在使用这些 f 文件时,需要将其改为 for 文件。

提示:如果采用 Unix 类(如 Linux)操作系统,则直接采用 f 文件,不需要改为 for。

3.7.2 其他文件

1. rpy 文件

应答文件(Replay file)。当用户开始一个进程(Session)定义模型时,Abaqus/CAE 会生成 rpy 文件。rpy 文件记录了进程(Session)过程中所有模型操作的命令。

2. rec 文件

恢复文件(Recover file)。当用户继续进行模型操作时,Abaqus/CAE 除生成 rpy 文件外,还会生成 rec 文件。rec 文件包含了恢复内存中模型数据库的 Abaqus/CAE 命令,但仅仅包含最后存储文件以来的命令。

3. lck 文件

用于输出数据库的锁定文件(Lock file)。当对输出数据库文件(*.odb)进行写操作,或分析过程中对输出数据库文件(*.odb)进行写操作时,Abaqus 将产生 *.lck 文件。*.lck 文件阻止同时对输出数据库文件(*.odb)进行写操作。当输出数据库文件(*.odb)关闭后,或运算终止时,lock file 将自动被删除。

提示:特别地,当某一运算结束之前被异常终止时(如 Abaqus 运算时强行关闭 Abaqus Command 窗口),lck 文件将不会被自动删除。如不删除 lck 文件,再次进行该运算时,将出现错误信息。这时,应先删除 lck 文件,再进行运算。

4. res 文件

重启动文件(Restart file)。res 文件可用来继续进行一个完成之前被暂停的分析。在 Abaqus/CAE 中的 Step 模块中,可以指定为哪些分析步输出重启动分析以及输出频率;在 Abaqus/Explicit 中,在 Step 模块中指定的重启动分析信息将写入状态文件(*.abq)中。

5. fil 文件

结果文件(Result file)。fil 文件包含分析中所指定的结果,fil 文件可供其他后处理程序进行处理。子模型分析(Submodel analysis)可从输出数据库(*.odb)或结果文件(*.fil)中读入全局模型结果。该文件由 Abaqus/Standard 中的 analysis 和 continue 选项以及 Abaqus/Explicit 中的 convert＝select 和 convert＝all 选项创建。

6. log 文件

日志文件(Log file)。log 文件包含了当前 Abaqus 执行程序所调用模块的开始和结束时间。

7. mdl 和 stt 文件

模型文件(Model file)和状态文件(State file)。mdl 文件和 stt 文件用于重启动分析。

mdl 文件和 stt 文件由 Abaqus/Standard 和 Abaqus/Explicit 求解器中的 datacheck 选项所创建。Abaqus/Standard 求解器中 analysis 和 continue 选项可以读写这两种文件；Abaqus/Explicit 求解器中的 analysis 和 continue 选项可以读入这两种文件。

如果在 Abaqus/Standard 分析中进行了单元操作的并行分析,将产生多个模型文件和状态文件,这时将在每个文件名上加上处理标识符。

8. abq 文件

状态文件(State file)。abq 文件用于重启动分析。

abq 文件仅用于 Abaqus/Explicit,由 analysis、continue 和 recover 选项创建,可由 convert 和 recover 选项读入。

9. com 文件

执行文件(Commander file)。com 文件由 Abaqus 执行程序所创建。该类文件对用户意义不大。

10. ipm 文件

进程信息文件(Interprocess message file)。当从 Abaqus/CAE 中进行分析时,将产生 ipm 文件,它包含了 Abaqus/Standard、Abaqus/Explicit 或 Abaqus/CFD 传给 Abaqus/CAE 的所有信息。

11. pac 文件

包装文件(Package file)。pac 文件用于重启动分析。

pac 文件包含了模型信息,仅用于 Abaqus/Explicit。由 analysis 和 datacheck 选项创建,可由 analysis、continue 和 recover 选择读入。

12. prt 文件

部件文件(Part file)。prt 文件可用来存储部件(Part)和装配(Assembly)信息。在重启动(Restart)、导入(Import)、依序耦合热应力分析(Sequentially coupled thermal-stress analysis)、对称模型生成(Symmetric model generation)和水下爆破分析(Underwater shock analysis)时,需要该类文件;在子模型分析时也需要该类文件。

13. sel 文件

选择结果文件(Selected results file)。sel 文件用于重启动分析。

sel 文件用于 Abaqus/Explicit。由 analysis、continue 和 recover 选项创建,由 convert=select 选择读入。

14. 023 文件

通讯文件(Communications file)。023 文件用于 Abaqus/Standard 和 Abaqus/Explicit。由 analysis 和 datacheck 选项创建,可由 analysis 和 continue 选项读入。

3.8 Abaqus 的帮助文档(Documentation)

Abaqus 具有一套内容丰富完整的帮助文档(图 3.43),包括印刷品文档和在线文档两种形式,其中在线文档有 HTML 和 PDF 两种格式。最常用的帮助文档如下:

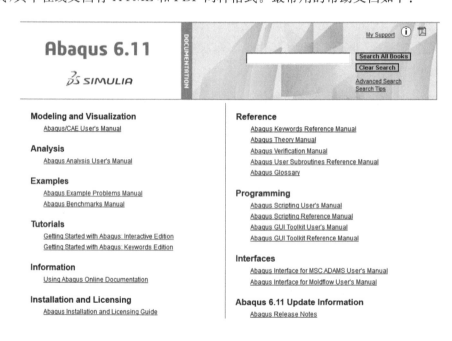

图 3.43 Abaqus 中的帮助文档

1. 从头开始 Abaqus 分析:交互版本(Getting Started with Abaqus: Interactive Edition)

这是一本自定进度的教程(self-paced tutorial),帮助新用户熟悉使用 Abaqus/CAE 创建实体、壳、梁和桁架模型,熟悉 Abaqus/Standard 或 Abaqus/Explicit 执行静态、准静态和动态应力分析模拟。它包含了大量完全可运行的实例,这些实例包含了用来执行结构分析的实践指南。此外,提供了三个综合教程,引导用户熟悉 Abaqus 求解器产品与 Abaqus/CAE 界面。

2. Abaqus 分析用户手册(Abaqus Analysis User's Manual)

这是最常用的 Abaqus 用户手册,包含 Abaqus 的所有功能。包括对单元、材料模型、分析过程、输入格式等内容的完整描述。它是用于 Abaqus/Standard、Abaqus/Explicit 和 Abaqus/CFD 的基本参考文档。输入文件用法和 Abaqus/CAE 使用信息均包含在这个手册中。

3. Abaqus/CAE 用户手册(Abaqus/CAE User's Manual)

该手册对初学者非常有用,通过教程详细说明了如何运用 Abaqus/CAE 生成模型、分析、结果评估和可视化。Abaqus/Viewer 用户应该参考本手册中的可视化模块的信息。

4. Abaqus 实例手册(Abaqus Example Problems Manual)

该手册包括详细的实例,用来演示用于执行有意义的线性和非线性分析的方法和决定。许多实例采用了不同的单元类型、网格密度和其他变化形式。典型的例题有:地基作用下土壤的固结;金属薄板的大变形拉伸等。对于寻找相关实例和开始一个新类型的问题时,该手册非常有用。

5. Abaqus 关键词参考手册(Abaqus Keywords Reference Manual)

该手册提供了 Abaqus/Standard、Abaqus/Explicit 和 Abaqus/CFD 可用的全部输入选项的完整描述。该手册为编写 inp 文件提供了非常重要的帮助。

6. Abaqus 网上服务

Abaqus 有限元软件是 Dassault Systems 公司的产品,其主页为 http://www.3ds.com/,中文主页为 http://www.3ds.com/zh,上面提供了各种关于 Abaqus 的有用信息。

3.9 本章小结

本章是 Abaqus 的基础部分,主要介绍 Abaqus 的组成、Abaqus/CAE 的分析模块与常用工具、分析模型组成、常用命令、常用文件类型和帮助文档。

(1) Abaqus 主要由 Abaqus/Standard、Abaqus/Explicit 和 Abaqus/CFD 三个分析模块组成,Abaqus/CAE 是其默认的前、后处理器。

(2) Abaqus/CAE 主要由菜单栏、工具栏、环境栏、模型树、工具区、视图区和提示区等组成,其中模型树是 Abaqus/CAE 的独有工具。Abaqus/CAE 的菜单随环境栏的改变而改变,是 Abaqus 软件的独有特征。

(3) Abaqus/CAE 的常用模块有 11 个,依次为 Part(部件)、Property(特性)、Assembly(装配)、Step(分析步)、Interaction(相互作用)、Load(载荷)、Mesh(网格)、Optimization(优化)、Job(作业)、Visualization(可视化)和 Sketch(绘图),这也是 Abaqus 推荐的建模顺序。

(4) Abaqus/CAE 的常用工具有:查询(Query)、集合(Set)、面(Surface)、分区(Parti-

tion)、基准(Datum)和显示组(Display Group)等,可为模型定位、网格划分等提供非常便捷的条件。

(5) Abaqus 分析模型至少要包含如下信息:离散化的几何形体、单元截面属性、材料数据、载荷和边界条件、分析类型和输出要求。

(6) Abaqus 常用的命令有:**abaqus job**=$job\text{-}name$ **int** 或 **abaqus job**=$job\text{-}name$ **user**=$\{source\text{-}file \mid object\text{-}file\}$ **int**,这些命令的灵活使用将为 Abaqus 模拟运算带来极大的方便,大幅提高了分析效率。

(7) Abaqus 的常用文件有:inp 文件、cae 与 jnl 文件、odb 文件、dat 与 msg 文件等,其中 inp 文件中包含了所分析问题的全部信息。

(8) Abaqus 具有一套内容丰富完善的文档,其中 Abaqus 分析用户手册、Abaqus/CAE 用户手册等是非常有用的帮助文档。

第4章 常用材料的本构模型及用户子程序

材料本构模型是材料应力应变关系的数学描述,是有限元计算的基础,直接影响到有限元计算结果的精度,甚至影响有限元的计算进程。本章主要介绍道路工程中常见材料的本构模型,用户材料子程序 UMAT 的接口以及 Abaqus 主程序与 UMAT 协同工作过程,重点阐述修正 Burgers 模型、黏弹—黏塑性模型和 Duncan-Chang 模型的 UMAT 子程序的编写过程,最后简要介绍用户子程序的用法。

4.1 道路工程中常用材料的本构模型

在传统的道路工程(包含部分岩土工程)设计计算方法中,材料模型一般采用线弹性模型。由于线弹性模型中没有定义材料的黏性和塑性部分,进而无法真实地模拟沥青路面结构中沥青层的车辙问题、软土地基的固结沉降问题等。

Abaqus 软件中包含了丰富的材料模型,例如:

(1) 弹性模型

线弹性模型,可以定义材料的模量、泊松比等弹性特性;

正交各向异性弹性模型,具有多种典型失效理论,用于复合材料结构分析;

多孔弹性模型,用于模拟土壤和可挤压泡沫的弹性行为;

亚弹性,可以考虑应变对模量的影响;

超弹性,可以模拟橡胶类材料的大应变影响;

黏弹性,时域和频域的黏弹性材料模型。

(2) 塑性模型

扩展 Drucker-Prager 模型,适合于沙土等粒状材料的不相关流动的模拟;

Capped Drucker-Prager 模型,适合于地质、隧道挖掘等领域;

Cam-Clay 模型,适合于黏土类材料的模拟;

Mohr-Coulomb 塑性模型,与 Capped Druker-Prager 模型类似,但可以考虑不光滑小表面情况;

混凝土材料模型,包含了混凝土弹塑性破坏理论;

渗透性材料模型,提供了依赖孔隙比、饱和度和流速的各向同性和各向异性材料的渗透性模型。

这些经典材料模型为解决道路工程(或岩土工程)中常见问题提供了有利条件。但道路工程(或岩土工程)中如沥青混合料的修正 Burgers 模型、级配碎石材料的 $k-\theta$ 模型和土的 Duncan-Chang 模型等材料模型并没有包含在 Abaqus 软件中。为弥补这些不足,Abaqus 软件提供了用户自定义材料模型的子程序接口 UMAT(User-Defined Mechanical Material

Behavior,用于 Abaqus/Standard 求解分析)、VUMAT(User-Defined Mechanical Material Behavior,用于 Abaqus/Explicit 求解分析)和 UMATHT(User-Defined Thermal Material Behavior,用于 Abaqus/Standard 求解分析),方便用户添加自己需要的材料本构模型。

4.2 典型的弹性模型和塑性模型

4.2.1 线弹性模型

这是使用最广泛的材料模型之一,基于广义虎克定律,包括各向同性弹性模型、正交各向异性模型和各向异性模型。

线弹性模型的本构方程为:

$$\boldsymbol{\sigma} = \boldsymbol{D}^d \boldsymbol{\varepsilon}^d \tag{4-1}$$

式中,$\boldsymbol{\sigma}$ 为应力分量向量,$\boldsymbol{\varepsilon}^d$ 为应变分量向量,$\boldsymbol{D}^d$ 为弹性矩阵。

(1) 各向同性弹性模型

最简单的线弹性模型为各向同性线弹性模型,它具有 6 个应力/应变分量(对于平面问题,只有 3 个应力/应变分量),其应力—应变的表达式为:

$$\begin{Bmatrix} \varepsilon_{11} \\ \varepsilon_{22} \\ \varepsilon_{33} \\ \gamma_{12} \\ \gamma_{13} \\ \gamma_{23} \end{Bmatrix} = \begin{Bmatrix} 1/E & -\mu/E & -\mu/E & 0 & 0 & 0 \\ -\mu/E & 1/E & -\mu/E & 0 & 0 & 0 \\ -\mu/E & -\mu/E & 1/E & 0 & 0 & 0 \\ 0 & 0 & 0 & 1/G & 0 & 0 \\ 0 & 0 & 0 & 0 & 1/G & 0 \\ 0 & 0 & 0 & 0 & 0 & 1/G \end{Bmatrix} \begin{Bmatrix} \sigma_{11} \\ \sigma_{22} \\ \sigma_{33} \\ \sigma_{12} \\ \sigma_{13} \\ \sigma_{23} \end{Bmatrix} \tag{4-2}$$

各向同性线弹性模型的模型常数为杨氏模量 E(Young's Modulus)和泊松比 μ(Poisson's Ratio),剪切模量 G 是 E 和 μ 的函数关系式,其表达式如下:

$$G = \frac{E}{2(1+\mu)} \tag{4-3}$$

弹性模型参数可定义为场变量(如温度)的函数。

各向同性弹性模量的用法如下:

输入文件用法:* ELASTIC, TYPE=ISOTROPIC 或 * ELASTIC

Abaqus/CAE 用法:Property module: material editor:[Mechanical]→[Elasticity]→[Elastic]: Type: Isotropic; Data: **Young's Modulus, Poisson's Ratio**

(2) 正交各向异性弹性模型

正交各向异性的独立模型参数("工程常数")为 3 个正交方向的杨氏模量 E_1、E_2、E_3,3 个泊松比 μ_{12}、μ_{13}、μ_{23},3 个剪切模量 G_{12}、G_{13}、G_{23},其应力—应变的表达式为:

$$\begin{Bmatrix}\varepsilon_{11}\\\varepsilon_{22}\\\varepsilon_{33}\\\gamma_{12}\\\gamma_{13}\\\gamma_{23}\end{Bmatrix}=\begin{Bmatrix}1/E_1 & -\mu_{21}/E_2 & -\mu_{31}/E_3 & 0 & 0 & 0\\-\mu_{12}/E_1 & 1/E_2 & -\mu_{32}/E_3 & 0 & 0 & 0\\-\mu_{13}/E_1 & -\mu_{23}/E_2 & 1/E_3 & 0 & 0 & 0\\0 & 0 & 0 & 1/G_{12} & 0 & 0\\0 & 0 & 0 & 0 & 1/G_{13} & 0\\0 & 0 & 0 & 0 & 0 & 1/G_{23}\end{Bmatrix}\begin{Bmatrix}\sigma_{11}\\\sigma_{22}\\\sigma_{33}\\\sigma_{12}\\\sigma_{13}\\\sigma_{23}\end{Bmatrix} \quad (4-4)$$

注意，μ_{ij} 通常不等于 μ_{ji}，两者的关系为：

$$\mu_{ij}/E_i = \mu_{ji}/E_j \quad (4-5)$$

正交各向异性弹性模量的用法如下：

输入文件用法：*ELASTIC, TYPE=Engineering Constants

Abaqus/CAE 用法：Property module：material editor：[Mechanical]→[Elasticity]→[Elastic]；Type：Engineering Constants；Data：**E1，E2，E3，Nu12，Nu13，Nu23，G12，G13，G23**

在正交各向异性模型中，如果材料的某个平面上的性质相同，即为横观各向同性弹性体，假定 1-2 平面为各向同性平面，那么有 $E_1=E_2=E_p$，$\mu_{31}=\mu_{32}=\mu_{tp}$，$\mu_{13}=\mu_{23}=\mu_{pt}$，以及 $G_{13}=G_{23}=G_t$，其中 p 和 t 分别代表平面（in-plane）和横向（transverse），因此，横观各向同性体的应力—应变表达式为：

$$\begin{Bmatrix}\varepsilon_{11}\\\varepsilon_{22}\\\varepsilon_{33}\\\gamma_{12}\\\gamma_{13}\\\gamma_{23}\end{Bmatrix}=\begin{Bmatrix}1/E_p & -\mu_p/E_p & -\mu_{tp}/E_t & 0 & 0 & 0\\-\mu_p/E_p & 1/E_p & -\mu_{tp}/E_t & 0 & 0 & 0\\-\mu_{pt}/E_p & -\mu_{pt}/E_p & 1/E_t & 0 & 0 & 0\\0 & 0 & 0 & 1/G_p & 0 & 0\\0 & 0 & 0 & 0 & 1/G_t & 0\\0 & 0 & 0 & 0 & 0 & 1/G_t\end{Bmatrix}\begin{Bmatrix}\sigma_{11}\\\sigma_{22}\\\sigma_{33}\\\sigma_{12}\\\sigma_{13}\\\sigma_{23}\end{Bmatrix} \quad (4-6)$$

式中，$G_p = E_p/2(1+\mu_p)$，所以，该模型的独立模型参数为 5 个。

注意，μ_{tp} 通常不等于 μ_{pt}，两者的关系为：

$$\mu_{tp}/E_t = \mu_{pt}/E_p \quad (4-7)$$

横观各向同性弹性模型用法与正交各向异性模型用法相同。

4.2.2 Mohr-Coulomb 塑性模型

Mohr-Coulomb 破坏和强度准则在岩土工程和道路工程中的应用十分广泛，大量的岩土工程和道路工程设计计算都采用了 Mohr-Coulomb 强度准则。

该模型具有以下特征：① 模拟服从经典 Mohr-Coulomb 屈服准则的材料；② 允许材料各向同性硬化或软化；③ 采用光滑的塑性流动势，该流动势在子午面（图 4.1）上为双曲线形状，在偏应力平面上为分段椭圆

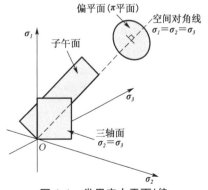

图 4.1 常用应力平面（偏平面和子午面）

形;④ 可与线弹性模型组合使用;⑤ 在岩土工程领域,可用来模拟单调荷载作用下材料的力学行为。

(1) 屈服准则

Mohr-Coulomb 屈服准则假定:当作用在某一点的剪应力等于该点的抗剪强度时,该点发生破坏,剪切强度与作用于该面的正应力呈线性关系。Mohr-Coulomb 塑性模型是基于材料破坏时应力状态的摩尔圆提出的,破坏线是与这些摩尔圆相切的直线(图 4.2),Mohr-Coulomb 屈服准则如下:

$$\tau = c - \sigma \tan \phi \tag{4-8}$$

式中,τ 为剪切强度,c 为材料的黏聚力,σ 为正应力(压应力时为负),ϕ 为材料的内摩擦角。

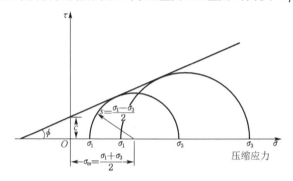

图 4.2 Mohr-Coulomb 破坏模型

(2) 屈服特性

采用应变不变量时,Mohr-Coulomb 模型的屈服面方程为:

$$F = R_{mc}q - p\tan \phi - c = 0 \tag{4-9}$$

式中,R_{mc} 为 π 平面上屈服面形状的度量,定义为:

$$R_{mc}(\theta, \phi) = \frac{1}{\sqrt{3}\cos\phi}\sin\left(\theta + \frac{\pi}{3}\right) + \frac{1}{3}\cos\left(\theta + \frac{\pi}{3}\right)\tan\phi \tag{4-10}$$

式中,ϕ 为 Mohr-Coulomb 屈服面在 $p - R_{mc}q$ 平面上的斜角,一般指材料的内摩擦角;θ 为极偏角,$\cos(3\theta) = \left(\frac{r}{q}\right)^3$;$r$ 为第三偏应力不变量;p 为等效压应力;q 为 Mises 等效应力;c 为材料黏聚力。

摩擦角 ϕ 同样控制材料在 π 平面上屈服面的形状,如图 4.3 所示。摩擦角的取值范围是 $0° \leqslant \phi \leqslant 90°$,当 $\phi = 0°$ 时,Mohr-Coulomb 模型退化为与围压无关的 Tresca 模型,此时 π 平面上的屈服面为正六边形;当 $\phi = 90°$ 时,Mohr-Coulomb 模型将演化为 Rankine 模型,此时 π 平面上的屈服面为正三边形,而且 $R_{mc} \rightarrow \infty$,在 Abaqus 中这种极限状态不允许在 Mohr-Coulomb 模型中出现。

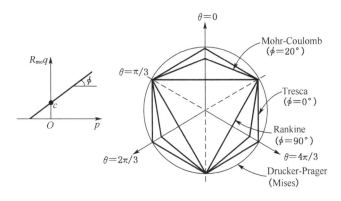

图 4.3 Mohr-Coulomb 在子午面和 π 平面上的屈服面

提示：Abaqus 中，定义屈服面时常用的应力不变量有：

(1) 等效围压应力 p

$$p = -\frac{1}{3}\text{trace}(\boldsymbol{\sigma}) = -\frac{1}{3}(\sigma_{11}+\sigma_{22}+\sigma_{33})$$

(2) Mises 等效应力 q

$$q = \sqrt{\frac{3}{2}(\boldsymbol{S}:\boldsymbol{S})} = \sqrt{\frac{(\sigma_1-\sigma_2)^2+(\sigma_1-\sigma_3)^2+(\sigma_2-\sigma_3)^2}{2}}$$

(3) 第三偏应力不变量 r

$$r = \left(\frac{9}{2}\boldsymbol{S}\cdot\boldsymbol{S}:\boldsymbol{S}\right)^{1/3} = \frac{9}{2}(S_{ij}S_{jk}S_{ki})^{1/3}$$

在 Abaqus 中，除了 Mohr-Coulomb 模型，在所有的模型中均定义了偏应力值 t（可用来表示 π 平面上屈服面的"圆度"），其表达式见式(4-12)。

(3) Mohr-Coulomb 模型用法

弹性部分通过命令 *Elastic 定义，该弹性为各向同性弹性。

材料的硬化通过命令 *MOHR COULOMB HARDENING 给出，可认为服从各向同性黏聚硬化。硬化曲线必须描述黏聚屈服应力(Yield Cohesion)与塑性应变的关系，需要时可以考虑为温度等场变量的函数。

输入文件用法：*MOHR COULOMB
　　　　　　　*MOHR COULOMB HARDENING

Abaqus/CAE 用法：Property module: material editor: [Mechanical]→[Plasticity]→[Mohr Coulomb Plasticity]: Hardening: Data: **Friction Angle, Dilation Angle; Cohesion Yield Stress, Abs Plastic Strain**

4.2.3 线性 Drucker-Prager 模型

Abaqus 对经典的 Drucker-Prager 模型进行了扩展，扩展的 Drucker-Prager 模型的屈

服面在 π 平面上不是圆形的,屈服面在子午面上包括线性模型、双曲线模型和指数模型。扩展的 Drucker-Prager 模型具有如下特点:①用来模拟土、岩石等摩擦材料,这些材料的屈服与围压有关,围压越大,材料的强度越高;②允许材料各向同性硬化或软化;③考虑了材料的剪胀性;④可以模拟蠕变功能,以描述材料的长期非弹性变形;⑤可用来模拟单调加载下材料的力学行为。

(1) 屈服准则

Drucker-Prager 模型的屈服准则取决于屈服面在子午面中的形状。在 Abaqus/Standard 中,屈服面可以为线性、双曲线或者一般指数函数形式;而在 Abaqus/Explicit 中,只能使用线性模型,其在子午面上的屈服面如图 4.4 所示。

线性 Drucker-Prager 模型的屈服准则为(由 3 个应力不变量 p、q、r 表示):

$$F = t - p\tan\beta - d = 0 \qquad (4-11)$$

式中,t 为偏应力参数,其定义如式(4-12)所示,不同的 t 值对应 π 平面上拉伸和压缩的不同应力值,所以增加了拟合实验数据的灵活性,但由于 π 平面上屈服面太光滑,使其与 Mohr-Coulomb 模型屈服面的一致性不好。

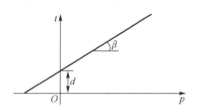

图 4.4 子午面上的屈服面(线性 Drucker-Prager 模型)

$$t = \frac{1}{2}q\left[1 + \frac{1}{K} - \left(1 - \frac{1}{K}\right)\left(\frac{r}{q}\right)^3\right] \qquad (4-12)$$

$\beta(\theta, f_i)$ 为线性屈服面在 $p-t$ 应力平面上的倾角,通常指材料的摩擦角。

d 为材料的黏聚力,其值与输入的硬化参数 σ_c 有关,当硬化参数由单轴压缩屈服应力 σ_c 定义时,$d = \left(1 - \frac{1}{3}\tan\beta\right)\sigma_c$;当硬化参数由单轴拉伸屈服应力 σ_t 定义时,$d = \left(\frac{1}{K} + \frac{1}{3}\tan\beta\right)\sigma_t$;而当硬化参数由黏聚力定义时,$d = \frac{\sqrt{3}}{2}\tau\left(1 + \frac{1}{K}\right)$。$d$、$\sigma_c$ 和 σ_t 均为等向硬化参数。

$K(\theta, f_i)$ 为三轴拉伸屈服应力与三轴压缩屈服应力之比,因此该值控制着屈服面对中间主应力值的依赖性。

若采用单轴压缩试验定义材料硬化,线性屈服准则要求内摩擦角 β 不能大于 71.5°。当 $K=1$ 时,$t=q$,屈服面在 π 平面上为 Von Mises 圆,这种情况下三轴拉伸应力与三轴压缩应力相等。为了保证屈服面外凸,要求 $0.778 \leqslant K \leqslant 1.0$。

(2) 屈服特性

线性 Drucker-Prager 模型在 π 平面上的屈服面不是圆形,如图 4.5 所示。非圆形的屈服面可以真实地反映不同的三轴拉伸和压缩屈服强度、π 平面上的塑性流动以及不同的摩擦角和剪胀角。

当实验数据以黏聚力和内摩擦角的形式给出时,可以采用线性 Drucker-Prager 模型进行模型参数的标定。

(3) 线性 Drucker-Prager 模型用法

输入文件用法:* DRUCKER PRAGER, SHEAR CRITERION=LINEAR

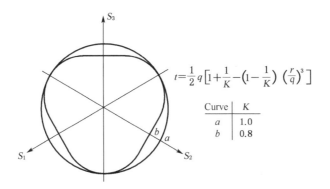

图 4.5 π 平面上线性 Drucker-Prager 模型的典型屈服面

Abaqus/CAE 用法：Property module：material editor：[Mechanical]→[Plasticity]→[Drucker-Prager]；Shear criterion：Linear；Data：Angle of Friction，FlowStress Ratio，Dilation Angle

4.3 道路工程常见材料模型及用户子程序

4.3.1 道路工程中常见材料模型

1. 沥青混合料的 Burgers 模型

Burgers 模型常用来表征沥青混合料的高温蠕变行为。Abaqus 软件自带的蠕变模型 $\dot{\bar{\varepsilon}}^{\sigma} = A(\bar{\sigma}^{\sigma})^n t^m$ 或 $\dot{\bar{\varepsilon}}^{\sigma} = (A(\bar{\sigma}^{\sigma})^n [(m+1)\bar{\varepsilon}^{\sigma}]^m)^{\frac{1}{m+1}}$（均采用 Bailey-Norton 蠕变规律），主要用来描述金属的蠕变行为，不能区分黏弹性变形及黏性流动变形。在沥青路面车辙分析中，对车辙有影响的主要是黏性流动变形，而黏弹性变形可以逐渐恢复，因此采用 Burgers 模型来描述沥青混合料的高温蠕变行为更合适。

（1）Burgers 模型

Burgers 模型是由 Maxwell 模型与 Kelvin 模型串联组成的四单元模型（图 4.6）。

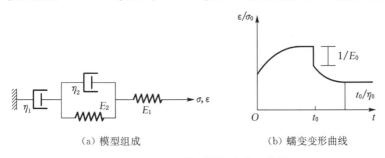

(a) 模型组成　　　　(b) 蠕变变形曲线

图 4.6 Burgers 模型及蠕变变形曲线

Burgers 模型蠕变方程为：

加载：$\varepsilon = \sigma_0 \left[\dfrac{1}{E_1} + \dfrac{t}{\eta_1} + \dfrac{1}{E_2}(1 - e^{-\tau t}) \right]$ (4-13)

卸载：$\varepsilon = \sigma_0 \left[\dfrac{t_1}{\eta_1} + \dfrac{1}{E_2}(1 - e^{-\tau t_0}) e^{-\tau(t-t_0)} \right]$，其中 $\tau = \dfrac{E_2}{\eta_2}$ (4-14)

Burgers 模型将沥青混合料的永久变形表征为时间的线性函数，而实际上沥青混合料的黏性流动变形并不随荷载作用时间的延长而无限增加，而是随着时间的推移，增量逐渐减小，最终趋于一个稳定值，即产生所谓的"固结效应"。可见，Burgers 模型没有反映出沥青混合料永久变形的固结效应。

（2）修正 Burgers 模型

修正 Burgers 模型是在 Burgers 模型的基础上，对其第一阻尼器元件进行非线性修正（图 4.7），即将 Burgers 模型中表征材料黏性流动变形特性的外部阻尼器元件扩展为广义阻尼器，且使其黏度为 $\eta_1(t) = Ae^{Bt}$。

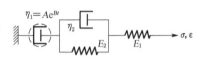

图 4.7 修正的 Burgers 模型

修正的 Burgers 模型蠕变方程为：

加载：$\varepsilon = \sigma_0 \left[\dfrac{1}{E_1} + \dfrac{1}{AB}(1 - e^{-Bt}) + \dfrac{1}{E_2}(1 - e^{-\tau t}) \right]$ (4-15)

卸载：$\varepsilon = \sigma_0 \left[\dfrac{1}{AB}(1 - e^{-Bt_0}) + \dfrac{1}{E_2}(1 - e^{-\tau t_0}) e^{-\tau(t-t_0)} \right]$，其中 $\tau = \dfrac{E_2}{\eta_2}$ (4-16)

采用修正 Burgers 模型，弥补了 Burgers 模型的不足，能够反映出沥青混合料永久变形的"固结效应"，从而有效地表征沥青混合料的变形特性。

2. 级配碎石材料的 $K-\theta$ 模型和 Uzan 模型

大量的研究表明，级配碎石材料回弹行为的影响因素有：粒料种类、级配、密实度、含水量以及所受应力状态等，其中应力状态影响最大。这种影响使得级配碎石回弹模量具有依赖于应力状态而变的非线性特性（应力依赖性模型），即：

$$E = K_1 \theta^{K_2}$$ (4-17)

式中，E——级配碎石回弹模量（MPa）；

θ——第一应力不变量，$\theta = \sigma_1 + 2\sigma_3$（MPa）；

K_1、K_2——回归系数。

上述 $K-\theta$ 模型没有考虑剪切应力、剪切应变对回弹模量的影响，Uzan 建议引入偏应力来体现剪切应力对回弹模量的影响，即：

$$E = K_1 \theta^{K_2} \sigma_d^{K_3}$$ (4-18)

式中，σ_d 为偏应力，$\sigma_d = \sigma_1 - \sigma_3$；$K_3$ 为回归系数。

3. 土的 Duncan-Chang 模型

1963 年，Kondner 根据土的大量三轴试验的应力—应变关系曲线，指出可以用双曲线拟合一般土的三轴试验$(\sigma_1-\sigma_3)\sim\varepsilon_a$ 曲线,如图 4.8 所示,其表达式为:

$$\sigma_1-\sigma_3=\frac{\varepsilon_a}{a+b\varepsilon_a} \tag{4-19}$$

式中,a,b 为试验常数。

Duncan 等根据这一双曲线应力—应变关系,提出了目前被广泛应用的增量弹性模型,即 Duncan-Chang 模型。

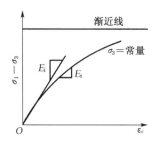 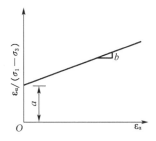

图 4.8 土的应力—应变双曲线

Duncan-Chang 模型为非线性弹性模型(切线模型),即是建立在增量应力—应变关系基础上的弹性模型,模型参数 E_t、μ_t 是应力的函数。

(1) 切线弹性模量 E_t

切线弹性模量 E_t 的表达式为:

$$E_t=(1-R_f s)^2 E_i \tag{4-20}$$

式中,E_i 为初始模量,其表达式为:

$$E_i=KP_a\left(\frac{\sigma_3}{P_a}\right)^n \tag{4-21}$$

式中,K 为回归系数,P_a 为大气压力。

式(4-20)中 R_f 为破坏比,其表达式为:

$$R_f=\frac{(\sigma_1-\sigma_3)_f}{(\sigma_1-\sigma_3)_{\text{ult}}} \tag{4-22}$$

式中,下标 f 表示破坏(failure),ult 表示极限(ultimate)。

式(4-20)中 s 为应力水平,它表示当前应力圆直径与破坏应力圆直径之比,反映强度发挥程度,其表达式为:

$$s=\frac{\sigma_1-\sigma_3}{(\sigma_1-\sigma_3)_f} \tag{4-23}$$

破坏偏应力$(\sigma_1-\sigma_3)_f$与固结压力 σ_3 有关,其表达式为:

$$(\sigma_1-\sigma_3)_f=\frac{2c\cos\varphi+2\sigma_3\sin\varphi}{1-\sin\varphi} \tag{4-24}$$

式中，c 为材料黏聚力。

（2）切线泊松比 μ_t

$$\mu_t = \frac{1}{2} - \frac{E_t}{6B_t} \quad (4-25)$$

式中，B_t 为体变模量，其表达式为：

$$B_t = K_b P_a \left(\frac{\sigma_3}{P_a}\right)^m \quad (4-26)$$

式中，K_b 和 m 为回归参数。

为了反映土变形的可恢复部分与不可恢复部分，Duncan-Chang 模型在弹性理论的范围内采用了卸载—再加载模量这一不同于初始加载模量的方法，卸载模量 E_{ur} 的表达式为：

$$E_{ur} = K_{ur} P_a \left(\frac{\sigma_3}{P_a}\right)^n \quad (4-27)$$

式中，K_{ur} 为回归参数。

在有限元计算中，在什么情况下使用 E_{ur} 的标准实际上是一个屈服准则。当然，不需要像弹塑性模型的屈服准则那么严格，只要有一个粗略的规定即可。当 $\sigma_1 - \sigma_3 < (\sigma_1 - \sigma_3)$，且 $s < s_0$ 时，用 E_{ur}；否则用 E_t。这里的 $(\sigma_1 - \sigma_3)$ 为历史上曾经达到的最大偏应力，s_0 为历史上曾经达到的最大应力水平。

Duncan-Chang 模型没有给出固结压力降低情况下弹性模量的确定方法，这是另一种性质的回弹。固结压力降低后为超固结土，其回弹模量与先期固结压力有关。在有限元计算中可做这样的处理：当 σ_3 降低时，用历史上曾经达到的最大固结压力 σ_{30} 计算 E_i，再用式(4-20)求 E_t，式中的应力水平 s 仍用当前固结压力 σ_3；计算 E_{ur} 和计算 E_t 一样，也应用 σ_{30}。

当 Depvar=3，即为历史上曾经达到的最大偏应力 $(\sigma_1 - \sigma_3)$ 时，历史上曾经达到的最大固结压力 σ_{30} 和历史上曾达到的最大应力水平 s_0。

在输入文件 *.inp 中，要给出这些状态变量的初始值。

* INITIAL CONDITIONS, TYPE=SOLUTION

Set, var1, var2, var3

Duncan-Chang 模型的模型参数（共 9 个）为：k, n, R_f, c, φ, P_a, k_b, n_b, k_{ur}

* material, name=soil

* depvar

3,

* user material, constants=9

k, n, R_f, c, φ, P_a, k_b, n_b, k_{ur}（应采用相应的数值代替这些模型参数）

对于卸载的情况，采用 E_{ur} 计算，在 E_{ur} 的表达式中，参数 n 与加载时基本一致，而 $k_{ur}=(1.2\sim 3.0)k$，对于密砂和硬黏土，$k_{ur}=1.2k$；对于松砂和软土，$k_{ur}=3.0k$；一般土介于上述两者之间。在 Duncan-Chang 模型的模型参数中，不直接给出 k_{ur} 值，而是给出 k_{ur}/k 的比值。

(3) 弹性矩阵 [**D**]

确定加载切线模量 E_t、卸载切线模量 E_{ur} 和切线泊松比 μ_t 后,即可得到 Duncan-Chang 模型的弹性矩阵:

$$[\boldsymbol{D}] = \frac{E_t(1-\mu_t)}{(1+\mu_t)(1-2\mu_t)} \begin{bmatrix} 1 & \frac{\mu_t}{1-\mu_t} & \frac{\mu_t}{1-\mu_t} & 0 & 0 & 0 \\ \frac{\mu_t}{1-\mu_t} & 1 & \frac{\mu_t}{1-\mu_t} & 0 & 0 & 0 \\ \frac{\mu_t}{1-\mu_t} & \frac{\mu_t}{1-\mu_t} & 1 & 0 & 0 & 0 \\ 0 & 0 & 0 & \frac{1-2\mu_t}{2(1-\mu_t)} & 0 & 0 \\ 0 & 0 & 0 & 0 & \frac{1-2\mu_t}{2(1-\mu_t)} & 0 \\ 0 & 0 & 0 & 0 & 0 & \frac{1-2\mu_t}{2(1-\mu_t)} \end{bmatrix}$$

(4-28)

4.3.2 用户子程序(User Subroutines)和应用程序(Utilities)

1. 用户子程序和应用程序

虽然 Abaqus 为用户提供了大量的单元库和材料模型(如金属、橡胶、塑料、混凝土、岩土等),使用户能够利用这些模型处理绝大多数的问题,但上述道路工程(包含部分岩土工程)中的常见材料模型,并没有包含在 Abaqus 软件中。为了弥补这一不足,Abaqus 提供了大量的用户子程序和应用程序,用户可以自行定义符合特定问题的模型。

(1) 用户材料子程序 UMAT

用户材料子程序 UMAT 是 Abaqus 提供给用户进行材料本构模型二次开发的一个用户子程序接口,可以定义用户所需要的各类材料本构模型,大大增加了 Abaqus 的应用面和灵活性。

用户子程序 UMAT 具有如下特点:
- 用来定义材料的本构关系;
- 当材料的定义包含用户自定义材料模型时,每一个计算单元的材料积分点都可以调用 UMAT;
- 可以用于力学行为分析的任何分析过程;
- 可以使用状态变量;
- 对于力学本构关系,必须在 UMAT 中提供材料本构模型的雅可比矩阵 $\partial\Delta\sigma/\partial\Delta\varepsilon$;
- 可以和用户子程序 USDFLD 联合使用,通过 USDFLD 重新定义任何常变量值并传递到 UMAT。

UMAT 子程序的核心内容就是给出定义材料本构模型的雅可比矩阵(Jacobian 矩阵,

即应力增量对应变增量的变化率 $\partial\Delta\sigma/\partial\Delta\varepsilon$，$\Delta\sigma$ 是应力增量，$\Delta\varepsilon$ 是应变增量),并更新应力提供给 Abaqus 主程序。例如,已知第 n 步的应力 σ_n 及应变 ε_n 等,Abaqus 主程序给出一个应变增量 $d\varepsilon_{n+1}$,UMAT 根据提供的雅可比矩阵 DDSDDE 计算出新的应力 σ_{n+1}。

UMAT 子程序采用 Fortran 语言编写,从主程序获取数据,计算单元的材料积分点的雅可比矩阵,并更新应力张量和状态变量,UMAT 的接口格式如下:

SUBROUTINE UMAT(STRESS,STATEV,DDSDDE,SSE,SPD,SCD,RPL,DDSDDT,
  1 DRPLDE,DRPLDT,STRAN,DSTRAN,TIME,DTIME,TEMP,DTEMP,PRE-DEF,DPRED,
  2 CMNAME,NDI,NSHR,NTENS,NSTATV,PROPS,NPROPS,COORDS,DROT,
  3 PNEWDT,CELENT,DFGRD0,DFGRD1,NOEL,NPT,LAYER,KSPT,KSTEP,KINC)
C
  INCLUDE 'ABA_PARAM.INC'
C
  CHARACTER * 80 CMNAME
C
  DIMENSION STRESS(NTENS),STATEV(NSTATV),DDSDDE(NTENS,NTENS),
  1 DDSDDT(NTENS),DRPLDE(NTENS),STRAN(NTENS),DSTRAN(NTENS),
  2 TIME(2),PREDEF(1),DPRED(1),PROPS(NPROPS),COORDS(3),DROT(3,3),
  3 DFGRD0(3,3),DFGRD1(3,3)
  User coding to define DDSDDE,STRESS,STATEV,SSE,SSD,SCD
  and, *if necessary*, RPL,DDSDDT,DRPLDE,DRPLDT,PNEWDT
  RETURN
  END

UMAT 子程序主要变量说明如下:

- DDSDDE(NTENS,NTENS)

是一个 NTENS×NTENS 维的方阵,称为本构关系的雅可比矩阵,DDSDDE(I,J) 表示增量步结束时第 J 个应变分量的改变引起的第 I 个应力分量的变化。通常雅可比矩阵是一个对称矩阵。

- STRESS(NTENS)

应力张量数组,对应 NDI 个直接分量和 NSHR 个剪切分量。增量步开始时,该数组从 Abaqus 主程序获取应力 σ_n 并作为已知量传入 UMAT;增量步结束时,在子程序中更新应力张量为 σ_{n+1}。如果定义了初始应力,那么分析开始时该应力张量的数值即为初始应力。对于包含刚体转动的有限应变问题,一个增量步调用 UMAT 之前就已经对应力张量进行了刚体转动,因此在 UMAT 中只需处理应力张量的共旋部分。UMAT 中应力张量的度量为柯西(真实)应力。

- STATEV(NTENS)

状态变量数组,用于存储状态变量的数组,其数值在增量步开始时从主程序传递到 UMAT,也可以在 USDFLD 或 UEXPAN 中先更新数据,然后增量步开始时将更新的数据传递到 UMAT 子程序中。在增量步结束时,必须更新 STATEV 中的数据返回给主程序。

状态变量数组的维数通过 Abaqus 输入文件中的关键词"*DEPVAR"定义,关键词下面数据行的数值即为状态变量数组的维数。

状态变量数组可用来保存用户自己定义的一些变量,如累计塑性应变、黏弹性应变等。

- STRAN(NTENS)

总应变数组,存储增量步开始时的总应变 ε_n,由 Abaqus 主程序自动更新。

- DSTRAN(NTENS)

总应变增量 $d\varepsilon_{n+1}$。

- PROPS(NPROPS)

材料常数矩阵,用来保存用户自定义的材料参数,即用户自定义材料本构关系的模型参数。材料常数的个数 NPROPS 等于关键词"*USER MATERIAL"中"CONSTANTS"参数设定的值,矩阵中元素的数值对应关键词"*USER MATERIAL"下面的数据行。

- SSE,SPD,SCD

分别定义每一增量步的弹性应变能、塑性耗散和蠕变耗散。它们对计算结果没有影响,仅仅作为能量输出。

- DTIME

时间增量 dt。

- NDI

法向应力、应变个数,三维问题、轴对称问题是 3(11,22,33),平面问题是 2(11,22)。

- NSHR

剪切应力、应变个数,三维问题是 3(12,13,23),平面问题、轴对称问题是 1(12)。

- NTENS

应力和应变分量数组的大小(NTENS=NDI+NSHR)。

- DROT

对有限应变(finite strain)问题,应变应该排除旋转部分,该矩阵提供了旋转矩阵。

- PNEWDT

可用来控制时间步的变化。如果设置为小于 1 的数,则程序放弃当前计算,并用新的时间增量 DTIME×PNEWDT 计算,对与时间相关的材料如聚合物等有用;如果设为大于 1 的数,则下一个增量步加大 DTIME 为 DTIME×PNEWDT。

- KSTEP,KINC

Abaqus 传到 UMAT 的当前分析步和增量步的值。

- TIME(1),TIME(2)

当前分析步时间(STEP TIME)和增量步时间(INCREMENT TIME)的值。

(2) 应用程序(Utilities)

Abaqus 提供了一些实用的应用程序(Utility Routines),供用户在开发用户子程序 UMAT 时调用,这些程序包括应力不变量的计算、主应力的计算等。

- SINV:用于计算应力不变量

CALL SINV(STRESS, SINV1, SINV2, NDI, NSHR)

STRESS:应力张量;

NDI:法向应力分量的个数;

NSHR：剪切应力分量的个数；

SINV1：第一应力不变量，$SINV1 = \frac{1}{3}\text{trace }\boldsymbol{\sigma}$，其中 $\boldsymbol{\sigma}$ 为应力张量；

SINV2：第二应力不变量，$SINV2 = \sqrt{\frac{3}{2}\boldsymbol{S}:\boldsymbol{S}}$，其中 $\boldsymbol{S}$ 为偏应力张量，$\boldsymbol{S} = \boldsymbol{\sigma} - \frac{1}{3}\text{trace }\boldsymbol{\sigma}\boldsymbol{I}$。

- SPRINC：用于计算主应力值

CALL SPRINC(S，PS，LSTR，NDI，NSHR)

S：应力或应变张量；

PS(I)，I=1，2，3：三个主应力值；

LSTR：标识，LSTR=1 表示 S 为应力张量；LSTR=2 表示 S 为应变张量。

- SPRIND：用于计算主应力值和主应力方向

CALL SPRIND(S，PS，AN，LSTR，NDI，NSHR)

S：应力或应变张量；

AN(K1，I)，I=1，2，3：PS(K1)法向应力的方向余弦。

2. Abaqus 主程序与 UMAT 子程序协同工作过程

Abaqus 主程序与 UMAT 子程序之间是一个动态交互传递数据、协同工作的过程。UMAT 子程序作为 Abaqus 主程序的一个接口，在单元的积分点上调用。增量步开始时，主程序通过 UMAT 的接口进入 UMAT 子程序，单元当前积分点必要变量的初始值将随之传递给 UMAT 子程序的相应变量，UMAT 子程序计算单元材料积分点的雅可比矩阵，并更新应力张量和状态变量，最后将这些变量的更新值通过接口返回主程序。

Abaqus 主程序与 UMAT 子程序的具体交互计算过程如下：从第 t_n 时刻开始，Abaqus 主程序在时间增量 Δt 内产生一个由外荷载产生的应变增量 $\Delta\varepsilon$，UMAT 子程序通过给定的本构方程为主程序提供新的柯西应力张量 $\sigma(t_n+\Delta t)$。如果计算的应力—应变结果收敛，那么 Abaqus 主程序继续计算第 t_{n+1} 步，并根据上一步的收敛情况来选取下一步增量步长。雅可比矩阵即 DDSDDE 的精度影响程序的收敛速度，但是并不影响计算结果的准确性。

以第 4.3.3 节的修正 Burgers 蠕变模型为例，某一材料单元积分点上 Abaqus 主程序与 UMAT 子程序协同工作的过程如图 4.9 所示。

第一步：平衡时刻 t_n，Abaqus 主程序提供给 UMAT 子程序总应变 $\varepsilon(t_n)$ 和应力 $\sigma(t_n)$，同时 Abaqus 主程序自动产生一个时间增量 Δt。

第二步：Abaqus 主程序产生一个总应变增量 $\Delta\varepsilon(t_n)$，调用 UMAT 子程序计算 $\Delta\varepsilon(t_n)$ 对应的蠕应变增量 $\Delta\varepsilon_c(t_n)$ 及应力增量 $\Delta\sigma(t_n)$，此过程是一个非线性迭代求解的过程。迭代收敛后更新应力张量 $\sigma(t_{n+1}) = \sigma(t_n) + \Delta\sigma(t_n)$。

第三步：UMAT 子程序将更新后的应力 $\sigma(t_{n+1})$ 返回给 Abaqus 主程序，同时 Abaqus 主程序自动更新总应变 $\varepsilon(t_{n+1}) = \varepsilon(t_n) + \Delta\varepsilon(t_n)$。

第四步：Abaqus 主程序进行最大迭代次数的检查(出于计算成本的考虑)，如果迭代次数超过了限定的最大迭代次数(Abaqus 默认的最大迭代次数为 16 次)，那么 Abaqus 主程序就会自动减小时间增量,并返回到第一步重新进行迭代平衡;然后 Abaqus 主程序将 $\sigma(t_{n+1})$ 代入系统平衡方程进行平衡判断,若满足系统平衡标准,结束本增量步的迭代,进入下一增量步;若不满足系统平衡,此时 Abaqus 主程序将放弃本次的应力、应变更新,恢复到增量步初始时刻的值,并继续进行本增量步的下一次平衡迭代,直到满足系统平衡标准为止。

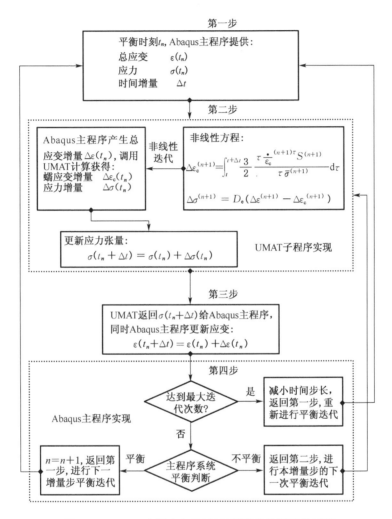

图 4.9 Abaqus 主程序与 UMAT 子程序协同工作过程

4.3.3 修正 Burgers 模型用户子程序 UMAT 的编写

1. 蠕变的有限元实现

在当前的大多数研究中,与弹塑性分析相似,将单轴试验中观察到的规律,通过试验与推理推广至多维状态。金属蠕变表明,与塑性应变相同,蠕变由应力偏量产生。因此,可以将塑性理论的一些方法推广至蠕变的情况,例如 Von Mises 理论和 Tresca 理论。现用 Von Mises 的等效应变和等效应力代替式(4-29)中的单轴蠕变本构方程中的应力与应变,就得到多维应力情况下的蠕变本构关系式(4-30)：

$$\varepsilon^c = a_0 \sigma^{a_1} t^{a_2} \tag{4-29}$$

式中，a_0、a_1、a_2 为材料常数，测量不同温度下的这三个常数，考虑温度对蠕变应变的影响。

$$\bar{\varepsilon}^c = a_0 \bar{\sigma}^{a_1} t^{a_2} \tag{4-30}$$

式中，$\bar{\varepsilon}^c$、$\bar{\sigma}$ 分别表示等效蠕变应变和等效蠕变应力。

对于蠕变应变与应力之间的关系，假定流动定律依然成立，即

$$d\varepsilon_{ij}^c = \lambda_c (\partial f / \partial \sigma_{ij}) dt \tag{4-31}$$

式中，f 为与塑性理论相似的加载曲面。

将式(4-31)写成率的形式为

$$\dot{\varepsilon}_{ij}^c = \lambda_c (\partial f / \partial \sigma_{ij}) \tag{4-32}$$

将式(4-32)代入等效蠕变应变表达式，再根据等效应力公式可以推出：

$$d\bar{\varepsilon}^c = \left(\frac{2}{3} d\varepsilon_{ij}^c d\varepsilon_{ij}^c\right)^{1/2}, \quad \bar{\sigma} = \left(\frac{3}{2} S_{ij} S_{ij}\right)^{1/2}, \quad \partial f / \partial \sigma_{ij} = S_{ij}$$

则

$$\dot{\bar{\varepsilon}}^c = \left(\frac{2}{3} \dot{\varepsilon}_{ij}^c \dot{\varepsilon}_{ij}^c\right)^{1/2} = \lambda_c \left(\frac{2}{3} \frac{\partial f}{\partial \sigma_{ij}} \frac{\partial f}{\partial \sigma_{ij}}\right)^{1/2} = \frac{2}{3} \lambda_c \bar{\sigma} \tag{4-33}$$

所以

$$\lambda_c = 3\dot{\bar{\varepsilon}}^c / (2\bar{\sigma}) \tag{4-34}$$

因此，式(4-32)在 Von Mises 准则情况下为

$$\dot{\varepsilon}_{ij}^c = 3\dot{\bar{\varepsilon}}^c S_{ij} / (2\bar{\sigma}) \tag{4-35}$$

对于与时间相关的非线性问题，当前还不能像与时间无关的弹塑性那样，找到一个应力与总应变之间的材料本构矩阵，处理的方法是采用初应力或初应变法。即把非弹性应变增量当作各增量步开始时的初应变，把初应变对应的应力由虚位移原理等价到有限元结点上，构成一项载荷。具体步骤如下：

总应变增量可以写为：

$$\{\Delta \varepsilon\} = \{\Delta \varepsilon^e\} + \{\Delta \varepsilon^p\} + \{\Delta \varepsilon^c\} + \{\Delta \varepsilon^T\} \tag{4-36}$$

式中，$\{\Delta\varepsilon\}$、$\{\Delta\varepsilon^e\}$、$\{\Delta\varepsilon^p\}$、$\{\Delta\varepsilon^c\}$、$\{\Delta\varepsilon^T\}$ 分别为总应变增量、弹性应变增量、塑性应变增量、蠕变应变增量和温度应变增量。

应力增量可写为：

$$\{\Delta\sigma\} = [\boldsymbol{D}_e](\{\Delta\varepsilon\} - \{\Delta\varepsilon^p\} - \{\Delta\varepsilon^c\} - \{\Delta\varepsilon^T\}) = [\boldsymbol{D}_e](\{\Delta\varepsilon\} - \{\varepsilon_0\}) \tag{4-37}$$

式中，$\{\varepsilon_0\}$ 称为初应变。

$$\{\varepsilon_0\} = \{\Delta\varepsilon^p\} + \{\Delta\varepsilon^c\} + \{\Delta\varepsilon^T\} \tag{4-38}$$

在没有塑性应变和温度应变的情况下,只有蠕变应变为初应变。根据虚位移原理,可得到有限元方程为:

$$[K]\{\Delta u\} = \{\Delta R\} + \{\Delta P_0\} \tag{4-39}$$

式中,$[K]$ 为弹性刚度矩阵,$\{\Delta u\}$ 为位移增量,$\{\Delta R\}$ 为外荷载增量及不平衡力的合力,$\{\Delta P_0\}$ 为初应变引起的初应力增量。

$$\{\Delta P_0\} = \sum \int_v [B]^T [D_e] \{\varepsilon_0\} dv \tag{4-40}$$

显然,初应力增量并不是已知数,而是非线性应变的函数,也即是位移的函数,在求解之前未知。因此,式(4-39)是非线性方程,其求解方法与弹塑性问题相似,将荷载时间函数按时间分成若干段,按时间段逐个加载荷。不同之处在于弹塑性问题与时间无关,而蠕变却是真实的时间,其蠕变应变增量与时间相关,因而初应力也与时间相关。

2. 瞬态温度场下蠕变求解方法

在环境因素的影响下,实际路面结构的温度随着路面深度和时间时刻发生着变化,其温度场是瞬态温度场。作为路面材料的沥青混合料,其材料特性受温度影响很大,材料参数随温度而变化。瞬态温度场下的材料参数每时每刻都在变化,在求解蠕变增量和应力增量时,需要考虑温度的影响。方程求解可以采用常刚度迭代法,差别在于初应力和常刚度矩阵的不同。具体实现过程如下。

弹性应力应变关系为:

$$\sigma_{ij} = D^e_{ijkl} \varepsilon^e_{kl} \tag{4-41}$$

将弹性应力应变关系,应用到材料常数 E 和 μ 也随温度变化的情形,可以得到:

$$d\sigma_{ij} = {}^tD^e_{ijkl} d\varepsilon^e_{kl} + dD^e_{ijkl} {}^t\varepsilon^e_{kl} = {}^tD^e_{ijkl}(d\varepsilon_{kl} - d\varepsilon^c_{kl}) + dD^e_{ijkl} {}^t\varepsilon^e_{kl} \tag{4-42}$$

与不考虑温度影响的弹性增量应力应变关系式相比,现在多增加了以初应力项出现的 $dD^e_{ijkl} {}^t\varepsilon^e_{kl}$,也即考虑了由于温度变化引起材料常数变化而产生的应力项。

将式(4-42)改写为如下的增量形式:

$$\begin{aligned}\Delta\sigma_{ij} &= {}^tD^e_{ijkl}(\Delta\varepsilon_{kl} - \Delta\varepsilon^c_{kl}) + ({}^{t+\Delta t}D^e_{ijkl} - {}^tD^e_{ijkl}) {}^t\varepsilon^e_{kl} \\ &= {}^{t_0}D^e_{ijkl}\Delta\varepsilon_{kl} + ({}^tD^e_{ijkl} - {}^{t_0}D^e_{ijkl})\Delta\varepsilon_{kl} - {}^tD^e_{ijkl}\Delta\varepsilon^c_{kl} + ({}^{t+\Delta t}D^e_{ijkl} - {}^tD^e_{ijkl}) {}^t\varepsilon^e_{kl}\end{aligned} \tag{4-43}$$

式中,${}^{t_0}D^e_{ijkl}$、${}^tD^e_{ijkl}$、${}^{t+\Delta t}D^e_{ijkl}$ 分别是其材料常数 E 取 t_0、t、$t+\Delta t$ 时刻的弹性张量,${}^t\varepsilon^e_{kl}$ 是 t 时刻的弹性应变,$\Delta\varepsilon_{kl}$、$\Delta\varepsilon^c_{kl}$ 分别是 Δt 时间增量内的总应变及蠕应变增量。

根据增量形式的虚位移原理,即式(4-44),将 $\Delta u = N\Delta a$,$\Delta\varepsilon = B\Delta a$ 代入,可得到用初始弹性刚度矩阵表示的有限元方程,其矩阵形式如式(4-45):

$$\int_v ({}^t\sigma_{ij} + \Delta\sigma_{ij})\delta(\Delta\varepsilon_{ij}) dv - \int_v ({}^t\overline{F}_i + \Delta\overline{F}_i)\delta(\Delta u_i) dv - \int_{S_\sigma} ({}^t\overline{T}_i + \Delta\overline{T}_i)\delta(\Delta u_i) ds = 0 \tag{4-44}$$

$${}^{t_0}K_e \Delta a = \Delta Q + \sum_e \int_{ve} B^T[{}^tD_e \Delta\varepsilon_c - ({}^tD_e - {}^{t_0}D_e)\Delta\varepsilon - ({}^{t+\Delta t}D_e - {}^tD_e){}^t\varepsilon_e] dv \tag{4-45}$$

式中，${}^{t_0}\boldsymbol{K}_e$ 为结构初始时刻的弹性刚度矩阵，$\Delta \boldsymbol{Q}$ 为不平衡力向量。它们的表达式分别为：

$${}^{t_0}\boldsymbol{K}_e = \sum_e \int_{ve} \boldsymbol{B}^T {}^{t_0}\boldsymbol{D}_e \boldsymbol{B} \mathrm{d}v \tag{4-46}$$

$$\Delta \boldsymbol{Q} = \sum_e \left(\int_{v_e} \boldsymbol{N}^T {}^{t+\Delta t}\overline{F} \mathrm{d}v + \int_{S_{\sigma_e}} \boldsymbol{N}^T {}^{t+\Delta t}\overline{T} \mathrm{d}s \right) - \sum_e \int_{v_e} \boldsymbol{B}^T \sigma \mathrm{d}v \tag{4-47}$$

由于式(4-45)右端的 $\Delta \varepsilon$、$\Delta \varepsilon_c$ 都是待求的未知量，同理需要迭代求解。迭代方程如下：

$${}^{t_0}\boldsymbol{K}_e \delta a^{(n+1)} = \Delta \boldsymbol{Q} + \sum_e \int_{v_e} \boldsymbol{B}^T [{}^t\boldsymbol{D}_e (\Delta \varepsilon_c^{(n)} - \Delta \varepsilon^{(n)}) - ({}^{t+\Delta t}\boldsymbol{D}_e - {}^t\boldsymbol{D}_e) {}^t \varepsilon_e] \mathrm{d}v \tag{4-48}$$

式中，$\Delta \varepsilon^{(n)}$、$\Delta \varepsilon_c^{(n)}$ 为本增量步经过 n 次迭代以后 ε 和 ε_c 的增量 $\Delta \varepsilon$、$\Delta \varepsilon_c$。$\delta a^{(n+1)}$ 为本增量步 Δa 的 $n+1$ 次修正量。$\Delta \varepsilon_c^{(0)}$ 是本增量步开始迭代时的预测值，也可简单地取为零，$\Delta \varepsilon_c^{(0)}$ 的计算公式为：

$$\Delta \varepsilon_c^{(0)} = \frac{3}{2} \frac{{}^t \dot{\bar{\varepsilon}}_c \Delta t}{{}^t \bar{\sigma}} {}^t S \tag{4-49}$$

式中，${}^t \bar{\sigma}$、${}^t S$ 分别是 t 时刻的等效应力和偏应力；${}^t \dot{\bar{\varepsilon}}_c$ 是等效蠕变应变率，由 ${}^t \bar{\sigma}$ 和 ${}^t T$ 决定。

在每次总体平衡迭代得到系统的位移增量 Δa 的修正量 $\delta a^{(n)}$ 以后，进而利用几何关系可以得到 $\delta \varepsilon^{(n)}$ 以及 $\Delta \varepsilon^{(n+1)} = \Delta \varepsilon^{(n)} + \delta \varepsilon^{(n)}$。在进行新的迭代之前，需要决定每一个高斯积分点的新的状态量，即由每一个高斯积分点的 $\Delta \varepsilon^{(n+1)}$ 计算出该点的 $\Delta \varepsilon_c^{(n+1)}$ 和 $\Delta \sigma^{(n+1)}$。而这三者构成以下的非线性方程组：

$$\begin{cases} \Delta \varepsilon_c^{(n+1)} = \int_t^{t+\Delta t} \frac{3}{2} \frac{{}^t \dot{\bar{\varepsilon}}_c^{(n+1)} {}^t S^{(n+1)}}{\sigma^{(n+1)}} \mathrm{d}t \\ \Delta \sigma^{(n+1)} = \boldsymbol{D}_e (\Delta \varepsilon^{(n+1)} - \Delta \varepsilon_c^{(n+1)}) \end{cases} \tag{4-50}$$

上述非线性方程组的求解比较复杂，特别是由于 $\Delta \varepsilon_c^{(n+1)}$ 强烈地依赖于应力状态 σ，容易导致求解过程的不稳定。为此，可采用如下的迭代方案。

对于式(4-50)所表示的蠕变本构关系积分，为了保持数值稳定，宜采用隐式积分的广义中心法进行迭代计算：

$$\Delta \varepsilon_{c(k)}^{(n+1)} = \frac{3}{2} \frac{{}^{t+\theta \Delta t}\dot{\bar{\varepsilon}}_{c(k)}^{(n+1)} \Delta t}{{}^{t+\theta \Delta t}\bar{\sigma}_{(k)}^{(n+1)}} {}^{t+\theta \Delta t}S_{(k)}^{(n+1)} = {}^{t+\theta \Delta t}\beta_{(k)}^{(n+1)} \Delta t C {}^{t+\theta \Delta t}\sigma_{(k)}^{(n+1)} \quad (k = 0, 1, 2, \cdots)$$

$$\tag{4-51}$$

式中，${}^{t+\theta \Delta t}\dot{\bar{\varepsilon}}_{c(k)}^{(n+1)} = (1-\theta) {}^t \dot{\bar{\varepsilon}}_c + \theta {}^{t+\Delta t}\dot{\bar{\varepsilon}}_{c(k)}^{(n+1)}$

${}^{t+\theta \Delta t}\bar{\sigma}_{(k)}^{(n+1)} = (1-\theta) {}^t \bar{\sigma} + \theta {}^{t+\Delta t}\bar{\sigma}_{(k)}^{(n+1)}$

${}^{t+\theta \Delta t}S_{(k)}^{(n+1)} = (1-\theta) {}^t S + \theta {}^{t+\Delta t}S_{(k)}^{(n+1)}$

${}^{t+\theta \Delta t}\sigma_{(k)}^{(n+1)} = (1-\theta) {}^t \sigma + \theta {}^{t+\Delta t}\sigma_{(k)}^{(n+1)}$

${}^{t+\theta \Delta t}\beta_{(k)}^{(n+1)} = \frac{3}{2} \frac{{}^{t+\theta \Delta t}\dot{\bar{\varepsilon}}_{c(k)}^{(n+1)}}{{}^{t+\theta \Delta t}\bar{\sigma}_{(k)}^{(n+1)}}$

$C {}^{t+\theta \Delta t}\sigma_{(k)}^{(n+1)} = {}^{t+\theta \Delta t}S_{(k)}^{(n+1)}$

$$C = \left[I - \frac{1}{3}mm^T\right], \quad m^T = [1\ 1\ 1\ 0\ 0\ 0]$$

$$\Delta\sigma_{(k)}^{(n+1)} = \boldsymbol{D}_e(\Delta\varepsilon^{(n+1)} - \Delta\varepsilon_{c(k)}^{(n+1)})\ (k=0,1,2,\cdots) \tag{4-52}$$

其中，$^{t+\theta\Delta t}\sigma_{(0)}^{(n+1)} = {^t\sigma}$；参数 θ 可在 $[0\sim1]$ 之间选取，即满足 $0 \leqslant \theta \leqslant 1$。当 $\theta \geqslant 1/2$ 时，算法是稳定的。

求解 $^{t+\Delta t}\sigma_{(k+1)}^{(n+1)}$ 的方程为：

$$^{t+\Delta t}\sigma_{(k+1)}^{(n+1)} = {^t\sigma} + \Delta\sigma_{(k)}^{(n+1)} \tag{4-53}$$

当从式 (4-53) 解得 $^{t+\theta\Delta t}\sigma_{(k+1)}^{(n+1)}$ 以后，将其回代入式 (4-51) 即可得到 $\Delta\varepsilon_{c(k+1)}^{(n+1)}$。将 $\Delta\varepsilon_{c(k+1)}^{(n+1)}$ 和 $\Delta\varepsilon_{c(k)}^{(n+1)}$ 进行比较，如果满足收敛准则：

$$\frac{\|\Delta\varepsilon_{c(k+1)}^{(n+1)} - \Delta\varepsilon_{c(k)}^{(n+1)}\|}{\|\Delta\varepsilon_{c(k+1)}^{(n+1)}\|} \leqslant er \tag{4-54}$$

则结束该积分点的迭代，并令 $\Delta\varepsilon_c^{(n+1)} = \Delta\varepsilon_{c(k+1)}^{(n+1)}$。

如果不满足收敛准则，则将 $\Delta\varepsilon_{c(k+1)}^{(n+1)}$ 代入，继续对该积分点进行下一次本构关系的迭代。当所有积分点的本构关系迭代完成以后，则将各个积分点的 $\Delta\varepsilon_c^{(n+1)}$ 和 $\Delta\varepsilon^{(n+1)}$ 代入式 (4-48) 的右端，并开始本增量步的系统平衡方程的下一个 $(n+2)$ 次的迭代。

值得注意的是，求取 $^t\dot{\varepsilon}$ 应采用 t 时刻对应的材料参数，而求取 $^{t+\Delta t}\dot{\bar{\varepsilon}}_{c(k)}^{(n+1)}$ 应采用 $t+\Delta t$ 时刻对应的材料参数。

3. 编程要点及框图

前面讨论了蠕变的有限元实现方法，从而为 UMAT 子程序编程提供了思路。Abaqus 提供了二次开发的平台，用户无须自编一套大型有限元程序，而只需编制 UMAT 子程序，借助接口参数与 Abaqus 主程序进行数据的交换和调用。

UMAT 子程序的编写采用 Fortran 语言，但需要注意的是，不同 Abaqus 版本对应不同的编译环境，如 Abaqus 6.11-1 版本，需要 Intel Visual Fortran 10.1 或 11.1，以及 Microsoft Visual C++ 2008 SP1 (Visual C++ 9.0)，Microsoft Visual C++ 2010 SP1 (Visual C++ 10.0) 的支持进行编译。

提示：如果采用类 Unix（如 Linux）操作系统，可采用 Intel© Parallel Studio XE 2013 for Linux 等进行编译，也可以采用 GCC 组件之一的 gfortran 进行编译（需要修改 Abaqus 环境文件：abaqus_v6.env）。

为了保证 UMAT 子程序的正常运行，用户在编写子程序时，必须遵循子程序编写规范，某些特定字符不得改变其原有特定定义，否则会产生意想不到的错误，也即用户能定义的参数仅仅是那些符合 UMAT 规定的"可被定义的参数"。

进行 UMAT 子程序编程时，需注意以下几个要点：

（1）Abaqus 中进行蠕变有限元分析时，一般采用两个分析步，首先是瞬态弹性分析步，然后是黏性分析步。因此,在编制 UMAT 子程序时,需区分瞬时弹性和蠕变,可用接口参数 KSTEP 作为判定依据:当 KSTEP=1,则为瞬时弹性分析;当 KSTEP>1,则为蠕变分析。

(2) 在 Abaqus 中,剪切应变采用工程剪切应变的定义,即 $\gamma_{ij} = u_{i,j} + u_{j,i}$,所以剪切模量是 G 而不是 $2G$。本 UMAT 子程序中采用的弹性 Jacobian 矩阵 DDSDDE 形式如下:

$$\begin{bmatrix} \lambda+2G & \lambda & \lambda & & & \\ \lambda & \lambda+2G & \lambda & & & \\ \lambda & \lambda & \lambda+2G & & & \\ & & & G & & \\ & & & & G & \\ & & & & & G \end{bmatrix}$$

(3) 在 UMAT 子程序的接口参数中,只有总应变 STRAN,没有区分蠕变应变和弹性应变。因此,在编制 UMAT 子程序时,用户需定义蠕变应变和弹性应变作为状态变量保存在 STATEV 数组中。当然,用户还可以将需要的一些变量,如等效蠕变应变、等效黏弹性应变和等效黏性应变保存在 STATEV 数组中,以备输出到 *.odb 文件中,进而在后处理模块中查看。

(4) 状态变量 STATEV 数组需采用 Abaqus 中的另外一个用户子程序 SDVINI 赋初值,对于本 UMAT 子程序,状态变量赋初值为 0。

(5) 对于某材料单元的一个积分点,一般来说,在每个增量步的每一次迭代过程中,需要调用 UMAT 子程序一次,但第一次迭代需额外多调用一次形成刚度矩阵。

(6) 黏性分析时,Abaqus 主程序给定的总应变增量 DSTRAN 包含了弹性应变增量和蠕变应变增量,在求解蠕变应变增量和应力增量时,需进行多次迭代求解,因为蠕变增量强烈地依赖于应力状态,容易导致求解过程的不稳定。本次编程迭代求解非线性方程时,θ 取为 0.8。

(7) 注意 Abaqus 主程序更新应力、应变等变量的方式。对于每一增量步的每一次迭代,如果系统不平衡,则 Abaqus 主程序会放弃本迭代步的应力、应变等变量的更新,恢复到增量步初始时刻的变量值。只有当系统迭代平衡后,Abaqus 主程序才会更新应力、应变等变量。

(8) 对总应变增量 DSTRAN 的理解。DSTRAN 是一个总应变增量,真正的物理意义为某一增量步 Δt 时间内产生的总应变增量,而不是该增量步的每一次迭代步产生的总应变修正量,这一点对于 UMAT 子程序初学者来说,经常会产生误解。因为按照蠕变有限元的系统平衡方程,每次迭代得到一个试探应力 $\sigma(t_n+\Delta t)$,进而进行系统平衡判断,如果不满足平衡判定标准,则得到总位移增量 Δa 的一个修正量 $\delta a^{(n)}$,根据几何方程可以得到总应变增量 $\Delta \varepsilon$ 的修正量 $\delta \varepsilon^{(n)} = B\delta a^{(n)}$。这时 Abaqus 主程序并不把修正量 $\delta \varepsilon^{(n)}$ 传给 UMAT 子程序,而是先将总应变增量 $\Delta \varepsilon$ 进行更新 $\Delta \varepsilon^{(n+1)} = \Delta \varepsilon^{(n)} + \delta \varepsilon^{(n)}$,然后再传给 UMAT 子程序。

(9) 瞬态温度场下的 UMAT 子程序需要根据当前积分点的温度值,在给定的材料参数之间自动插值对应温度下的材料参数。

瞬态温度场 UMAT 子程序的编程思路如图 4.10 所示。

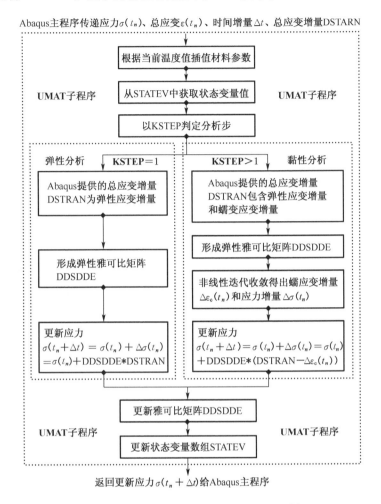

图 4.10　瞬态温度场 UMAT 子程序编程思路框图

4. UMAT 子程序源代码

按照上述编程思路框图,编制瞬态温度场修正 Burgers 模型的 UMAT 用户子程序。由于源代码较长,为节省篇幅,书中从略。源代码文件(burgers.for)位于本书配套资料\Chapter 04\01 Modified burgers model\目录下。

4.3.4　Duncan-Chang 模型用户子程序 UMAT 的编写

按照前述沥青混合料修正 Burgers 模型 UMAT 的编写思路,进行 Duncan-Chang 模型 UMAT 的编写。由于源代码较长,为节省篇幅,书中从略。源代码文件(duncan-chang.for)位于本书配套资料\Chapter 04\02 Duncan-Chang model\目录下。

4.3.5 黏弹—黏塑性模型用户子程序 UMAT 的编写

1. 黏弹—黏塑性本构模型理论

在处理沥青混合料永久变形问题上，黏弹性力学模型尽管能够分析并描述沥青混合料一维蠕变等永久变形试验现象，但在实际的沥青路面永久变形发展中，仍具有难以避免的问题。首先，依据黏弹性模型推导出的永久变形模型不存在屈服极限的概念，无论施加多小的荷载都会产生永久变形的发展；其次，由于静水压力与体积变形，偏应力产生形状变形（畸变），而沥青混合料在高温下泊松比接近 0.5，可以视为不可压缩材料。这使得沥青混合料的永久变形中静水压力的成分很小，而应当主要与偏应力相关。黏弹性模型中与应力张量直接相关的模型显然具有局限性。

沥青混合料在本节中被定义为黏弹—黏塑性材料，其中"黏"指时间依赖性，"弹"指可恢复的变形，"塑"指不可恢复的永久变形。则黏弹、黏塑、弹塑的概念分别定义为以下的行为。(1) 黏弹性：指材料的变形具有时间依赖性，且变形可以恢复。应变与应力张量对应，但应变与应力关系同时受到作用时间的影响；(2) 弹塑性：指材料的变形与时间无关的稳态变形理论，其中弹性应变与应力相关，塑性应变与偏应力相关；(3) 黏塑性：指材料的变形具有时间依赖性，且变形不可恢复。塑性应变主要与偏应力张量相关，与应力张量并非对应关系。

依据黏弹—黏塑性力学理论，将沥青混合料的力学行为拆分为两个部分。即用黏弹性部分描述沥青混合料的可恢复变形部分；用黏塑性部分描述沥青混合料的永久变形部分：

$$\varepsilon_{ij} = \varepsilon_{ij}^{ve} + \varepsilon_{ij}^{vp} \tag{4-55}$$

式中，ε_{ij} 为沥青混合料的总应变；ε_{ij}^{ve} 为沥青混合料的黏弹性应变；ε_{ij}^{vp} 为沥青混合料的黏塑性应变。

(1) 线黏弹性模型

对于线弹性材料，应力张量可以拆分为体积应力张量与偏应力张量叠加的形式：

$$\boldsymbol{\sigma}_{ij} = \frac{1}{3}\boldsymbol{\sigma}_{kk}\delta_{ij} + \boldsymbol{S}_{ij} = \frac{1}{3} \cdot 3K \cdot \boldsymbol{\varepsilon}_{kk}\delta_{ij} + 2G \cdot \boldsymbol{e}_{ij} \tag{4-56}$$

式中，$\boldsymbol{\sigma}_{kk}$，$\boldsymbol{S}_{ij}$ 分别为体应力张量与偏应力张量；$\boldsymbol{\varepsilon}_{kk}$，$\boldsymbol{e}_{ij}$ 分别为体应变张量与偏应变张量；δ_{ij} 为克罗内克符号；K 与 G 为体积模量与剪切模量。

对于黏弹性材料，可以建立类似的体应力与偏应力的叠加形式：

$$\boldsymbol{\sigma}_{ij}(t) = \delta_{ij}\int_0^t K(\zeta(t)-\zeta(\tau))\frac{\partial \varepsilon_{kk}}{\partial \tau}d\tau + \int_0^t 2G(\zeta(t)-\zeta(\tau))\frac{\partial e_{ij}^{ve}}{\partial \tau}d\tau \tag{4-57}$$

式中，$K(t)$ 与 $G(t)$ 分别为体积松弛模量与剪切松弛模量；$\zeta(t)$ 为温度调整函数，其形式如下式所示：

$$\zeta(t) = \frac{t}{a_T^{ve}(T)} \tag{4-58}$$

式中，a_T^{ve} 为温度调整系数。在热黏弹性理论中，较为常用的温度调整系数有 Arrhenius 形式与 WLF 形式。其中 Arrhenius 形式为：

$$\ln a_T^w(T) = \theta_{ve}\left(\frac{1}{T} - \frac{1}{T_{ref}}\right) \tag{4-59}$$

式中，θ_{ve} 为黏弹性温度调整系数，$\theta_{ve} = \delta E/R$，δE 为材料的活化能，由实验数据回归确定；R 为理想气体常数，$R = 8.314$ J/(K·mol)；T 为试验温度，T_{ref} 为参考温度。

WLF 形式为：

$$\log a_T^w(T) = -\frac{C_1(T - T_{ref})}{C_2 + T - T_{ref}} \tag{4-60}$$

式中，C_1 与 C_2 为材料参数，由实验数据回归确定。

上述两种温度调整系数中，Arrhenius 形式具有更强的物理意义，且仅有一个参数，适合试验数据相对较少的情况；WLF 形式是一种经验性的形式，但由于有两个材料参数而更适合试验数据较多的情形。

当假设沥青混合料为各向同性材料时，其体积松弛模量 $K(t)$ 与剪切松弛模量 $G(t)$ 可以由杨氏松弛模量与泊松比直接计算得出：

$$G(t) = \frac{E(t)}{2(1+\nu)}, \quad K(t) = \frac{E(t)}{3(1-2\nu)} \tag{4-61}$$

式中，ν 为泊松比，泊松比随温度的不同会有显著的差异，悬浮密实型级配随温度由低到高一般的范围为 0.15～0.48。泊松比的取值可依据所研究问题的具体温度进行选取，大范围变温温度也可编写相应的泊松比函数。

杨氏松弛模量 $E(t)$ 可以采用广义 Maxwell 模型（图 4.11），其通用形式为如下 Prony 级数：

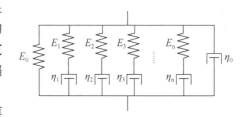

图 4.11　广义 Maxwell 模型

$$E(t) = E_\infty + \sum_{i=1}^{m} E_i e^{-\frac{t}{\rho_i}} \tag{4-62}$$

式中，E_∞ 为沥青混合料的线弹性模量；E_i 为沥青混合料的黏弹性模量；ρ_i 为松弛时间。

（2）黏塑性模型

在黏塑性模型中，可以用应变率的方式表示时间的影响。沥青混合料的黏塑性本构模型采用以下的形式来表示：

$$\dot{\varepsilon}_{ij} = \dot{\varepsilon}_{ij}^{ve} + \dot{\varepsilon}_{ij}^{vp} \tag{4-63}$$

式中，$\dot{\varepsilon}_{ij}$ 为总应变率；$\dot{\varepsilon}_{ij}^{ve}$ 为黏弹性应变率；$\dot{\varepsilon}_{ij}^{vp}$ 为黏塑性应变率。

黏塑性应变率的一般形式为：

$$\dot{\varepsilon}_{ij}^{vp} = \Gamma \cdot \langle f \rangle^N \cdot \frac{\partial g}{\partial \sigma_{ij}} \tag{4-64}$$

式中，系数 Γ 与指数 N 为材料常数，作为一种数学模型中的参数，根据具体材料试验获取。其目的是与屈服函数组合，计算出塑性屈服速率，可以是与该模型相同的幂函数的形式，同样可根据材料的力学特征，构建其他函数形式；g 为材料的塑性势能函数，表征材料的屈服方向,其可以与屈服函数相同,也可根据材料的具体力学特征构造数学形式;$\langle f \rangle$为屈服函数的阈值函数,即:

$$\langle f \rangle = \begin{cases} f, f \geqslant 0 \\ 0, f < 0 \end{cases} \tag{4-65}$$

可以发现,在黏塑性模型中,应力会影响到黏塑性应变的发展,但是黏塑性应变没有像黏弹性应变一样,通过松弛模量影响到应力。黏塑性模型的核心为屈服函数与塑形势能函数。当势函数与屈服函数相同时,表示塑形发展的方向垂直于屈服面,一般金属材料等较为均质的各向同性材料是这种形式,而对于沥青混合料这类非均质、各向异性材料,当材料发生塑形变形时,往往受到材料内部级配组成的限制而无法沿垂直于屈服面的方向发展,这时候取独立构造的塑形势能函数更为合理。

沥青混合料作为一种热敏感性材料,其黏塑性应变率显著地受温度的影响,可以在黏塑性通用形式的基础上增加黏塑性温度调整系数,如式(4-66)所示:

$$\dot{\varepsilon}_{ij}^{vp} = a_T^{vp} \cdot \Gamma \cdot \langle f \rangle^N \cdot \frac{\partial g}{\partial \sigma_{ij}} \tag{4-66}$$

式中,a_T^{vp}为温度调整系数,可采用 Arrhenius 的形式:

$$\ln a_T^{vp}(T) = \theta_{vp} \left(\frac{1}{T} - \frac{1}{T_{ref}} \right) \tag{4-67}$$

式中,θ_{vp}为塑性温度调整参数。

对于沥青混合料,采用较为常见的广义摩尔库伦 Generalized Mohr-Coulomb 屈服本构模型,其屈服函数的形式为:

$$f = R_{mc} \cdot \sqrt{J_2} - \frac{1}{3} I_1 \cdot \tan\phi - c \tag{4-68}$$

式中,R_{mc}为 Mohr-Coulomb 系数,主要由应力方向决定;ϕ为沥青混合料的内摩擦角,主要由混合料的级配与石料类型决定;c为沥青混合料的黏聚力模型,主要由沥青胶结料的性质决定。

Mohr-Coulomb 系数 R_{mc} 的计算如下:

$$R_{mc} = \frac{\sin\left(\theta + \frac{\pi}{3}\right)}{\cos\phi} + \frac{\sqrt{3}}{3} \cos\left(\theta + \frac{\pi}{3}\right) \cdot \tan\varphi \tag{4-69}$$

式中,θ为应力状态在π平面上与第一主应力轴的夹角:

$$\cos 3\theta = -\frac{3\sqrt{3}}{2} \frac{J_3}{J_2^{1.5}} \tag{4-70}$$

式中:J_2为偏应力第二不变量,$J_2 = \frac{1}{2} S_{ij} S_{ji}$;$J_3$为偏应力第三不变量,$J_3 = \det|S_{ij}|$。

对于沥青混合料而言,其塑性表现出明显的硬化效应,即在材料达到破坏阶段之前,随着塑性变形的增大,塑性应变率逐渐减小。材料的塑性硬化属性可以通过材料的黏聚力随着塑性应变的增大而增大来反映。除塑性变形本身外,材料的黏聚力还将受到温度的影响。因此,参考 Lytton 等的形式,沥青混合料的黏聚力模型采用式(4-71)表示:

$$c = c(T, \varepsilon_e^{vp}) = a_T^c \cdot [c_0 + c_1 \cdot (1 - e^{-c_2 \cdot \varepsilon_e^{vp}})] \tag{4-71}$$

式中,c_0 为沥青混合料初始黏聚力;$c_0 + c_1$ 表征沥青混合料的最大黏聚力;c_2 表征材料的硬化速率;ε_e^{vp} 为黏塑性等效应变:

$$\varepsilon_e^{vp} = \left(\frac{2}{3} \varepsilon_{ij}^{vp} \cdot \varepsilon_{ji}^{vp}\right)^{\frac{1}{2}} \tag{4-72}$$

a_T^c 为材料的黏聚力温度调整系数,其形式同样采用 Arrhenius 的形式:

$$\ln a_T^c(T) = \theta_c \left(\frac{1}{T} - \frac{1}{T_{\text{ref}}}\right) \tag{4-73}$$

材料的势函数,反映了材料在偏剪切应力的作用下材料发生不可恢复应变的方向性问题。本书中,塑性势函数采用以下形式:

$$g = \sqrt{J_2} - \alpha I_1 \tag{4-74}$$

式中,α 为材料参数,依据其他研究者的成果,将 α 假定为 0.25。

塑性的屈服方向为:

$$\frac{\partial g}{\partial \sigma_{ij}} = \frac{\partial \sqrt{J_2}}{\partial \sigma_{ij}} - \frac{\partial \alpha I_1}{\partial \sigma_{ij}} = \frac{S_{ij}}{2\sqrt{J_2}} - \alpha \delta_{ij} \tag{4-75}$$

2. 黏弹黏塑性模型数值实现方式

(1) 黏弹性模型的数值实现

黏弹性与线弹性响应方程的主要区别在于,黏弹性的应力—应变关系具有时间依赖性,其当前的应力不光与当前的应变有关,还与整个应变历史有关。因此,若要通过黏弹性响应方程对当前分析步的应力进行计算,则需要对材料的整个应变历史进行储存与计算,即对于黏弹性模型应力—应变关系的卷积形式的遗传积分进行计算;这将不可避免地产生巨大的储存与计算需求。利用前述松弛模量所使用的 Prony 级数自然对数形式的特点,将应力改写为增量的格式,即可避免对历史数据进行储存与计算,形式如下:

$$\boldsymbol{\sigma}^n = \boldsymbol{\sigma}^{n-1} + \Delta \boldsymbol{\sigma} = \left(\frac{1}{3} \boldsymbol{\sigma}_{kk}^{n-1} \cdot \delta_{ij} + \frac{1}{3} \Delta \boldsymbol{\sigma}_{kk} \cdot \delta_{ij}\right) + (\boldsymbol{S}_{ij}^{n-1} + \Delta \boldsymbol{S}_{ij}) \tag{4-76}$$

式中,上角标表示在数值计算中的增量步,下角标为应力张量符号。

体积应力增量张量 $\Delta \boldsymbol{\sigma}_{kk}$ 与偏应力增量张量 $\Delta \boldsymbol{S}_{ij}$ 具有类似的形式,下面以偏应力张量为例,体积应力张量遵循相同的计算步骤。

$$\Delta \boldsymbol{S}_{ij} = \int_0^{t_n} 2G[\zeta(t_n) - \zeta(\tau)] \frac{\partial e_{ij}}{\partial \tau} d\tau - \int_0^{t_{n-1}} 2G[\zeta(t_{n-1}) - \zeta(\tau)] \frac{\partial e_{ij}}{\partial \tau} d\tau$$

$$= \int_0^{t_{n-1}} \{2G[\zeta(t_n) - \zeta(\tau)] - 2G[\zeta(t_{n-1}) - \zeta(\tau)]\} \frac{\partial e_{ij}}{\partial \tau} d\tau + \int_{t_{n-1}}^{t_n} 2G[\zeta(t_n) - \zeta(\tau)] \frac{\partial e_{ij}}{\partial \tau} d\tau$$

式中两项分别表示应变历史产生的偏应力张量与偏应力张量的瞬时增量。对于第二项瞬时应力增量,由于 Abaqus 中 $n-1$ 增量步至 n 增量步内应变采用线性增长的计算方法,则有:

$$\int_{t_{n-1}}^{t_n} 2G[\zeta(t_n)-\zeta(\tau)]\frac{\partial e_{ij}}{\partial \tau}\mathrm{d}\tau = \int_{t_{n-1}}^{t_n} 2G[\zeta(t_n)-\zeta(\tau)]\mathrm{d}\tau \cdot \frac{\Delta e_{ij}}{\Delta t}$$

式中,$\int_{t_{n-1}}^{t_n} 2G[\zeta(t_n)-\zeta(\tau)]\mathrm{d}\tau \cdot \frac{1}{\Delta t}$ 为沥青混合料的瞬时剪切模量,可采用数值积分梯形公式近似为:

$$\int_{t_{n-1}}^{t_n} 2G[\zeta(t_n)-\zeta(\tau)]\mathrm{d}\tau \cdot \frac{1}{\Delta t} = \left[2G[\zeta(0)]\cdot \frac{\Delta t}{2} + 2G[\zeta(\Delta t)]\cdot \frac{\Delta t}{2}\right]\cdot \frac{1}{\Delta t}$$

$$= \frac{1}{2}[2G[\zeta(0)]+G[\zeta(\Delta t)]]$$

对于历史应力增量,代入 Prony 级数,可以表示为:

$$\int_0^{t_{n-1}} \{2G[\zeta(t_n)-\zeta(\tau)]-2G[\zeta(t_{n-1})-\zeta(\tau)]\}\frac{\partial e_{ij}}{\partial \tau}\mathrm{d}\tau$$

$$= \int_0^{t_{n-1}} \left\{\left[G_\infty + \sum_{i=1}^m G_i \cdot e^{-\frac{\zeta(t_n)-\zeta(\tau)}{\rho_i}}\right]-\left[G_\infty + \sum_{i=1}^m G_i \cdot e^{-\frac{\zeta(t_{n-1})-\zeta(\tau)}{\rho_i}}\right]\right\}\frac{\partial e_{ij}}{\partial \tau}\mathrm{d}\tau$$

$$= \sum_{i=1}^m G_i \cdot \int_0^{t_{n-1}} \{e^{-\frac{\zeta(\Delta t)}{\rho_i}}e^{-\frac{\zeta(t_{n-1})-\zeta(\tau)}{\rho_i}} - e^{-\frac{\zeta(t_{n-1})-\zeta(\tau)}{\rho_i}}\}\frac{\partial e_{ij}}{\partial \tau}\mathrm{d}\tau$$

$$= \sum_{i=1}^m G_i \cdot [e^{-\frac{\zeta(\Delta t)}{\rho_i}}-1]\cdot \int_0^{t_{n-1}} (e^{-\frac{\zeta(t_{n-1})-\zeta(\tau)}{\rho_i}})\frac{\partial e_{ij}}{\partial \tau}\mathrm{d}\tau$$

令 $\int_0^{t_{n-1}} (e^{-\frac{\zeta(t_{n-1})-\zeta(\tau)}{\rho_i}})\frac{\partial e_{ij}}{\partial \tau}\mathrm{d}\tau = P^n$,则有:

$$P^n = \int_0^{t_{n-1}} (e^{-\frac{\zeta(t_{n-1})-\zeta(\tau)}{\rho_i}})\frac{\partial e_{ij}}{\partial \tau}\mathrm{d}\tau$$

$$= e^{-\frac{\zeta(\Delta t)}{\rho_i}} \cdot \int_0^{t_{n-2}} (e^{-\frac{\zeta(t_{n-2})-\zeta(\tau)}{\rho_i}})\frac{\partial e_{ij}}{\partial \tau}\mathrm{d}\tau + \int_{t_{n-2}}^{t_{n-1}} (e^{-\frac{\zeta(t_{n-1})-\zeta(\tau)}{\rho_i}})\mathrm{d}\tau \cdot \frac{\Delta e_{ij}}{\Delta t}$$

$$= e^{-\frac{\zeta(\Delta t)}{\rho_i}} \cdot P^{n-1} + \int_{t_{n-2}}^{t_{n-1}} (e^{-\frac{\zeta(t_{n-1})-\zeta(\tau)}{\rho_i}})\mathrm{d}\tau \cdot \frac{\Delta e_{ij}}{\Delta t}$$

即将卷积形式改写为迭代格式,与瞬时剪切模量的计算同理。上式的第二项可以采用数值积分梯形公式写为:

$$\int_{t_{n-2}}^{t_{n-1}} (e^{-\frac{\zeta(t_{n-1})-\zeta(\tau)}{\rho_i}}) d\tau \cdot \frac{\Delta e_{ij}}{\Delta t} = (\Delta e_{ij})^{n-1} \cdot \frac{1}{2}[1 + e^{-\frac{\zeta(\Delta t)}{\rho_i}}]$$

因此,可以得出偏应力张量的增量为:

$$\Delta S_{ij} = \sum_{i=1}^{m} G_i \cdot [e^{-\frac{\zeta(\Delta t)}{\rho_i}} - 1] \cdot P^n + \frac{1}{2}[2G(\zeta(0)) + G(\zeta(\Delta t))] \cdot (\Delta e_{ij})^n \quad (4-77)$$

其中

$$P^n = e^{-\frac{\zeta(\Delta t)}{\rho_i}} \cdot P^{n-1} + \frac{1}{2}[1 + e^{-\frac{\zeta(\Delta t)}{\rho_i}}] \cdot (\Delta e_{ij})^{n-1} \quad (4-78)$$

在式(4-77)与式(4-78)中,上标 n 与 $n-1$ 表示第 n 个增量步与第 $n-1$ 个增量步,并非表示指数。

提示:迭代变量 P^n 与 P^{n-1} 在子程序中以 P1～P4 进行表示,其中 P1、P2 表示偏应力迭代数组,P3、P4 表示体应力迭代数组。

(2) 黏塑性模型的数值实现

与黏弹性的数值实现方法相比,黏塑性的数值实现方法要较为简单,所有本构方程按照顺序线性计算,不涉及复杂计算问题。此外,由于与总应变增量相比,单个分析步在荷载作用下产生的黏塑性应变的增量要小很多,因此,对于黏塑性应变,仅需要对应力进行单次修正即可。

3. 编程逻辑与要点

黏弹—黏塑性本构模型的核心逻辑如图 4.12 所示,主要步骤如下:

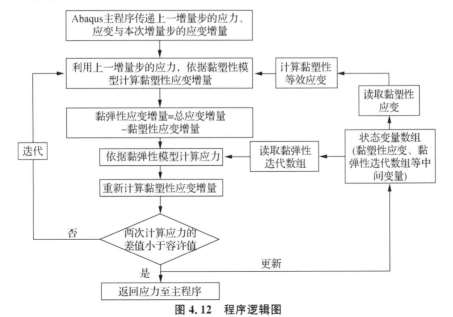

图 4.12 程序逻辑图

(1) 利用上一增量步的应力张量,依次计算偏应力第二不变量 J_2、第三不变量 J_3、应力角 θ、Mohr-Coulomb 系数 R_{mc}。

(2) 从状态数组中读取黏塑性应变 ε_{ij}^{vp},计算出黏塑性等效应变 ε_e^{vp} 和材料的黏聚力 c。

(3) 由步骤(1)(2)的参数计算出屈服函数 f、势函数 g,计算黏塑性应变 ε_{ij}^{vp} 增量。

(4) 计算黏弹性应变 ε_{ij}^{vp} 增量,即:黏弹性应变增量＝总应变增量－黏塑性应变增量。

(5) 由状态数组中读取黏弹性迭代数组,计算所需要的迭代参数,并依据迭代格式,初步计算出应力增量 $\Delta\sigma$ 与本增量步的应力张量(σ_{kk} 和 S_{ij})。

(6) 依据计算得到的应力张量,重新计算黏塑性应变 ε_{ij}^{vp} 增量,重复步骤(1)~(5),直至前后两次应力差值小于设定的容许值。

(7) 更新黏弹性迭代参数与塑性应变,写入状态数组用于下一增量步的迭代。

黏弹—黏塑性本构模型的子程序编程与本章第 4.3.2 节与第 4.3.3 节相同,利用 Abaqus 的用户材料子程序接口 UMAT 完成与主程序计算模块的信息交换。除注意 Abaqus 不同版本对应的编译环境外,另需要注意以下问题:

(1) 处理器内存调用 BUG。AMD Zen 3 处理器在 Abaqus 2019 以下的版本可能会出现内存报错的问题(Error Code 1073741795)。可以尝试在"计算机\属性\高级系统设置"中增大虚拟内存,或者将程序安装目录"...code\bin\mkl_vml_avx2.dll"的文件名更改为"mkl_vml_avx2.11.0.0.1.dll"。如仍发生报错,则建议升级版本至 Abaqus 2019 及以上。

(2) 在子程序中第一次计算黏塑性应变是利用上一增量步的应力张量,当分析步时间足够短或所设置荷载的变化速率较小时,利用上一增量步的应力张量与本次的应力张量并不存在显著的差异,可以不设置黏塑性应变的迭代计算以提高子程序运算效率。

(3) 由于黏聚力模型中设置了硬化模型,黏塑性应变增量在同一水平的荷载作用下会逐渐减小,在 Abaqus 中的收敛难度会逐渐减小。可以在 Abaqus 的 Step 模块中设置多个分析步,每个分析步的时间增量逐渐增加,可以平衡计算效率与程序的收敛性。

(4) 由于 Prony 级数的阶数问题,部分变量需要在计算中利用循环语句进行累加计算。用于累加计算的变量除部分存储于状态数组 STATEV 中的变量外,其他在使用前应当置零。

(5) 部分变量在计算过程中数值较大,例如高温下的体积模量、偏应力不变量 J_2 与 J_3,这些变量在使用中可能存在溢出的问题,建议使用前用 Double Precision 进行双精度类型声明。

(6) 较为重要的中间变量,例如屈服函数、黏聚力等参数,可以存储于状态数组 STATEV 中,方便后处理时进行查询。此外,子程序的调试阶段可以编写足够简单的线弹性本构模型进行应力的计算,同时将复杂本构模型的各种变量存储于状态数组中,依据各数值的大小、正负、数量级,查找程序中存在的错误,并进行相应的修改。

4. UMAT 子程序源代码

按照前述沥青混合料黏弹—黏塑性本构模型的编写逻辑,进行了黏弹—黏塑模型拥护子程序 UMAT 的编写。由于源代码较长,为节省篇幅,本书从略。源代码文件(vepm.for)位于本书配套资料\Chapter 08\03 viscous-elastic-plastic-model\的目录下。

4.3.6 UMAT 用户子程序的用法

应用 UMAT 用户子程序分析具体问题时,一般的步骤如下。

1. 在 Abaqus/CAE 的 Property 模块中输入用户材料参数值和状态变量个数

用户材料参数值,即 UMAT 用户子程序中 PROPS 数组的值,如修正 Burgers 模型中的用户参数分别为 PROPS(1):温度 T;PROPS(2):虎克弹簧的杨氏模量 E_1;PROPS(3):虎克弹簧的泊松比 μ_1;PROPS(4):开尔文单元中弹簧的杨氏模量 E_2;PROPS(5):开尔文单元中阻尼器的黏滞系数 η_2;PROPS(6):外置阻尼器的参数 A;PROPS(7):外置阻尼器的参数 B。请注意,这 7 个数值只是 1 个温度下的参数,如果有多个温度下的材料参数,需要在 Abaqus/CAE 的 Property 模块中按照上述顺序再依次输入相应的参数值。

提示:对于上述修正 Burgers 模型的用户子程序(burgers.for),如果用户只输入一组参数,那么意味着蠕变分析针对的是恒温分析情况,即整个模型各个积分点的温度值相同,此时瞬态温度场蠕变 UMAT 退化为恒温蠕变 UMAT 子程序,用户输入的参数必须是此恒温温度值及对应的参数。

状态变量个数即 UMAT 子程序中与解答有关的状态变量个数(Depvar),如修正 Burgers 模型中与解答有关的状态变量个数为 15 个($3+2*\text{NTENS}=3+2*6=15$)。

以下为 Abaqus/CAE 中用户材料的输入过程:

在 Abaqus/CAE 窗口顶部环境栏 Module 的下拉框中选择 Property(特性)模块。

点击左侧工具栏 (Create Material)按钮,弹出 Edit Material 对话框,在 Name 后的输入框内输入材料的名字,如 SMA;点击 General,在弹出的下拉菜单中选择 User Material(图 4.13a),在 Mechanical Constants 下的输入框中依次输入用户材料参数值(图 4.13b)。至此即完成了用户材料参数的输入。

点击 General,在弹出的下拉菜单中选择 Depvar,在 Number of solution-dependent state variables 后输入状态变量的个数,如修正 Burgers 模型中为 15(图 4.13c)。至此完成 Depvar 参数的设置,点击[OK]按钮。

提示:设置 Depvar 的数值也可直接在 *.inp 文件中进行,其用法如下:
*Material, name=SMA
*Depvar
    15,
*User Material, constants=28
……
请注意,*Depvar 参数必须位于 *Material 数据块中。

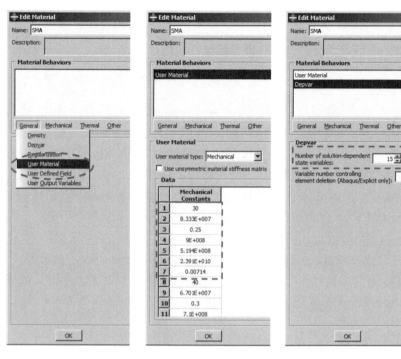

(a) 选择 User Material　　(b) 输入用户数据值　　(c) 参数 Depvar 的设置

图 4.13　定义用户材料参数值

2. 在 Abaqus/CAE 的 Job 模块中指定相应的 UMAT 子程序

在 Abaqus/CAE 窗口顶部环境栏 Module 的下拉框中选择 Job(作业)模块。

点击左侧工具栏 (Create Job)按钮，弹出 Create Job 对话框，点击[Continue...]按钮；弹出 Edit Job 对话框(图 4.14)，点击 General 选项卡，点击 User subroutine file 的 (Select...)按钮，弹出 Select User Subroutine File 对话框，选择用户编写的用户子程序，如 burgers.for，点击[OK]按钮关闭对话框，再点击[OK]按钮关闭 Edit Job 对话框。至此完成了用户子程序的指定，随后可以进行 Job 的提交、Abaqus 的模拟运算。

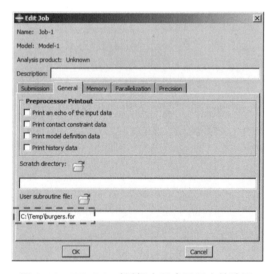

图 4.14　Edit Job 对话框中用户子程序的选取

提示：如欲在 Abaqus Command 环境中运行带有 UMAT 的模型，本步骤可以省略。

3. 运行带有用户子程序 UMAT 的作业

运行带有用户子程序 UMAT 的模型作业有两种方法：

Abaqus/CAE 用法：在 Job 模块中，点击左侧工具栏上 ▦(Job Manager)按钮(🖥按钮右侧)，弹出 Job manager 对话框，点击右侧[Submit]按钮，Abaqus 将调用 Abaqus/Standard、Abaqus/Explicit 或 Abaqus/CFD 求解器进行求解，直至分析完成或出错异常退出。

Abaqus Command 用法：依次点击[开始]→[所有程序]→[Abaqus 6.11-1]→[Abaqus Command]，打开 Abaqus Command 环境；输入以下命令：abaqus job=＊＊＊＊(＊.inp 文件名，不需要 inp 后缀) user=＊＊＊＊(用户材料子程序名，不需要 for 后缀) int，按 Enter 键。这时 Abaqus 也将调用 Abaqus/Standard、Abaqus/Explicit 或 Abaqus/CFD 求解器进行求解，直至分析完成或出错异常退出。

提示：当提交带有用户子程序的作业后，Abaqus 将首先调用 Fortran 编译器(Windows 操作系统下为 Intel Visual Fortran；类 Unix 操作系统下为 Intel © Parallel Studio XE 或 gfortran)进行用户子程序的编译。编译通过后，将进行＊.inp 文件检查，正确无误后，调用相应的求解器(如 Abaqus/Standard)进行模拟计算。

若出现用户子程序的编译错误，此时首先检查 Fortran 编译器是否正确安装(典型出错信息为："Abaqus Error: Problem during compilation — ifort.exe not found in PATH.")，然后根据错误信息，对用户子程序进行相应修改后，重新进行作业提交。有时这一过程需反复多次，直到获得满意的模拟结果为止。

在 Abaqus Command 中运行模型的执行效率一般高于在 Abaqus/CAE 中运行模型的效率，主要原因在于 Abaqus/CAE 本身将额外占用较大的内存空间。因此，在一般的情况下，建议读者在 Abaqus Command 环境中进行模型的分析。

另外，在 Abaqus 中如需调用多个用户子程序(不一定是 UMAT 子程序)，需要将多个用户子程序放入一个子程序文件中，然后按照上述方法进行调用。

4.4 本章小结

本章介绍了道路工程中常见材料的本构模型，用户材料子程序 UMAT 的接口以及与 UMAT 协同工作过程，重点阐述了修正 Burgers 模型、黏弹-黏塑模型和 Duncan-Chang 模型的 UMAT 子程序的编写过程，最后介绍了用户子程序的用法。

(1) 道路工程中常用材料模型可用弹性模型和塑性模型来表征。典型的模型有：线弹性模型、Mohr-Coulomb 塑性模型、线性 Drucker-Prager 模型，以及沥青混合料的 Burgers 模型(以及修正 Burgers 模型)、级配碎石材料的 $K-\theta$ 模型和 Uzan 模型、土的 Duncan-Chang 模型等。

(2) 用户材料子程序 UMAT 是 Abaqus 提供给用户进行材料本构模型二次开发的一个用户子程序接口，可以定义 Abaqus 材料库中没有包含的各类材料本构模型，大大增加了

Abaqus 的应用面和灵活性。

（3）Abaqus 用户材料子程序 UMAT 的用法主要包括三个步骤：① 在 Abaqus/CAE 的 Property 模块中输入用户材料参数值和状态变量个数；② 在 Abaqus/CAE 的 Job 模块中指定相应的 UMAT 子程序；③ 运行带有用户子程序 UMAT 的作业。

第 5 章 单元及网格划分技术

单元是有限元分析的基础,对于同一个分析模型,采用不同的单元类型将可能获得不同的模拟计算结果;同样,对于同一个分析模型,采取不同的网格划分方式,也会获得不同的计算结果。对于一个具体的分析模型,用户应根据该分析模型的特点,采取合适的网格划分方式和合适的单元类型,以获得最合理的模拟计算结果。

本章主要介绍 Abaqus 有限元软件中的单元类型以及网格划分方法,以期让读者逐步掌握单元类型选择技巧和常见的网格划分技术。

5.1 有限单元

有限单元和刚性体是 Abaqus 模型的基本构件。有限单元是可变形的,而刚性体在空间运动中不改变形状。任何物体或物体的局部均可以定义为刚性体;大多数单元类型都可以用于刚性体的定义。刚性体相比变形体的优越性在于,对刚性体运动的完全描述只涉及一个参考点(Reference point)上的最多 6 个自由度。相比之下,可变形的单元拥有许多自由度,需要较大代价的单元计算才能完整地确定变形。当变形可以忽略或者不是关心的区域时,将模型的一个部分作为刚性体考虑,可以既极大地节省计算时间,又不影响整体结果。

对于一个具体的分析模型,为了获得较好的网格质量,必须对 Abaqus 网格进行控制(图 5.1),包括 3 个方面:单元形状(Element shape)、网格划分技术(Technique)和网格划分算法(Algorithm Options)。

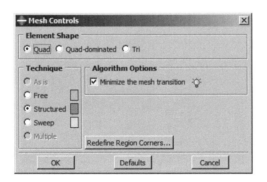

图 5.1 Abaqus 中的网格控制(Mesh Controls)

提示:Abaqus 中的单元形状(Element Shape)可分为一维、二维和三维单元,如图 5.2 所示。常见的有三角形单元 Triangles(简写为 Tri)、四边形单元 Quadrilaterals(简写为 Quad)、四面体单元 Tetrahedra(简写为 Tet)、六面体单元 Hexahedra(简写为 Hex)等。

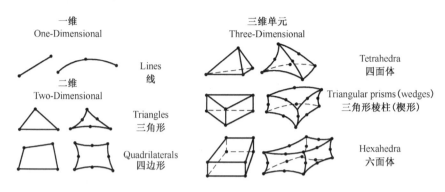

图 5.2　Abaqus 中的单元形状

Abaqus 庞大的单元库提供了一套强有力的工具以解决各种不同的问题。

5.1.1　单元的表征

Abaqus 中的每个单元由如下部分组成：
- 单元族(Family)
- 自由度(Degrees of freedom)，与单元族直接相关
- 结点数(Number of nodes)
- 数学描述(Formulation)
- 积分(Integration)

Abaqus 中的每个单元都有唯一的名字，如 T2D2、S4R 或者 C3D8I。单元的名字标示了一个单元上述 5 个方面的特征。

1. 单元族(Family)

图 5.3 中给出了应力分析中最常用的单元族，包括实体单元、壳单元、梁单元和刚体单元等。不同单元族之间的主要区别在于每个单元族所假定的几何类型不同。

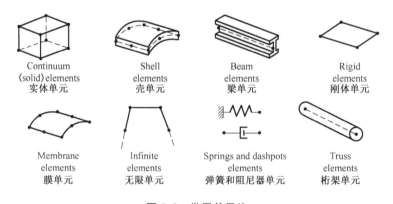

图 5.3　常用单元族

单元名字中的第 1 个字母或者字母串标示该单元属于哪一个单元族。例如，S4R 中的

S 表示它是壳(Shell)单元,而 C3D8I 中的 C 表示它是实体(Continuum)单元。

2. 自由度(Degrees of freedom)

自由度(dof)是分析中计算的基本变量。对于应力/位移模拟,自由度是每一结点处的平移,某些单元族,如梁和壳单元族,还包括转动自由度。但对于热传导模拟,自由度是每一结点处的温度,因此,热传导分析要求使用与应力分析不同的单元。

在 Abaqus 中使用的自由度顺序约定如下:
- 1　1 方向平动(U1)
- 2　2 方向平动(U2)
- 3　3 方向平动(U3)
- 4　绕 1 轴的转动(UR1)
- 5　绕 2 轴的转动(UR2)
- 6　绕 3 轴的转动(UR3)
- 8　声压、孔隙压力或静水压力
- 11　实体单元的温度(或质量扩散分析中的归一化浓度),或者在梁和壳的厚度上第一点的温度
- 12　在梁和壳厚度上其他点的温度(继续增加自由度)

前 6 个基本自由度如图 5.4 所示。

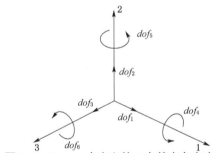

图 5.4　Abaqus 中定义的 6 个基本自由度

1—1 方向平动(U1);2—2 方向平动(U2);
3—3 方向平动(U3);4—绕 1 轴的转动(UR1);5—绕 2 轴的转动(UR2);6—绕 3 轴的转动(UR3)

除非在结点处已定义了局部坐标系,否则方向 1、2 和 3 分别对应整体坐标的 1、2 和 3 方向。

轴对称单元是一个例外,其位移和旋转的自由度约定如下:
- 1　r 方向的平动
- 2　z 方向的平动
- 6　r-z 平面内的转动

除非在结点处已经定义了局部坐标系,否则方向 r(径向)和 z(轴向)分别对应整体坐标的 1 和 2 方向。

3. 结点数目—插值的阶数(Number of nodes—order of interpolation)

Abaqus 仅在单元的结点处计算单元的位移、转动、温度和其他自由度。在单元内的任何其他点处的位移是由结点位移插值获得的。通常插值的阶数由单元采用的结点数目决定。

仅在角点处布置结点的单元，如图 5.5(a)所示的 8 结点实体单元，在每一方向上采用线性插值，常常称它们为线性单元或一阶单元。在每条边上有中间结点的单元，如图 5.5(b)所示的 20 结点实体单元，采用二次插值，常常称它们为二次单元或二阶单元。在每条边上有中间结点的修正三角形或四面体单元，如图 5.5(c)所示的 10 结点四面体单元，采用修正的二阶插值，常常称它们为修正的单元、修正的二次单元或二阶单元。

Linear element
(8-node brick, C3D8)
(a) 线性单元

Quadratic element
(20-node brick, C3D20)
(b) 二次单元

Modified second-order element
(10-node tetrahedron, C3D10M)
(c) 修正的二次单元

图 5.5 线性单元、二次单元和修正的四面体单元

Abaqus/Standard 提供了有关线性和二次单元的广泛选择。但除了二次梁单元、修正的四面体和三角形单元之外，Abaqus/Explicit 仅提供线性单元。

一般情况下，一个单元的结点数目清楚地标识在其单元名字中。如 8 结点实体单元称为 C3D8；8 结点一般壳单元称为 S8R。梁单元族采用了稍有不同的约定：在单元的名字中标识了插值的阶数，如一阶三维梁单元称为 B31，二阶三维梁单元称为 B32。对于轴对称壳单元和膜单元采用了类似的约定。

4. 数学描述(Formulation)

单元的数学描述是指用来定义单元行为的数学理论。在不考虑自适应网格(Adaptive meshing)的情况下，在 Abaqus 中所有的应力/位移单元的行为都是基于拉格朗日(Lagrangian)或材料(Material)描述：在分析中，与单元关联的材料保持与单元关联，且材料不能从单元中流出和越过单元的边界。与此相反，欧拉(Eulerian)或空间(Spatial)描述则是单元在空间固定，材料在它们之间流动。欧拉方法通常用于流体力学模拟。Abaqus/Standard 应用欧拉单元模拟对流换热。Abaqus/Explicit 中的自适应网格技术，将纯拉格朗日和欧拉分析的特点相结合，允许单元的运动独立于材料，欧拉单元通过广义接触与拉格朗日单元相联系。

为了适应不同类型的行为，Abaqus 中的某些单元族包含了几种采用不同数学描述的单元。如壳单元族具有三种类型：一种适用于一般性目的的壳体分析；另一种适用于薄壳；余下的一种适用于厚壳。

Abaqus/Standard 中的某些单元族除了具有标准的数学描述外，还有一些其他可供选择的数学描述，这些描述通过在单元名字末尾附加字母来识别，如实体、梁和桁架单元族包

括了采用杂交公式的单元,它们将静水压力(实体单元)和轴力(梁和桁架单元)处理为一个附加的未知量,这些杂交单元其名字末尾用字母"H"标识(C3D8H 或 B31H)。

Abaqus/Standard 对于低阶单元采用集中质量描述;而 Abaqus/Explicit 对所有单元采用集中质量描述。因此,惯性的第二质量运动将偏离理论值,特别是对于稀疏网格。

有些单元的数学描述允许用于耦合场问题求解,如以字母 C 开头和字母 T 结尾的单元(如 C3D8T)具有力学和热学的自由度,可用于模拟热－力耦合问题。

5. 积分(Integration)

Abaqus 应用数值方法对各种变量在整个单元体内进行积分。对于大部分单元,Abaqus 运用高斯积分法来计算每一单元内每一积分点处的材料响应。对于 Abaqus 中的一些实体单元,可以选择应用完全积分或者减缩积分,对于一个给定的问题,这种选择对于单元的精度有着明显的影响。

Abaqus 在单元名字末尾采用字母"R"来标识减缩积分单元(如果一个减缩积分单元同时又是杂交单元,末尾字母为"RH")。如 CAX4 是 4 结点、完全积分、线性、轴对称实体单元;而 CAX4R 是同类单元的减缩积分单元。

Abaqus/Standard 提供了完全积分和减缩积分单元。除了修正的四面体和三角形单元外,Abaqus/Explicit 只提供了减缩积分单元。

5.1.2 实体单元

在不同的单元族中,连续体或者实体单元能够用来模拟范围最广泛的构件。顾名思义,实体单元简单地模拟部件中的一小块材料。由于它们可以通过其任何一个表面与其他单元相连,因此实体单元能够用来构建具有任何形状、承受任意载荷的模型。Abaqus 具有应力/位移和热－力耦合的实体单元。

在 Abaqus 中,应力/位移实体单元的名字以字母"C"开头,随后的两个字母表示维数,并且通常表示(并不总是)单元的有效自由度,字母"3D"表示三维单元,"AX"表示轴对称单元,"PE"表示平面应变单元,而"PS"表示平面应力单元。

1. 实体单元库

三维实体单元可以是六面体(砖形)、楔形或四面体形。在 Abaqus 中,应尽可能采用六面体单元或二阶修正的四面体单元,一阶四面体单元(C3D4)具有简单的常应变公式,为了得到精确的解答需要非常细密的网格。

二维实体单元可以是四边形或三角形,应用最普遍的 3 种二维单元为:

(1) 平面应变(Plain strain)单元:假设离面应变 ε_{33} 为零,可以用来模拟厚结构;

(2) 平面应力(Plain stress)单元:假设离面应力 σ_{33} 为零,可以用来模拟薄结构;

(3) 无扭曲的轴对称单元(CAX 类单元):可模拟 360°的环,适合于分析具有轴对称几何形状和承受轴对称载荷的结构。

二维实体单元必须在 1－2 平面内定义,并使结点编号顺序绕单元周界是逆时针的。

2. 自由度

应力/位移实体单元在每一结点处都有平移自由度。相应地在三维单元中,自由度 1、2

和 3 是有效的,而在平面应变单元、平面应力单元和无扭曲的轴对称单元中,只有自由度 1 和 2 是有效的。

3. 单元性质

所有的实体单元必须赋予截面性质,它定义了与单元相关的材料和任何附加的几何数据。对于三维和轴对称单元不需要附加几何信息,结点坐标就能够完整地定义单元的几何形状。对于平面应力和平面应变单元,可能需要指定单元的厚度,或者采用为 1 的默认值。

4. 数学描述和积分

在 Abaqus/Standard 中,实体单元族可供选择的数学描述,包括非协调模式(Incompatible mode)的数学描述(单元名字的最后一个或倒数第 2 个字母为 I)和杂交单元的数学描述(单元名字的最后一个字母为 H)。

在 Abaqus/Standard 中,对于四边形或六面体(砖形)单元,可以在完全积分和减缩积分之间进行选择。在 Abaqus/Explicit 中,只能使用减缩积分的四边形或六面体实体单元。数学描述和积分方式都会对实体单元的精度产生显著的影响。

5. 单元输出变量

默认情况下,诸如应力和应变等单元输出变量都是参照整体笛卡儿直角坐标系的,因此,在积分点处 σ_{11} 应力分量是作用在整体坐标系的 1 方向,如图 5.6(a)所示。即使在一个大位移模拟中单元发生了转动,如图 5.6(b)所示,仍默认是在整体笛卡儿坐标系中定义单元变量。

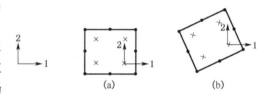

图 5.6 实体单元默认的材料方向

Abaqus 允许用户为单元变量定义一个局部坐标系。该局部坐标系在大位移模拟中随着单元的运动而转动。当所分析的物体具有某个自然材料方向时,如在复合材料中的纤维方向,局部坐标系是十分有用的。

5.1.3 壳单元

壳单元用来模拟那些一个方向的尺寸(厚度)远小于其他方向的尺寸,并且沿厚度方向的应力可以忽略的结构。

在 Abaqus 中,壳单元的名字以字母"S"开头。所有轴对称壳单元以字母"SAX"开头。在 Abaqus/Standard 中也提供了带有反对称变形的轴对称壳单元,它以字母"SAXA"开头。除了轴对称壳的情况外,在壳单元名字中的第 1 个数字表示在单元中结点的数目,而在轴对称壳单元名字中的第 1 个数字表示插值的阶数。

在 Abaqus 中具有两种壳单元:常规的壳单元和基于连续体的壳单元。通过定义单元的平面尺寸、表面法向和初始曲率,常规的壳单元对参考面进行离散;另一方面,基于连续体的壳单元类似于三维实体单元,它们对整个三维物体进行离散和建立数学描述,其运动和本构行为类似于常规壳单元。

1. 壳单元库

在 Abaqus/Standard 中,一般的三维壳单元有三种不同的数学描述:一般目的壳单元、仅适合薄壳的壳单元和仅适合厚壳的壳单元。一般目的壳单元和带有反对称变形的轴对称壳单元考虑了有限的膜应变和任意大转动。三维"厚"和"薄"壳单元类型提供了任意大的转动,但是仅考虑了小应变。一般目的壳单元允许壳的厚度随着单元的变形而改变。所有其他的壳单元假设小应变和厚度不变,即使单元的结点可能发生有限的转动。在程序中包含线性和二次插值的三角形和四边形单元,以及线性和二次插值的轴对称单元。所有的四边形壳单元(除了 S4)和三角形单元 S3/S3R 均采用减缩积分。而 S4 壳单元和其他三角形单元则采用完全积分。表 5.1 列出了 Abaqus/Standard 中的壳单元。

表 5.1 Abaqus/Standard 中的 3 种壳单元

一般目的壳	仅适合薄壳	仅适合厚壳
S4,S4R,S3/S3R,SAX1 SAX2,SAX2T	STRI3,STRI65 S4R5,S8R5,S9R5,SAXA	S8R,S8RT

所有在 Abaqus/Explicit 中的壳单元是一般目的壳单元,具有有限的膜应变和小的膜应变公式。该程序提供了带有线性插值的三角形和四边形单元,也有线性轴对称壳单元。表 5.2 列出了 Abaqus/Explicit 中的壳单元。

表 5.2 Abaqus/Explicit 中的 2 种壳单元

有限应变壳	小应变壳
S4R,S3/S3R,SAX1	S4RS,S4RSW,S3RS

对于大多数显式分析,使用大应变壳单元是合适的。然而,如果在分析中只涉及小的膜应变和任意的大转动,采用小应变壳单元则更富有计算效率。S4RS、S3RS 没有考虑翘曲,S4RSW 则考虑了翘曲。

2. 自由度

在 Abaqus/Standard 的三维壳单元中,名字以数字"5"结尾的(例如 S4R5、STRI65)单元,每一结点只有 5 个自由度:3 个平移自由度和 2 个面内转动自由度(即没有绕壳面法线的转动)。然而,如果需要的话,可以使结点处的全部 6 个自由度都被激活,例如,施加转动的边界条件,或者结点处于壳的折线上。

其他的三维壳单元在每一结点处有 6 个自由度(3 个平移自由度和 3 个转动自由度)。轴对称壳单元的每一结点有 3 个自由度:

- 1 r 方向的平动
- 2 z 方向的平动
- 6 r-z 平面内的转动

3. 单元性质

所有的壳单元必须提供壳截面性质,它定义了与单元有关的厚度和材料性质。在分析过程中或者在分析开始时,可以计算壳的横截面刚度。若选择在分析过程中计算刚度,通过在壳厚度方向上选定的点,Abaqus 应用数值积分的方法计算力学行为。所选定的点称为截面点(Section point),如图 5.7 所示。相关的材料性质可以是线性的或者是非线性的。用户可以在壳厚度方向上指定任意奇数个截面点。

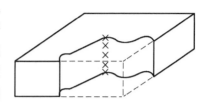

图 5.7 壳单元厚度方向上的截面点

若选择在分析开始时一次计算横截面刚度,可以定义横截面性质来模拟线性或非线性行为。在这种情况下,Abaqus 以截面工程参数(面积、惯性矩等)的方式直接模拟壳体的横截面行为,无须让 Abaqus 在单元截面上积分任意变量。因此,这种方式计算成本较小。以合力和合力矩的方式计算响应,只有在被要求输出时,才会计算应力和应变。当壳体的响应是线弹性时,建议采用这种方式。

4. 单元输出变量

以位于每一壳单元表面上的局部材料方向的方式,定义壳单元的输出变量。在所有大位移模拟中,这种轴随着单元的变形而转动。用户也可以定义局部材料坐标系,在大位移分析中它随着单元变形而转动。

5.1.4 梁单元

梁单元用来模拟一个方向的尺寸(长度)远大于另外两个方向的尺寸,并且仅沿梁轴方向的应力是比较显著的构件。

在 Abaqus 中,梁单元的名字以字母"B"开头。第二个字符表示单元的维数:"2"表示二维梁,"3"表示三维梁。第三个字符表示采用的插值:"1"表示线性插值,"2"表示二次插值,"3"表示三次插值。

1. 梁单元库

在二维和三维中有线性、二次及三次梁单元。在 Abaqus/Explicit 中没有提供三次梁单元。

2. 自由度

三维梁在每一结点有 6 个自由度:3 个平移自由度和 3 个转动自由度。在 Abaqus/Standard 中有"开口截面"(Open-section)梁单元(如 B31OS),具有一个代表梁横截面翘曲(Warping)的附加自由度(7)。

二维梁在每一个结点有 3 个自由度:2 个平移自由度(1,2)和 1 个绕模型的平面法线转动的自由度(6)。

3. 单元性质

所有的梁单元必须提供梁截面性质,定义与单元有关的材料以及梁截面的轮廓(Profile)(即单元横截面的几何特征);结点坐标仅定义梁的长度。通过指定截面的形状和尺寸,用户可以从几何上定义梁截面的轮廓。也可通过给定截面工程参数,如面积和惯性矩,用户可以定义一个广义的梁截面轮廓。

若用户从几何上定义梁的截面轮廓,则 Abaqus 通过在整个横截面上进行数值积分,来计算横截面行为,允许材料的性质为线性和非线性。

若用户通过提供截面的截面工程参数(面积、惯性矩和扭转常数)来代替横截面尺寸,则 Abaqus 在单元截面上无需对任何变量进行积分。因此,这种方式计算成本较少。采用这种方式,材料的行为可以是线性或者非线性。以合力和合力矩的方式计算响应,只有在被要求输出时,才会计算应力和应变。

4. 数学描述和积分

线性梁(B21 和 B31)和二次梁(B22 和 B32)允许剪切变形,并考虑了有限轴向应变,因此,它们既适合于模拟细长梁,也适合于模拟短粗梁。尽管允许梁的大位移和大转动,在 Abaqus/Standard 中的三次梁单元(B23 和 B33)不考虑剪切弯曲和假设小的轴向应变,因此它们只适合于模拟细长梁。

Abaqus/Standard 提供了线性和二次梁单元的派生形式(B31OS 和 B32OS),适合模拟薄壁开口截面梁。这些单元能正确地模拟开口横截面中扭转和翘曲的影响,如 I 字梁和 U 形截面槽。

5. 单位输出变量

三维剪切变形梁单元的应力分量为轴向应力(σ_{11})和由扭转引起的切应力(σ_{12})。在薄壁截面中,切应力产生于薄壁截面中,亦有相应的应变度量。剪切变形梁也提供了对截面上横向剪力的评估。在 Abaqus/Standard 中的细长(3 次)梁只有轴向变量作为输出,空间的开口截面梁也仅有轴向变量作为输出。

所有的二维梁单元仅输出轴向的应力和应变。

也可以根据需要输出轴向力、弯矩和绕局部梁轴的曲率。

5.1.5 桁架单元

桁架单元是只能承受拉伸或者压缩载荷的杆件,它们不能承受弯曲,因此,适合于模拟铰接框架结构。此外,桁架单元能够用来近似地模拟缆索或者弹簧(如网球拍)。在其他单元中,桁架单元有时还用来代表加强构件。

提示: 为减小软土地基的不均匀沉降而使用的各种格栅,可以采用桁架单元来模拟。

所有桁架单元的名字都以字母"T"开头。随后的两个字符表示单元的维数,如"2D"表示二维,"3D"表示三维。最后一个字符代表在单元中的结点数目。

1. 桁架单元库

在二维和三维中有线性和二次桁架。在 Abaqus/Explicit 中没有二次桁架。

2. 自由度

桁架单元在每个结点只有平移自由度。三维桁架单元有自由度 1、2 和 3，二维桁架单元有自由度 1 和 2。

3. 单元性质

所有的桁架单元必须提供桁架截面性质、与单元相关的材料性质定义和指定的横截面面积。

4. 数学描述和积分

除了标准的数学描述外，在 Abaqus/Standard 中有一种杂交桁架单元，这种单元适合于模拟非常刚硬的连接件，其刚度远大于所有结构单元的刚度。

5. 单元输出变量

输出轴向的应力和应变。

5.2 刚性体

在 Abaqus 中，刚性体是结点和单元的集合体，这些结点和单元的运动受单一刚性体参考结点的运动所控制，如图 5.8 所示。

定义刚性体的形状可以是一个解析表面，通过旋转或者拉伸一个二维几何图形得到这个表面；或者是一个离散的刚性体，通过剖分物体生成由结点和单元组成的网格得到这个刚性体。在模拟过程中，刚性体的形状不变，但可以产生大的刚体运动。离散刚性体的质量和惯量可以由其单元的贡献计算得到，也可以进行特殊设置。

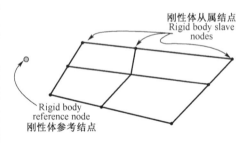

图 5.8　组成刚性体的单元

通过在刚性体参考点上施加边界条件，可以描述刚性体的运动。在刚体上生成的载荷来自施加在结点上的几种载荷和施加在部分刚性体单元上的分布载荷，或者来自施加在刚性体参考点上的载荷。通过结点连接和通过接触可变形的单元，刚性体与模型中的其他部分发生相互作用。

提示：刚性体常用于接触问题之中。

5.2.1 刚性体使用的时机

刚性体可以用于模拟非常坚硬的部件,这一部件可以是固定的或者进行大的刚体运动。它还可以用于模拟变形部件之间的约束,并且提供了指定某些接触相互作用的简便方法。

使模型的一部分成为刚性体有助于达到验证模型的目的。例如,在开发复杂的模型时,所有潜在的接触条件是难以预见的,可以将远离接触区域的单元包含在刚性体中,成为其中的一部分,从而获得更快的运行速度。当用户对模型和接触对的定义感到满意时,可以消除这些刚性体的定义,这样展现的就是一个可精确变形的有限单元了。

将部分模型表示为刚性体而不是变形的有限单元体,其主要的优点在于计算效率。已经成为部分刚性体的单元不进行单元层次的计算。尽管需要某些计算工作以更新刚性体结点的运动和设置集中与分布载荷,但是在刚性体参考点处的最多 6 个自由度完全确定了刚性体的运动。

在 Abaqus/Explicit 分析中,对于模拟结构中相对比较刚性的部分,若其中的波动和应力分布不重要,应用刚性体特别有效。在坚硬区域对单元的稳定时间增量估计可能导致非常小的整体时间增量,所以在坚硬区域应用刚性体代替可变形的有限单元,可以产生更大的整体时间增量。刚性体和部分刚性体的单元并不影响整体时间增量,也不会显著影响求解的整体精度。

在 Abaqus 中,由解析刚性表面定义的刚性体相比离散的刚性体可以节省一些计算成本。如在 Abaqus/Explicit 中,因为解析刚性表面可以十分光滑(在计算中产生的噪声较少),而离散刚性体本身有很多面。然而,只有有限的形状能够被定义为解析刚性表面。

5.2.2 刚性体部件

一个刚体的运动是由单一结点控制的:刚性体参考点。它有平移和转动的自由度,对于每一个刚性体必须给出唯一的定义。

刚性体参考点的位置一般并不重要,除非对刚性体施加转动或者希望得到绕通过刚性体的某一轴的反力矩。在以上任何一种情况下,结点必须位于通过刚性体的某一理想轴上。

除了刚性体参考点外,离散的刚性体包括由指定到刚性体上的单元和结点生成的结点集合体。这些结点称为刚性体从属结点(Rigid body slave nodes)(图 5.8),它们提供了与其他单元的连接。部分刚性体上的结点是如下两种类型之一:
- 销钉结点(Pin),它只有平移自由度;
- 束缚结点(Tie),它有平移和转动自由度。

刚性体结点的类型取决于这些结点附属的刚性体单元的类型。当结点直接布置在刚性体上时,也可以指定或修改结点类型。对于销钉结点,仅是平移自由度属于刚性体部分,并且刚性体参考点的运动约束了这些结点自由度的运动;对于束缚结点,平移和转动自由度均属于刚性体部分,刚性体参考点的运动约束了这些结点的自由度。

定义在刚性体上的结点不能被施加上任何边界条件、多点约束(Multi-point constrains)或者约束方程(Constraint equations)。然而,边界条件、多点约束、约束方程和载荷可以施加在刚性体参考点上。

5.2.3 刚性单元

在 Abaqus 中,刚性体的功能适用于大多数单元,它们均可成为刚性体的一部分,而不仅仅局限于刚性单元(Rigid element)。如只要将单元赋予刚体,壳单元或者刚性单元可以用于模拟相同的问题。控制刚性体的规则,诸如如何施加载荷和边界条件,适合于所有组成刚性体的单元类型,包括刚性单元。

所有刚性单元的名字都以字母"R"开头。随后二个字符表示单元的维数,如"2D"表示单元是二维的,"AX"表示单元是轴对称的。最后的字符代表在单元中的结点数目。

1. 刚性单元库

三维四边形(R3D4)和三角形(R3D3)刚性单元用来模拟三维刚性体的二维表面。在 Abaqus/Standard 中,另外一种单元是 2 结点刚性梁单元(RB3D2),主要用来模拟受流体牵引力和浮力作用的海上结构中的部件。

对于平面应变、平面应力和轴对称模型,可以应用 2 结点刚性单元。在 Abaqus/Standard 中,也有一种平面 2 结点刚性梁单元,主要用于模拟二维的海上结构。

2. 自由度

仅在刚性体参考点处有独立的自由度。对于三维单元,参考点有 3 个平移和 3 个转动自由度;对于平面和轴对称单元,参考点有自由度 1、2 和 6(绕 3 轴的运动)。

附属在刚性单元上的结点只有从属自由度。从属自由度的运动完全取决于刚性体参考点的运动。对于平面和三维刚性单元只有平移的从属自由度。对应于变形梁单元,在 Abaqus/Standard 中的刚性梁单元具有相同的从属自由度:三维刚性梁为 1~6,平面刚性梁为 1、2 和 6。

3. 物理性质

所有刚性单元必须指定其截面性质。对于平面和刚性梁单元,可以定义横截面面积;对于轴对称和三维单元,可以定义厚度,厚度的默认值为零。只有在刚性单元上施加体力时才需要这些数据,或者在 Abaqus/Explicit 中定义接触时才需要厚度。

4. 数学描述和积分

由于刚性单元不能变形,所以它们不用数值积分点,也没有可选择的数学描述。

5. 单元输出变量

刚性单元没有单元输出变量。刚性单元仅输出结点的运动。另外,可以输出刚性体参考点处的约束反力和反力矩。

5.3 实体单元的使用

对一个特定问题的数值模拟,其精度很大程度上依赖于模型中采用的单元类型。

有限单元中的实体单元是使用最为广泛的单元之一,本节主要介绍实体单元中不同的单元数学描述和积分水平对于一个特性分析精度的影响。

5.3.1 单元的数学描述和积分

对一个悬臂梁进行静态分析,如图 5.9 所示,探究单元阶数(线性或二次)、单元数学描述和积分水平对结构模拟精度的影响。

梁长 150 mm、宽 2.5 mm、高 5 mm;一端固定,在自由端施加 5 N 的集中载荷。材料的杨氏模量 E 为 70 GPa,泊松比为 0.0。采用梁的理论,在载荷 P 作用下,梁自由端的挠度为:

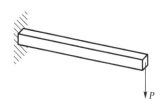

图 5.9 自由段受集中载荷 P 的悬臂梁

$$\delta_{\text{tip}} = \frac{Pl^3}{3EI}$$

式中,$I = bd^3/12$,l 为梁的长度,b 为梁的宽度,d 为梁的高度。

当 $P = 5$N 时,自由端挠度是 3.09 mm。

1. 完全积分(Full integration)

所谓"完全积分"是指当单元具有规则形状时,所用的高斯积分点的数目足以对单元刚度矩阵中的多项式进行精确积分。对六面体和四边形单元而言,所谓"规则形状"是指单元的边是直线并且边与边相交成直角,任何边中的结点都位于边的中点上。完全积分的线性单元在每一个方向上采用两个积分点。因此,三维单元 C3D8 在单元中采用 $2 \times 2 \times 2$ 个积分点。完全积分的二次单元(仅存在于 Abaqus/Standard)在每一个方向上采用 3 个积分点。对于二维四边形单元,完全积分的积分点位置如图 5.10 所示。

应用 Abaqus/Standard 模拟悬臂梁问题,采用了几种不同的有限元网格,如图 5.11 所示。采用线性或者二次的完全积分单元进行模拟,以说明两种单元的阶数(一阶与二阶)和网格密度对结果精度的影响。

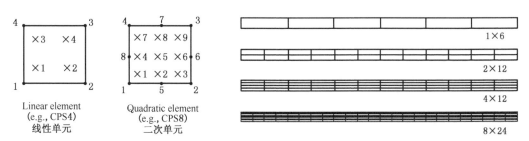

图 5.10 完全积分时二维四边形单元中的积分点   图 5.11 悬臂梁模拟所采用的网格

各种模拟情况下的自由端位移与梁理论解的比值如表 5.3 所示。

表 5.3　采用完全积分单元的梁挠度比值

单元	网格尺寸(高度×长度)			
	1×6	2×12	4×12	8×24
CPS4	0.074	0.242	0.242	0.561
CPS8	0.994	1.000	1.000	1.000
C3D8	0.077	0.248	0.243	0.563
C3D20	0.994	1.000	1.000	1.000

应用线性单元 CPS4 和 C3D8 所得到的挠度值相当差,以至于其结果不可用。网格越粗糙,结果的精度越差,但是即使网格划分得相当细(8×24),得到的自由端位移仍然只有理论值的 56%。需要注意的是,对于线性完全积分单元,在梁厚度方向的单元数目并不影响计算结果。自由端的误差是由于剪力自锁(Shear locking)引起的,这是存在于所有完全积分、一阶实体单元中的问题。

剪力自锁引起单元在纯弯曲时过于刚硬。可以解释如下:考虑承受纯弯曲结构中的一小块材料,如图 5.12 所示。材料产生弯曲、变形前平行于水平轴的直线成为常曲率的曲线,而沿厚度方向的直线仍保持为直线,水平线与竖直线之间的夹角保持为 90°,而线性单元的边不能弯曲,所以,如果应用单一单元来模拟这一小块材料,其变形后的形状如图 5.13 所示。

图 5.12　在弯矩 M 作用下材料的变形　　图 5.13　在弯矩 M 作用下完全积分、线性单元的变形

上述图中示意了通过积分点的虚线。显然,上部虚线的长度增加,说明 1 方向的应力(σ_{11})是拉伸的。类似地,下部虚线的长度缩短,说明 σ_{11} 是压缩的。竖直方向虚线的长度没有改变(假设位移是很小的),因此,所有积分点上的 σ_{22} 为零。所有这些都与纯弯曲的小块材料的应力的预期状态是一致的。但是,在每一个积分点处,竖直线与水平线之间的夹角开始为 90°,变形后却改变了,说明这些点上的剪应力 σ_{12} 不为零。显然,这是不正确的:在纯弯曲时,这一小块材料中的剪应力应该为零。

产生这种伪剪应力的原因是由于单元的边不能弯曲,它的出现意味着应变能正在产生剪切变形,而不是产生所希望的弯曲变形,因此总的挠度变小,即单元是过于刚硬的。

剪力自锁仅影响受弯曲载荷完全积分的线性单元的行为。在受轴向或剪切载荷时,这些单元的功能表现良好。而二次单元的边界可以弯曲(图 5.14),故它没有剪力自锁的问题。由表 5.3 可见,二次单元预测的自由端位移接近于理论解答。但是,如果二次单元发生扭曲或弯曲应力有梯度,将有可能出现某种程度的自锁,

图 5.14　在弯矩 M 作用下完全积分、二次单元的位移

这两种情况在实际问题中是可能发生的。

只有确信载荷只会在模型中产生很小的弯曲时，才可以采用完全积分的线性单元。如果对载荷产生的变形类型有所怀疑，则应采用不同类型的单元。在复杂应力状态下，完全积分的二次单元也有可能发生自锁，因此，如果在模型中应用这类单元，应仔细检查计算结果。然而，对于模拟局部应力集中的区域，应用这类单元是非常有用的。

2. 减缩积分(Reduced integration)

只有四边形和六面体单元才能采用减缩积分方法，而所有的楔形体、四面体和三角形实体单元，虽然它们与减缩积分的六面体或四边形单元可以在同一网格中使用，但却只能采用完全积分。

减缩积分单元比完全积分单元在每个方向上少用一个积分点。减缩积分的线性单元只在单元的中心有一个积分点(实际上，在 Abaqus 中这些一阶单元采用了更精确的均匀应变公式，即计算了单元应变分量的平均值)。减缩积分单元在其名字中含有字母"R"。

对于减缩积分的四边形单元，积分点的位置如图 5.15 所示。

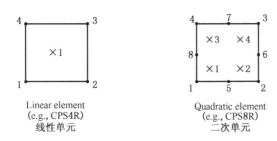

图 5.15　采用减缩积分的二维单元的积分点

应用前面用到的 4 种单元的减缩积分形式和在图 5.11 所示的 4 种有限元网格，采用 Abaqus 对悬臂梁问题进行了模拟，其结果列于表 5.4 中。

表 5.4　采用减缩积分单元的梁挠度比值

单元	网格尺寸(高度×长度)			
	1×6	2×12	4×12	8×24
CPS4R	20.3*	1.308	1.051	1.012
CPS8R	1.000	1.000	1.000	1.000
C3D8R	70.1*	1.323	1.063	1.015
C3D20R	0.999**	1.000	1.000	1.000

注：* 没有刚度抵抗所加载荷；** 在宽度方向使用了两个单元。

线性的减缩积分单元由于存在着来自本身的所谓沙漏(Hourglassing)数值问题而过于柔软。为了说明这一问题，再次考虑用单一减缩积分单元模拟受纯弯曲载荷的一小块材料(图 5.16)。

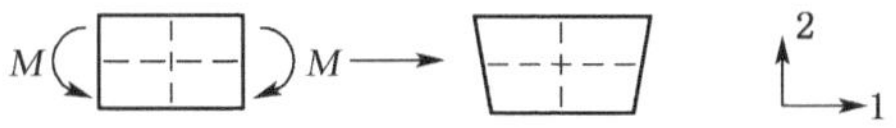

图 5.16　在弯矩 M 作用下减缩积分线性单元的变形

单元中虚线的长度没有改变,它们之间的夹角也没有改变,这意味着在单元单个积分点上的所有应力分量均为零。由于单元变形没有产生应变能,因此这种变形的弯曲模式是一个零能量模式。由于单元在此模式下没有刚度,所以单元不能抵抗这种形式的变形。在粗划网格中,这种零能量模式会通过网格扩展,从而产生无意义的结果。

Abaqus 在一阶减缩积分单元中引入了一个小量的人工"沙漏刚度"以限制沙漏模式的扩展。在模型中应用的单元越多,这种刚度对沙漏模式的限制越有效,这说明只要合理地采用网格,线性减缩积分单元可以给出可接受的结果。对多数问题而言,采用线性减缩积分单元的网格所产生的误差(表 5.4)在一个可接受的范围之内。建议当采用这类单元模拟承受弯曲载荷的任何结构时,沿厚度方向上至少应采用 4 个单元。当沿梁的厚度方向采用单一线性减缩积分单元时,所有的积分点都位于中性轴上,该模型是不能抵抗弯曲载荷的(这种情况在表 5.4 中用"*"标出)。

提示:在 Abaqus 的 Mesh(网格)模块中,在单元类型(Element Type)对话框中,可以对线性减缩积分单元进行沙漏刚度控制(Hourglass control),如图 5.17 所示。

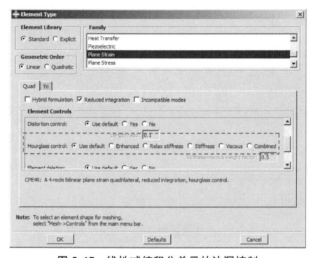

图 5.17 线性减缩积分单元的沙漏控制

线性减缩积分单元能够很好地承受扭曲变形,因此在任何扭曲变形很大的模拟中可以采用网格的这类单元。

在 Abaqus/Standard 中,二次减缩积分单元也有沙漏模式。在正常的网格中,这种模式几乎不能扩展,并且在网格足够加密时也不会产生什么问题。由于沙漏,除非在梁的宽度上布置两个单元,否则 C3D20R 单元的 1×6 网格不收敛。在复杂应力状态下,二次减缩积分单元对自锁也不敏感。因此,除了包含大应变的大位移模拟和某些类型的接触分析之外,上述单元是最普遍的应力/位移模拟的最佳选择。

3. 非协调单元(Incompatible mode elements)

仅在 Abaqus/Standard 中有非协调模式单元,它的主要目的是克服完全积分、一阶单元中的剪力自锁问题,在其名字中含有字母"I"。由于剪力自锁是单元的位移场不能模拟与弯曲相关的变形而引起的,所以在一阶单元中引入了一个增强单元变形梯度的附加自由度。这种对变形梯度的增强允许一阶单元在单元域上对于变形梯度有一个线性变化,如图 5.18(a)所示。标准的单元数学描述使单元中的变形梯度为一个常数,如图 5.18(b)所示,从而导致与剪力自锁相关的非零剪切应力。

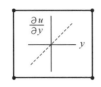 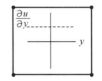

(a) 非协调模式(增强变形梯度)单元　　(b) 采用标准公式的一阶单元

图 5.18　变形梯度的变化

这些对变形梯度的增强弯曲是在一个单元的内部,与位于单元边界上的结点无关。与直接增强位移场的非协调模式公式不同,在 Abaqus/Standard 中采用的数学公式不会导致沿着两个单元交界处的材料重叠或者开洞,如图 5.19 所示。因此,在 Abaqus/Standard 中应用的数学公式很容易扩展到非线性、有限应变的模拟,而这对于应用增强位移场单元是不容易处理的。

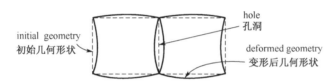

图 5.19　在应用增强位移场而不是增强变形梯度的非协调单元之间可能的运动非协调性
(Abaqus/Standard 中的非协调模式单元采用了增强变形梯度公式)

在弯曲问题中,非协调模式单元可能产生与二次单元相当的结果,但是计算成本却明显降低。然而,它们对单元的扭曲很敏感。图 5.20 用故意扭曲的非协调模式单元来模拟悬臂梁:一种情况采用"平行"扭曲,另一种情况采用梯形"交错"扭曲。

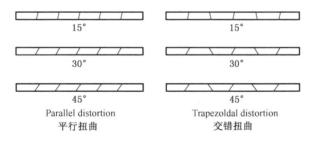

图 5.20　非协调模式单元的扭曲网格

对于悬臂梁模型,图 5.21 绘出了自由端位移相对于单元扭曲水平的曲线,比较了 3 种在 Abaqus/Standard 中的平面应力单元:完全积分的线性单元、减缩积分的二次单元以及线性非协调模式单元。与预想完全一致,各种情况下完全积分的线性单元得到很差的结果。另一方面,减缩积分的二次单元获得了很好的结果,直到单元扭曲得很严重时其结果才会恶化。

当非协调单元是矩形时,即使在悬臂梁厚度方向上网格只有一个单元,给出的结果与理论值也十分接近。但是,即便是很低水平的交错扭曲也使得单元过于刚硬。平行扭曲也降低了单元的精度,只不过降低的程度相对小一些。

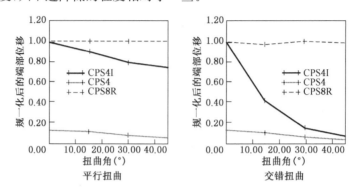

图 5.21　平行和交错扭曲对非协调模式单元的影响

如果应用得当,非协调模式单元是非常有用的,它们可以以很低的成本获得较高精度的结果。但是,必须小心地确保单元扭曲是非常小的,当为复杂的集合体划分网格时,这可能是难以保证的。因此,在模拟这种几何体时,必须考虑应用减缩积分的二次单元,因为它们显示出对网格扭曲的不敏感性。然而,对于网格严重扭曲的情况,简单地改变单元类型一般不会产生精确的结果。网格扭曲必须尽可能地最小化,以改进结构的精度。

4. 杂交单元(Hybrid elements)

在 Abaqus/Standard 中,对于每一种实体单元都有相应的杂交单元,包括所有的减缩积分和非协调模式单元。在 Abaqus/Explicit 中没有杂交单元,使用杂交公式的单元在其名字中含有字母"H"。

当材料行为是不可压缩(泊松比=0.5)或非常接近于不可压缩(泊松比>0.475)时,采用杂交单元。橡胶就是一种典型的具有不可压缩性质的材料。不能用常规单元来模拟不可压缩材料的响应(除了平面应力情况),因为在此时单元中的压应力是不确定的。

如果材料是不可压缩的,其体积在载荷作用下并不改变。因此,压应力不能由结点位移计算。这样,对于具有不可压缩材料性质的任何单元,一个纯位移的数学公式是不适宜的。

杂交单元包含一个可直接确定单元压应力的附加自由度。结点位移只用来计算偏(剪切)应变和偏应力。

5. 单元汇总

上述 4 类单元的特点和使用场合如表 5.5 所示。

表 5.5　各种单元的特点及使用场合

单元类型		单元特点	使用场合
完全	线性完全积分单元	每个方向上采用 2 个积分点；弯曲荷载下存在剪力自锁现象（过于刚硬），计算精度较差	适合于承受轴向或剪切载荷的场合
	二次完全积分单元	每个方向上采用 3 个积分点；扭曲或弯曲应力有梯度时存在剪力自锁现象，计算精度较差	特别适合于局部应力集中的场合
缩减	线性减缩积分单元（四边形和六面体）	比完全积分单元在每个方向上少用一个积分点，只在单元的中心有 1 个积分点；弯曲载荷下存在沙漏现象（过于柔软），计算精度较差	适合于扭曲变形很大的场合
	二次减缩积分单元（四边形和六面体）	比完全积分单元在每个方向上少用 1 个积分点；对沙漏和自锁现象不敏感	适用于几乎所有的场合（大位移模拟和某些接触分析除外），为首选的单元类型
非协调单元		可以克服线性完全积分单元的剪力自锁现象；在一阶单元中引入了一个增强单元变形梯度的附加自由度；对单元的扭曲很敏感	适用于不存在扭曲的场合
杂交单元		杂交单元包含一个可直接确定单元压应力的附加自由度；结点位移只用来计算偏（剪切）应变和偏应力	适合于模拟不可压缩材料

5.3.2　实体单元的选择

对于某一具体的模拟，如果想以合理的代价得到高精度的结果，那么正确地选择单元是非常关键的。在使用 Abaqus 的经验日益丰富后，毫无疑问每个用户都会拥有自己的单元选择技巧来处理各种具体的应用。

下面的使用建议适用于 Abaqus/Standard 和 Abaqus/Explicit：

* 尽可能地减小网格的扭曲。使用扭曲的线性单元的粗糙网格会得到相当差的结果；
* 对于模拟网格扭曲十分严重的问题，应用网格细划的线性、减缩积分单元（CAX4R、CPE4R、CPS4R、C3D8R 等）；
* 对三维问题应尽可能地采用六面体单元（砖形）。它们以最低的成本给出最好的结果。当几何形状复杂时，采用六面体划分全部的网格可能是非常困难的，因此还需要楔形和四面体单元。这些单元（C3D4 或 C3D6）的一阶模式是较差的单元（需要细划网格以取得较好的精度）。只有必须完成网格划分时，才应用这些单元。即便如此，它们必须远离需要精确结果的区域；
* 某些前处理器包含了自由划分网格算法，用四面体单元划分任意几何体的网格。对于小位移无接触的问题，在 Abaqus/Standard 中的二次四面体单元（C3D10）能够给出合理的结果。这个单元的另一种模式是修正的二次四面体单元（C3D10M），它适用于 Abaqus/Standard 和 Abaqus/Explicit，对于大变形和接触问题，这种单元是强健的，展示了很小的剪切和体积自锁。但是，无论采用何种四面体单元，所用的分析时间都长于采用了等效网格的六面体单元。不能采用仅包含线性四面体单元（C3D4）的网格，除非使用相当大量的单元，否则结果将是不精确的。

使用 Abaqus/Standard 时,还有以下建议:
- 除非需要模拟非常大的应变或者模拟一个复杂的、接触条件不断变化的问题,对于一般的分析工作,应采用二次、减缩积分单元(CAX8R、CPE8R、CPS8R、C3D20R 等)。
- 在存在应力集中的局部区域,采用二次、完全积分单元(CAX8、CPE8、CPS8、C3D20 等)。它们以最低的成本提供了应力梯度的最好解答。
- 对于接触问题,采用细划网格的线性、减缩积分单元或非协调模式单元(CAX4I、CPE4I、CPS4I、C3D8I 等)。

5.4 网格划分技术

5.4.1 结构网格划分

1. 基本技术

Abaqus 中的网格划分技术有 3 种:结构网格划分(Structured meshing)技术、扫掠网格划分(Swept meshing)技术和自由网格划分(Free meshing)技术(图 5.22)。

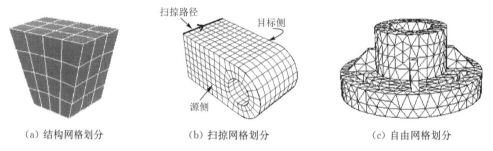

(a) 结构网格划分　　(b) 扫掠网格划分　　(c) 自由网格划分

图 5.22　Abaqus/CAE 中的三种网格划分技术

结构网格划分技术采用简单的、预先定义的网格拓扑技术进行网格划分。Abaqus/CAE 把区域几何信息转换为具有规则形状的区域网格,如图 5.23 所示。对于简单的二维区域,可以指定四边形或四边形为主的单元进行结构网格划分;对于简单的三维区域,可以指定以六面体或六面体为主的单元进行结构网格划分。

在对分析模型的一个区域进行网格划分时,网格边界上的结点一般总是位于几何区域的边界上。但是由于结构网格划分是采用具有规则形状的单

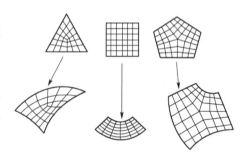

图 5.23　二维结构网格划分样式

元进行网格划分的,在存在凹形边界条件时(Concave boundaries),采用结构网格划分将会使得部分网格内部结点落入区域几何体之外,导致产生扭曲的无效网格,如图 5.24(a)所示。

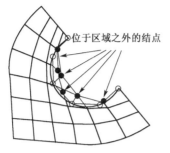
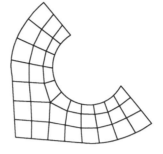

(a) 部分结点位于区域之外　　　　(b) 没有结点位于区域之外

图 5.24　对于凹形边界采用结构网格划分的情形

对于图 5.24(a)中部分结点位于区域之外的情况,可采用如下 3 种方法对网格进行改善:
- 增加网格种子数,重新划分;
- 剖分凹陷区域;
- 采用其他的网格划分方法,如自由网格划分。

改善后的网格如图 5.24(b)所示。

2. 使用限制

对于如图 5.25 所示的分析模型区域(二维),无法采用结构网格划分技术进行网格划分。

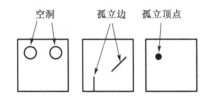
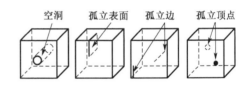

图 5.25　不能采用结构网格　　　图 5.26　不能采用结构网格
　　　　划分的区域(二维)　　　　　　　　划分的区域(三维)

对于如图 5.26 所示的分析模型区域(三维),无法采用结构网格划分技术进行网格划分。

对于如图 5.27 所示的分析模型区域(三维),可以先采用剖分的方法,然后再进行结构网格划分。

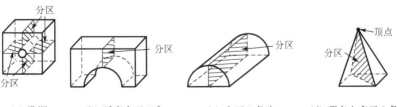

(a) 孔洞　　(b) 弧度大于 90°　　(c) 少于 3 条边　　(d) 顶点上多于 3 条边

图 5.27　剖分后可进行结构网格划分的模型区域(三维)

5.4.2 自由网格划分

与结构网格划分技术不一样,自由网格划分不需要事先定义好网格样式,当然也无法预见划分后的网格样式,但是这种网格划分技术具有非常大的灵活性,这对于特别复杂的模型网格划分非常有用。对于二维区域,可以采用以三角形、四边形和四边形为主的单元形状进行自由网格划分;对于三维区域,可以采用四面体进行自由网格划分(图 5.28)。

(a) 四边形　　　　　　(b) 三角形　　　　　　(c) 四面体

图 5.28　采用不同单元形状进行自由网格划分的例子

对一个实体采用四面体单元进行自由网格划分时,一般需要两个步骤:
- 在实体区域外部表面上创建三角形边界网格;
- 将三角形作为四面体的外部表面创建四面体单元。

5.4.3 扫掠网格划分

1. 基本步骤

扫掠网格划分技术可以对复杂的实体和表面区域进行网格划分,主要有两个步骤:
- 在模型的一个面上创建网格,这个面称作扫掠源面(Source side);
- 复制上述网格上的结点,每次一个单元层,沿着扫掠路径(Sweep path),直到达到最终的目标面(Target side)。

扫掠路径可以是任意形式的边,如直边、圆形边、样条边。如果扫掠路径为一个圆形边,最终生成的网格称作旋转扫掠网格(Revolved swept mesh),如果扫掠路径为一个直边,最终生成的网格称作拉伸扫掠网格(Extruded swept mesh)。图 5.29 为两种扫掠网格的例子。

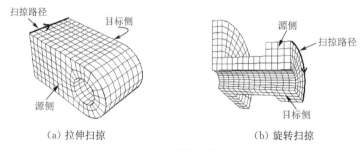

(a) 拉伸扫掠　　　　　　(b) 旋转扫掠

图 5.29　两种扫掠网格

如果模型区域可以进行扫掠网格划分,将采用以六面体、六面体为主或楔形单元产生扫掠网格。相应的,在扫掠源面上(二维网格),将采用以四边形、四边形为主或三角形进行自由网格划分。

2. 使用限制

使用扫掠网格划分技术进行三维模型区域网格划分时,具有如表 5.6 所示的使用限制。

表 5.6　扫掠网格划分使用的限制

类别	无法进行扫掠网格划分	可以进行网格划分
孤立的边或顶点(连接扫掠源面到目标面的任何面上)	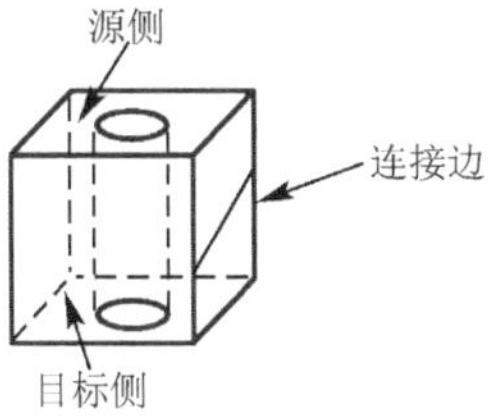 源侧 / 连接边 / 目标侧	
孤立的边或顶点(目标面上)	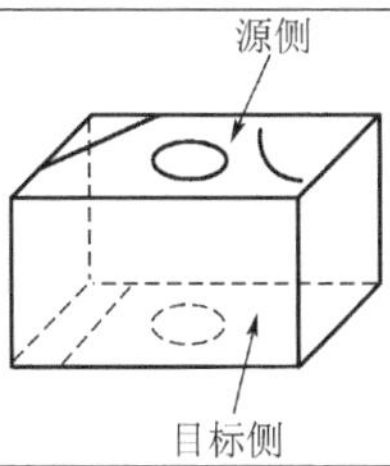 源侧 / 目标侧	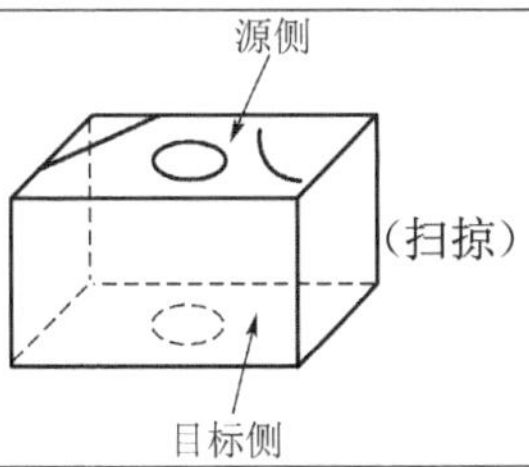 源侧 / 目标侧 （扫掠）
扫掠区域横截面变化或不是平面	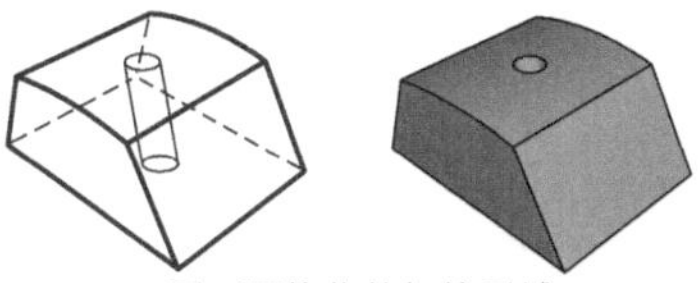 不可网格化的扫掠区域	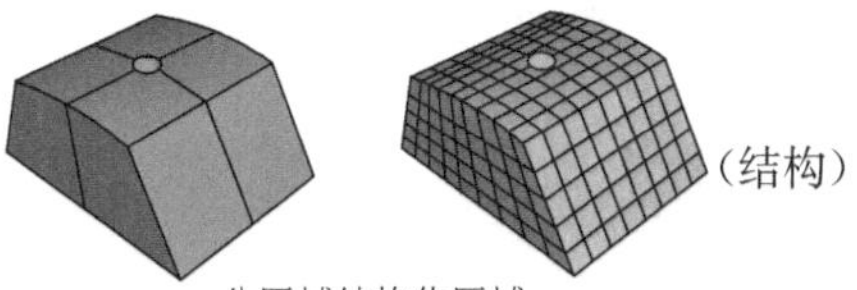 分区域结构化区域 （结构）
旋转扫掠时孤立的点与旋转轴接触	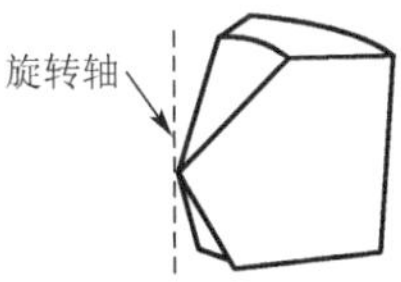 旋转轴	
旋转图形的部分轮廓边缺失	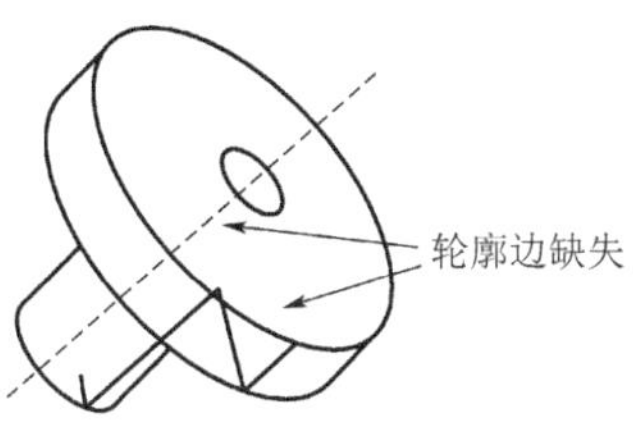 轮廓边缺失	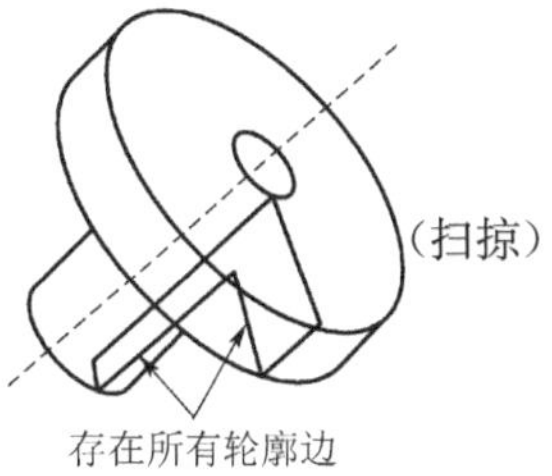 存在所有轮廓边 （扫掠）
存在与旋转轴接触的边	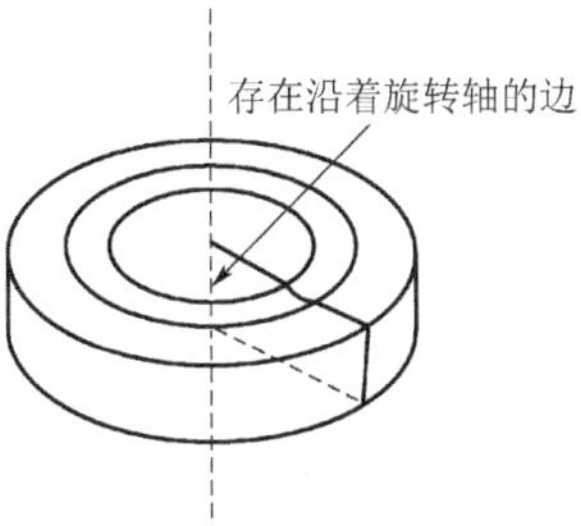 存在沿着旋转轴的边	

提示：Abaqus 对于不同的网格划分技术采用了不同的颜色：
结构网格划分（绿色）、自由网格划分（粉红色）、扫掠网格划分（黄色）、不可划分区域（橘色）。

提示：Abaqus/CAE 中颜色的使用非常有特点，掌握 Abaqus 中不同颜色的含义有助于快速建立和检查分析模型。如在属性（Property）模块中，已赋予材料截面的区域将由白色变为浅绿色（aqua），如图 5.30 所示。

图 5.30　赋予材料截面区域的颜色变化

5.4.4　网格划分算法

Abaqus 软件提供了两种网格划分算法：中性轴算法（Medial axis）和进阶算法（Advancing front）。

1. 中性轴算法（Medial axis）

首先把划分区域分解为许多简单的区域，然后采用结构网格划分技术进行所有区域的划分。

如果划分区域相对简单、包含大量单元，采用中性轴算法比进阶算法生成网格快；减少网格过渡（仅对四边形和六面体网格划分有效）将有助于提高网格质量。

2. 进阶算法（Advancing front）

在区域边界产生四边形单元，然后逐步在区域内部继续产生四边形单元。

由进阶算法生成的单元总是精确地匹配种子（以四边形和六面体为主的网格）；进阶算法支持虚拟拓扑技术，而中性轴算法不支持。

图 5.31 是上述两种算法进行网格划分的例子。

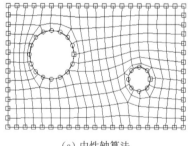 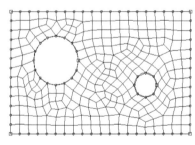

(a) 中性轴算法　　　　　　　　　　(b) 进阶算法

图 5.31　两种网格划分算法

3. Abaqus/CAE 缺省网格划分技术和算法

对常见的单元形状,如四边形(Quad)、六边形(Hex),Abaqus/CAE 缺省的网格划分技术和算法如表 5.7 所示。

表 5.7　Abaqus/CAE 缺省的网格划分技术和算法

单元形状 (Element shape)	网格划分技术 (Meshing technique)	网格划分算法 (Algorithm)
四边形(Quad)	自由(Free)	中性轴(Medial axis)
六面体(Hex)	扫掠(Sweep)	中性轴(Medial axis)
四边形为主 (Quad-dominated)	自由(Free)	进阶(Advancing front)
六面体为主 (Hex-dominated)	扫掠(Sweep)	进阶(Advancing front)

5.4.5　不能进行网格划分的几种情形

在进行分析模型的网格划分时,有很多因素会导致网格划分失败。当网格划分失败时,Abaqus/CAE 将给出错误信息,并高亮显示出错区域,允许用户创建该错误集合,便于应用显示组工具进行该错误区域的改进。

下面是常见的错误原因及相应的解决办法。

1. 布种不够(Inadequate seeding)

模型区域包含部分细小的边或种子密度太稀疏。可以使用虚拟拓扑工具(Virtual Topology toolset)来合并部分边。或者,将不可进行网格划分的区域保存在一个集合中,然后进行局部布种,以增加网格密度。

2. 不良几何体(Bad geometry)

不良几何体是指细小的边、面或不精确的部件实例,可以使用查询工具来检查几何体。

3. 边界三角形不良(Poor boundary triangles)

采用四面体单元进行自由网格划分时,Abaqus/CAE 首先在模型区域的外部表面上创建三角形网格,然后以这些三角形为外部四面体单元的表面进行网格划分。

在某些情况下,Abaqus/CAE 不能完成从三角形到四面体的转变,并高亮显示边界网格上不能插入到四面体网格里的结点。对于这些高亮结点,可以尝试以下方法:

- 使用布种工具(Seeding tools)来增加网格密度;
- 使用虚拟拓扑工具(Virtual Topology toolset),将细小的表面和边与邻近的表面和边联合起来;
- 使用剖分工具(Partition toolset),将模型区域剖分成更小的区域;

- 使用编辑网格工具(Edit Mesh toolset),提高四面体边界网格的质量。

5.5 本章小结

本章主要介绍了 Abaqus 有限元软件中的单元类型和网格划分技术。

(1) 有限单元主要从单元族、自由度、结点数、数学描述和积分这 5 个方面进行表征。

(2) 有限单元可以分为实体单元、壳单元、梁单元和桁架单元;刚体单元的使用可以提高计算效率,特别是用于某些接触问题特别有效;非协调单元可以克服线性完全积分单元存在的剪力自锁问题;对于不可压缩材料,采用杂交单元非常有效。

(3) 实体单元按照积分形式可以分为完全积分和减缩积分,按照积分的阶数可以分为线性单元(一阶)和二次单元(二阶)。

(4) 对于一般的分析问题,采用二次、减缩积分单元(CAX8R、CPE8R、CPS8R、C3D20R 等)将是非常好的选择。

(5) Abaqus/CAE 中有三种网格划分技术(结构网格划分、扫掠网格划分和自由网格划分)和两种网格划分算法(中性轴算法和进阶算法)。自由网格划分技术是最灵活的网格划分方法,可以适应非常复杂的模型,但用户不能控制划分网格的样式。

第6章 inp 文件用法

inp 文件是 Abaqus 中最关键、最核心的文件。

本章主要讲述 inp 文件格式(文件结构和约定)、完整编写和部分编写 inp 文件的实例。通过本章的学习,可提高综合运用 Abaqus/CAE 和 inp 文件编写的能力,提高模拟计算工作效率。

6.1 inp 文件格式

模型输入文件(*.inp)是沟通前处理器(通常为 Abaqus/CAE)与分析求解器(Abaqus/Standard、Abaqus/Explicit 或 Abaqus/CFD)的桥梁,包含了一个数值模型的完整描述。它是易于辨识的、基于关键词的文本文件,可使用文本编辑器方便地进行修改。实际上,对于简单的模型,直接编写 *.inp 文件将非常方便。

一个完整的模型输入文件(*.inp)包含模型数据(Model data)和历史数据(History data)两部分。模型数据包含了定义所分析结构的所需信息,包括结点、单元、材料属性等;历史数据定义了模型发生情况,如载荷顺序、结构响应序列等,历史可被分为一系列的分析步(Steps),每个分析步定义了一个单独的模拟过程(包括分析类型、加载和输出需求等),例如第一个分析步定义一个静态载荷,第二个分析步定义一个动态载荷。

提示:每个分析步以 *STEP 开始,以 *END STEP 结束。可以认为,"*STEP"是模型数据与历史数据的分界点,第一次出现"*STEP"之前的是模型数据,之后的是历史数据。

一个简单的 inp 文件例子,如图 6.1 所示。这个 inp 文件由大量的选项块(Option block)组成,每个选项块由关键词行(Keyword lines)开始,其后(按需)紧跟一个或多个数据行(Data lines)。

6.1.1 关键词行(Keyword line)

(1)关键词或选项(Keywords or Options)总是由"*"开头。例如,"*NODE"是用来指定结点坐标的关键词,"*ELEMENT"是用来指定单元连接的关键词。

(2)关键词后常紧跟多个参数,有些参数是必须的。由于定义单元时必须给定单元类型,因此在"*ELEMENT"选项中参数"TYPE"是必须的。例如,"*ELEMENT,TYPE=T2D2"其作用是定义单元 T2D2(二维二结点桁架单元)。

许多参数是可选的,只有在需要时进行定义,如"*NODE,NSET=PART1"表示把该选项块内定义的结点放到集合 PART1 中。把这些结点放到集合 PART1 中,并不是必需的(即"NSET"参数不是必需的)。

(3) 关键词和参数对大小写不敏感(唯一的例外是,Linux 系统中文件名区分大小写),应使用足够的字符以保证其唯一性(某些情况下关键词和参数可被简写,但不推荐使用)。参数之间用逗号(,)隔开。

(4) 如果需要为参数赋值,应采用等号(=)把参数和值联系起来,且紧邻等号(=)两侧不得有逗号。

(5) 每个关键词行不得超过 256 字符。但有时参数太多在一行放不下时,这时应在该行末尾加一个逗号(,)作为续行标志符。如:

* ELEMENT, TYPE = T2D2,
ELSET = FRAME

就是一个有效的关键词行。

(6) 关键词行中可存在空格(但关键词本身不能含有空格,如" * No de"将是无效的)。

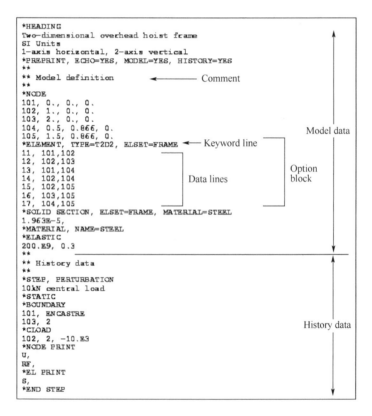

图 6.1 inp 文件实例

6.1.2 数据行(Data line)

(1) 关键词行后通常都会紧跟数据行。在数据行中,可方便地列出所有必需的数据,如结点坐标、单元连接、材料属性表格(如应力—应变曲线),比在关键词行上参数赋值方便。每个选项块都有特定的数据需求。例如,以下选项块用来定义结点:

```
* NODE
101,0.,0.,0.
102,1.,0.,0.
103,2.,0.,0.
104,0.5,0.866,0.
```
每行的第一个整数表示结点编号,第二、第三、第四个浮点数表示结点坐标(x,y,z)。

(2) 数据行中数字之间用逗号(,)隔开,数据之间允许任意多个空格。如果数据行只有一个数据,应在行后加一个逗号(,)。

提示:并不是所有关键词都需要数据行,例如,关键词 * ASSEMBLY、* CONSTRAINT CONTROLS、* CONTACT、* COUPLING、* DAMPING CONTROLS、* DIAGNOSTICS、* END ASSEMBLY、* FILE OUTPUT 等都不需要数据行。

6.1.3 注释行(Comment line)

为了便于阅读和理解,可在 inp 文件中的任何位置插入注释行。注释行以"* *"开头。在 Abaqus 模拟计算时,注释行将不被执行。

此外,除了某些特定关键词(如 * DASHPOT、* SPRING、* SURFACE INTERACTION)外,*.inp 文件中不能随意包含空行。

提示:*.inp 文件中随意包含空行,是许多 Abaqus 模拟运算不正确的原因之一。应该引起读者的足够重视。

6.2 编写完整 inp 文件实例:桥式吊架

问题描述:桥式吊架是一个简支的铰接桁架,左端为固定铰支座,右端为滑动支座。各杆件可绕结点自由转动。桁架的离面运动已被约束。当作用一个 10 kN 载荷时,请分析结构中杆件的位移和峰值应力(图 6.2)。

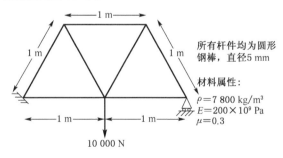

图 6.2 桥式吊架示意图

由于该问题非常简单,所以很容易编写 inp 文件。

6.2.1 编写 inp 文件

使用任何一种文字编辑工具(如记事本、写字板),创建一个名为 frameinp.inp 的文件(Abaqus 模型输入文件的文件名后缀为 .inp)。

1. 单位

此实例中采用国际单位制 SI。

2. 单位系统

Abaqus 中的全局坐标系是右手、矩形(笛卡儿)坐标系。本例中,1 坐标采用吊架的横轴,2 坐标采用竖直轴(图 6.3),3 坐标垂直于吊架平面。原点($x_1=0, x_2=0, x_3=0$)为吊架左下角的端点。

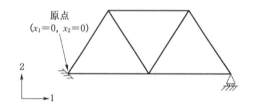
图 6.3　模型原点和坐标系

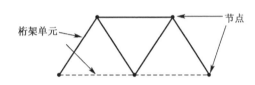
图 6.4　有限单元网格

3. 网格

为模型划分网格时,必须指定单元类型和网格密度。用户应逐渐积累网格划分技巧。本例中使用桁架单元(仅能承受轴向拉、压应力,是模拟铰接结构的理想单元)来模拟吊架的各个杆件,如图 6.4 所示。

桥式吊架中桁架单元的连接,如图 6.5 所示。其结点和单元号是唯一的标示符,一般由 Abaqus/CAE 或其他前处理器自动生成。对结点和单元号的唯一要求是其必须为正整数。编号时允许有间隔,编号顺序也随意。已定义的任何结点,如果没有与单元相联系,该结点将被自动删除,并不会包含在模拟计算中。

图 6.5　2 结点桁架单元(T2D2)的连接

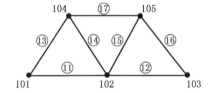
图 6.6　吊架模型中的结点和单元

本例中,使用如图 6.6 所示的单元和结点编号。

4. 模型数据(Model data)

inp 文件的第一部分必须包含所有的模型数据。这些数据定义了所分析的结构。本例

中,吊架模型包含以下部分:

(1) 几何

结点坐标、单元连接、单元截面属性。

(2) 材料特性

• 标题(Heading)

Abaqus 模型输入文件的第一个选项必须是"*HEADING"。紧跟该选项的数据行是描述所模拟问题的文本。为便于以后阅读,用户应给出足够精确的描述。同时,最好给定系统单位、全局坐标系统的方向。例如,本例中"*HEADING"选项块包含以下内容:

*HEADING
Two-dimensional overhead hoist frame
SI Units
1—axis horizontal,2—axis vertical

• 数据文件打印选项(Data file printing options)

默认情况下,Abaqus 不会在打印输出文件(.dat)中打印输入文件的标识(echo)或者模型数据、历史定义数据。但是,建议用户在分析运算之前,用 datacheck 选项检查模型和历史定义。

如果需要打印输入文件、模型和历史定义数据,应在输入文件中添加以下语句:

*PREPRINT, ECHO=YES, MODEL=YES, HISTORY=YES

• 结点坐标(Nodal coordinates)

当用户选择了网格设计和结点编号规则后,可以用"*NODE"选项为每个结点定义坐标。该选项的每个数据行具有以下形式:

<node number>,<x—coordinate>,<y—coordinate>,<z—coordinate>

本例中的结点定义为:

*NODE
101, 0., 0., 0.
102, 1., 0., 0.
103, 2., 0., 0.
104, 0.5, 0.866, 0.
105, 1.5, 0.866, 0.

提示:在定义结点时,应慎重考虑所采用的网格和单元类型。如果未考虑好之前,就开始编写结点和单元,在以后修改时,将不仅影响结点和单元本身,还会影响边界条件、载荷等的施加。

针对所研究的问题,设计好适宜的网格是成功编写输入文件(*.inp)的一半。

• 单元连接(Element connectivity)

桁架单元的每个数据行格式为:

<element number>, <node 1>, <node 2>

其中 node 1 和 node 2 是单元两端的结点。例如,单元 16 连接结点 103 和 105,所以这

个单元的数据行为：

16，103，105

"＊ELEMENT"选项块中的 TYPE 参数必须给定，以指定单元类型。本例中使用 T2D2 桁架单元。

Abaqus 中最有用的功能之一是采用结点和单元集（Sets）。使用"＊ELEMENT"选项块中的"ELSET"参数，可将所有在该选项块中定义的单元添加到名为 FRAME 单元集中去。

提示：集合名必须以字母开头，最多可含有 80 个字符。

本例中完整的 ＊ELEMENT 选项块如下：
＊ELEMENT, TYPE＝T2D2, ELSET＝FRAME
11，101,102
12，102,103
13，101,104
14，102,104
15，102,105
16，103,105
17，104,105

- 单元截面属性（Element section properties）

每个单元必须指定一个单元截面属性。对于 T2D2 单元，必须使用"＊SOLID SECTION"选项块，并在其后一个数据行中给定单元横截面。如果数据行为空，横截面假定为 1.0。

本例中，所有杆件均为圆形钢棒，直径为 5 mm，其截面积为 $1.963 \times 10^{-5} \mathrm{m}^2$。

大多数单元截面选项块中的"MATERIAL"参数，应为单元材料属性定义的名字。

提示：材料属性名必须以字母开头，最多可含有 80 个字符。

单元通过单元名与材料属性相联系。本例中的所有单元被添加到单元集 FRAME 中。单元集 FRAME 被赋予为单元截面属性中的 ELSET 参数。将下列选项块添加到输入文件中：

- 材料（Materials）

在 Abaqus 中，在所有的单元中可使用几乎所有的材料模型。Abaqus 含有大量的材料模型，本例中使用最简单的材料模型：线弹性模型。该模型由两个常量来表征：杨氏模量 E

和泊松比 μ。

Abaqus 输入文件中的材料定义，以"*MATERIAL"选项开始。参数"NAME"与单元截面属性中的材料名相同。例如，

```
*SOLID SECTION, ELSET=FRAME, MATERIAL=STEEL
1.963E-5
*MATERIAL, NAME=STEEL
```

"*MATERIAL"选项后紧跟材料子选项。可能需要多个材料子选项，所有材料子选项必须包含在最近的"*MATERIAL"选项块中。本例中的材料子选项由"*ELASTIC"定义，具有如下形式：

*ELASTIC
<E>，<μ>

本例中完整的材料定义如下：

*MATERIAL，NAME=STEEL
*ELASTIC
200.E9，0.3

至此，模型定义部分全部完成。

5. 历史数据(History data)

历史数据定义了模拟过程中的相关事件。载荷历史被细分成一系列的分析步(Steps)，每个分析步定义了结构载荷的一部分，包含以下信息：

模拟分析类型(静态、动态等)、载荷和约束、输出需求。

本例中，关心的是中部 10 kN 载荷对桥式吊架的静态响应，吊架左下端完全固定，右端滚动约束。只需要一个分析步就可完成整个模拟过程。

每个分析步以"*STEP"开始，其后紧跟包含分析步描述的数据行。本例中，使用以下形式的"*STEP"选项块：

*STEP, PERTURBATION
10kN central load

参数"PERTURBATION"表示线性分析。如果此参数被忽略，则分析可能是线性的，也可能是非线性的。

- 分析程序(Analysis procedure)

"*STEP"选项块后必须紧跟定义的分析程序(模拟计算的类型)。本例中，关心的是结构的长期静态响应(用"*STATIC 定义")。对于线性分析，"*STATIC"没有参数或数据行，其形式为：

*STATIC

分析步中的其他输入数据，用来定义边界条件(约束)、载荷、输出需求，它们之间的前后顺序不限。

- 边界条件(Boundary conditions)

当模型某部分的位移已知时，可应用边界条件。这些部分可能在模拟计算中保持固定

(零位移)或移动指定非零位移。这些约束直接施加在模型的结点上。

在一些情况下,一个结点被完全约束,在任何方向上不能移动(如结点 101);另一些结点在某些方向上被限制而在其他方向上可自由移动(如结点 103 竖向上被约束,在横向可自由移动)。

提示:结点可移动的方向称为自由度。结点上的活动自由度依赖于其所属的单元类型。二维桁架单元 T2D2 在每个结点具有两个自由度:1 方向和 2 方向上的平动(dof1 和 dof2)。梁单元和壳单元上的结点还具有 2~3 个转动自由度(最多 6 个自由度)。

结点的约束由"*BOUNDARY"选项定义,其后的数据行具有如下的形式:

$<node\ number>$, $<first\ dof>$, $<last\ dof>$, $<magnitude\ of\ displacement>$

第一个自由度和最后一个自由度用来定义受约束的自由度范围。例如,

101, 1, 3, 0.0

约束了结点 101 的 1、2 和 3 方向的位移量(均为 0,即该结点在 1、2 和 3 方向均不能移动)。

如果在数据行中没有指定位移量,则该位移量为 0。如果结点仅一个方向受限,则第三个数据(即$<last\ dof>$)为空或等于第二个数据(即 $first\ dof$)。例如,为了仅仅限制结点 103 在 2 方向上的位移,可使用以下任何一种数据行形式:

103, 2, 2, 0.0

或　103, 2, 2

或　103, 2

结点上边界条件是累积的。下列输入将约束结点 101 在 1 方向和 2 方向上的位移:

101, 1

101, 2

除单独指定每个方向的自由度,可使用如下更常用的约束形式:

ENCASTRE	约束结点上所有的位移和转动;
PINNED	约束结点上所有平动自由度;
XSYMM	关于 x 平面对称的约束;
YSYMM	关于 y 平面对称的约束;
ZSYMM	关于 z 平面对称的约束;
XASYMM	关于 x 平面反对称的约束;
YASYMM	关于 y 平面反对称的约束;
ZASYMM	关于 z 平面反对称的约束。

因此,约束结点 101 上所有活动自由度,也可以采用以下形式:

101, ENCASTRE

本例中完整的"*BOUNDARY"选项块形式如下:

*BOUNDARY

101,ENCASTRE

103,2

- 载荷(Loading)

载荷可引起结构的位移或变形,包括:集中荷载、面荷载、分布牵引荷载、壳单元上分布边荷载和弯矩、非零边界条件、体力、温度等。

集中荷载由"*CLOAD"选项块定义,其后数据行具有如下形式:

<node number>, <dof>, <load magnitude>

本例中,在结点 102 的 2 方向上作用了一个 -10kN 的集中荷载(作用方向与 2 方向相反,所以为负值),该选项块如下:

*CLOAD

102, 2, -10.E3

- 输出需求(Output requests)

有限单元分析可产生大量的数据。Abaqus 允许用户控制和管理这些输出数据,以便只输出可解释模型结果的数据。有四种类型的输出数据:

① 可供 Abaqus/Viewer 进行后处理的中性二进制文件(Abaqus 输出数据库文件,其后缀为.odb);

② 打印输出结果(Abaqus 数据文件,其后缀为.dat);

③ 可供继续分析的重启动文件(Abaqus 重启动文件,其后缀为.res);

④ 可供第三方软件进行后处理的中性文件(Abaqus 结果文件,其后缀为.fil)。

本例中采用前两种文件。

默认情况下,对于给定类型的分析,Abaqus 会产生一个输出数据库文件,其中包含了预先选择的、最常用的输出变量组合。

选择输出结果也可以表格的形式写入 Abaqus 数据文件(.dat)中。默认情况下,在 Abaqus 数据文件(.dat)中没有任何信息。"*NODE PRINT"选项块可控制结点输出(如位移和抗力),"*EL PRINT"选项块可控制单元输出。

上述两种选项块中的数据行将以表格列的形式列出输出数据。每个数据行产生一个单独的数据表格,最大可输出 9 列数据。

本例中,关心的是结点位移(输出变量 U)、受约束结点的结构抗力(输出变量 RF)、杆件中的应力(输出变量 S)。在输入文件中添加以下语句,以在数据文件中产生三个输出数据表格。

*NODE PRINT

U,

RF,

*EL PRINT

S,

至此,已完成了分析步所需的全部数据,使用 *END STEP 选项块以结束分析步的定义。

*END STEP

整个输入文件已完成了。将以上所有数据保存为 frameinp.inp。退出文本编辑工具。

提示：本实例也可以采用 Abaqus/CAE 来建模，在 Job(作业)模块中可生成 inp 文件（如 framecae.inp）。用文本编辑器打开 framecae.inp，并与 frameinp.inp 文件进行比较。

（1）文件结构

由 Abaqus/CAE 生成的 inp 文件，一般依次由以下部分组成：文件头（HEADING）、部件（PARTS，包括结点、单元、截面定义等）、装配（ASSEMBLY，包括部件实例）、材料（MATERIAL）、边界条件（BOUNDARY CONDITIONS）、分析步（STEPS，包括荷载、输出需求等）。可以看出，两者文件结构的主要区别在于：直接编写的 inp 文件（frameinp.inp）没有明显的部件和装配的概念。

（2）文件大小

由于直接编写的 inp 文件没有部件和装配的概念，其文件大小明显小于由 Abaqus/CAE 生成的 inp 文件，因此显得结构紧凑。但直接编写 inp 文件需要对 inp 文件结构以及关键词等非常熟悉，这适合于中高级用户。

6.2.2 检查运行 inp 文件

1. 检查 inp 文件

在正式运行模拟计算之前，在 Abaqus Command 环境下输入以下命令，检查 inp 文件中是否存在错误：

abaqus job=frameinp datacheck interactive

提示：在正式模拟计算前，进行 datacheck 分析，可确保输入文件的正确性，以及是否具有足够的磁盘空间和内存容量。

但也可将 datacheck 分析和正式分析结合在一起，采用以下命令直接进行模拟计算：

abaqus job=frameinp int

运行上述命令后，Abaqus 将产生许多文件，其中对用户最有用的文件是数据文件，即 *frame.dat* 文件。采用任意的文本编辑工具打开该文件，可以看到由以下几部分组成：

（1）输入文件标识（Input file echo）

（2）Abaqus 选项列表（List of options）

该部分列出了 inp 文件中所有的关键词行。

提示：如果存在错误，Abaqus 将在相应位置产生错误或警告信息。

（3）模型数据（Model data）

该部分列出了所有的模型数据。

提示：在这一部分中要特别注意检查材料的属性定义。有时材料属性定义错误，将导致错误的结果或模拟计算根本无法收敛。这一点往往被用户所忽视。

(4) 历史数据(History data)

该部分列出了所有的历史数据(如载荷的施加、输出需求等)。

(5) 研究问题和文件大小的总结(Summary of problem and file sizes)

在这一部分,读者应着重关注模拟计算所需的磁盘空间需求。

如果以上(2)(3)和(4)任何一个部分出现错误或警告信息,读者应根据所分析的问题,更正所有的错误。

提示:当模型较复杂时,数据文件(.dat)将很大,直接查找错误或警告信息比较繁琐。这时,应采用文本编辑工具的查找功能,直接搜索关键字 error 或 warning,再进行相应的修改。

查找并修改 inp 文件中的错误,是一件费时、费力的技术活,读者应逐渐积累这方面的经验。

2. 运行 inp 文件

当用 datacheck 选项检查无误后,在 Abaqus Command 环境下输入命令进行模拟计算:

abaqus job = frameinp int

当运算结束后,可采用 Abaqus/Viewer 或第三方软件进行模型结果的后处理。在此仅列出结构中杆件的位移和峰值应力云图,如图 6.7 所示。

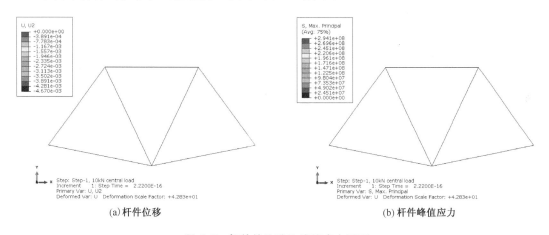

(a) 杆件位移　　　　　　　　　　　(b) 杆件峰值应力

图 6.7　杆件的位移和峰值应力云图

提示:可利用 odb 文件或 dat 文件中的输出结果,检查 inp 文件的正确性。这需要读者根据相关专业知识对所分析问题的结果做出正确的判断。

关于直接编写 inp 文件的其他实例,可参见第 7.2 节中的实例"路面结构裂缝和动态响应问题"。

6.3 编写部分 inp 文件实例:软土地基上路面结构的沉降问题

上文介绍的直接编写 inp 文件的方法,对于比较简单的问题,比较容易。但对比较复杂的问题(如软土地基上路面结构的沉降问题),直接编写 inp 文件需要较高的技巧和熟练程度。这对初学者而言,是很难达到这种要求的。因此,一般情况下,并不建议对所有问题都完整编写 inp 文件,而是结合 Abaqus/CAE,只编写部分 inp 文件的内容,以提高工作效率。

通常情况下,使用 Abaqus/CAE 生成部分模型数据(包括部件、属性、装配和网格,可不包含完整的材料属性定义),其他数据(包括历史数据、缺少的材料属性定义)直接在 inp 文件中编写。这种编写部分 inp 文件的方法使用更为普遍。

提示:在编写 inp 文件过程中,对关键词及其所带参数或数据行有疑问时,可参考 Abaqus 的在线文档:Abaqus Keywords Reference Manual。

使用 Abaqus/CAE 生成部分模型数据,可以避免烦琐的结点和单元定义,大大提高效率;采用 Abaqus/CAE 生成模型数据操作直观,便于修改;一般仅需要在 Part、Property、Assembly、Mesh 和 Job 模块中进行操作,其他模块的内容由直接编写 *.inp 文件来完成。

问题描述:修筑在软土地基上的沥青路面结构(图 6.8),由五种材料组成,其厚度和材料属性参数如表 6.1 所示。路堤高 4 m,采用 Drucker-Prager(D-P)弹塑性模型,材料属性参数如表 6.2 和表 6.3 所示;砂垫层厚 0.5 m,其弹性模量 E 为 50 MPa,泊松比 μ 为 0.3,容重 γ_d 为 20 kN/m³,其渗透系数为 1.0 m/d。两层软土分别为淤泥质黏土和粉质黏土,分别厚 11.5 m 和 8 m,淤泥质黏土采用 Drucker-Prager(D-P)弹塑性模型,其材料属性参数如表 6.2 和表 6.3 所示,渗透系数为 0.000 12 m/d;粉质黏土采用 Clay Plasticity 模型,其材料特性参数如表 6.4 所示,渗透系数为 0.000 06 m/d。地下水位线位于砂垫层顶面以下 1.0 m。

模型底面宽度取 60 m,模型表面(路面表面)为 28 m,模型总厚度为 24.69 m。路面和路堤按 1∶1.5 放坡。

路面结构的填筑顺序和填筑时间(加载历时曲线),如图 6.9 所示。请分析该路面结构在 15 年后的不均匀沉降(路肩与路中沉降差)。

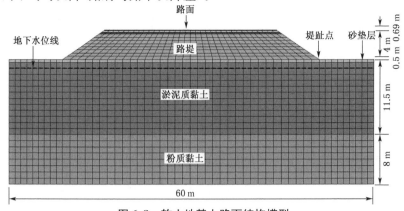

图 6.8 软土地基上路面结构模型

表 6.1 路面材料属性

结构层	材料名称	厚度/cm	弹性模量 E/MPa	泊松比 μ	容重 γ_d(kN/m³)
表面层	沥青玛蹄脂 SMA	4	1 400	0.35	24.2
中面层	沥青混凝土 AC20	6	1 200	0.3	24.2
下面层	沥青稳定碎石 ATB	24	1 000	0.3	24.1
上基层	级配碎石 GM	15	500	0.35	23.6
下基层	水泥稳定碎石 CTB	20	1 500	0.25	23.5

表 6.2 Drucker-Prager 模型参数

材料类型	γ_d(kN/m³)	c/kPa	φ/°	E/kPa	μ	β/°	k	ψ/°
路堤填土	18.3	29.3	36.5	20000	0.4	28.7	1.00	28.7
淤泥质黏土	17.6	8.0	24.0	2500	0.35	35.3	1.00	35.3

表 6.3 Drucker-Prager 模型的硬化参数

路堤填土		淤泥质黏土	
$\sigma_1 - \sigma_3$/kPa	ε_p	$\sigma_1 - \sigma_3$/kPa	ε_p
170.1	0.000	57.04	0.000
649.9	0.035	102.359	0.008 2
740.3	0.050	177.59	0.024
801.4	0.073	282.18	0.056
848.0	0.091	—	—

表 6.4 Clay Plasticity 模型参数

材料类型	γ_d/(kN/m³)	c/kPa	φ/°	κ	υ	λ	M	α_0/(N/m²)	β	K	e_1
粉质黏土	17.8	22.4	31.6	0.02	0.31	0.07	1.27	0.00	1.00	1.00	1.02

6.3.1 Abaqus/CAE 生成部分模型数据

1. Part(部件)模块

在 Abaqus/CAE 环境下,点击工具区 (Create Part)按钮,弹出 Create Part 对话框,将 Modeling Space 设为 2D Planar,Type 设为 Deformable,Base Feature 设为 Shell,点击 [Continue...]按钮,Abaqus 自动进入 Sketch 绘图环境。

点击工具区 (Create lines:Connected)按钮,在提示区输入(−30,−20)(实际输入时不需要括号,下同),按 Enter 键确认,继续在提示区输入(30,−20),再按 Enter 键确认。

按照同样的步骤,分别在提示区中输入(30,0)、(21.035,0)、(14,4.69)、(−14,4.69)、(−21.035,0)、(−30,0),分别按 Enter 键确认,再用鼠标左键点击起始点(−30,−20)。点击鼠标右键,再点击 Cancel Procedure。此时,视图区将显示模型的外部轮廓线(图 6.10)。点击提示区的[Done]按钮,以退出 Sketch 绘图环境。

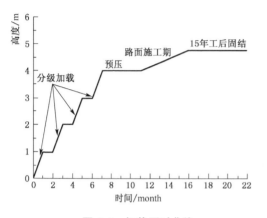
图 6.9　加载历时曲线

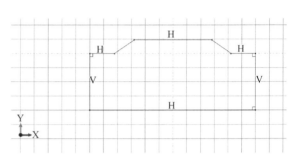
图 6.10　模型的外部轮廓线

用鼠标左键按住左侧工具区 (Create Datum Point：Enter Coordinates)按钮不放,稍等片刻,在弹出的系列按钮中选择 (Create Datum Point：Offset From Point)按钮,选择路面表面左侧顶点为偏移基准,在提示区输入(−0.06,−0.04,0),按 Enter 键确认(此基准用于定义表面层和中面层的分界面)。按照同样的方法,仍以路面表面左侧顶点为偏移基准,分别在提示区中输入(−0.15,−0.10,0)、(−0.51,−0.34,0)、(−0.735,−0.49,0)、(−1.035,−0.69,0)、(−2.535,−1.69,0)、(−4.035,−2.69,0)、(−5.535,−3.69,0),分别按 Enter 键确认(这些基准用于定位下面层、上基层、下基层和路堤填土,本例中 4 m 厚的路堤被均分为 1 m 厚的四个亚层)。

再以砂垫层左侧顶面点为偏移基准,分别在提示区中输入(0,−0.50,0)、(0,−12.0,0),分别按 Enter 键确认(这些基准用于定位砂垫层、淤泥质黏土层)。

点击左侧工具区 (Partition Face：Sketch)按钮,Abaqus 自动进入 Sketch 绘图环境。点击工具栏 (Box Zoom View)按钮,在视图区用鼠标左键划选路面左侧区域(图 6.11),点击鼠标右键,选择 Cancel Procedure。

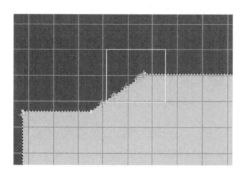
图 6.11　 (Box Zoom View)按钮的使用

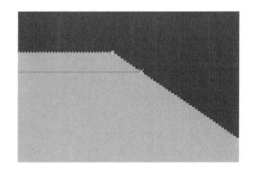
图 6.12　剖分模型

点击左侧工具区 按钮,点击创建的第一个基准,点击工具栏 (Auto-Fit View)按钮,

再次点击工具栏 （Box Zoom View）按钮放大模型右侧区域（可能需要多次放大），当鼠标指针移至模型右边界上出现"×"时（图 6.12），单击鼠标左键，按 Esc 键完成水平直线的绘制，完成路面表面层的剖分。

按照同样的步骤，完成整个模型的剖分，点击提示区的[Done]按钮，Abaqus 自动退出 Sketch 绘图环境，再次点击提示区的[Done]按钮。剖分后的模型如图 6.13 所示。

点击窗口顶部工具栏上的 （Save Model Database）按钮，键入所需的文件名（softpave），Abaqus/CAE 会自动加上".cae"后缀。

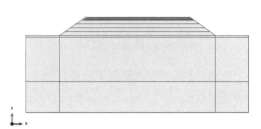

图 6.13 剖分完成后的模型

2. Property（属性）模块

在 Abaqus/CAE 窗口顶部环境栏 Module 后的下拉框中选择 Property（属性）模块。

点击左侧工具区 （Create Material）按钮，弹出 Edit Material 对话框，在 Name 后输入 SMA，点击[OK]按钮，完成材料 SMA 的创建。

提示：材料的属性参数，直接在 inp 文件中给出，可避免烦琐的菜单操作。建议读者逐步采用这种方式。

按照同样的步骤完成其他材料的创建（图 6.14）。其中 AC20、ATB、GM、CTB、SG、sand、soft1、soft2 分别代表沥青混凝土 AC20、沥青稳定碎石、级配碎石、水泥稳定碎石、路堤、砂垫层、淤泥质黏土和粉质黏土。

点击左侧工具区 （Create Section）按钮，弹出 Create Section 对话框，在 Name 后输入 SMA，点击[Continue…]按钮；弹出 Edit Section 对话框，在 Material 后的下拉框中选择 SMA，点击[OK]按钮，完成截面 SMA 的创建。

按照同样的步骤，创建 AC20 等其他材料的截面属性。

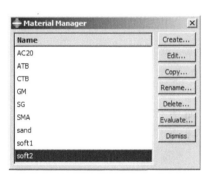

图 6.14 Material Manager 对话框

提示：为避免出错，一般按照从上到下的顺序创建材料截面。

点击左侧工具区 （Assign Section）按钮，在视图区中模型最上部分区域点击鼠标左键，再点击提示区的[Done]按钮；弹出 Edit Section Assignment 对话框，弹出 Edit Section Assignment 对话框，在 Section 后下拉框中选择 SMA，点击[OK]按钮完成 SMA 材料截面的指派。

按照同样步骤，完成其他材料截面的指派（图 6.15）。

提示：在指派 SG 材料截面时，应将其指派到所有的路堤区域（本例中分为四层，每层 1 m 厚，共 4 m 厚）。

3. Assembly（装配）模块

在 Abaqus/CAE 窗口顶部环境栏 Module 后的下拉框中选择 Assembly（装配）模块，以创建装配件。

（1）部件实例化

点击左侧工具区 (Instance Part) 按钮，弹出 Create Instance 对话框，将 Instance Type 设为 Independent(mesh on instance)，点击[OK]按钮，以完成部件的实例化（图 6.16）。

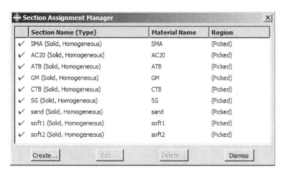
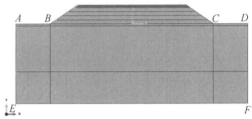

图 6.15　Section Assignment Manager 对话框　　　　图 6.16　部件实体化后的装配

（2）定义集合

• 用于施加边界条件的集合

用鼠标左键点击工具栏 (Select Entities Inside and Crossing the Drag Shape)按钮不放，在弹出的系列按钮中选择 (Select Entities Inside the Drag Shape)按钮。

提示： 按钮的含义是选择包含在以及跨过拖拽框内的实例；而 按钮的含义是选择仅包含在拖拽框内的实例。读者应注意这两者的区别。

依次点击菜单[Tools]→[Set]→[Create]，在弹出的 Create Set 对话框中的 Name 后输入 left，点击[Continue...]按钮；在视图区中划选模型左侧边界（图 6.16 中 AE 线段），点击提示区中[Done]按钮完成集合 left 的定义。按照同样方法，完成集合 right（模型右侧边界，图 6.16 中 DF 线段）、集合 bottom（模型底部边界，图 6.16 中 EF 线段）的定义。

• 用于定义排水边界的集合

依次点击菜单[Tools]→[Set]→[Create]，在弹出的 Create Set 对话框中的 Name 后输入 freesurf，点击[Continue...]按钮；在视图区中同时选取 AB、CD 线段（图 6.16），点击提示区中[Done]按钮。按照同样的方法创建集合 inisurf（图 6.16 中线段 BC）。

• 用于定义施加载荷的集合

依次点击菜单[Tools]→[Set]→[Create]，在弹出的 Create Set 对话框中的 Name 后输

入 SMA,采用工具栏 (Box Zoom View)按钮(或滚动鼠标滚轮)放大模型表面的区域,在路面结构第一层(SMA)内点击鼠标左键,这时视图区如图 6.17 所示,点击提示区的[Done]按钮。

提示:这里的载荷是指路面各层的质量(容重)。创建的这些集合主要用于模拟路面各层的逐级填筑过程。

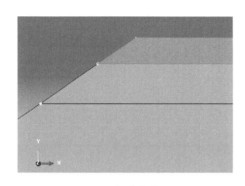

图 6.17　创建集合 SMA

图 6.18　创建完成的集合

按照同样的步骤创建其他模型层次的集合。完成后的所有集合如图 6.18 所示。

提示:当创建多个集合(Sets)时,容易出错。这时可在 Set Manager 对话框中点击[Edit...]按钮,这时提示区将显示该集合所代表的区域,如果显示区域不正确,可重新选取正确的模型区域。

注意:图 6.18 中集合 SMA 与材料名 SMA,名字相同,但含义不同,注意不要混淆。另外,图 6.18 中 SG11、SG22、SG33 和 SG44 分别代表路堤(厚 4 m)的四个层位(从上至下,每层厚 1 m)。

---

4. Mesh(网格)模块

在 Abaqus/CAE 窗口顶部环境栏 Module 后的下拉框中选择 Mesh(网格)模块,为模型划分网格。

点击左侧工具区 (Seed Part Instance)按钮,弹出 Global Seeds 对话框,将 Approximate global size 设为 1,点击[OK]按钮,完成模型种子(Seeds)定义。

点击左侧工具区 (Assign Mesh Controls)按钮,在视图区中选中整个模型,点击提示区中[Done]按钮,弹出 Mesh Controls 对话框,将 Element Shape 设为 Quad,将 Technique 设为 Structure,点击[OK]按钮,点击提示区中[Done]按钮,完成网格控制的定义。

点击左侧工具区按钮,在视图区中选择模型上半部(路面结构和路堤部分,不包含砂垫层及其以下层次),点击提示区中[Done]按钮;弹出 Element Type 对话框,将 Geometric Order 设为 Linear(线性单元),将 Family 设为 Plane Strain,此时对话框中显示单元为 CPE4R(四结点双线性平面应变四边形单元,减缩积分,沙漏控制),点击[OK]按钮。再在视图区中选择模型下半部(除路面结构和路堤外),点击提示区[Done]按钮;弹出 Element Type 对话框,将 Family 设为 Pore Fluid/Stress,此时对话框中显示单元为 CPE4P(四结点平面应变四边形单元,双线性位移,双线性孔压),点击[OK]按钮,点击提示区中[Done]按钮,完成模型单元类型的定义。

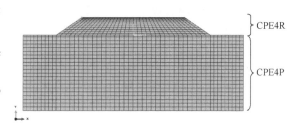

图 6.19　划分网格后的模型

点击左侧工具区按钮,点击提示区中的[Yes]按钮,完成网格的划分。完成后的模型网格如图 6.19 所示。

5. Job(作业)模块

在 Abaqus/CAE 窗口顶部环境栏 Module 后的下拉框中选择 Job(作业)模块,创建并提交作业。

点击左侧工具区按钮(![]按钮右侧),弹出 Job Manager 对话框,点击[Create...]按钮;弹出 Create Job 对话框,将 Name 设为 softpave,点击[Continue...]按钮;弹出 Edit Job 对话框,点击[OK]按钮;点击 Job Manager 对话框右上角的[Write Input]按钮,Abaqus 将在当前工作目录中生成名为 softpave.inp 的文件。

退出 Abaqus/CAE 环境。

6.3.2　编写部分 inp 文件

1. softpave.inp 中的内容

用文本编辑器打开 softpave.inp,可以看到该文件主要包含了以下内容:

(1) 文件头(Heading)。

(2) 部件(Parts)

由于在 Assembly(装配)模块中,将部件实例设为独立实例(Independent(mesh on instance)),因此该部分仅包含了下列两行:

　　* Part, name=Part-1
　　* End Part

(3) 装配件(Assembly)

inp 文件中这部分内容几乎占有全部文件的 90%以上,包含了结点和单元定义、材料截面属性定义、部件实例和集合定义等。这部分内容完全包含在以下两条语句之间:

　　* Assembly, name=Assembly

……(省略)

*End Assembly

(4) 材料属性定义(Material)

该部分内容仅有如下所示的语句：

*Material, name=AC20

*Material, name=ATB

……

这是由于在Property模块中没有输入材料参数值的缘故。需要在*.inp文件中补充完善。

2. 编写inp文件

(1) 材料属性定义

- 线弹性材料

线弹性材料的属性定义很简单，只需采用"*ELASTIC"选项即可。AC20的材料定义如下所示，其他路面结构材料以及砂垫层材料的材料定义类似。

*Material, name=AC20

*Elastic

1.2e+06, 0.3

提示：本例中，应力单位采用kPa，长度单位采用m，时间采用d(天)。

- 弹塑性材料

对于Drucker-Prager(D-P)弹塑性模型，塑性用"*Drucker Prager"和"*Drucker Prager Hardening"进行定义；对于Clay plasticity模型，塑性用"*Clay Plasticity"进行定义。弹性定义同上。

路堤填土的材料定义如下，淤泥质黏土的材料定义类似。

*Material, name=SG

*Drucker Prager

28.7, 1., 28.7

*Drucker Prager Hardening, type=SHEAR

  170.1, 0.

  649.9, 0.035

  740.3, 0.050

  801.4, 0.073

  840.8, 0.091

*Elastic

  20000, 0.4

粉质黏土的材料定义如下：

*Material, name=soft2

* Clay Plasticity, intercept=2.2
　　　0.07,1.27,0.,1.,1.
　　* Permeability, specific=10
　　　0.00006,0.
　　* Porous Elastic
　　　0.02,0.31,0

提示："* Permeability"用来定义材料的渗透性；"* Porous Elastic"用于定义材料的孔隙弹性。这两个关键词所带参数和数据行要求，参见 Abaqus 在线文档：Abaqus Keywords Reference Manual。

　　(2) 初始条件(* INITIAL CONDITIONS)定义
　　用"* INITIAL CONDITIONS"可以定义初始孔隙比(Void ratio values)、有效应力(Effective stresses)、孔隙压力(Pore fluid pressures)等。这是软土地基固结分析的难点之一。
　　本例中初始孔隙比定义如下：
　　* INITIAL CONDITIONS,TYPE=RATIO
　　sand,1.8
　　soft1,1.2
　　soft2,1.02

提示：* INITIAL CONDITIONS,TYPE=RATIO 的数据行用法如下：
　　<结点集或结点编号>,<第一个孔隙比>,<第一个竖向坐标>,<第二个孔隙比>,<第二个竖向坐标>
　　如果省略坐标值和第二个孔隙比，将定义恒定的孔隙比分布。根据需要，上述数据行可多次重复。
　　这里需要强调的是，对于二维问题，其竖向坐标一定是 y 轴；对于三维问题，其竖向坐标一定是 z 轴。下同。

　　初始有效应力定义如下：
　　* INITIAL CONDITIONS,TYPE=STRESS,GEOSTATIC
　　sand,0,0,−10,−0.5,0.4286,0.4286
　　soft1,−10,−0.5,−18.8,−1,0.4286,0.4286
　　soft1,−18.8,−1,−212.4,−12,0.4286,0.4286
　　soft2,−212.4,−12,−354.8,−20,0.4286,0.4286

提示：* INITIAL CONDITIONS, TYPE = STRESS,GEOSTATIC 的数据行用法如下：
　　<单元编号或单元集>,<第一个竖向有效应力>,<第一个竖向坐标>,<第二个竖

向有效应力>,<第二个竖向坐标>,<第一个横向应力系数>(x 方向),<第二个横向应力系数>(省略时,认为与第一个系数相同)

注意:在计算竖向有效应力时,主要考虑材料的容重和层厚,这里的容重为材料的干容重,与是否位于水位线以下没有关系,即不考虑水的浮力影响。

根据需要,上述数据行可多次重复。

初始孔隙压力定义如下:
*INITIAL CONDITIONS,TYPE=PORE PRESSURE
sand,0,0,0,−0.5
soft1,0,−0.5,0,−1
soft1,0,−1,110,−12
soft2,110,−12,190,−20

提示:*INITIAL CONDITIONS,TYPE=PORE PRESSURE 的数据行用法如下:
<结点集或结点编号>,<第一个流体孔隙压力>,<第一个竖向坐标>,<第二个流体孔隙压力>,<第二个竖向坐标>

根据需要,上述数据行可多次重复。

注意:孔隙压力与水位线的位置密切相关。在水位线之上,孔隙压力为 0;水位线之下点位的孔隙压力为:$10*z$,其中 z 为此点到水位线的竖向距离。

提示:*INITIAL CONDITIONS 的用法参见 Abaqus 在线文档:Abaqus Keywords Reference Guide。

注意:上述三种类型的初始设置,应与下述 GEOSTATIC 分析步中的数据(材料的容重等)设置相协调,也即达到初始的地应力平衡。

---

(3) GEOSTATIC 分析步的设置

GEOSTATIC 分析步设置正确与否,直接影响到整个分析结果的精度。用"*GEOSTATIC"关键词可用来检验已施加载荷和边界条件的模型中地应力场是否平衡,在必要时还可迭代以获得初始地应力场平衡。

为了模拟路堤和路面的实际填筑过程,在 GEOSTATIC 分析步采用"*MODEL CHANGE,REMOVE"关键词来取消路堤和路面单元。在后续的分析步中可采用"*MODEL CHANGE,ADD"来重新激活这些单元。

完整的 GEOSTATIC 分析步如下:
**------------------1
** STEP1:GEOSTATIC
**
*Step, name=GEOSTATIC, nlgeom=YES, unsymm=YES
*Geostatic
*Boundary

```
bottom,1,2
left,1,1
right,1,1
inisurf,8,8
*MODEL CHANGE,REMOVE
SG44
SG33
SG22
SG11
CTB
GM
ATB
AC20
SMA
**
** LOADS
**
*DLOAD
sand,by,−20
soft1,by,−17.6
soft2,by,−17.8
*End Step
```

提示：将材料属性定义、初始条件定义和 GEOSTATIC 分析步的内容，替换 softpave. inp 文件中"*End Assembly"关键词行后的所有内容，并保存文件。

在 Abaqus Command 环境下，运行 *abaqus job=softpave int*。

需要特别注意的是：当我们修改好 softpave. inp 文件后，不要在 Abaqus/CAE 中 Job 模块中提交作业，此操作会冲掉所有对 softpave. inp 文件的修改内容。因为在 Job 模块中提交作业时，Abaqus 只会根据 Part、Property、…、Mesh 模块中的设置生成 softpave. inp 文件，与我们是否修改该文件无关。

用 Abaqus/Viewer 打开生成的 softpave. odb 文件。点击左侧工具区的 (Plot Contours on Deformed Shape)按钮；依次点击菜单[Result]→[Field Output...]，弹出 Field Output 对话框，将 Output Variable 设为 U，将 Component 设为 U2，点击[OK]按钮。

查看图 6.20(a)中视图区的颜色图例，对于一般的软土地基分析，当 U2 的最大值小于 1.0e−5 时(本例中 U2 的最大值为 1.0e−15)，可认为初始地应力场达到了平衡。

(4) 路堤第一层(SG44)的施加

当施加路堤第一层(SG44)时，需要用 *MODEL CHANGE，ADD 来激活先前已被取消的相应单元，并用 *BOUNDARY 增加相应的边界条件，用 *DLOAD 施加相应的路堤载荷;用 *SOILS, CONSOLIDATION 来模拟土体在填筑过程中的固结。

完整的施加过程如下:
```
**------------------2
** STEP2:SG44
**
*Step, name=SG44, nlgeom=YES, amplitude=RAMP, unsymm=YES
*SOILS, CONSOLIDATION
10., 30., , ,
*Boundary
freesurf, 8, 8
*MODEL CHANGE, ADD
SG44
*DLOAD
SG44, by, -18.3
*End Step
```

(5) 路堤第一层(SG44)施加后土体的固结过程

在实际的路堤施工过程中(加载历时曲线),路堤施工完一层后,在施工第二层路堤填土前,都有一个施工间隙期。在施工间隙期内,两层软土(淤泥质黏土和粉质黏土)将发生固结。软土地基固结用"*SOILS, CONSOLIDATION, END=PERIOD, UTOL=10"来模拟。

完整的固结过程如下:
```
**------------------3
** STEP3:disspate1
**
*Step, name=disspate1, nlgeom=YES, amplitude=RAMP, unsymm=YES
*SOILS, CONSOLIDATION, END=PERIOD, UTOL=10
10., 30., , ,
*End Step
```

其他路堤层和路面结构层的施工,与上述步骤(4)和步骤(5)类似。在此不再赘述。完整的*.inp文件见本书配套资料目录下文件"\Chapter 06\02 soft-pave\softpave.inp"。

6.3.3 运行和后处理

在 Abaqus Command 环境下输入以下命令进行模拟计算:

abaqus job=softpave int

当运算结束后,采用 Abaqus/Viewer 打开 softpave.odb 文件。路基路面结构不同时刻的沉降云图,如图 6.20 所示。

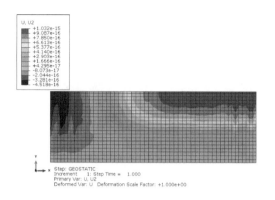
(a) 未铺筑路堤和路面结构前

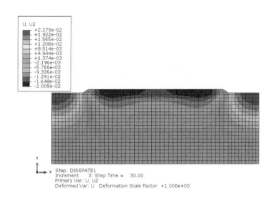
(b) 铺筑路堤第一层(SG44)并经历 30 天的间隙期后

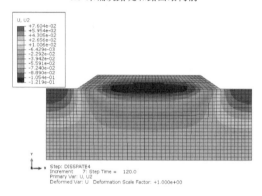
(c) 铺筑路堤第四层(SG11)并经历 120 天的间隙期后

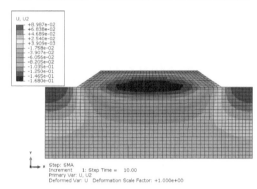
(d) 铺筑路面层(SMA)后

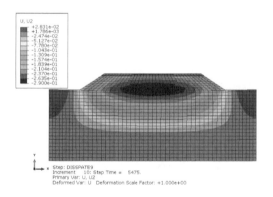
(e) 竣工 15 年时

图 6.20　路基路面结构不同时刻的沉降云图

采用 ❶(Query information)工具可知,路面竣工 15 年后,路面表面中心点的沉降为 12.5 cm,路面表面路肩处的沉降为 11.1 cm,因而路面表面的不均匀沉降为 1.4 cm。

提示:关于部分编写 *.inp 文件的其他实例,可参见第 9.2 节和第 9.3 节中的实例。

6.4 本章小结

*.inp 文件是 Abaqus 中最关键、最核心的文件。本章主要讲述了 *.inp 文件的构成,并以实例介绍了 *.inp 文件的编写方法(完整编写 *.inp 文件和部分编写 *.inp 文件方法)。

(1) 一个完整的模型输入文件(*.inp)包含模型数据(Model data)和历史数据(History data)两部分,主要由关键词行(Keyword line)、数据行(Data line)和注释行(Comment line)组成。关键词行由"*"开头,数据行必须紧跟关键词字行,以构成可以执行的数据块;注释行以"**"开头,不参与数据的执行,只方便阅读之用。

(2) 对于简单的问题(如桥式吊架),可以方便地编写出完整的 *.inp 文件。

(3) 对于较复杂的问题(如软土地基上路面结构的沉降问题),一般建议先用 Abaqus/CAE 生成部分模型数据(如 Part、Property、Assembly 和 Mesh),然后在 Job 模块中导出 *.inp 文件(不完整的 *.inp 文件);用文字编辑器打开该 *.inp 文件,补充必要的模型数据(如材料定义、Step 定义等)。

读者应逐步熟悉并采用这种部分编写 *.inp 文件的方式。

第二部分
应用篇

第 7 章　沥青路面结构中的裂缝和动态响应问题

要确定结构能否继续安全使用,最为重要的是要确定结构中存在的微观或宏观裂缝是否会继续扩展并导致结构破坏。为了理解裂缝扩展的力学机理,需在微观量级考虑裂缝尖端现象。而断裂力学理论从宏观上研究裂缝扩展问题,从结构响应中试图建立一些参数,来确定已存在的裂缝是否会扩展及以什么速度扩展。

本章首先简单回顾这些断裂力学参数及其物理意义;然后介绍断裂力学中裂缝尖端的奇异单元;最后采用有限元方法,进行沥青路面结构中的裂缝和动态响应分析。

7.1 相关理论和计算方法

7.1.1 断裂力学理论和计算方法

1. 应力强度因子 K

断裂力学是研究含裂缝的结构在各种环境(包括荷载作用、温度变化、湿度变化等)下裂缝的平衡、扩展、失稳规律的一门学科,可对结构的稳定性进行预测,其主要任务是确定应力强度因子 K(线弹性断裂力学)或 J 积分及裂缝面张开的最大位移 δ(弹塑性断裂力学),进而确定裂缝尖端应力、应变场。外界因素作用在裂缝尖端产生的 K、J 或 δ,小于材料本身特性常数(K_c、J_c 和 δ_c),结构将不会发生失稳扩展。

线弹性断裂力学是断裂力学中最简单和发展相对比较成熟的一个分支。它以弹性力学的基本理论为基础,将裂缝作为边界条件来处理,通过裂缝体附近的应力场、位移场,来分析带裂缝结构的承载能力和抗断裂韧性与裂缝长度之间的定量关系。线弹性断裂力学主要适用于弹脆性材料或准脆性材料,此时裂尖塑性区相对于 K 场控制的区域小很多,由应力强度因子可以用来分析材料和结构的疲劳破坏。

结构物中裂缝在一定条件下失稳扩展,按照它们在荷载作用下扩展形式的不同,可以分成三种基本类型(图 7.1)。

- 张开型裂缝(Ⅰ型)

正应力 σ 和裂缝面垂直,在正应力作用下,裂缝尖端处左右两个平面张开而扩展,且裂缝扩展的方向和 σ 作用方向垂直。这种裂缝称为张开型裂缝,也称为Ⅰ型裂缝。

- 滑开型裂缝(Ⅱ型)

剪应力 τ 和裂缝表面平行,作用方向与裂缝方向垂直。在剪应力作用下裂缝的上下两个平面相对滑移而扩展。这种裂缝称为滑开型裂缝、剪切型裂缝,也称为Ⅱ型裂缝。

- 撕开型裂缝（Ⅲ型）

剪应力 τ 和裂缝表面平行，作用方向与裂缝方向平行。在剪应力作用下裂缝的上下两个平面撕裂扩展。这种裂缝称为撕开型裂缝，或称为Ⅲ型裂缝。在实际路面结构中，这种裂缝形式较少出现。

如果结构或材料内部的裂缝同时受到正应力和剪应力作用时，则可能同时存在Ⅰ型和Ⅱ型或Ⅰ型和Ⅲ型裂缝，这种组合形式的裂缝称为复合型裂缝。

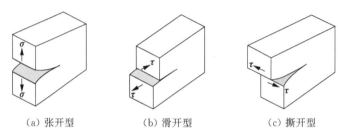

(a) 张开型　　　　(b) 滑开型　　　　(c) 撕开型

图7.1　裂缝的三种基本类型

裂缝扩展时要消耗一定的能量，根据能量平衡理论，主要用于补偿以下两种能量的消耗。其一，裂缝扩展后，需消耗一定的能量用于形成新的表面。设新表面单位面积形成需要的表面能为 Γ，裂缝扩展单位面积后，由于形成了上、下两个表面，需要的表面能为 2Γ；其二，有些材料在断裂前会发生一定的塑性变形，因而要消耗一定的塑性变形功，若裂缝扩展单位面积所消耗的塑性变形功为 U_p，则裂缝扩展单位面积时，需要总的能量 R 为

$$R = 2\Gamma + U_p \tag{7-1}$$

由于 R 为裂缝扩展时所需要的能量，所以 R 也被称为裂缝扩展的阻力。

设裂缝扩展单位面积时系统可以提供的能量为 G，则裂缝可以扩展的条件应为：$G \geqslant R$。裂缝扩展后，由于系统提供了裂缝扩展所必需的能量，系统的势能将下降，若令 u_1、u_2 分别为裂缝扩展前后系统的势能，则势能的变化为

$$-\Delta u = u_2 - u_1 \tag{7-2}$$

设一裂缝体中裂缝扩展了面积 ΔA，则裂缝扩展消耗的能量为

$$G_\mathrm{I} = -\frac{\Delta u}{\Delta A} = -\frac{\partial u}{\partial A} \tag{7-3}$$

该式表明，G_I 实际上就是裂缝扩展过程中系统势能的释放率，下标Ⅰ表示Ⅰ型裂缝。释放的势能是裂缝扩展所需要的能量，所以 G_I 是裂缝扩展的动力，其单位为 $m \cdot N/m^2$ 或 N/m。G_I 常被称为裂缝扩展力，意为裂缝扩展单位长度系统提供的力。但应注意的是 G_I 并不代表"力"，而是单位面积的能量，即能量率。

由式(7-1)知，Ⅰ型裂缝扩展的临界条件为

$$G_\mathrm{I} = 2\Gamma + U_p \tag{7-4}$$

在临界条件下，若将 $2\Gamma + U_p$ 用 G_IC 来表示，则断裂判据可以统一写成：

$$G_\mathrm{I} = G_\mathrm{IC} \tag{7-5}$$

该判据表明,当裂缝扩展单位面积时,如果系统可以提供的能量 G_I 小于 G_{IC},则裂缝不能扩展;仅当 G_I 等于或大于 G_{IC} 时,裂缝才可能失稳扩展。由于 G_{IC} 是表征材料抵抗断裂的一种性能,所以也称其为断裂韧性。

如图 7.2 所示为一平面裂缝,坐标原点 O 选在裂尖,r、θ 为极坐标,x、y 为直角坐标,则极坐标和笛卡儿坐标下的裂尖渐近应力场和位移场分别为

$$\sigma_{rr} = \frac{K_I}{\sqrt{2\pi r}}\left(\frac{5}{4}\cos\frac{\theta}{2} - \frac{1}{4}\cos\frac{3\theta}{2}\right) + \frac{K_{II}}{\sqrt{2\pi r}}\left(-\frac{5}{4}\sin\frac{\theta}{2} + \frac{3}{4}\sin\frac{3\theta}{2}\right) \tag{7-6}$$

$$\sigma_{\theta\theta} = \frac{K_I}{\sqrt{2\pi r}}\left(\frac{3}{4}\cos\frac{\theta}{2} + \frac{1}{4}\cos\frac{3\theta}{2}\right) + \frac{K_{II}}{\sqrt{2\pi r}}\left(-\frac{3}{4}\sin\frac{\theta}{2} - \frac{3}{4}\sin\frac{3\theta}{2}\right) \tag{7-7}$$

$$\sigma_{r\theta} = \frac{K_I}{\sqrt{2\pi r}}\left(\frac{1}{4}\sin\frac{\theta}{2} + \frac{1}{4}\sin\frac{3\theta}{2}\right) + \frac{K_{II}}{\sqrt{2\pi r}}\left(\frac{1}{4}\cos\frac{\theta}{2} + \frac{3}{4}\cos\frac{3\theta}{2}\right) \tag{7-8}$$

$$\sigma_x = \frac{K_I}{\sqrt{2\pi r}}\cos\frac{\theta}{2}\left(1 - \sin\frac{\theta}{2}\sin\frac{3\theta}{2}\right) - \frac{K_{II}}{\sqrt{2\pi r}}\sin\frac{\theta}{2}\left(2 + \cos\frac{\theta}{2}\cos\frac{3\theta}{2}\right) \tag{7-9}$$

$$\sigma_y = \frac{K_I}{\sqrt{2\pi r}}\cos\frac{\theta}{2}\left(1 + \sin\frac{\theta}{2}\sin\frac{3\theta}{2}\right) + \frac{K_{II}}{\sqrt{2\pi r}}\sin\frac{\theta}{2}\cos\frac{\theta}{2}\cos\frac{3\theta}{2} \tag{7-10}$$

$$\tau_{xy} = \frac{K_I}{\sqrt{2\pi r}}\cos\frac{\theta}{2}\sin\frac{\theta}{2}\cos\frac{3\theta}{2} + \frac{K_{II}}{\sqrt{2\pi r}}\cos\frac{\theta}{2}\left(1 - \sin\frac{\theta}{2}\sin\frac{3\theta}{2}\right) \tag{7-11}$$

$$u = \frac{K_I}{4G}\sqrt{\frac{r}{2\pi}}\left[(2\chi-1)\cos\frac{\theta}{2} - \cos\frac{3\theta}{2}\right] + \frac{K_{II}}{4G}\sqrt{\frac{r}{2\pi}}\left[(2\chi+3)\sin\frac{\theta}{2} + \sin\frac{3\theta}{2}\right] \tag{7-12}$$

$$v = \frac{K_I}{4G}\sqrt{\frac{r}{2\pi}}\left[(2\chi+1)\sin\frac{\theta}{2} - \sin\frac{3\theta}{2}\right] - \frac{K_{II}}{4G}\sqrt{\frac{r}{2\pi}}\left[(2\chi-3)\cos\frac{\theta}{2} + \cos\frac{3\theta}{2}\right] \tag{7-13}$$

式中,G 为剪切模量,$G = \dfrac{E}{2(1+\mu)}$;$\chi = \dfrac{3-\mu}{4+\mu}$(平面应力),$\chi = 3-4\mu$(平面应变)。

Ⅰ型、Ⅱ型和Ⅲ型应力强度因子控制的裂缝尖端的应力场和位移场可统一记为

$$\sigma_{ij} = \frac{K}{\sqrt{2\pi r}}f_{ij}(\theta) \tag{7-14}$$

$$u_i = K\sqrt{\frac{r}{\pi}}g_i(\theta) \tag{7-15}$$

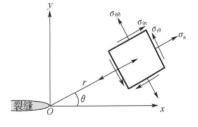

图 7.2 裂缝尖端示意图

对于不同类型的应力强度因子,$f_{ij}(\theta)$ 和 $g_i(\theta)$ 具有不同的表达式。从上面的公式可以看出,只要有裂缝存在,并且外荷载不等于零(即使很小很小),则裂缝尖端处的应力总是趋向无限大。因为应力 σ 与 $\sqrt{r}$ 成反比,在裂缝尖端处($r=0$)应力为无限大,即应力在裂缝尖端出现奇异点,应力场具有 $\dfrac{1}{\sqrt{r}}$ 次奇异性。

由于只要存在裂缝,不论外荷载多么小,裂缝尖端应力总是无限大,如果按照传统的强

度理论,无论作用多么微小的荷载,都将导致结构的破坏。也就是说,有裂缝结构的强度是趋向于零的。但是实际情况并不是如此,许多带裂缝工作的结构在一定的荷载作用下还是稳定的。在这种情况下,只用应力大小来判断结构的强度的方法就不适用了。

由式(7-14)可知,裂缝尖端附近的应力场与 K 成正比。对于同一裂缝,同一种应力状态就具有相同的 K 值。K 值越大,裂缝附近的应力随 $r \to 0$ 时趋向无限大就越迅速。所以,K 可以反映裂缝尖端附近的应力场强度,被称为应力强度因子。在断裂力学中,应力强度因子作为裂缝尖端附近应力奇异性程度的表征量,是衡量裂缝尖端区的应力场强度的重要指标。应力强度因子可由相应的应力场和位移场定义:

$$\begin{cases} K_{\mathrm{I}} = \lim_{r \to 0} \sqrt{2\pi r}\ \sigma_y(r, 0) \\ K_{\mathrm{II}} = \lim_{r \to 0} \sqrt{2\pi r}\ \tau_{xy}(r, 0) \\ K_{\mathrm{III}} = \lim_{r \to 0} \sqrt{2\pi r}\ \tau_{yz}(r, 0) \end{cases} \quad (7\text{-}16)$$

或

$$\begin{cases} K_{\mathrm{I}} = \dfrac{2G}{\chi + 1} \sqrt{2\pi} \lim_{r \to 0} \dfrac{v(r, \pi)}{\sqrt{r}} \\ K_{\mathrm{II}} = \dfrac{2G}{\chi + 1} \sqrt{2\pi} \lim_{r \to 0} \dfrac{u(r, \pi)}{\sqrt{r}} \\ K_{\mathrm{III}} = \dfrac{G}{2} \sqrt{2\pi} \lim_{r \to 0} \dfrac{w(r, \pi)}{\sqrt{r}} \end{cases} \quad (7\text{-}17)$$

当外荷载为对称荷载,裂尖应力场由 I 型应力强度因子控制时,令 $\theta = 180°$,由式(7-13)可得用裂缝面位移表示的应力强度因子(平面应变):

$$K_{\mathrm{I}}(t) = \frac{\sqrt{2\pi} E}{4(1 - \mu^2)} \cdot \frac{v(t)}{\sqrt{r}} \quad (7\text{-}18)$$

在一般情况下,应力强度因子的大小与荷载性质、裂缝几何形态和结构几何形态等因素有关,并不是一个独立参量。现在只在几种简单情况下可以推导出应力强度因子的解析表达式。当荷载情况复杂、构件尺寸不规则时,很难用解析法来确定应力强度因子,此时可以用试验方法或数值方法来计算。

通过上面的分析可以看出,应力强度因子反映了裂缝尖端附近应力场的强弱。以 I 型裂缝为例,随着外加应力的增大,应力强度因子也将增大。同时,在试验中发现,当应力场的强度增加到某一值时,即使外加应力不再增加,裂缝也会迅速扩展而导致结构断裂或结构发生脆性破坏。这个极限值称为材料的断裂韧度,用 K_{IC} 来表示。不同的材料具有不同的 K_{IC} 值,其值表征了工程材料本身固有的抵抗裂缝扩展的能力,与其他力学指标(如抗压强度、屈服极限等)一样需要通过试验来确定。通过试验已经发现,断裂韧度与试件的厚度、加荷速度、环境条件等因素有关。

确定了带裂缝工作结构的应力强度因子 K_{I},测定了材料的断裂韧度 K_{IC} 后,便可以建立结构不发生断裂的条件:

$$K_{\mathrm{I}} \leqslant K_{\mathrm{IC}} \tag{7-19}$$

对于Ⅱ型和Ⅲ型裂缝也有类似的判别准则。

应力强度因子 K_{I} 和材料的临界应力强度因子 K_{IC} 是两个不同的概念。前者是由外荷载及裂缝体的形状和尺寸决定的量,是表示裂缝尖端应力场强度的一个参量,可以根据弹性力学的基本方程求得。后者是材料具有的一种性能,表示材料抵抗脆性断裂的能力。对于某一给定的材料,在一定的条件下,K_{IC} 是一个常量。这两者类似于路面设计中,外荷载引起的拉应力和反映材料性质的极限抗拉强度之间的关系。

2. J 积分

Rice 和 Cherepanov 分别讨论裂缝问题时,为了避开直接计算裂缝尖端附近的弹塑性应力应变场,提出了一个围绕裂缝尖端的围线积分(J 积分)。经证明,这个积分值与积分路径无关(其值为一常数,即 J 积分的守恒性),并认为这一常数的数值就反映了裂缝尖端应力应变场的强度。

如图 7.3 所示,围绕裂缝尖端作一回路,并沿此回路做如下积分:

$$J = \int_{\Gamma} \left(w \mathrm{d}y - \boldsymbol{T}_i \frac{\partial \boldsymbol{u}_i}{\partial x} \mathrm{d}s \right) \quad (i=1,2) \tag{7-20}$$

式中,Γ 是自裂缝下表面的任意一点起,沿逆时针方向绕过裂缝尖端而止于裂缝上表面任意一点的任意一条曲线;

w 是在弹塑性条件下,在单调加载过程中裂缝体的应变能密度,其表达式为:

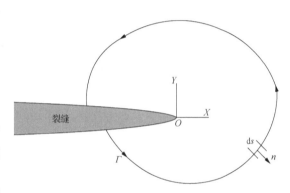

图 7.3 裂缝尖端积分回路

$$w = \int_0^{\varepsilon_{ij}} \sigma_{ij} \, \mathrm{d}\varepsilon_{ij}$$

$\boldsymbol{T}_i$ 是作用在回路上弧线 $\mathrm{d}s$ 对应的面元素 $\mathrm{d}s$、$\mathrm{d}z$ 上的表面力矢量,其表达式为:

$$\boldsymbol{T}_i = \sigma_{ij} \boldsymbol{n}_j$$

$\boldsymbol{u}_i$ 是该处的位移矢量,其分量为:$\boldsymbol{u}_1 = u, \boldsymbol{u}_2 = v$;

$\boldsymbol{n}$ 是线元素 $\mathrm{d}s$ 的外法线单位矢量,其分量即为方向余弦:$\boldsymbol{n}_1 = \cos(\boldsymbol{n}, \boldsymbol{x}), \boldsymbol{n}_2 = \cos(\boldsymbol{n}, \boldsymbol{y})$。

经推导证明,在线弹性状态下,J 积分就是应变能释放率 G,即裂缝扩展单位面积所释放出的能量。

平面应变条件:
$$J = \frac{1-\mu^2}{E} K_{\mathrm{I}}^2 = G_{\mathrm{I}} \tag{7-21}$$

平面应力条件:
$$J = \frac{1}{E} K_{\mathrm{I}}^2 = G_{\mathrm{I}} \tag{7-22}$$

对于 J 积分,也可以建立起类似的断裂判据:

$$J = J_{\mathrm{IC}} \tag{7-23}$$

式中,J_{IC}是材料抵抗裂缝扩展的断裂韧性,叫临界 J 积分,通过测试可以获得。可以看出,J 积分判据与其他判据(如 K 判据、G 判据)存在着内在联系和一致性。

3. 裂缝尖端的奇异单元

常用的应力强度因子求解方法有:查阅手册法、格林公式法、有限单元法和权函数方法。由于不受任何边界条件和荷载条件的影响,有限元方法在断裂力学领域被广泛应用。

最早用有限元方法来分析裂缝问题的是 Swedlow、Williams 和 Yang、Chen、Tuba 和 Wilson。但是他们采用常规单元来划分裂缝尖端附近区域,不论尖端附近的网格划分有多细,计算精度并不高。随着研究的进一步深入,一些模拟裂缝尖端附近特殊应力、应变场的特殊单元相继出现,如 Tracey、Bladkburn 等将形函数做了相应的调整,可以模拟应力、应变的奇异性。现在,最为简洁、通用的办法是直接采用四分之一结点单元(奇异单元),这个方法分别由 Henshell、Shaw 和 Barsoum 提出,奇异单元实际上是一种畸形等参单元(图 7.4),在裂缝尖端处将中间结点向裂缝尖端靠拢,距裂缝尖端四分之一边长处(通常中间结点在边长二分之一处),这样的单元较好地反映了裂缝尖端附近的应力场。这样处理后,可以很好地模拟裂缝尖端的奇异性问题,并且单元也不用划分得那么细,降低了划分网格的工作强度,节约了计算时间。

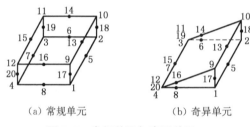

图 7.4 常规单元与奇异单元

对于平面八结点常规单元[图 7.5(a)],结点 1 为裂缝尖端点,结点顺序编号 1~8。使结点 1、7 重合于结点 8,并将结点 2、6 移至距结点 1 四分之一边长处,可得平面八结点奇异单元[图 7.5(b)]。可以证明,应力、应变分量在从结点 1 扩散的所有方向上(在结点所属单元范围内)均具有 $\dfrac{1}{\sqrt{r}}$ 次奇异性。因而采用平面八结点奇异单元可以求解裂缝尖端附近的应力、应变和位移场,并具有较高的计算精度。

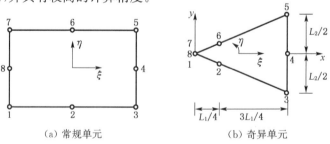

图 7.5 平面八结点奇异单元

7.1.2 动态分析理论和计算方法

1. 线性动态分析

如果仅考虑系统承受载荷后的长期响应,静力分析(Static analysis)就可以解决问题。但是如果加载时间很短或者荷载本身是动态荷载,就必须采用动态分析(Dynamic analysis)。本节主要介绍应用 Abaqus/Standard 进行线性动态分析。

由牛顿第二运动定律可得动力学平衡方程:

$$M\ddot{x} + I - P = 0 \quad (7\text{-}24)$$

式中,M 为系统的质量,$\ddot{x}$ 为系统的加速度,I 为系统的内力,P 为施加的外力。

静态分析与动态分析有两个不同点:其一,动态分析中存在惯性力 $M\ddot{x}$,静态分析不存在惯性力;其二,内力 I 的定义不同,动态分析中的内力主要源于运动(如阻尼)和结构的变形,而静态分析中内力的产生仅源于结构的变形。

(1) 固有频率

单自由度振动系统,是振动分析中最简单的一种,是指在振动过程中,振系的任一瞬间形态由一个独立坐标即可确定的系统。图 7.6 为单自由度无阻尼的质量-弹簧系统。

单自由度的质量-弹簧系统的动力学方程为:

$$m\ddot{x} + kx - P = 0 \quad (7\text{-}25)$$

其固有频率为:

$$\omega = \sqrt{k/m} \quad (7\text{-}26)$$

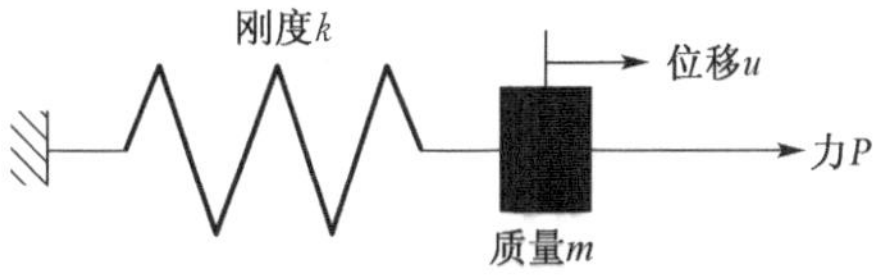

图 7.6 单自由度无阻尼的质量-弹簧系统

如果移动质量块然后释放,那么该系统将以这个频率振动。假如以此频率施加外力,位移的幅度将剧烈增加,即发生了共振。

实际系统具有很多固有频率,对于多自由度系统,其固有频率和主振型可以根据系统的无阻尼自由振动方程得到,即

$$M\ddot{x} + Kx = 0 \quad (7\text{-}27)$$

式中,Kx 为弹簧的内力。

假设方程的解为 $x = A e^{i\omega_n t}$,其中 A 为系统自由振动时的振幅向量(列阵),$A = [A_1 \quad A_2 \quad \cdots \quad A_n]^T$,将其代入式(7-27),并消去 $x = A e^{i\omega_n t}$,得到主振型方程:

$$(K - \omega_n^2 M)A = 0 \quad (7\text{-}28)$$

令 $H = K - \omega_n^2 M$,主振型方程存在非零解的条件是 A 的系数矩阵 H 的行列式必须等于 0,即

$$|H| = |K - \omega_n^2 M| = \begin{vmatrix} k_{11} - \omega_n^2 m_{11} & k_{12} - \omega_n^2 m_{12} & \cdots & k_{1n} - \omega_n^2 m_{1n} \\ k_{21} - \omega_n^2 m_{21} & k_{22} - \omega_n^2 m_{22} & \cdots & k_{2n} - \omega_n^2 m_{2n} \\ \vdots & \vdots & \vdots & \vdots \\ k_{n1} - \omega_n^2 m_{n1} & k_{n2} - \omega_n^2 m_{n2} & \cdots & k_{nn} - \omega_n^2 m_{nn} \end{vmatrix} = 0 \quad (7\text{-}29)$$

式(7-29)称为特征方程。将行列式展开,得到关于 ω_n^2 的 n 阶多项式。由于质量矩阵 $\boldsymbol{M}$ 为正定矩阵,刚度矩阵 $\boldsymbol{K}$ 为正定或半正定矩阵,因此,一般可从特征方程得到 ω_n^2 的 n 个大于零的正实根 $\omega_{n1}^2,\omega_{n2}^2,\cdots,\omega_{nn}^2$,称为系统的特征值。将特征值开方后得到 n 个 $\omega_{nr}(r=1,2,\cdots,n)$,称为系统的 n 个固有频率(Natural frequency)。

在多数情况下,n 个固有频率互不相等,特殊情况下存在零根或重根。如果 n 个特征值互不相等,可以将它们按照从小到大的次序排列为 $0<\omega_{n1}^2<\omega_{n2}^2<\cdots<\omega_{nn}^2$,并分别称为第一阶(基本)固有频率、第二阶固有频率、…、第 n 阶固有频率。

系统的固有频率只与系统的固有物理特性(惯性和弹性)有关,而与其他条件无关,因而结构设计时应避免使系统固有频率与可能的荷载频率过分接近。

在 Abaqus 中,"*FREQUENCY"过程用来求解系统的振型和固有频率。在求解过程中只要给出所需振型的数目和所关心的最高频率即可。

(2) 振型叠加

在线性问题中,可以应用系统的固有频率和振型来确定结构在动荷载作用下的动态响应。采用振型叠加(Modal superposition)技术,通过振型组合可以计算结构的变形,每阶振型都乘一个标量因子。模型的位移矢量 $\boldsymbol{x}$ 定义为

$$\boldsymbol{x}=\sum_{i=1}^{\infty}\alpha_i\boldsymbol{\phi}_i \tag{7-30}$$

式中,α_i 是振型 $\boldsymbol{\phi}_i$ 的标量因子。

振型叠加技术在模拟小变形、线弹性材料和无接触条件的情况下有效,即必须是线性问题。在结构动力学问题中,结构的响应往往被相对较少的几阶振型控制,在计算这类系统的响应时,应用振型叠加为较优的方法。虽然在最初计算振型和频率时需花费一些时间,但在计算响应时将节省大量时间。

如果模拟非线性问题,由于分析时固有频率可能发生明显的变化,因此振型叠加将不适用。这时须对平衡方程直接积分,在振型分析时将花费很多时间。

以下问题适合于采用线性瞬态动力学分析:

① 系统是线性的:线性材料,无接触条件,无非线性的几何效应。

② 响应只受较少频率支配:当响应中各频率成分增加时,例如冲击,振型叠加方法的效果将大大降低。

③ 荷载的主要频率在可得到的固有频率范围内,以确保对荷载描述足够精确。

④ 由任何突加荷载所产生的初始加速度能用特征模型精确描述。

⑤ 系统阻尼不大。

(3) 阻尼

当一个无阻尼系统自由振动时,其振幅保持恒定。实际上任何系统在运动时,结构结合处的摩擦和材料的迟滞效应等均会耗散能量,振幅将逐渐减小直至振动停止,这种能量耗散即为阻尼。通常假定阻尼为黏性阻尼或阻尼正比于速度。式(7-24)转换为:

$$\begin{cases}\boldsymbol{M}\ddot{x}+\boldsymbol{I}-\boldsymbol{P}=0\\ \boldsymbol{I}=\boldsymbol{K}x+\boldsymbol{C}\dot{x}\end{cases} \tag{7-31}$$

式中,$\boldsymbol{C}$ 为系统阻尼矩阵,$\dot{x}$ 为系统的速度。

在 Abaqus 中,针对非阻尼系统计算其振型。对于每一振型,含阻尼固有频率和无阻尼固有频率的关系是:

$$\omega_d = \omega \sqrt{1-\xi^2} \tag{7-32}$$

式中,ω_d 是阻尼特征值,ξ 是临界阻尼比,$\xi = \dfrac{c}{c_0}$,c 是该振型阻尼,c_0 是临界阻尼。

对 ξ 较小的情形($\xi<0.1$),含阻尼系统的特征频率非常接近无阻尼系统的对应值。当 ξ 增大时,采用无阻尼系统的特征频率就不太准确。当 ξ 接近 1 时,采用无阻尼系统的特征频率失效。当结构处于临界阻尼($\xi=1$)时,施加一个扰动后,结构很快就会恢复到静止的起始位置,而且不会摆动,如图 7.7 所示。

- Abaqus 中阻尼的定义

在 Abaqus 的瞬时模态分析中,阻尼可分为:直接模态阻尼(Direct modal damping)、瑞利阻尼(Rayleigh damping)和复合模态阻尼(Composite modal damping)。

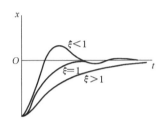

图 7.7 结构系统中的阻尼

阻尼是针对模态动力学过程定义的,阻尼是 Abaqus 分析步(Step)中定义的一部分,每阶模态可以定义不同数量的阻尼。

◇ 直接模态阻尼

采用直接模态阻尼可以定义对应于每阶振型的阻尼比 ξ。典型的取值范围是 1%~10%的临界阻尼。直接模态阻尼允许精确定义每阶振型的阻尼。

"*MODAL DAMPING"选项中的"MODAL=DIRECT"参数,表示采用直接模态阻尼。例如,对于前 10 阶振型的阻尼定义为 4%的临界模态阻尼,11~20 阶振型的阻尼为 5%的临界阻尼,则在分析步(Step)中定义为:

* modal damping, modal=direct
1,10,0.04
11,20,0.05

◇ 瑞利阻尼

瑞利阻尼根据瑞利提出的线性阻尼假设来确定,即 $[C] = \alpha[M] + \beta[K]$。其中 α 和 β 是与结构固有频率和阻尼比有关的比例常数,实际中常采用简化的取值形式 $\alpha = \lambda_1 \omega_1$,$\beta = \lambda_1/\omega_1$,其中 ω_1 为计算体系的基本固有频率,λ_1 为该频率时的阻尼比。例如散体材料(黏土)ω_1 为 8.2 rad/s,路面材料(包括沥青混凝土、水泥稳定碎石与二灰土)ω_1 为 18.6 rad/s。表 7.1 列出了部分材料阻尼比与瑞利阻尼系数的关系。

表 7.1 阻尼比 λ_1 与瑞利阻尼系数 α、β 的关系

阻尼比 λ_1	0.02		0.05		0.10		0.15	
	散体材料	路面材料	散体材料	路面材料	散体材料	路面材料	散体材料	路面材料
α	0.16	0.37	0.41	0.93	0.82	1.86	1.23	2.79
β	0.002 4	0.001 1	0.006 1	0.002 7	0.012 2	0.005 4	0.018 3	0.008 1

"*MODAL DAMPING"选项中的"RAYLEIGH"参数,表示采用瑞利阻尼。例如,对

于前 10 阶振型规定 $\alpha=0.252\,5$ 和 $\beta=2.9\times10^{-3}$,对于 $11\sim20$ 阶振型规定 $\alpha=0.272\,7$ 和 $\beta=3.03\times10^{-3}$,则在分析步(Step)中定义为:

* modal damping, rayleigh
1, 10, 0.252 5, 2.9e-3
11, 20, 0.272 7, 3.03e-3

◇ 复合模态阻尼

在复合模态阻尼中,对应于每种材料的阻尼,定义其与临界阻尼的比例,并且复合模态阻尼是对应于整体结构的阻尼。

• 选择阻尼值

在大多数线性动力学问题中,为了获得精确的结果,阻尼的确定非常重要。但是阻尼只是在结构吸收能量特性意义上的近似,而不是去模拟造成这种效果的物理机制。所以,确定模型中需要的阻尼数据非常困难,除了偶尔从动态试验中获得这些数据,大多数需要通过经验或参考资料获得数据。这时应通过参数分析来评价阻尼系数对于模拟过程的敏感性。

提示:Abaqus 中所有单元均可用于动态分析。选取单元的一般原则与静态模拟相同。但是,在模拟冲击和爆炸荷载时,应选用一次单元。因为它们具有集中质量格式,在模拟应力波效果方面优于采用二次单元的一致质量格式。

---

2. 显式非线性动态分析

Abaqus/Standard 中的非线性动态程序采用隐式的时间积分,这适用于非线性结构的动态问题。例如,某一突发事件激发了结构的动态响应,像冲击,以及在结构响应中,包括由于塑性或黏性阻尼造成大量的能量耗散。在这些研究中,初始的高频响应非常重要,振动由于模型的耗散机制而迅速衰减。

非线性动态分析的另一种办法是 Abaqus/Explicit 提供的显式动态程序。显式算法以应力波的传播方式在模型中传播结果,一次一个单元地传播。因而,它最适合于求解应力波影响为主的问题以及模拟时间很短(不超过 1 s)的问题。显式算法的另一优点是它能模拟不连续的非线性,例如接触和失效问题,并且比采用 Abaqus/Standard 更容易。而对于大型、高度不连续的问题,即使响应是准静态(Quasi-static)的,采用 Abaqus/Explicit 来模拟也更容易些。

从用户的观点来看,显式算法与隐式算法的区别是:

① 显式算法需要很少的时间增量步,它仅依赖于模型的最高固有频率,而与荷载的类型和持续的时间无关。通常的模拟需要取 10 000~1 000 000 个增量步,每个增量步的计算成本相对较低。

② 隐式算法对时间增量步的大小没有内在的限制,增量的大小通常取决于精度和收敛情况。典型的隐式模拟所采用的增量步数目要比显式模拟小几个数量级。然而,在每个增量步中必须求解一套完整的方程组,所以对于每一个增量步的成本,隐式算法远高于显式算法。

(1) 动力学显式有限元方法

Abaqus/Explicit 应用中心差分法对运动方程进行显式的时间积分,应用一个增量步的动力学条件计算下一个增量步的动力学条件。在增量步开始时,程序求解动力学平衡方程,表示为用结点质量矩阵 M 乘结点加速度 $\ddot{x}$ 等于结点的合力(所施加的外力 P 与单元内力 I 之间的差值):

$$M\ddot{x} = P - I \tag{7-33}$$

在当前增量步开始时(t 时刻),结点的加速度为

$$\ddot{x}|_{(t)} = M^{-1} \cdot (P - I)|_{(t)} \tag{7-34}$$

采用中心差分方法对结点加速度在时间上进行积分,在计算速度的变化时假定加速度为常数。应用速度的变化量加上前一个增量步中点的速度来确定当前增量步中点的速度:

$$\dot{x}\Big|_{(t+\frac{\Delta t}{2})} = \dot{x}\Big|_{(t-\frac{\Delta t}{2})} + \frac{\left(\Delta t|_{(t+\Delta t)} + \Delta t|_{(t)}\right)}{2} \ddot{x}\Big|_{(t)} \tag{7-35}$$

速度对时间的积分加上在增量步开始时的位移,以确定增量步结束时的位移:

$$x|_{(t+\Delta t)} = x|_{(t)} + \Delta t|_{(t+\Delta t)} \dot{x}|_{(t+\frac{\Delta t}{2})} \tag{7-36}$$

可以看出,在增量步开始时提供了满足动力学平衡条件的加速度。根据加速度,可以显式地前推速度和位移。显式即指在增量步结束时的状态仅依赖于该增量步开始的位移、速度和加速度。为了使该方法产生精确的结果,时间增量必须相当小,这样增量步的加速度几乎为常数。

(2) 自动时间增量和稳定性

稳定性限制了 Abaqus/Explicit 求解器所采用的最大时间步长,这是应用 Abaqus/Explicit 进行计算的一个重要因素。

应用显式方法,基于在增量步开始时 t 的模型状态,通过时间增量 Δt 前推到当前时刻的模型状态。如果时间增量大于这个最大的时间步长,则此时间增量已经超出了稳定性限制(Stability limit)。超过稳定性限制的一个可能后果就是数值不稳定,它可能导致解答不收敛。由于一般不可能精确地确定稳定性限制,因而采用保守的估计值。为了提高计算效率,Abaqus/Explicit 选择时间增量,使其尽可能地接近而且不超过稳定性限制。

以在系统中的最高频率(ω_{max})的形式定义稳定性限制。无阻尼的稳定性限制由式(7-37)定义:

$$\Delta t_{stable} = \frac{2}{\omega_{max}} \tag{7-37}$$

而有阻尼的稳定性限制由式(7-38)定义:

$$\Delta t_{stable} = \frac{2}{\omega_{max}}(\sqrt{1+\xi^2} - \xi) \tag{7-38}$$

式中,ξ 是最高频率振型的临界阻尼值。临界阻尼定义了在自由的和有阻尼的振动关系中有振荡运动与无振荡运动之间的限制。为了控制高频振荡,Abaqus/Explicit 总是以体黏性

的形式引入一个小量阻尼。

(3) 动态振荡的阻尼

在模型中加入阻尼有两个原因：限制数值振荡或为系统增加物理的阻尼。Abaqus/Explicit 提供了在分析中加入阻尼的方法。

• 体黏性

体黏性引入了与体积应变相关的阻尼，以改进对高速动力学事件的模拟。Abaqus/Explicit 包括体黏性的线性与二次的形式，可在定义分析步时修改默认的体黏性参数。

◇ 线性体黏性

默认情况下，线性体黏性来自阻尼在单元最高阶频率中的振荡。由式(7-39)可得到与体积应变率呈线性关系的体黏性压力：

$$p_1 = b_1 \rho c_d L^e \dot{\varepsilon}_{vol} \tag{7-39}$$

式中，b_1 是阻尼系数，默认值为 0.06；ρ 是材料密度；c_d 是膨胀波速；L^e 是单元的特征长度；$\dot{\varepsilon}_{vol}$ 是体积应变速率。

◇ 二次体黏性

仅在实体单元中(除平面应力单元 CPS4R 外)包括二次体黏性，并且只有当体积应变速率可压缩时采用。由式(7-40)得到二次体黏性压力：

$$p_2 = \rho (b_2 L^e)^2 |\dot{\varepsilon}_{vol}| \min(0, \dot{\varepsilon}_{vol}) \tag{7-40}$$

式中，b_2 是阻尼系数，默认值为 1.2。

◇ 基于体黏性的临界阻尼比

体黏性压力只是基于每个单元的膨胀模式。最高阶单元模式中的临界阻尼比为：

$$\xi = b_1 - b_2^2 \frac{L^e}{c_d} \min(0, \dot{\varepsilon}_{vol}) \tag{7-41}$$

式中，ξ 是临界阻尼比。线性项单独代表了 6% 的临界阻尼，而二次项一般是更小的量。

• 黏性压力

黏性压力荷载一般应用于结构问题或准静态问题，以阻止低阶频率的动态影响，从而以最少数目的增量步达到静态平衡。由式(7-42)的分布载荷形式施加：

$$p = -c_v (\bar{v} \cdot \bar{n}) \tag{7-42}$$

式中，p 是施加的压力；c_v 为黏度，在数据行中作为荷载的量值给出；$\bar{v}$ 是施加在黏性压力面上点的速度矢量；$\bar{n}$ 是该点处表面上的单位外法线矢量。在典型的情况下，使当前动力影响最小化的有效方法是将 c_v 设置为 ρc_d 的很小的百分数(1% 或 2%)。

• 材料阻尼

材料模型可能以塑性耗散或黏弹性的形式提供阻尼，也可以使用瑞利阻尼。与瑞利阻尼相关的阻尼系数有两个：质量比例阻尼 α_R 和刚度比例阻尼 β_R。

◇ 质量比例阻尼 α_R

α_R 因子定义了一个与单元质量矩阵成比例的阻尼。引入的阻尼力源于在模型中结点的绝对速度。合理的质量比例阻尼不会明显地降低稳定极限。

◇ 刚度比例阻尼 β_R

β_R 因子定义了一个与弹性材料刚度成比例的阻尼。对于任何非线性分析,都可以引入阻尼;而对于线性分析,提供了标准的瑞利阻尼。对于线性分析,刚度比例阻尼等于 β_R 乘刚度矩阵。必须慎重地使用刚度比例阻尼,因为它可能使稳定极限明显地降低。为了避免大幅度地降低稳定时间增量,刚度比例阻尼应该小于或等于未考虑阻尼时的初始时间增量的量级。

(4) 能量平衡

整体模型的能量平衡可写为:

$$E_{total} = E_t + E_V + E_{FD} + E_{KE} - E_W \tag{7-43}$$

式中,E_t 是内能;E_V 为黏性耗散能;E_{FD} 是摩擦耗散能;E_{KE} 是动能;E_W 是外加荷载所做的功。这些能量分量的总和为 E_{total},是个常数。在数值模拟中,E_{total} 只是近似的常数,一般有小于 1% 的误差。

• 内能 E_t

内能包括可恢复的弹性应变能 E_E、非弹性过程的能量耗散 E_P、黏弹性或蠕变过程的能量耗散 E_{CD} 和伪应变能 E_A:

$$E_t = E_E + E_P + E_{CD} + E_A \tag{7-44}$$

伪应变能包括储存在沙漏阻力以及在壳和梁单元的横向剪切中的能量。出现大量的伪应变能则表明必须对网格进行细化或对网格进行其他修改。

• 黏性耗散能 E_V

黏性耗散能是由阻尼机制引起的能量耗散,包括体黏性阻尼和材料阻尼。作为一个在整体能量平衡中的基本变量,黏性耗散能不是指在黏弹性或非黏性过程中耗散的那部分能量。

• 外加荷载所做的功 E_W

外力功为完全由结点力(力矩)和位移(转角)定义的功。

7.1.3 移动均布荷载在有限元模型中的实现

国内外现行的道路设计方法一般将汽车荷载简化为静力荷载。实际上,当汽车在路面上行驶时,路面受到复杂的垂直力和水平力的共同作用。为了将问题简化,在汽车正常行驶时,假设汽车轮载为垂直均布荷载;在刹车时假设汽车轮载为均布的垂直和水平荷载。

计算过程中为了实现荷载的移动,首先沿荷载移动方向设置荷载移动带,移动带沿路横向的宽度与施加的均布荷载宽度相同,移动带沿路纵向的长度即为轮载行驶的距离。然后,将荷载移动带细分成许多小矩形,如图 7.8 所示,小矩形长度依计算精度而定,可取为轮载加载宽度的三分之一。

轮载初始状态时占了三个小矩形的面积

图 7.8 荷载移动带

即图 7.8 中 1、2 和 3。移动过程中,荷载沿移动带逐渐向前移动,通过设置多个荷载步,每个荷载步结束时,荷载整体向前移动一个小矩形面积,如第一个荷载步结束时,荷载占据的面积为 2、3 和 4。同时为了提高计算精度,每个荷载步中设多个荷载子步,如第一个荷载步中间荷载子步的作用使面积 1 上的荷载逐渐减小,而面积 4 上的荷载逐渐增大,依次发展,达到荷载移动的效果。荷载的移动速度,可以通过设置每个荷载步的时间大小来实现。

正常行驶时,行驶速度 v 不变,所以经过每个小矩形所用的时间相同。在刹车时,可按式(7-45)计算刹车加速度:

$$a = \delta \cdot g \tag{7-45}$$

式中,a、δ 和 g 分别为刹车加速度、水平力与垂直力比值系数和重力加速度。

每向前移动一个小矩形面积所用的时间为:

$$t_n = (\sqrt{v^2 - 2a \cdot (n-1)\Delta s} - \sqrt{v^2 - 2a \cdot n\Delta s})/a \tag{7-46}$$

式中,n 为从开始移动位置向后的第 n 个矩形,Δs 为每个小矩形宽度。

提示:可借助 Abaqus 用户子程序 VDLOAD 来实现荷载的移动,具体可参见第 7.2.4 节中的实例。

7.2 实例:路面结构裂缝和动态响应问题

问题描述:路面结构同第 3.4.2 节算例,材料特性、边界条件和荷载等均与之相同。在下面层沥青稳定碎石 ATB 层底面已有一条长 3.0 cm 的垂直裂缝。现求此路面结构在标准荷载作用下裂缝的扩展规律。

7.2.1 静态分析一:直接写 inp 文件

1. 分析要点

为了提高分析的精度,应采用奇异单元分析裂缝尖端附近区域的应力场。奇异单元的结点存在重合现象,可采用直接写 inp 文件的方法进行建模求解。

2. 定义全局控制结点

采用 *NODE 关键词定义全局控制关键结点的结点号和坐标。
*HEADING
*NODE
** 结点 1、17 均为裂缝尖端点(相互重合)
1,
17,

** 结点 121 为裂缝尾点（即裂缝垂直线与下面层底面的交点），结点 137 为结点 121 关于裂缝尖端的对称点

121, 0, −0.03
137, 0, 0.03

** 结点 737、937 和 1 137 分别为裂缝垂直线与中面层底面、表面层底面、表面层表面的交点

737, 0, 0.21
937, 0, 0.27
1 137, 0, 0.31

** 结点 721、1 521、3 321 分别为裂缝垂直线与基层底面、底基层底面、模型底边界的交点

721, 0, −0.18
1 521, 0, −0.38
3 321, 0, −2.69

** 以下各结点为距裂缝横向距离为 0.053 25 m 的垂直线与各结构层底面或表面的交点

125, 0.053 25, −0.03
133, 0.053 25, 0.03
733, 0.053 25, 0.21
933, 0.053 25, 0.27
1 133, 0.053 25, 0.31
725, 0.053 23, −0.18
1 525, 0.053 25, −0.38
3 325, 0.053 25, −2.69

** 以下各结点为距裂缝横向距离为 0.159 75 m 的垂直线与各结构层底面或表面的交点

40 125, 0.159 75, −0.03
40 133, 0.159 75, 0.03
40 733, 0.159 75, 0.21
40 933, 0.159 75, 0.27
41 133, 0.159 75, 0.31
40 725, 0.159 75, −0.18
41 525, 0.159 75, −0.38
43 325, 0.159 75, −2.69

** 以下各结点为距裂缝横向距离为 0.266 25 m 的垂直线与各结构层底面或表面的交点

80 125, 0.266 25, −0.03
80 133, 0.266 25, 0.03
80 733, 0.266 25, 0.21
80 933, 0.266 25, 0.27
81 133, 0.266 25, 0.31

80 725, 0.266 25, −0.18
81 525, 0.266 25, −0.38
83 325, 0.266 25, −2.69
** 以下各结点为距裂缝横向距离为 3.0 m 的垂直线与各结构层底面或表面的交点
240 125, 3.0, −0.03
240 133, 3.0, 0.03
240 733, 3.0, 0.21
240 933, 3.0, 0.27
241 133, 3.0, 0.31
240 725, 3.0, −0.18
241 525, 3.0, −0.38
243 325, 3.0, −2.69

3. 定义模型其他结点

用"*NGEN"关键词自动生成两个关键结点之间的所有结点,并用"NSET"选项把生成的所有结点定义成一个结点集,此时的结点集是一条线上的所有结点。用"*NFILL"关键词自动生成两个线形结点集之间的所有结点,其中*NFILL 关键词中的"SINGULAR=1"选项是生成裂尖奇异单元所必需的。

** 用 *NGEN 关键词分别定义裂尖结点集 tip、裂缝外围结点集 outer
*NGEN, NSET=tip
1,17,1
*NGEN, NSET=outer
121, 125, 1
125, 133, 1
133, 137, 1
** 用 *NFILL 关键词定义裂缝区域结点集 crackfield
*NFILL, SINGULAR=1, NSET=crackfield
tip, outer, 6, 20
*NGEN, NSET=end1
133,137,1
*NGEN, NSET=end01
733, 737, 1
*NGEN, NSET=end2
933, 937, 1
*NGEN, NSET=end3
1 133, 1 137, 1
*NFILL, NSET=nf01
end1, end01, 6,100
*NFILL, NSET=nf02

end01, end2, 2,100
 *NFILL,NSET=nf1
end2, end3, 2,100
 *NGEN, NSET=end4
121,125,1
 *NGEN, NSET=end5
721,725,1
 *NGEN, NSET=end6
1 521, 1 525, 1
 *NFILL,NSET=nf2
end4, end5, 6, 100
end5, end6, 8, 100
 ** 结点集 line1、line2、line3 和 line4 分别为距离裂缝 0.053 25 m、0.159 75 m、0.266 25 m和3.0 m的垂直线
 *NGEN, NSET=line1
125,133,1
133,733,100
733,933,100
933,1 133,100
125,725,100
725,1 525,100
 *NGEN, NSET=line2
40 125,40 133,1
40 133,40 733,100
40 733,40 933,100
40 933,41 133,100
40 125,40 725,100
40 725,41 525,100
 *NGEN, NSET=line3
80 125,80 133,1
80 133,80 733,100
80 733,80 933,100
80 933,81 133,100
80 125,80 725,100
80 725,81 525,100
 *NGEN, NSET=line4
240 125,240 133,1
240 133,240 733,100
240 733,240 933,100

240 933,241 133,100
240 125,240 725,100
240 725,241 525,100
*NFILL,NSET=nf3
line1,line2,4,10 000
*NFILL,NSET=nf4
line2,line3,4,10 000
*NFILL,NSET=nf5,bias=1.067 659 61
line4,line3,16,-100 00
*NGEN,NSET=a
1 521,1 525,1
1 525,41 525,10 000
41 525,81 525,10 000
*NSET,NSET=x1
81 525
*NSET,NSET=x2
241 525
*NFILL,NSET=b,bias=1.067 659 61
x2,x1,16,-10 000
*NSET,NSET=end7
a,b
*NGEN,NSET=c
3 321,3 325,1
3 325,43 325,10 000
43 325,83 325,10 000
*NSET,NSET=x3
83 325
*NSET,NSET=x4
243 325
*NFILL,NSET=d,bias=1.067 659 61
x4,x3,16,-10 000
*NSET,NSET=end8
c,d
*NFILL,NSET=nf6,bias=1.067 659 61
end8,end7,18,-100
** 定义结点集 rightfield,包括所有右边的结点集
*NSET,NSET=rightfield
crackfield,nf1,nf2,nf3,nf4,nf5,nf6,nf01,nf02
** 使用 *NCOPY 关键词复制所有右边的结点集 rightfield 到左边结点集 leftfield

* NCOPY,REFLECT=line,OLDSET=rightfield,NEWSET=leftfield,CHANGE=
1 000 000

0,0,0,0,1,0

4. 定义单元

用"*ELEMENT"定义单元的类型和编号,其中"TYPE"选项定义单元类型。

*ELEMENT,TYPE=CPE8

1,1,41,43,3,21,42,23,2

25,133,333,337,137,233,335,237,135

30,20 125,20 129,129,125,20 127,10 129,127,10 125

34,60 125,60 133,40 133,40 125,60 129,50 133,40 129,50 125

44,20 133,20 333,333,133,20 233,10 333,233,10 133

104,121,321,325,125,221,323,225,123

120,20 325,20 125,125,325,20 225,10 125,225,10 325

用"*ELGEN"关键词自动生成单元,并用"ELSET"选项把生成的所有单元定义成一个单元集。

*ELGEN,ELSET=rfe

1,3,40,1,8,2,3

25,5,200,1

30,2,20 000,1,2,4,2

34,10,20 000,1

44,12,20 000,1,5,200,12

104,16,200,1

120,12,20 000,1,16,200,12

*ELCOPY,ELEMENT SHIFT=1 000,OLDSET=rfe,NEWSET=lfe,SHIFT NODE=1 000 000,REFLECT

提示:此时可将上述关键词及其相关数据行保存在以 inp 为后缀的文件中。在 Abaqus/CAE 中,依次点击[File]→[Import]→[Model...],在弹出的 Import Model 对话框中选择此 inp 文件,可得孤立网格(Orphan Mesh)(图 7.9)。

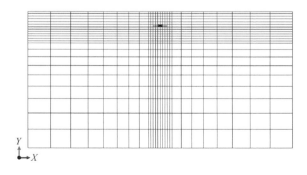

图 7.9　由 inp 文件导入的孤立网格(Orphan Mesh)

依次点击[View]→[Assembly Display Options...],在弹出的 Assembly Display Options 对话框中选择 Mesh 选项卡,点击 Show node labels 或 Show element labels 前的复选框,可以显示结点或单元标识,以方便地进行模型校核。

5. 定义材料

用"*ELSET"定义下列结点集(surface1、surface2、surface3、base、subbase 和 subgrade),以方便材料定义:

*ELSET, ELSET=surface1, GENERATE
29,29,1
92,103,1
1 029,1 029,1
1 092,1 103,1
*ELSET, ELSET=surface2, GENERATE
28,28,1
80,91,1
1 028,1 028,1
1 080,1 091,1
*ELSET, ELSET=surface3, GENERATE
1,27,1
30,79,1
1 001,1 027,1
1 030,1 079,1
*ELSET, ELSET=base, GENERATE
104,106,1
120,155,1
1 104,1 106,1
1 120,1 155,1
*ELSET, ELSET=subbase, GENERATE
107,110,1
156,203,1
1 107,1 110,1
1 156,1 203,1
*ELSET, ELSET=subgrade, GENERATE
111,119,1
204,311,1
1 111,1 119,1
1 204,1 311,1

采用"*MATERIAL"定义材料属性,用"*SOLID SECTION"把所定义的材料属性赋

予所定义的单元集。(注意:本例中应力单位为 MPa)

＊SOLID SECTION,MATERIAL=SMA,ELSET=surface1

1.,

＊MATERIAL,NAME=SMA

＊ELASTIC

1 400,.35

＊SOLID SECTION,MATERIAL=AC20,ELSET=surface2

1.,

＊MATERIAL,NAME=AC20

＊ELASTIC

1 200,.3

＊SOLID SECTION,MATERIAL=ATB,ELSET=surface3

1.,

＊MATERIAL,NAME=ATB

＊ELASTIC

1 000,.3

＊SOLID SECTION,MATERIAL=GM,ELSET=base

1.,

＊MATERIAL,NAME=GM

＊ELASTIC

500,.35

＊SOLID SECTION,MATERIAL=CTB,ELSET=subbase

1.,

＊MATERIAL,NAME=CTB

＊ELASTIC

1 500,.25

＊SOLID SECTION,MATERIAL=SG,ELSET=subgrade

1.,

＊MATERIAL,NAME=SG

＊ELASTIC

40,.4

6. 定义接触

先用"＊NSET"定义结点集 sym1 和 sym2(这两个结点集分别定义了裂缝所在垂直线与各结构层相交的右侧结点和左侧结点,但不包含裂缝两侧的结点),然后用"＊MPC"关键词定义,把除裂缝外的所有右侧、左侧结点约束起来。

＊NSET, NSET=sym1, GENERATE

1,17,1

17,137,20

137,737,100
737,937,100
937,1137,100
121,721,100
721,1 521,100
1 521,3 321,100
*NSET,NSET=sym2,GENERATE
1 000 001,1 000 017,1
1 000 017,1 000 137,20
1 000 137,1 000 737,100
1 000 737,1 000 937,100
1 000 937,1 001 137,100
1 000 121,1 000 721,100
1 000 721,1 001 521,100
1 001 521,1 003 321,100
*MPC
tie,sym1,sym2

7. 定义边界条件

先用"*NSET"定义结点集 fix1（模型底部边界）和 fix2（模型右侧、左侧边界），然后用关键词"*BOUNDARY"定义位移边界条件，其数据行分别是结点集和所限制的位移方向。

*NSET,NSET=fix1,GENERATE
3 321,3 325,1
3 325,243 325,10 000
1 003 321,1 003 325,1
1 003 325,1 243 325,10 000
*NSET,NSET=fix2,GENERATE
240 125,240 133,1
240 133,241 133,100
240 125,243 325,100
1 240 125,1 240 133,1
1 240 133,1 241 133,100
1 240 125,1 243 325,100
*BOUNDARY
fix1,ENCASTRE
fix2,1,1

8. 定义分析步、施加载荷和输出需求

用"*ELSET"定义施加荷载的边界，用"*NSET"定义裂缝区域。

*ELSET,ELSET=pressure1
92,95,1
1 092,1 095,1
*NSET, NSET=crack, GENERATE
1,17,1
1 000 001,1 000 017,1

用"*STEP"关键词定义分析步,"*STATIC"关键词定义静态力学问题,"*DLOAD"关键词定义加载,其数据行分别是所需加载的单元集、加载面和加载大小。

*STEP
*STATIC
*DLOAD
pressure1,p2,0.117 37

提示:"pressure1,p2,0.117 37"中的 0.117 37 为标准轴载(0.7 MPa)转化为平面问题时的值。

用"*CONTOUR INTEGRAL"关键词定义断裂力学模块的输出,可输出 J 积分和应力强度因子 K,相应的选项有其特殊的意义,"FREQUENCY"表示输出频率,"CONTOURS"表示输出的 J 积分和应力强度因子 K 的个数,本例是 4 个。"OUTPUT=BOTH"表示输出结果到 odb 和 dat 文件中。"*ENERGY PRINT"和"*NODE PRINT"分别定义能量输出和结点输出到 dat 文件中。裂缝尖端的 J 积分和应力强度因子 K 的数据可在 dat 文件中查到。

*CONTOUR INTEGRAL,FREQ=1,CONTOURS=4,OUTPUT=BOTH
CRACK,0,1
*CONTOUR INTEGRAL, FREQ=1, CONTOURS=4, TYPE=K FACTORS, OUTPUT=BOTH
CRACK,0,1
*ENERGY PRINT
*NODE PRINT,FREQ=0
U,RF
*END STEP

9. 输出结果

将上述关键词行、数据行和注释行保存为 crackinp.inp 文件。在 Abaqus Command 环境下输入 *abaqus job=crackinp int*,按 Enter 键确认,直至计算结束。

在 Abaqus/Viewer 中打开 crackinp.odb 文件,裂缝尖端的应力云图如图 7.10 所示,可知在裂缝尖端存在应力集中现象。

在 crackinp.dat 文件中,可知裂缝尖端的应力强度因子 K_I 分别为 2.63×10^{-4} MPa·$m^{\frac{1}{2}}$、5.91×10^{-4} MPa·$m^{\frac{1}{2}}$、5.96×10^{-4} MPa·$m^{\frac{1}{2}}$、1.87×10^{-4} MPa·$m^{\frac{1}{2}}$,平均值为 4.09×10^{-4} MPa·$m^{\frac{1}{2}}$。

图 7.10 裂缝尖端的 Mises 应力云图(inp)

7.2.2 静态分析二:Abaqus/CAE 建模

在 Abaqus/CAE 中打开第 3.4.2 节算例中生成的文件 pave.cae(位于本书配套资料目录:\Chapter 03\01 Pave stress\),另存为 crackcae.cae,并将环境栏 Module 设为相互作用(Interaction)模块。

1. 裂缝区域剖分

点击工具栏 (Box Zoom View)按钮,在视图区用鼠标左键划选路面加荷区域[图 7.11(a)],点击鼠标右键,选择 Cancel Procedure,此时图中的区域被放大。

在 Abaqus/CAE 菜单上,依次点击[Tools]→[Datum...],弹出 Create Datum 对话框,将 Method 设为 Offset from point,在视图区中单击点 A,其坐标为(0.053 25,2.66,0),在提示区中输入(0.0,0.015,0.0),单击 Enter 键(此点记为点 B)。按照同样的方法,仍以点 A 为偏离点,在提示区中分别输入(0.0,0.03,0.0)、(0.0,0.045,0.0)、(0.0,0.06,0.0),分别单击 Enter 键(这些点依次记为点 C、D、E)。以点 E 为偏离点,在提示区中分别输入(−0.026 625,0.0,0.0)、(−0.053 25,0.0,0.0)、(−0.079 875,0.0,0.0)、(0.106 5,0.0,0.0)、(−0.213,0.0,0.0),分别单击 Enter 键(这些点依次记为点 F、G、H、I、J)。

在 Abaqus/CAE 菜单上,依次点击[Tools]→[Partition...],弹出 Create Partition 对话框,将 Type 设为 Face,将 Method 设为 Sketch;在视图区中选择区域 1、2、3,单击提示区中的[Done]按钮,此时弹出如图 7.12 所示的警示窗口,提示欲剖分区域的网格将失效,单击[OK]按钮;进入 Sketch 绘图环境,在该绘图环境中,剖分裂缝区域,剖分后的裂缝区域如图 7.11(b)所示。

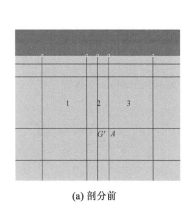
(a) 剖分前

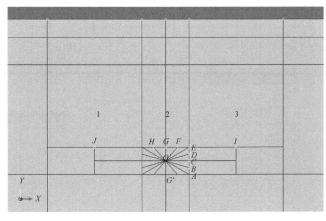
(b) 剖分后

图 7.11　裂缝区域剖分

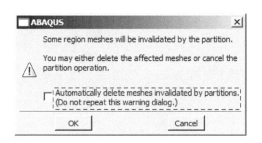

图 7.12　网格失效警告

2. 裂缝定义

在 Abaqus/CAE 菜单上,依次点击[Special]→[Crack]→[Assign Seam…],在视图区中选取线段 $O'G'$,单击提示区中的[Done]按钮,此时线段以粗线表示,完成裂缝区域的定义。

在 Abaqus/CAE 菜单上,依次点击[Special]→[Crack]→[Create...],弹出 Create Crack 对话框,点击[Continue...]按钮,此时提示区显示"Select the crack front (first contour region)";在视图区中选择点 O' 作为裂缝尖端点,点击提示区中的[Done]按钮,此时提示区的信息变为"Specify crack extension direction using:[Normal to crack plane] [q vectors]",选择[q vectors],单击 Enter 键接受 q 向量起点默认值(0.0,0.0),在提示区中输入(0.0,1.0),作为 q 向量终点值;弹出 Edit Crack 对话框(图 7.13),单击 Singularity 选项卡,将 Midside node parameter($0 < t < 1$)设为 0.25,并将 Degenerate Element Control at Crack Tip/Line 设为 Collapsed element side,single node,点击[OK]按钮,以完成奇异单元结点的设置。此时裂缝尖端位置出现一个绿色的"×"。

提示:定义上述 q 向量时,输入的向量起点和终点坐标不一定与上述值相同,但须保证向量方向为 Y 轴方向(即裂缝方向为 Y 轴方向)。

上述 Edit Crack 对话框中的参数设置保证了奇异单元的定义,是裂缝扩展分析中的核心步骤之一。

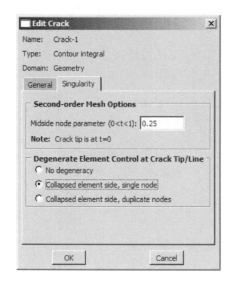
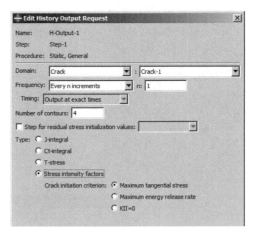

图 7.13　Edit Crack 对话框　　　　图 7.14　设置应力强度因子 K 的输出

3. 裂缝输出定义

在 Abaqus/CAE 窗口顶部环境栏 Module 后的下拉框中选择 Step(分析步)模块,以定义裂缝尖端的应力强度因子 K 的输出。

点击左侧工具区(History Output Manager)按钮(　按钮右侧),弹出 History Output Requests Manager 对话框,点击右上角的[Edit…]按钮;弹出 Edit History Output Request 对话框(图 7.14),将 Domain 设为 Crack,在 Number of contours(云图数)后输入 4,将 Type 设为 Stress intensity factors(应力强度因子)。如果要输出 J 积分,可将 Type 设为 J-integral。点击[OK]按钮。

4. 划分网格

在 Abaqus/CAE 窗口顶部环境栏 Module 后的下拉框中选择 Mesh(网格)模块。

点击左侧工具区　(Seed Edge)按钮,在视图区中选择如图 7.15(a)所示的边(用鼠标左键划选,若要同时选择多条边时,则按住 Shift 键),点击提示区的[Done]按钮;弹出 Local Seeds 对话框(图 7.16),将 Method 设为 By number,将 Bias 设为 Single,在"Bias ratio(≥1)"后输入 2.5,将 Number of elements 设为 8,此时视图区如图 7.15(a)所示;点击 Flip bias 后的[Select…]按钮,在视图区中用鼠标左键划选右侧相应的边,点击提示区[Done]按钮,此时视图区如图 7.15(b)所示;点击 Local Seeds 对话框中的[OK]按钮,完成种子的布设。

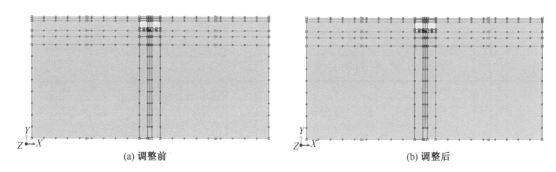

(a) 调整前   (b) 调整后

图 7.15　网格种子的布设

提示：Bias ratio 的大小为网格化后单元的最大边长与最小边长之比。

按照上述步骤，对照图 7.9 的网格，完成其他区域的种子布设以及网格的生成（图 7.17）。

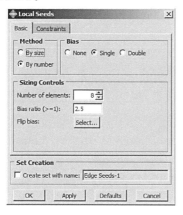

图 7.16　Local Seeds 对话框

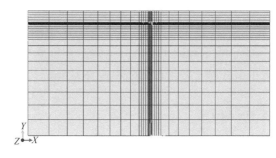

图 7.17　Abaqus/CAE 中划分的网格

提示：要获得图 7.17 的网格，步骤较多，为节省篇幅，本书中未给出具体的步骤。其单元类型为 CPE8R。

读者可以结合本书配套资料中的 crackcae.cae 文件（位于配套资料目录\Chapter 07\02 Crackcae\），对照进行练习。

对比图 7.9 和图 7.17 的网格可以发现，后者的网格在裂缝所在的横向和竖向区域较前者密集，主要原因在于裂缝的存在，采用 Abaqus/CAE 的方法很难生成与前者一样的效果。两者形成的裂缝区域图也存在一定差别（图 7.18）。

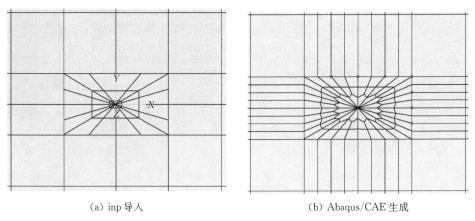

(a) inp 导入　　　　　　　(b) Abaqus/CAE 生成

图 7.18　两种方法生成的裂缝区域

5. 提交计算及后处理

在 Abaqus/CAE 窗口顶部环境栏 Module 后的下拉框中选择 Job(作业)模块,创建并提交作业。

点击左侧工具区▉(Job Manager)按钮(▉按钮右侧),弹出 Job Manager 对话框;点击对话框右下部的[Rename]按钮,弹出 Rename Job 对话框,将 pave 更改为 crackcae,点击[OK]按钮;再点击 Job Manager 对话框右侧的[Submit]按钮,提交作业。计算完成后,单击工具栏▉(Save Model Database)按钮,保存模型数据库。

点击 Job Manager 对话框中的[Results]按钮,Abaqus 自动进入 Abaqus/Visualization 模块。

点击左侧工具区▉(Plot Contours on deformed Shape)按钮,可得裂缝尖端的 Mises 应力云图(图 7.19)。对比图 7.10 可知,两者的应力云图比较接近(注意图 7.10 中的应力单位为 MPa,而图 7.19 中的应力单位为 Pa),但还是存在一定差别,主要是由两者的网格差异导致的。

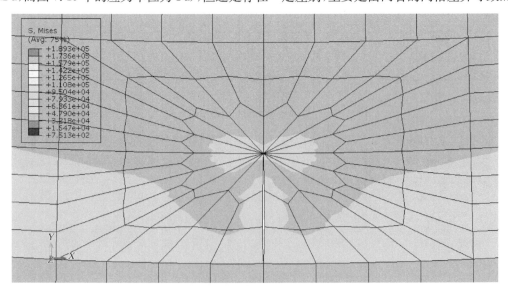

图 7.19　裂缝尖端的 Mises 应力云图(CAE)

同样，在 crackcae.dat 文件中可知，裂缝尖端的应力强度因子 K_{I} 分别为 8.28×10^{-4} MPa·$\mathrm{m}^{\frac{1}{2}}$、8.32×10^{-4} MPa·$\mathrm{m}^{\frac{1}{2}}$、8.32×10^{-4} MPa·$\mathrm{m}^{\frac{1}{2}}$、-14.71×10^{-4} MPa·$\mathrm{m}^{\frac{1}{2}}$，前三者平均值为 8.31×10^{-4} MPa·$\mathrm{m}^{\frac{1}{2}}$，与前文计算结果相差不大。

7.2.3 动态分析一：平面 Abaqus/CAE 建模

在 Abaqus/CAE 中，打开第 7.2.2 节例子中生成的文件 crackcae.cae(位于本书配套资料目录：\Chapter 07\02 Crackcae\)，另存为 crackcae-dynamic.cae。

1. 设置材料属性

将环境栏 Module 设为属性(Property)模块。

点击左侧工具区 ▦(Material Manager)按钮(⌾按钮右侧)，弹出 Material Manager 对话框，选择材料 SMA，点击右侧的[Edit...]按钮，弹出 Edit Material 对话框。

设置密度：点击[General]→[Density]，将 Mass Density 设为 2 400。

设置阻尼：点击[Mechanical]→[Damping]，将 Alpha 设为 0.9，点击[OK]按钮。

提示：材料密度和阻尼是动力分析所必需的参数。

依上述步骤，按表 7.2 设置好其他材料的参数。

表 7.2 材料的动力分析参数

材料	Young's Modulus/Pa	Mass Density/(kg/m^3)	Alpha
沥青玛蹄脂 SMA	1.4e9	2 400	0.9
沥青混凝土 AC-20	1.2e9	2 400	0.9
沥青稳定碎石 ATB	1.0e9	2 400	0.9
级配碎石 GM	5.0e8	2 300	0.4
水泥稳定碎石 CTB	1.5e9	2 300	0.8
压实土 SG	4.0e7	1 800	0.4

2. 更改分析步类型和数据输出需求

将环境栏 Module 设为分析步(Step)模块。

(1) 更改分析步类型

点击左侧工具区 ▦(Step Manager)按钮(⟶按钮右侧)，弹出 Step Manager 对话框[图 7.20(a)]，选择 Step-1，点击[Replace...]按钮；弹出 Replace Step 对话框[图 7.20(b)]，选择 Dynamic, Explicit，点击[Continue...]按钮；弹出 Edit Step 对话框，将 Time Period 设为 0.1，点击[OK]按钮；点击 Step Manager 对话框中的[Dismiss]按钮。

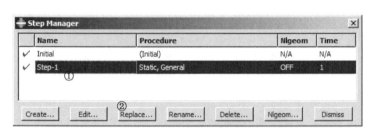

(a) Step Manager对话框　　　　　　　　　(b) Replace Step对话框

图 7.20　更改分析步类型

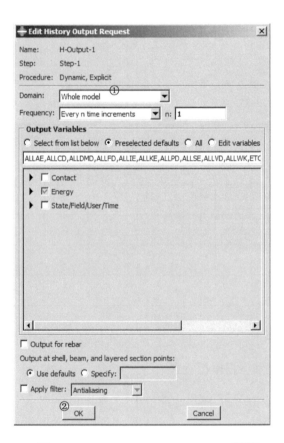

图 7.21　Edit History Output Request 对话框

(2) 更改数据输出需求

点击左侧工具区▦(History Output Manager)按钮(▦按钮右侧),弹出 History Output Requests Manager 对话框,点击右上角的[Edit...]按钮;弹出 Edit History Output Request 对

话框(图 7.21),将 Domain 设为 Whole model,点击[OK]按钮,再点击[Dismiss]按钮。

提示:如果不将 Domain 设为 Whole model,则在后续运算中会出错。crackcae-dynamic.dat 文件中的出错信息为:

*** ERROR:THIS KEYWORD IS NOT AVAILABLE IN Abaqus/EXPLICIT
LINE IMAGE:*contourintegral,crackname=H-OUTPUT-1_CRACK-1,type=KFACTORS,contours=4,cracktipnodes

即 Abaqus 只能输出静态分析时裂缝尖端应力强度因子的计算结果,不能直接输出动态分析时的计算结果。

3. 更改加载数据

将环境栏 Module 设为载荷(Load)模块。

(1) 设置加载幅值曲线

为模拟标准轴载驶近裂缝和驶离裂缝的过程,将静载改为半正弦动荷载:

$p(t)=0.11737\times\sin(10\pi t)\times10^6$,$0\leqslant t\leqslant 0.1$ s

依次点击菜单[Tools]→[Amplitude]→[Create...],弹出 Create Amplitude 对话框,保持默认参数不变,点击[Continue...]按钮;弹出 Edit Amplitude 对话框,按图 7.22 设置好各数据值(即 t,$\sin(10\pi t)$ 数据对),然后点击[OK]按钮。

提示:在输入上述幅值曲线点时,可先采用 Microsoft Excel 等工具计算好相应的数据对,然后粘贴到图 7.22 中的表格中。

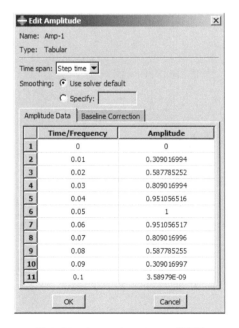

图 7.22 Create Amplitude 对话框

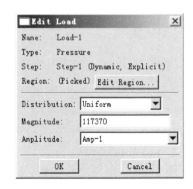

图 7.23 Edit Load 对话框

(2) 更改加载数值

点击左侧工具区■(Load Manager)按钮(■按钮右侧),弹出 Load Manager 对话框,点击右上角的[Edit...]按钮;弹出 Edit Load 对话框(图 7.23),将 Magnitude 设为 117 370,将 Amplitude 设为 Amp-1;点击[OK]按钮,再点击[Dismiss]按钮。

(3) 更改边界条件

点击左侧工具区■(Load Manager)按钮(■按钮右侧),弹出 Boundary Condition Manager 对话框[图 7.24(a)];点击 bottom 右侧的 Created,再点击右上角的[Edit...]按钮,弹出 Edit Boundary Condition 对话框[图 7.24(b)],将 ZASYMM 更改为 ENCASTRE;点击[OK]按钮,再点击[Dismiss]按钮。

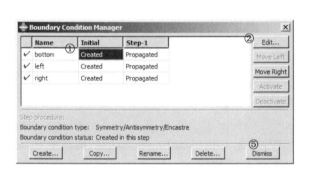 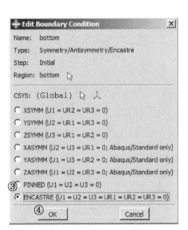

(a) Boundary Condition Manager对话框   (b) Edit Boundary Condition对话框

图 7.24　更改边界条件

4. 更改单元类型

将环境栏 Module 设为网格(Mesh)模块。

点击左侧工具区■(Assign Element Type)按钮,在视图区选中整个模型,点击提示区的[Done]按钮;弹出 Element Type 对话框(图 7.25),将 Element Library 设为 Explicit,将 Geometric Order 设为 Linear,将 Family 选择为 Plane Strain,并点击 Quad 选项卡。这时对话框下部显示单元类型为 CPE4R,点击[OK]按钮。

5. 提交运算

将环境栏 Module 设为 Job 模块。

点击左侧工具区■(Job Manager)按钮(■按钮右侧),弹出 Job Manager 对话框,点击[Rename...]按钮,弹出 Rename Job 对话框,将 crackcae 改为 crackcae-dynamic,点击[OK]按钮;点击 Job Manager 对话框右侧[Submit]按钮,此时会弹出一个警告窗口,点击[Yes]按钮;Abaqus/CAE 将在工作目录中生成 crackcae-dynamic.inp 文件,并调用 Abaqus/Explicit 求解器进行求解,直至求解结束。

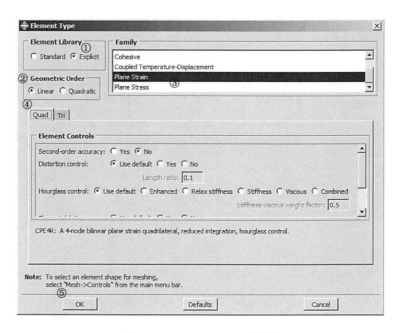

图 7.25 Element Type 对话框

6. 应力强度因子的计算

点击 Job Manager 对话框右侧[Results]按钮，Abaqus/CAE 将直接进入 Visualization 模块，并自动打开 crackcae-dynamic.odb。

点击左侧工具区 (Plot Contours on Deformed Shape)按钮，点击菜单栏 (Box Zoom View)按钮，将裂缝区域局部放大。

点击菜单[tools]→[Query...]，弹出 Query 对话框，选择 Probe Value；弹出 Probe Values 对话框(图 7.26)，点击 (Step/Frame...)按钮；弹出 Step/Frame 对话框，在 Frame 中选择 2(即 Step Time 为 0.01s)，点击[OK]按钮；再点击 (Field Output...)按钮，弹出 Field Output 对话框，在 Field Output 中选择 U，在 Component 中选择 U1，点击[OK]按钮，其他参数设置如图 7.26 所示。

依次向下点击裂缝线上的结点：82(裂尖)，1 008，1 007，83。此时在 Probe Values 对话框下部将显示与上述结点有关的信息(结点变化前后的坐标、位移值 U1 等)，用鼠标左键选中第一行数据，按住左键不放并拖动鼠标选择全部数据，点击[Write to File...]按钮，弹出 Report Probe Values 对话框，保持 File Name 为 abaqus.rpt 不变，点击[OK]按钮。

提示：当读者按照上述步骤操作时，裂缝线上结点的编号、位移值可能与之不同，主要是由于不同的网格(网格密度、单元类型等)造成的，甚至不同的网格创建方式和顺序也会导致上述差异。只要位移值与图中所示数值在一个数量级上，都是正常现象。

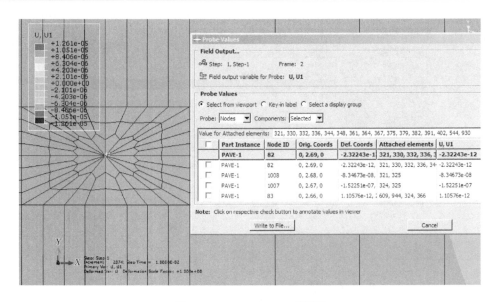

图 7.26 Probe Values 对话框

采用任何文本编辑器打开 abaqus.rpt 文件,按照式(7-18)可计算获得 0.01 s 时裂缝尖端区域的应力强度因子 $K_I = 5.75 \times 10^{-4}$ MPa·$m^{\frac{1}{2}}$;在上述 Probe Values 对话框中,将 Step 设为 Step-1,Frame 设为 4,可计算得到 0.02 s 时裂缝尖端区域的应力强度因子 $K_I = 7.22 \times 10^{-4}$ MPa·$m^{\frac{1}{2}}$,以此类推,可计算得到其他时刻裂缝尖端的应力强度因子 K_I,如图 7.27 所示。

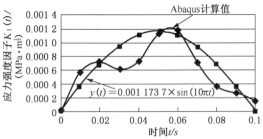

图 7.27 裂缝尖端的应力强度因子 K_I

可见,裂缝尖端区域的应力强度因子随时间的变化与荷载变化趋势基本一致,但存在一定的滞后现象。与静态计算结果相比可以发现,动态时裂缝尖端区域的应力强度因子峰值(11.7×10^{-4} MPa·$m^{\frac{1}{2}}$)大于静态时的应力强度因子(8.31×10^{-4} MPa·$m^{\frac{1}{2}}$)。

7.2.4 动态分析二:三维 Abaqus/CAE 建模

建模分析难点:
(1)有限长度裂缝的三维表征;
(2)移动荷载的施加(通过用户子程序 VDLOAD 来实现)。

在 Abaqus/CAE 中打开第 7.2.3 节中生成的文件 crackcae-dynamic.cae(位于本书配套资料目录:\Chapter 07\03 Crack-dynamic\)。点击菜单[File]→[Save As...],在弹出的 Save Model Database As 对话框中的 File Name 后输入 crackcae-dynamic-3d.cae。

1. 绘制 3D 模型

点击工具区 ▦ (Part Manager)按钮(▣ 按钮右侧),弹出 Part Manager 对话框,点击 [Delete...]按钮,点击[Yes]按钮,确认删除原有的 Part。

点击 Part Manager 对话框右上角的[Create...]按钮,弹出 Create Part 对话框,在 Name 后输入 pave-3d,将 Approximate Size 设为 20,保持其他参数不变,点击[Continue...]按钮,进入 Sketch 绘图环境。

按照第 3.4.2 节例子中同样的方法,绘制路面结构平面模型外轮廓,点击提示区的 [Done]按钮,退出 Sketch 绘图环境;弹出 Edit Base Extrusion 对话框(图 7.28),将 Depth 设为 6,点击[OK]按钮。

按照第 3.4.2 节例子中同样的方法,在模型上创建 5 个基准(与模型左上角点偏离量分别为(0.0, −0.04, 0.0)、(0.0, −0.10, 0.0)、(0.0, −0.34, 0.0)、(0.0, −0.49, 0.0)、(0.0, −0.69, 0.0))。点击工具区 ▦ (Partition Face: Sketh)按钮,在视图区中选择平面 $A_1B_1C_1$,点击提示区的 [Done]按钮,这时提示区的信息变为"Select an edge or axis that will appear vertical and on the right ▼",在视图区中选择线段 C_1B_1,Abaqus/CAE 自动进入 Sketch 绘图环境。

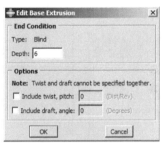

图 7.28 Edit Base Extrusion 对话框

按第 3.4.2 节例子中同样的方法,剖分平面 $A_1B_1C_1$,剖分后点击提示区的[Done]按钮,退出 Sketch 绘图环境。此时,视图区如图 7.29(a)所示。

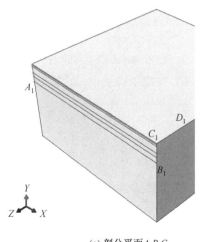

(a) 剖分平面$A_1B_1C_1$

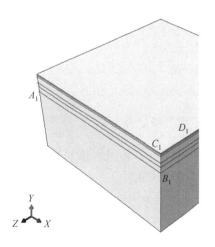

(b) 剖分整个实例

图 7.29 三维模型的剖分

依次点击菜单[Tools]→[Partition],弹出 Create Partition 对话框,将 Type 设为 Cell,Method 设为 Extrude/Sweep Edges,在视图区中选择线段 A_1B_1,点击提示区的[Done]按钮,提示区信息变为"How do you want to sweep?",点击[Extrude Along Direction]按钮,选择线段 C_1D_1,点击提示区中的[OK]按钮,再点击提示区的[Create Partition]按钮,完成路面结构模型的一次剖分(土基与路面结构层的划分)。按照上述步骤,完成其他结构层次的剖分,完成后的模型如图 7.29(b)所示。

2. 材料属性指派

将环境栏 Module 设为属性(Property)模块。

点击左侧工具区 (Assign Section)按钮,在视图区中选择模型上部区域(路面表面层),点击提示区[Done]按钮;弹出 Edit Section Assignment 对话框,将 Section 设为 sma,点击[OK]按钮,完成路面表面层 SMA 材料截面的指派。按照同样的步骤完成其他材料截面的指派。

3. 生成装配

将环境栏 Module 设为装配(Assembly)模块。这时弹出如图 7.30 所示的警告窗口,这是由于删除了原有的 Part 所造成的,不用理会,点击[Dismiss]按钮。

图 7.30　部分部件缺失的警告

依次点击左侧模型树[Model Database]→[Models(1)]→[Model-1]→[Assembly]→[Instances(1)]→[pave-1],右键点击 pave-1,选择 delete,点击[Yes]按钮,确认原有部件实例的删除。

点击左侧工具区 (Instance Part)按钮,弹出 Create Instance 对话框,将 Instance Type 设为 Independent(mesh on instance),点击[OK]按钮,完成部件 pave-3d 的实例化。

4. 三维裂缝的表征

将环境栏 Module 设为相互作用(Interaction)模块。

(1)裂缝的创建

按第 7.2.2 节中相同的办法,在平面 $A_1B_1C_1$ 上进行裂缝的剖分,完成剖分后的裂缝如图 7.31 所示。

点击左侧工具区 (Partition Cell:Extrude/Sweep Edges)按钮,在视图区中选择裂缝所在的区域,点击提示区的[Done]按钮;在视图区中选择$\triangle EO'F$(即三条线段 EF、FO' 和 $O'E$ 同时选中),点击提示区的[Done]按钮及[Extrude Along Direction]按钮,点击菜单区 (Auto-Fit View)按钮,选择模型中任意一条与平面 XY 垂直的线段,点击提示区中的

[OK]按钮及[Create Partition]按钮,完成了裂缝区域的一次剖分。

按照同样的方法,完成裂缝区域的所有剖分。

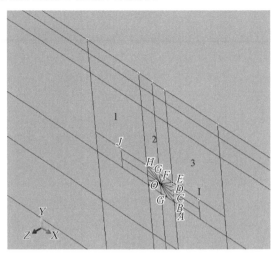

图 7.31　裂缝区域的平面剖分

提示:这一步容易出错,一定要非常细致。完成剖分后,点击菜单栏的 Views 工具条(![icons]),可方便显示不同角度视图,用于检查裂缝剖分的正确性。

点击工具区 ✎(Create Datum Point: Offset From point)按钮,分别在视图区(图 7.32)中选择点 1、2、3,在提示区中输入偏移值(0.0, 0.0, −2.50),分别按 Enter 键确认,创建 3 个基准 4、5、6;再次点击工具区 ✎ 按钮,分别在视图区中选择点 1、2、3,在提示区中输入偏移值(0.0, 0.0, −3.50),分别按 Enter 键确认,创建 3 个基准 7、8、9。

依次点击菜单[Tools]→[Partition],弹出 Create Partition 对话框,将 Type 设为 Cell,Method 设为 Defining Cutting Plane,在视图区中选中整个模型,点击提示区[Done]按钮。点击提示区的[3 Points]按钮,在视图区中依次选择基准 4、5、6,再点击提示区的[Create Partition]按钮。

依次点击菜单[Tools]→[Set]→[Create...],弹出 Create set 对话框,将 Name 设为 Front,点击[Continue...]按钮;在视图区中选择模型前部区域(应特别注意裂缝区域的选择),点击提示区[Done]按钮。

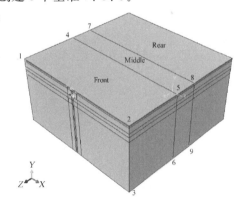

图 7.32　三维实体模型的剖分

提示:在选择模型区域时,点击菜单栏 ▹(Enable Selection)后的下拉框,选择 Cells,将大大方便模型区域的选择。

点击工具栏上 (Create Display Group)按钮,弹出 Create Display Group 对话框,将 Item 设为 Sets,在右边选择 Front,点击对话框下部的 (Remove)。此时视图区中 Front 集合代表的区域被隐藏。

按照同样的步骤,依次点击菜单[Tools]→[Partition],弹出 Create Partition 对话框,将 Type 设为 Cell,Method 设为 Defining Cutting Plane,在视图区中选择可见的整个模型,点击提示区中[Done]按钮;点击[3 Points]按钮,依次选择基准 7、8、9,点击提示区的[Create Partition]按钮。

点击工具栏上 (Create Display Group)按钮,弹出 Create Display Group 对话框,将 Item 设为 All,点击 (Replace)。视图区将显示如图 7.32 所示的模型。

按同样步骤,完成 Middle、Rear 两个集合的定义。

(2) 裂缝的定义

按上述 Display Group 方法,仅显示集合 Middle。局部放大该裂缝区域。

依次点击菜单[Special]→[Crack]→[Assign Seam...],点击工具栏上 (Select the Entity Closet to the Screen)按钮,使之变为 按钮。在视图区中,用鼠标左键点击裂缝区域[图 7.33(a)],此时提示区信息变为"Ambiguous selection, please choose one",点击[Next]按钮,此时视图区如图 7.33(b)所示,点击[OK]按钮,再点击[Done]按钮。

提示:在上述步骤中,选择裂缝面时,可能需要多次点击[Next]按钮,才能选中正确的裂缝面。

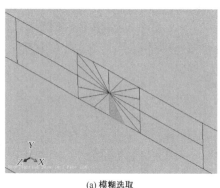
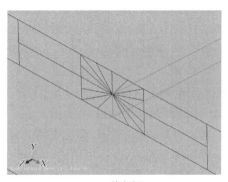

(a) 模糊选取　　　　　　　　　　　　(b) 精确选取

图 7.33　裂缝面的选取

依次点击菜单[Special]→[Crack]→[Edit]→[Crack-1],这时弹出如图 7.34 所示的警告窗口,点击[Yes]按钮;弹出 Edit Crack 对话框,点击 Crack front:(Picked)后的 (Edit...)按钮。点击工具栏上 (Enable Selection)后的下拉框,选择 Edges。在视图区中裂缝区域点击鼠标左键[图 7.35(a)],多次点击提示区[Next]按钮,直至选到正确的裂缝尖端线[图 7.35(b)]为止,点击[OK]按钮,再点击[Done]按

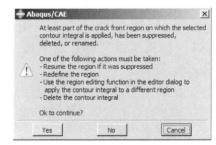

图 7.34　部分裂缝前端区域被抑制、删除或更名的警告信息

钮。点击 Edit Crack 对话框中的[OK]按钮。

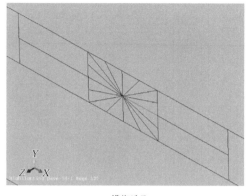
(a) 模糊选取

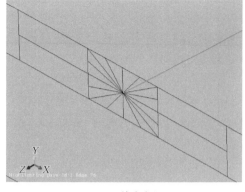
(b) 精确选取

图 7.35　裂缝尖端线的选取

提示：也可采用下列步骤选择裂缝尖端线：

依次点击菜单[Special]→[Crack]→[Edit]→[Crack-1]，这时弹出如图 7.34 所示的警告窗口。点击[Yes]按钮，弹出 Edit Crack 对话框，点击 Crack front：(Picked)后的 ▭ (Edit...)按钮；点击工具栏上 ▭ (Render Model：Wireframe)按钮，这时在视图区可方便地选择裂缝尖端线(图 7.36)。

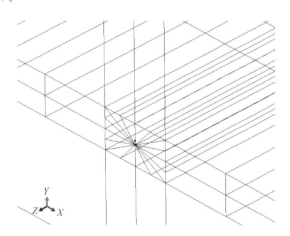

图 7.36　裂缝尖端线的选取(Wireframe)

点击工具栏上 ▭ (Replace All)按钮，显示整个模型。

5. 荷载的施加

将环境栏 Module 设为 Load 模块。

(1) 更正已失效的集合

依次点击菜单[Tools]→[Set]→[Manager...]，弹出 Set Manager 对话框，选择 bottom,点击[Edit...]按钮;点击 Views 工具条上的 按钮,在视图区中依次选择平面 XZ 上的所有平面(注意:不得包含其他平面上的面),点击提示区的[Done]按钮,以完成已失效集合 bottom 的更正。

按照同样的方法,更正已失效的集合 left 和 right。集合 left 包含整个平面 YZ(朝 X 负向),而集合 right 包含整个平面 YZ(朝 X 正向)。

(2) 动荷载作用区域的剖分

点击工具区 按

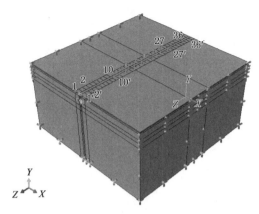

图 7.37 动荷载作用区域的剖分

钮,选择模型上部表面。在 Sketch 绘图环境中,将模型上表面沿 Z 轴负方向均匀划分成 72 个网格(1, 2,…, 36; $1'$, $2'$, …, $36'$),每个方格的尺寸为 0.213 m×0.167 m(图 7.37)。

提示:划分上述小方格的主要目的有:(1) 方便荷载加载位置的定位;(2) 方便后处理中力学响应的提取。

依次点击菜单[Tools]→[Amplitude]→[Delete]→[Amp-1],点击[Yes]按钮,确认删除。

依次点击菜单[Tools]→[Surface]→[Create...],弹出 Create Surface 对话框,点击[Continue...]按钮,在视图区中选择网格 10~27 和 $10'$~$27'$ 的平面,点击提示区[Done]按钮,完成表面 Surf-1 的定义。

点击工具区 按钮(![按钮右侧),弹出 Load Manager 对话框,点击右上角[Edit...]按钮,弹出如图 7.38 所示的警告窗口,点击[Yes]按钮;弹出一个消息窗口,点击[Dismiss]按钮,弹出 Edit Load 对话框(图 7.39),点击 Region:(Picked)后的 按钮,点击提示区右侧的[Surface...]按钮,弹出 Region Selection 对话框,选择 Surf-1,点击[Continue...]按钮;点击 Edit Load 对话框上 Distribution 后的下拉框,选择 User-defined,将 Magnitude 设为 1,点击[OK]按钮;点击 Load Manager 对话框上的[Dismiss]按钮。定义好荷载的模型,如图 7.37 所示。

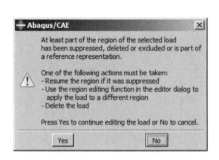

图 7.38 部分荷载作用区域被抑制或删除的警告信息

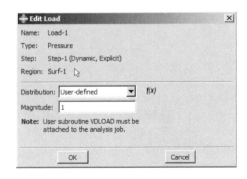

图 7.39 Edit Load 对话框

提示：汽车以 108 km/h 的速度行驶，则 0.1 s 前进 3 m。按照网格尺寸的大小可知，汽车荷载在 0.1 s 内占有的网格数＝3/0.167＝18 个，网格编号依次为 10～27 和 10'～27'。

提示：动载荷非均匀分布子程序(vdload30.for)的编写：

```
C User subroutine VDLOAD
      subroutine vdload (
C Read only (unmodifiable) variables-
     *      nblock, ndim, stepTime, totalTime,
     *      amplitude, curCoords, velocity, dircos,
     *      jltyp, sname,
C Write only (modifiable) variable-
     *      value)
C
      include 'vaba_param.inc'
C     ————————————————————————————————————
C     zini 表示荷载的初始位置,vel 为荷载的移动速度；
C     dlen 为一个方格的距离,pressure 为荷载压力
C     ————————————————————————————————————
      parameter (zini=4.5,vel=30,dlen=0.166666667,pressure=0.7d6)
C
      dimension curCoords(nblock,ndim),
     *      velocity(nblock,ndim),
     *      dircos(nblock,ndim,ndim),
     *      value(nblock)
      character * 80 sname
C     ————————————————————————————————————
C     distan 为 steptime 时间内荷载移动的距离(车速 vel 为 30 m/s)；
C     zmax 和 zmin 分别为荷载的上下边界(两者相距 dlen 为 0.166666667 m)。
C     ————————————————————————————————————
      distan=vel * stepTime
      zc=zini-distan
      zmax=zc
      zmin=zmax-dlen
      do 100 k=1, nblock
      if(curCoords(k,3).lt.zmax.and.curCoords(k,3).ge.zmin) then
            value(k)=pressure
      else
            value(k)=0
      end if
100   continue
      return
      end
```

6. 网格的定义

将环境栏 Module 设为 Mesh 模块。

点击左侧工具区 ![icon](Partition Face：Sketch)按钮,将平面 XY(朝向 Z 轴正向)进行剖分,结果如图 7.40 所示(主要是在裂缝区域增加两条水平剖分线 SS'、TT',以提高网格质量)。

依次点击菜单[Tools]→[Partition...],弹出 Create Partition 对话框,将 Type 设为 Cell,Method 设为 Extrude/Sweep Edges,在视图区中选中整个模型,点击提示区[Done]按钮;选择线段 SS',点击提示区[Done]按钮,点击[Extrude Along Direction]按钮,选择一条与平面 XY 垂直的任意线段,Abaqus/CAE 将显示拉伸的方向。如果拉伸方向不对,点击[Flip]按钮,再点击[OK]按钮;如果拉伸方向正确,直接点击[OK]按钮。点击[Create Partition]按钮。

按照同样的方法,以线段 TT' 为基础,剖分整个模型。

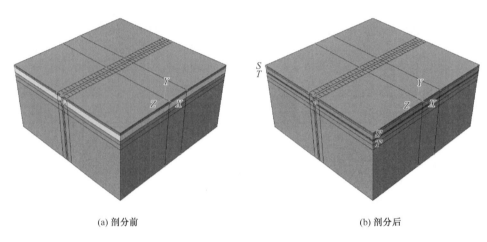

(a) 剖分前   (b) 剖分后

图 7.40 裂缝区域的剖分

按上述 Display Group 方法,仅显示集合 Front。点击 Views 工具栏上 ![icon] 按钮,显示集合 Front 的平面 YX,点击工具区 ![icon](Partition Face：Sketch)按钮,将平面 YX 剖分成与平面 XY(朝向 Z 轴正向)相同的区域(图 7.41)。

按照同样方法,完成集合 Middle 和集合 Rear 中平面 XY(朝向 Z 轴正向)和平面 YX (朝向 Z 轴负向)的剖分。

按第 7.2.2 节的方法,布设集合 Left、Middle、Rear 中平面 XY 和平面 YX 的种子。

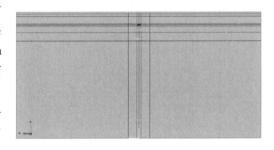

图 7.41 集合 Front 中平面 YX 的剖分

提示:为节省篇幅,本书省略了很多中间步骤。建议读者在练习时,对照本书所提供的光盘文件\Chapter 07\04 Crack-dynamic-3d\crack-dynamic-3d.cae 一起进行。

点击左侧工具区■(Assign Element Type)按钮,选中整个模型,点击[Done]按钮,弹出 Element Type 对话框(图 7.42),将 Element Library 设为 Explicit,将 Geometric Order 设为 Linear,将 Family 设为 3D Stress,此时对话框下部显示单元类型为 C3D8R,点击[OK]按钮。

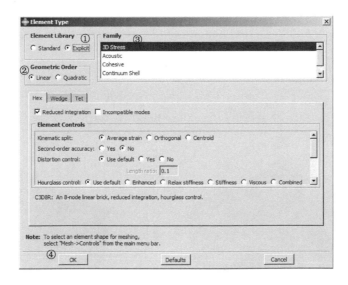

图 7.42　Element Type 对话框

点击左侧工具区■(Mesh Part Instance)按钮,点击提示区的[Yes]按钮。完成网格划分后的模型,如图 7.43 所示。

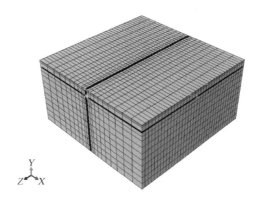

图 7.43　网格划分后的模型

7. 作业的提交

将环境栏 Module 设为 Job 模块。

点击工具区■(Job Manager)按钮(■按钮右侧),弹出 Job Manager 对话框,点击[Rename...]按钮,将 crackcae-dynamic 改为 crackcae-dynamic-3d,点击[OK]按钮;点击[Edit...]按钮,弹出 Edit Job 对话框,点击 General 选项卡,点击 User subroutine file 后的■(Select...)按钮,指向 C:\Temp\vdload30.for(若该文件不在当前目录,请指向文件的正

确目录),点击[OK]按钮;再单击 Precision 选项卡,将 Abaqus/Explicit precision 设为 Double-analysis + packager,点击[OK]按钮。点击 Job Manager 对话框右侧[Submit]按钮,弹出未设置裂缝输出的警告窗口,点击[Yes]按钮,Abaqus 开始计算,直至计算结束。

8. 后处理

点击 Job Manager 对话框右侧[Results]按钮,Abaqus/CAE 将直接进入 Visualization 模块,并自动打开 crackcae-dynamic-3d.odb。

(1) Mises 应力云图

点击左侧工具区 (Plot Contours on Deformed Shape)按钮,视图区将显示模型的 Mises 应力云图(0.1s)。点击环境栏 (Previous)和 (Next)按钮,可获得其他时刻的 Mises 应力云图(图 7.44)。

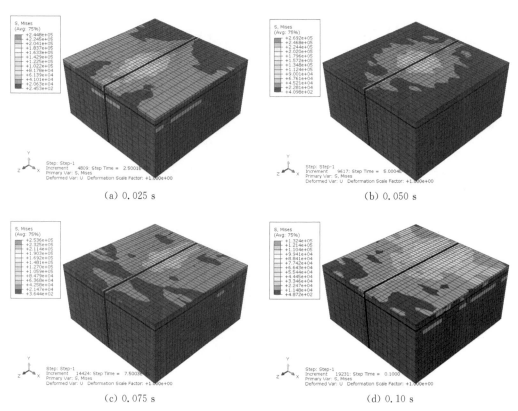

图 7.44 不同时刻的 Mises 云图

点击工具栏上 (Create Display Group)按钮,仅显示 Middle。点击工具区 (View Cut Manager)按钮(按钮右侧);弹出 View Cut Manager 对话框,点击 Z-Plane 前的复选框,此时视图区如图 7.45 所示。

(2) 位移 U1 及其应力强度因子

点击菜单[Tools]→[Query...],弹出 Query 对话框,选择 Probe Value;弹出 Probe Values 对话框,点击 (Step/Frame...)按钮;弹出 Step/Frame 对话框,在 Frame 中选择 2 (即 Step Time 为 0.01s),点击[OK]按钮;再点击 (Field Output...)按钮,弹出 Field

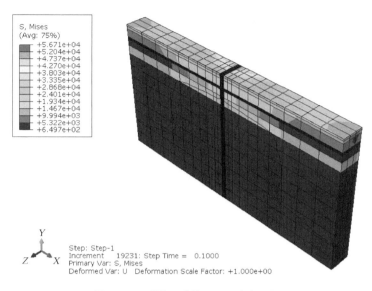

图 7.45 裂缝区域的 Mises 应力云图

Output 对话框,在 Field Output 中选择 U,在 Component 中选择 U1,点击[OK]按钮。此时视图区如图 7.46 所示。

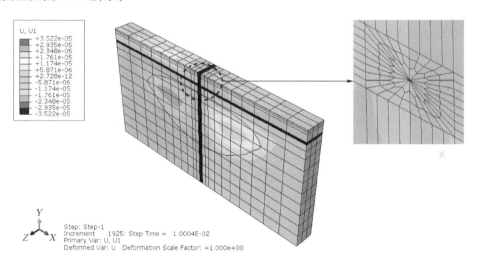

图 7.46 裂缝区域的位移 U1 云图

按照第 7.2.3 节的方法,获取裂缝线上结点的 U1 值;按照式(7-18)可得裂缝区域的应力强度因子,如图 7.47 所示。

当分析时间为 0.033 s 时,荷载刚好达到裂缝所在区域(即集合 Middle 包含的整个区域);当分析时间为 0.05 s 时,荷载位于集合 Middle 的正中部位,集合 Middle 所代表区域在 Z 向宽度为 1.0 m,以 30 m/s 的速度行驶,只需要 0.033 s 即可驶离该区域。可见,当载荷逐渐接近时,裂缝区域(位于集合 Middle 内)的应力强度因子由正变负,即裂缝愈不容易扩展;而当荷载逐渐远离一定距离时,裂缝处的应力强度因子达到最大值(即裂缝有扩展的趋势)。这主要是与裂缝所处位置有关,当荷载刚好位于裂缝顶部时,两侧的荷载使得轮隙之间的裂缝承受压应力而不易扩展。

与静态计算结果相比可以发现,荷载动态移动时裂缝区域的应力强度因子峰值(19.29$\times 10^{-4}$ MPa·m$^{\frac{1}{2}}$)要大于静态时的应力强度因子(8.31$\times 10^{-4}$ MPa·m$^{\frac{1}{2}}$)。

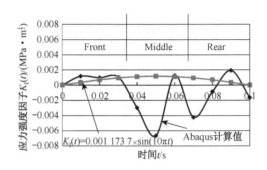

图 7.47 裂缝尖端的应力强度因子 K_I

7.3 本章小结

本章介绍了断裂力学相关参数及裂缝尖端的奇异单元,并结合实例,采用 Abaqus 有限元软件进行了沥青路面结构中裂缝问题的静态和动态分析。

（1）断裂力学是解决裂缝尖端附近力学响应的一种方法,由于裂缝尖端的应力场存在奇异现象,需要采用奇异单元来提高计算的精度。一般采用应力强度因子 K 和 J 积分来表征裂缝尖端附近的应力场强度。

（2）Abaqus/Explicit 应用中心差分法对时间进行动力学显式积分。显式方法需要许多小的时间增量,随着模型尺寸的增加,显式法比隐式法能够节省大量的计算成本。在整个分析过程中,Abaqus/Explicit 自动地控制时间增量值以保持稳定性。一般来说,其应用质量比例阻尼来减弱低阶频率振荡,并应用刚度比例阻尼来减弱高阶频率振荡。

（3）采用 Abaqus 有限元软件,进行沥青路面结构中的裂缝问题的静态和动态分析时,应特别注意裂缝尖端部分单元的划分和种子的分布（尤其是三维模型）,以减少裂缝尖端应力场等的奇异性,以提高计算精度。

（4）在裂缝尖端附近,动态分析时的应力强度因子要大于静态分析时的应力强度因子,这主要是由荷载的动态效应引起的。

第 8 章 沥青路面结构的车辙问题及摊铺温度场分析

随着公路交通量的增加和重载车辆的增多,沥青路面的车辙已经成为人们普遍关注的问题。环境因素和荷载条件是影响沥青路面车辙的重要外部条件,而材料类型和路面结构组合是影响沥青路面车辙的重要内在因素。

温度是影响沥青混合料现场压实的重要因素。要想获得良好的压实效果,必须在有效的时间内压实好摊铺的沥青混合料。而沥青混合料温度的下降受到很多因素的影响,如太阳辐射状况、气温及风速等。

本章将首先采用 Abaqus 有限元软件模拟连续变温条件下沥青路面的温度场,继而采用两种模型(蠕变模型和黏弹—黏塑性模型)进行沥青路面结构的车辙计算,然后进行沥青路面上面层摊铺温度场的分析。

8.1 相关理论和计算方法

1. 周期性变温条件下的路面温度场边界形式

由于太阳辐射的作用,使得大气温度在昼夜之间产生明显的差异,并呈现出日周期性的变化特征。太阳辐射的这种周期性变化规律对路面结构温度场的影响可以近似地用周期性变化的边界条件描述。

在沥青路面结构(厚度、热物性等)确定的情况下,影响其温度场的主要环境因素有日太阳辐射总量 Q、有效日照时间 c、日最高气温 $T_a^{\max}$、日最低气温 $T_a^{\min}$ 和日平均风速 v_w 等。

(1) 太阳辐射

根据 Barber、严作人等的研究结果,太阳辐射 $q(t)$ 的日变化过程可采用以下函数近似表示:

$$q(t) = \begin{cases} 0 & 0 \leqslant t < 12 - \dfrac{c}{2} \\ q_0 \cos m\omega(t-12) & 12 - \dfrac{c}{2} \leqslant t \leqslant 12 + \dfrac{c}{2} \\ 0 & 12 + \dfrac{c}{2} < t \leqslant 24 \end{cases} \tag{8-1}$$

式中,q_0——中午最大辐射,$q_0 = 0.131mQ$,$m = 12/c$;

Q——日太阳辐射总量,J/m^2;

c——实际有效日照时间,h;

ω——角频率,$\omega = 2\pi/24$,rad。

上式为分段函数，不光滑连续，在计算温度场时会出现跳跃间断点，为此，可将其展开为余弦三角函数形式的 Fourier 级数形式[即式(8-2)]，以得到光滑连续的函数表达式。计算阶数 k 达到 30 即可满足工程精度的要求。

$$q(t) = \frac{a_0}{2} + \sum_{k=1}^{\infty} a_k \cos \frac{k\pi(t-12)}{12} \quad (8-2)$$

式中，$a_0 = \dfrac{2q_0}{m\pi}$；

$$a_k = \begin{cases} \dfrac{q_0}{\pi}\left[\dfrac{1}{m+k}\sin(m+k)\dfrac{\pi}{2m} + \dfrac{\pi}{2m}\right] & k = m \\ \dfrac{q_0}{\pi}\left[\dfrac{1}{m+k}\sin(m+k)\dfrac{\pi}{2m} + \dfrac{1}{m-k}\sin(m-k)\dfrac{\pi}{2m}\right] & k \neq m \end{cases}$$

(2) 气温及对流热交换

由于太阳辐射的影响，大气温度呈现出周期性的变化特征。由于日最低气温通常出现在黎明前后，大约在上午 4～6 时，而日最高气温大多出现在最大太阳辐射出现后约 2 h（下午 2 时左右），这样，从最低气温上升到最高气温不足 10 h，而从最高气温降至最低气温则需要 14 h 以上，单一的正弦函数无法模拟这种实际的变温过程。为此，可采用两个正弦函数的线性组合式(8-3)来模拟气温的日变化过程，其结果与实际情况符合较好。

$$T_a = \overline{T_a} + T_m[0.96\sin\omega(t-t_0) + 0.14\sin 2\omega(t-t_0)] \quad (8-3)$$

式中，$\overline{T_a}$——日平均气温 $\overline{T_a} = \dfrac{1}{2}(T_a^{max} + T_a^{min})$，℃；

T_m——日气温变化幅度 $T_m = \dfrac{1}{2}(T_a^{max} - T_a^{min})$，$T_a^{max}$、$T_a^{min}$ 分别为日最高与最低气温，℃；

ω——角频率，$\omega = 2\pi/24$，rad；

t_0——初相位，最大太阳辐射与最高气温的出现时间差加 7，一般情况下，设时间差为 2 h，为此，可以取 $t_0 = 9$；计算时，t 以小时计。

路面表面与大气产生热交换的热交换系数 h_c 主要受风速 v_w 的影响，两者之间大致呈线性关系：

$$h_c = 3.7v_w + 9.4 \quad (8-4)$$

式中，h_c——热交换系数，W/(m² · ℃)；

v_w——日平均风速，m/s。

(3) 路面有效辐射

路面有效辐射的大小主要与地面温度、气温、云量、空气的湿度及透明度等诸多因素有关。一般通过适当改变路表面放热系数以修正气温，或者对太阳辐射的幅值进行折减等方法来近似计算路表面有效辐射的释热效果，但这种处理方法存在较大误差，可采用式(8-5)直接获得地面有效辐射的边界条件：

$$q_F = \varepsilon\sigma[(T_1|_{Z=0} - T_Z)^4 - (T_a - T_Z)^4] \quad (8-5)$$

式中，q_F——地面有效辐射，W/(m² · ℃)；

ε——路面发射率(黑度),沥青路面取 0.81;
σ——Stefan-Boltzmann 常数(黑体辐射系数),$\sigma=5.6697\times10^{-8}$,W/(m² · K⁴);
$T_1|_{z=0}$——路表温度,℃;
T_a——大气温度,℃;
T_Z——绝对零度值,℃,$T_Z=-273$ ℃。

提示:对于"气温及对流热交换"和"路面有效辐射",在 Abaqus/CAE 的 Interaction 模块中进行定义,对于"太阳辐射"在 Load 模块中进行定义。

2. 沥青路面结构车辙的计算

(1) Abaqus 中的蠕变模型

Abaqus 对于各向同性材料的蠕变特性常用的描述方式有两种:时间硬化蠕变模型和应变硬化蠕变模型(默认值),其中时间硬化模型适用于分析过程中应力状态恒定不变的情况,而应变硬化模型适用于分析过程中应力状态发生变化的情况。由于实际沥青路面车辙的发生总是伴随着应力状态的变化(如轴重的变化),故一般采用 Abaqus 中应变硬化蠕变模型进行车辙计算分析。

提示:也可以采用本书第 4 章的修正 Burgers 模型、黏弹-黏塑性模型进行沥青路面车辙的计算。

路面材料的蠕变变形 ε_{cr} 可以表示为温度 T、应力 q 和时间 t 的函数,即:

$$\varepsilon_{cr} = f(T, q, t) \tag{8-6}$$

若在分析过程中所受应力 q 保持不变时,Abaqus 中采用的时间硬化蠕变模型的表达式为:

$$\dot{\varepsilon}_{cr} = Aq^n t^m \tag{8-7}$$

式中,$\dot{\varepsilon}_{cr}$ 为单轴等效蠕变应变率;q、t 分别为应力和时间;A、n、m 为模型参数,一般通过室内材料蠕变试验确定,A,$n>0$;$-1<m\leqslant 0$。

若在分析过程中所受应力 q 变化时,Abaqus 中采用的应变硬化蠕变模型的表达式为:

$$\dot{\varepsilon}_{cr} = (Aq^n [(m+1)\bar{\varepsilon}_{cr}]^m)^{\frac{1}{m+1}} \tag{8-8}$$

式中,$\bar{\varepsilon}_{cr}$ 为单轴等效蠕变应变;A、n、m 为模型参数,其他参数含义同前。

(2) 连续变温的沥青路面车辙模拟分析方法

在环境因素的影响下,实际路面结构的温度随时间时刻发生着变化,其温度场为瞬态温度场。而作为路面材料的沥青混合料,其黏弹性性质很显著,材料特性受温度影响很大,尤其是高温情况下,影响则更为显著。故在路面车辙分析时,应引入路面结构的实际温度场,考虑材料特性随温度的连续变化,建立连续变温(随空间和时间)的车辙模拟分析方法,以分析路面车辙的变化规律。

此外，由于研究中所采用材料模型分别为蠕变模型和弹性模型，即在计算出的总变形中包括蠕变变形和弹性变形两部分，而车辙(永久变形)主要由蠕变变形产生，弹性变形在荷载卸载后自动恢复，不属于永久变形，因此，在计算车辙量时，应从总变形中减去模型的弹性变形部分。

连续变温条件下沥青路面车辙模拟分析方法的步骤如图 8.1 所示。

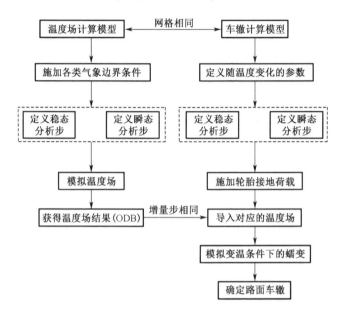

图 8.1　连续变温条件下沥青路面车辙模拟分析步骤

① 根据适当的温度边界条件建立温度场计算模型，进行路面结构的温度场数值分析：
(a) 在 Part 模块中，建立路面结构部件；
(b) 在 Property 模块中，定义材料的密度和热物性参数(热传导率和热容量)；
(c) 在 Assembly 模块中，进行路面结构部件的实例化；
(d) 在 Step 模块中，定义稳态和瞬态热传导分析步；
(e) 在 Interaction 模块中，定义"气温及对流热交换"和"路面有效辐射"条件；
(f) 在 Load 模块中，定义"太阳辐射"条件；
(g) 在 Mesh 模块中，进行路面结构的网格划分；
(h) 在 Job 模块中，进行路面结构的温度场数值分析；
(i) 在 Visualization 模块中，查看路面温度场的计算结果。

② 根据以下步骤建立车辙计算整体模型，进行变温条件下的车辙模拟计算：
(a) 采用与温度场分析相同的车辙计算模型；
(b) 在 Property 模块中，定义随温度变化的材料参数；
(c) 在 Step 模块中，建立弹性分析步(Static)，分析步时间设为足够小量(建议取 1×10^{-10})；建立蠕变分析步(Visco)，分析步总时间设为荷载累积作用时间；
(d) 在 Load 模块中，施加静态车轮荷载；导入①中与各蠕变分析步相对应的路面结构温度场(这是路面车辙计算的关键步骤，该步也可直接在 inp 文件中实现，见本章算例)；
(e) 在每一步分析前，程序根据每一结点当前的温度值自动插值材料参数，代入分析模型，进行蠕变数值计算分析。

③ 在后处理分析中,将各点蠕变分析步中的总变形减去弹性分析步的弹性变形,得到永久变形,即为车辙量。

此外,由于蠕变分析为非线性分析,需要大量迭代,同时又考虑材料参数随温度的变化,其插值计算时间较长,输出变量所用空间也很大。因此,在分析步中,只需在 Step 模块中定义与蠕变有关的面层材料各结点的位移、蠕变和应力作为输出要求,尽量减少运算时间和所需空间。

3. 沥青路面上面层摊铺温度场分析

沥青路面上面层摊铺温度场分析过程与上述沥青路面车辙模拟中的温度场计算类似。但不同的是,除了原有的太阳辐射、气温及对流热交换、路面有效辐射外,还需要特别考虑初始摊铺混合料温度的施加,这一部分通过 Load(载荷)模块中的边界条件来实现。

8.2 实例:沥青路面结构车辙计算

问题描述:某地区代表性沥青路面结构如图 8.2 所示。高温季节一天 24 h 代表性气温如表 8.1 所示。一天 24 h 内不同时段轴载的累积作用次数所占比例,如表 8.2 所示。各种材料的热属性参数、弹性参数和蠕变参数,分别如表 8.3~表 8.5 所示。请模拟该路面作用 50 万标准轴次后的路面车辙。

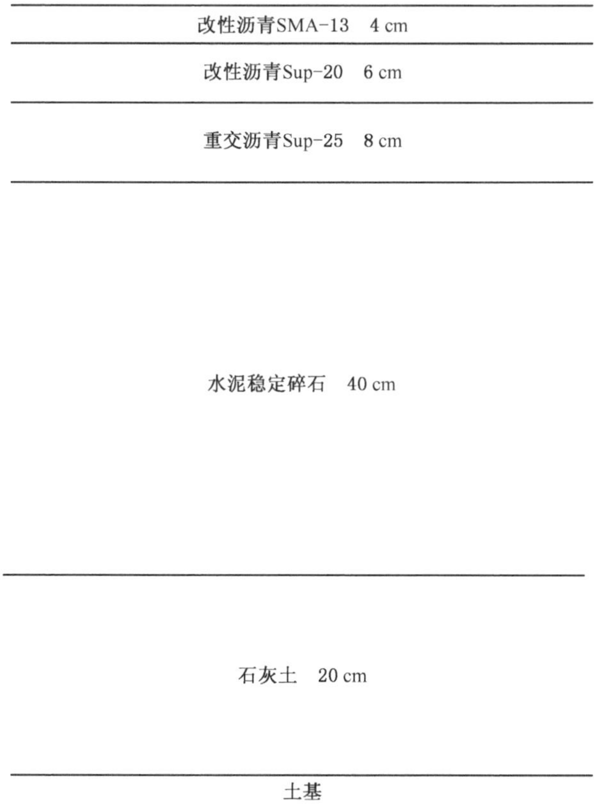

| 改性沥青SMA-13 4 cm |
| 改性沥青Sup-20 6 cm |
| 重交沥青Sup-25 8 cm |

水泥稳定碎石 40 cm

石灰土 20 cm

土基

图 8.2 半刚性基层沥青路面结构形式

表 8.1 某地区高温季节一天 24 h 代表性气温

时刻	气温/℃	时刻	气温/℃	时刻	气温/℃	时刻	气温/℃
0	25.8	7	25.4	14	35.6	21	29.2
1	24.7	8	27.2	15	35.3	22	28.1
2	23.7	9	29.2	16	34.7	23	26.9
3	23.1	10	31.2	17	33.7	24	25.8
4	22.8	11	33.0	18	32.6		
5	23.1	12	34.4	19	31.5		
6	24.0	13	35.3	20	30.3		

表 8.2 一天 24 h 内不同时段轴载的累积作用次数所占比例

时刻	1	2	3	4	5	6	7	8
所占比例/%	1.026 6	0.821 3	0.739 1	0.410 6	0.587 5	0.821 26	1.149 8	2.053 1
时刻	9	10	11	12	13	14	15	16
所占比例/%	2.874 4	4.516 9	5.748 8	7.391 3	7.801 9	6.57	7.391 3	8.623 2
时刻	17	18	19	20	21	22	23	24
所占比例/%	9.033 8	7.801 9	6.980 6	4.927 5	4.106 1	3.695 6	2.874 4	2.053 1

表 8.3 路面温度场分析热属性参数

参数	SMA-13、Sup-20、Sup-25	CTB	LS	SG
热传导率 k/[J/(m·h·℃)]	4 680	5 616	5 148	5 616
密度 ρ/(kg/m³)	2 300	2 200	2 100	1 800
热容量 C/[J/(kg·℃)]	924.9	911.7	942.9	1 040.0
太阳辐射吸收率 α_s	0.90			
路面发射率 ε	0.81			
绝对零度值 T_Z/℃	−273			
Stefan-Boltzmann 常数 σ/[J/(h·m²·K⁴)]	2.041×10⁻⁴			

表8.4 沥青混合料弹性参数和蠕变参数

混合料类型	温度/℃	弹性参数		蠕变参数			
		回弹模量 E/MPa	泊松比 μ	A	n	m	R^2
SMA-13	20	870	0.25	6.536e-11	0.937	−0.592	0.932 6
	30	620	0.30	3.325e-09	0.862	−0.587	0.945 9
	40	554	0.35	1.446e-08	0.792	−0.577	0.942 0
	50	530	0.40	1.390e-06	0.414	−0.525	0.924 4
	60	526	0.45	1.464e-05	0.336	−0.502	0.904 9
Sup-20	20	910	0.25	4.580e-11	0.944	−0.596	0.926 4
	30	752	0.30	2.461e-09	0.796	−0.585	0.922 7
	40	600	0.35	3.673e-08	0.773	−0.570	0.936 4
	50	440	0.40	4.802e-06	0.595	−0.532	0.849 4
	60	380	0.45	7.778e-05	0.384	−0.441	0.913 8
Sup-25	20	1 031	0.25	4.590e-11	0.922	−0.581	0.937 7
	30	900	0.30	3.461e-09	0.859	−0.576	0.920 8
	40	710	0.35	1.956e-08	0.830	−0.562	0.906 3
	50	500	0.40	1.200e-06	0.322	−0.522	0.801 5
	60	390	0.45	3.755e-05	0.210	−0.418	0.899 4

表8.5 基层和土基材料的弹性参数

材料	抗压回弹模量 E/MPa	泊松比 μ
水泥稳定碎石 CTB	1 200	0.20
石灰土 LS	300	0.30
土基 SG	45	0.40

8.2.1 温度场的分析

1. Part(部件)模块

(1) 创建部件

在 Abaqus/CAE 环境下,点击左侧工具区 (Create Part)按钮,弹出 Create Part 对话框,在 Name 后输入 pave-tem,将 Modeling Space 设为 2D Planar,Type 设为 Deformable,Base Feature 设为 Shell,在 Approximate size 后输入 20,点击[Continue...]按钮,Abaqus 自动进入草图(Sketch)环境。

点击左侧工具区 (Create lines:Connected)按钮,在提示区输入(0,0)(实际输入时不需要括号,下同),按 Enter 键确认;再依次分别在提示区输入(3.75,0)、(3.75,3)、(0,3)、(0,0),依次按 Enter 键确认。按 Esc 键,再点击提示区中的[Done]按钮,Abaqus 自动退出草图环境。

提示:路面结构模型的尺寸为宽 3.75 m、厚 3 m。
关于 Abaqus/CAE 的具体操作,请参考"3.4.2 实例:路面结构的受力分析"。

(2)剖分部件

用鼠标左键点击左侧工具区 图标不放,稍等片刻,在弹出的系列图标中选择 (Create Datum Point:Offset From Point)按钮,在视图区中选择模型最左上点,在提示区输入(0,−0.04,0),按 Enter 键确认。按照同样的方法,仍以模型最左上点为偏移基准点,依次分别在提示区中输入(0,−0.10,0)、(0,−0.18,0)、(0,−0.58,0)、(0,−0.78,0),再依次分别按 Enter 键确认。

提示:上述步骤依次创建了如图 8.3 所示的基准点 1、2、3、4 和 5。

按照同样的方法,再次选择 按钮,在视图区中选择模型顶端中点,此时提示区显示"Offset (X, Y, Z):0.0,0.0,0.0"按 Enter 键确认。按照同样的方法,以此点为偏移基准点,依次分别在提示区中输入(0.053 25,0,0)、(0.266 25,0,0)、(−0.053 25,0,0)、(−0.266 25,0,0),再依次分别按 Enter 键确认。此时视图区显示如图 8.3 所示的模型。

提示:上述步骤依次创建了如图 8.3 所示的基准点 8、7、6、9 和 10,这些基准点是为施加标准轴载(BZZ-100)准备的。

点击左侧工具区 (Partition Face:Sketch)按钮,Abaqus 自动进入草图(Sketch)环境。点击左侧工具区 (Create Lines:Connected)按钮,点击基准 1,将鼠标指针移动至模型右上角,滚动鼠标滚轮放大模型,在模型右边界上移动鼠标,当出现"×"时,点击鼠标左键,按 Esc 键(以完成表面层的剖分)。点击工具栏上 (Auto-Fit View)按钮,以显示完整的模型。按照同样的步骤,完成其他结构层的剖分(分别选择基准 2、3、4、5)。

点击左侧工具区 (Create Lines:Connected)按钮,点击基准 6,在模型底部边界上移动鼠标,当出现"×"时,点击鼠标左键,按

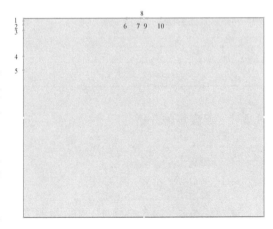

图 8.3 创建了基准点的模型

Esc 键(以完成荷载左边界的定义)。按照同样的步骤,完成整个荷载边界的定义(分别选择基准 7、8、9、10)。点击提示区的[Done]按钮,退出草图(Sketch)环境。

完成剖分后的模型如图 8.4 所示。

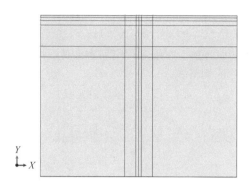

图 8.4　剖分完成后的路面结构模型

2. Property(特性)模块

在 Abaqus/CAE 窗口顶部环境栏 Module 后的下拉框中选择 Property(属性)模块。

点击左侧工具区 (Create material)按钮,弹出 Edit material 对话框,在 Name 后输入 sma-13。依次点击[General]→[Density],将 Mass Density 设为 2 300;再依次点击[Thermal]→[Conductivity],将 Conductivity 设为 4 680;再依次点击[Thermal]→[Specific Heat],将 Specific Heat 设为 924.9;点击[OK]按钮,完成材料 sma-13 的创建。

提示:材料名不区分大小写,即 sma-13 与 SMA-13 的效果相同。

按照相似的步骤,完成其他材料(sup-20、sup-25、ctb、ls、sg)的创建。

点击左侧工具区 (Create Section)按钮,弹出 Create Section 对话框,点击[Continue...]按钮,弹出 Edit Section 对话框。在 Material 后的下拉框中选择 sma-13,点击[OK]按钮,完成截面 Section-1 的创建。按照同样的步骤,完成其他材料截面的创建。

点击左侧工具区 (Assign Section)按钮,在视图区中(用鼠标左键)划选路面结构最上层,再点击提示区的[Done]按钮,弹出 Edit Section Assignment 对话框。在 Section 后的下拉框中选择 Section-1,点击[OK]按钮,完成 sma-13 材料界面属性的指派。按照同样步骤,完成其他材料界面属性的指派(图 8.5)。

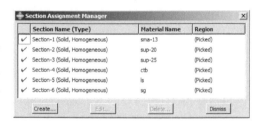

图 8.5　Edit Section Assignment 对话框

3. Assembly(装配)模块

在 Abaqus/CAE 窗口顶部环境栏 Module 后的下拉框中选择 Assembly(装配)模块,以创建装配件。

(1) 部件实例化

点击左侧工具区 (Instance Part)按钮,弹出 Create Instance 对话框,将 Instance Type

设为 Independent(mesh on instance),点击[OK]按钮,以完成部件的实例化。

(2) 定义表面

依次点击菜单[Tools]→[Surface]→[Create...],弹出 Create Surface 对话框,在 Name 后输入 film,点击[Continue...]按钮,在视图区中选择整个路面表面(线段),点击提示区中[Done]按钮,完成表面 film 的定义。

4. Step(分析步)模块

在 Abaqus/CAE 窗口顶部环境栏 Module 后的下拉框中选择 Step(分析步)模块,以设置分析步。

点击左侧工具区 (Create Step)按钮,弹出 Create Step 对话框,在 Name 后输入 steady,并将 Procedure type 设为 Heat transfer(图 8.6),点击[Continue...]按钮;弹出 Edit Step 对话框,将 Response 设为 Steady-state,这时 Abaqus/CAE 将弹出一个提示窗口,点击[Dismiss]按钮,在 Time period 后输入 1e-10,点击[OK]按钮。

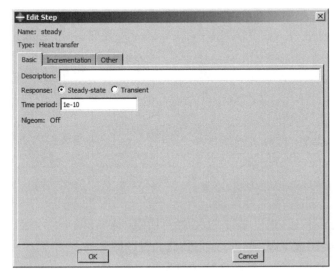

(a) Create Step (b) Edit Step

图 8.6　分析步 steady 的创建

按照相同的步骤,创建另一瞬态热传导分析步 transient。与上述步骤不同的是,在 Edit Step 对话框中,将 Response 设为 Transient,在 Time period 后输入 24;在 Incrementation 选项卡中,将 Type 设为 Fixed,在 Increment size 后输入 1.0。

5. Interaction(相互作用)模块

在 Abaqus/CAE 窗口顶部环境栏 Module 后的下拉框中选择 Interaction(相互作用)模块,以定义路面与周围大气进行热交换过程。

(1) 定义幅值曲线(Amplitude)

依次点击菜单[Tools]→[Amplitude]→[Create...],弹出 Create Amplitude 对话框,将 Type 设为 Tabular,点击[Continue...]按钮,弹出 Edit Amplitude 对话框,在 Time/Frequency 下的空格(第 1 行)中输入 0,在 Amplitude 下的空格(第 1 行)中输入 25.8;在 Time/Frequency 下的空格(第 2 行)中输入 1,在 Amplitude 下的空格(第 2 行)中输入 24.7;然后输入第 3 行相应的数据,所有数据输入完成后,点击[OK]按钮完成幅值 Amp-1 的定义。

提示:上述幅值曲线定义的是大气温度一天 24 h 的变化规律(表 8.1)。输入上述数据的最便捷办法,是将表 8.1 中的内容按照时间顺序转换成 25×2 的表格,复制所有数据内容 (25×2),然后切换到 Edit Amplitude 对话框,在 Time/Frequency 下的空格(第 1 行)中粘贴,这样便可一次输入所有数据。

(2) 定义相互作用(Interaction)

点击工具区 ▣(Create Interaction)按钮,弹出 Create Interaction 对话框(图 8.7),在 Name 后输入 surffilm,将 Step 设为 steady,将 Types for Selected Step 设为 Surface film condition,点击[Continue...]按钮;点击提示区右侧的[Surface...]按钮,弹出 Region Selection 对话框,选择 film,点击[Continue...]按钮;弹出 Edit Interaction 对话框,在 Definition 后的下拉框中选择 User-defined,在 Film coefficient 后输入 1,在 Sink temperature 后输入 1,此时在对话框底部显示"Note:User subroutine (FILM) should be specified",点击[OK]按钮,完成相互作用 surffilm 的定义。

(a) Create Interaction 对话框

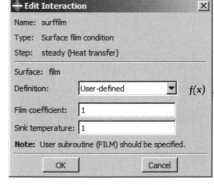
(b) Edit Interaction 对话框

图 8.7 气温及对流热交换 surffilm 的定义

提示:用户子程序 FILM 的内容如下:
! 定义随时间变化的外界温度(第二类边界条件)

```
      SUBROUTINE FILM(H,SINK,TEMP,KSTEP,KINC,TIME,NOEL,NPT,
     1 COORDS,JLTYP,FIELD,NFIELD,SNAME,NODE,AREA)
C
      INCLUDE 'ABA_PARAM.INC'
C
```

```
      DIMENSION H(2),TIME(2),COORDS(3), FIELD(NFIELD)
      CHARACTER * 80 SNAME

v=2.6                          ! v 为日平均风速,m/s,根据实际条件确定
hc=3.7*v+9.4                   ! hc 为对流系数,W/m^2℃,W=J/s
H(1)=3600*hc                   ! 对流系数,J/(h m^2 ℃)
H(2)=0
Tamax=35.6                     !! 日最高气温,℃,根据实际条件确定
Tamin=22.8                     !! 日最低气温,℃,根据实际条件确定
Ta=(Tamax+Tamin)/2             ! 日平均气温,℃
Tm=(Tamax-Tamin)/2             ! 日气温变化幅度,℃
w=0.2618                       ! 频率,pi/12
t0=9                           ! 气温变化时间差,h
SN1=SIN(w*(TIME(1)-t0))
SN2=SIN(2*w*(TIME(1)-t0))
SINK=Ta+Tm*(0.96*SN1+0.14*SN2) ! 日气温变化(两个正弦函数的组合)
C
      RETURN
      END
```

上述用户子程序 FILM 实际上是实现公式(8-3)所示的"气温及对流热交换"。

按照类似的步骤,创建相互作用 surfradiation,如图 8.8 所示,应注意与相互作用 surf-film 的区别。

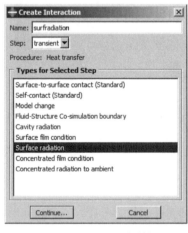
(a) Create Interaction 对话框

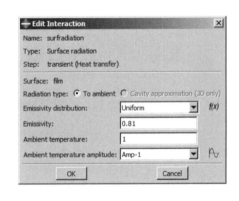
(b) Edit Interaction 对话框

图 8.8　路面有效辐射 surfradiation 的定义

依次点击菜单[Model]→[Edit Attributes]→[Model-1],弹出 Edit Model Attributes 对话框,选中 Absolute zero temperature 前的复选框,并在其后输入-273;选中 Stefan-Boltzmann constant 前的复选框,并在其后输入2.041e-04,点击[OK]按钮。

提示:接触 surfradiation 的主要作用是实现"路面有效辐射"。

6. Load(载荷)模块

在 Abaqus/CAE 窗口顶部环境栏 Module 后的下拉框中选择 Load(载荷)模块。

点击左侧工具区 按钮,弹出 Create Load 对话框,将 Types for Selected Step 设为 Surface heat flux[图 8.9(a)],点击[Continue...]按钮;弹出 Region Selection 对话框,选择 film,点击[Continue...]按钮;弹出 Edit Load 对话框[图 8.9(b)],将 Distribution 设为 User-defined,在 Magnitude 后输入 1,此时提示区显示"Note:User subroutine DFLUX must be attached to the analysis job",点击[OK]按钮。

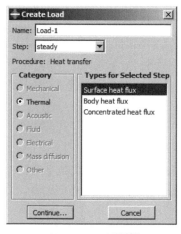

(a) Create Load对话框　　　　　　(b) Edit Load对话框

图 8.9　太阳辐射 Load-1 的加载

提示:用户子程序 DFLUX 如下:
```
!      定义随时间变化的热流(第一类边界条件)
       SUBROUTINE DFLUX(FLUX, SOL, KSTEP, KINC, TIME, NOEL,
      NPT,COORDS, 1 JLTYP,TEMP,PRESS,SNAME)
       INCLUDE'ABA_PARAM.INC'
       DIMENSION FLUX(2), TIME(2), COORDS(3)
       CHARACTER * 80 SNAME
C      user coding to define FLUX(1) and FLUX(2)
       FLUX(2)=0
       Qs=26.3E6              !! 日太阳辐射总量,J/m^2,根据实际条件确定
```

```
        c=10.7                   !! 日照时间,h
        m=12.0/c
        q0=0.131*m*Qs            ! 中午最大辐射,J/s m^2
        w=0.2618                 ! 频率,pi/12
        pi=3.14159265
        as=0.90                  !! 路面的太阳辐射吸收率
        t=TIME(1)-12
        q=q0/(m*pi)
        ak0=q0/pi
        sa0=pi/(2*m)
        do k=1, 30
        if(k==m)then
            ak=ak0*(sin((m+k)*sa0)/(m+k)+sa0)
   else
            ak=ak0*(sin((m+k)*sa0)/(m+k)+sin((m-k)*sa0)/(m-k))
        end if
        q=q+ak*cos(k*pi*t/12)    ! 太阳辐射(Fourier 级数表达式)
        end do
        FLUX(1)=as*q             ! 进入路面的热流量

        RETURN
        END
```

上述用户子程序 DFLUX 实际上是实现公式(8-2)所示的"太阳辐射"。

注意：由于 Abaqus 调用用户子程序时，只允许使用一个 *.for 文件，因此须将上述两个用户子程序 FILM 和 DFLUX 并入一个 *.for 文件(pave-tem.for)中。

---

7. Mesh(网格)模块

在 Abaqus/CAE 窗口顶部环境栏 Module 后的下拉框中选择 Mesh(网格)模块，并将环境栏 Object 设为 Assembly。

(1) 模型布种

点击左侧工具区 (Seed Part Instance)按钮，弹出 Global Seeds 对话框，在 Approximate global size 后输入 0.05，点击[OK]按钮。

点击左侧工具区 (Seed Edges)按钮，在视图区用鼠标左键划选模型左侧区域(不包括左边界)，点击提示区[Done]按钮，弹出 Local Seeds 对话框(图 8.10)，将 Method 设为 By number，将 Bias 设为 Single，在 Number of elements 后输入 15，在 Bias ratio(>=1)后输入 2，此时视图区如图 8.11 所示，点击[OK]按钮。

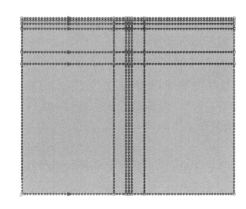

图 8.10　Local Seeds 对话框　　　图 8.11　不均匀分布种子的模型

提示："用鼠标左键划选"指的是按住鼠标左键不放,移动鼠标划过一定区域,以同时选中多个对象的方法。

按同样的方法,用鼠标左键划选模型右侧区域(不包括右边界),点击提示区[Done]按钮,弹出 Local Seeds 对话框,在 Number of elements 后输入 15,在 Bias ratio 后输入 2,此时视图区如图 8.12 所示。为了修正模型右侧区域种子不均匀分布的方向错误(正确的方向应为指向模型中部),点击 Local Seeds 对话框中 Flip bias 后的[Select…]按钮,在视图区中用鼠标左键划选模型右侧区域(不包括右边界),点击提示区[Done]按钮,此时视图区如图 8.13 所示。依次点击 Local Seeds 对话框下部的[OK]按钮和提示区的[Done]按钮。

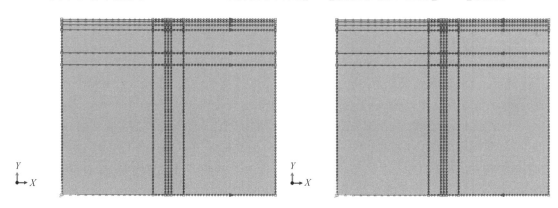

图 8.12　模型右侧区域种子不均匀分布的方向错误　　图 8.13　修正后的模型右侧区域种子的不均匀分布

同理,点击 (Seed Edge)按钮,在视图区中用鼠标左键划选模型下部区域(即路面结构模型中的土基部分,不包括模型底部边界),点击提示区[Done]按钮,弹出 Local Seeds 对话框,将 Method 设为 By number,将 Bias 设为 Single,在 Number of elements 后输入 20,在 Bias ratio 后输入 3,点击[OK]按钮,点击提示区的[Done]按钮。

(2) 网格控制指派

点击左侧工具区 ■ (Assign Mesh Controls)按钮,在视图区中选中整个模型,点击提示区[Done]按钮,弹出 Mesh Controls 对话框,将 Element Shape 设为 Quad,将 Technique 设为 Structured,点击[OK]按钮,完成网格单元控制。

(3) 单元类型指派

点击工具区 ■ (Assign Element Type)按钮,在视图区中选中整个模型,点击提示区[Done]按钮,弹出 Element Type 对话框。将 Geometric Order 设为 Quadratic,将 Family 设为 Heat Transfer,此时对话框下部显示单元为 DC2D8(八结点二次传热四边形单元),点击[OK]按钮,完成单元的定义。

(4) 划分网格

点击左侧工具区 ■ (Mesh Part Instance)按钮,点击提示区中的[YES]按钮,完成整个模型网格的划分(图 8.14)。

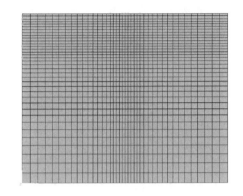

图 8.14 完成网格划分的路面结构模型

8. Job(作业)模块

在 Abaqus/CAE 窗口顶部环境栏 Module 后的下拉框中选择 Job(作业)模块,创建并提交作业。

点击左侧工具区 ■ (Job Manager)按钮,弹出 Job Manager 对话框。点击[Create...]按钮,弹出 Create Job 对话框,在 Name 后输入 pave-tem,点击[Continue...]按钮;弹出 Edit Job 对话框,点击 General 选项卡,再点击 User subroutine file 后的 ■ 按钮,弹出 Select User Subroutine File 对话框,选择 pave-tem. for 文件,点击[OK]按钮关闭对话框,再点击 Edit Job 对话框上的[OK]按钮;点击 Job Manager 对话框上的[submit]按钮。若 Abaqus/CAE 弹出一个警告窗口,点击[YES]按钮。

提示:上述过程是采用 Abaqus/CAE 进行求解运算的方法,也可以采用命令方式调用 Abaqus 进行求解运算,步骤如下:

点击左侧工具区 ■ (Job Manager)按钮,弹出 Job Manager 对话框。点击[Create...]按钮,弹出 Create Job 对话框,在 Name 后输入 pave-tem,点击[Continue...]按钮;弹出 Edit Job 对话框,点击[OK]按钮;点击 Job Manager 对话框右上角的[Write Input]按钮,Abaqus/CAE 弹出一个警告窗口,点击[YES]按钮,Abaqus/CAE 将在当前工作目录(默认为 C:\Temp)生成名为 pave-tem. inp 的文件。

切换到 Abaqus Command 环境,在该环境中,运行如下命令:

Abaqus job=pave-tem user=pave-tem int

运行上述命令的前提是:计算机上已成功安装 Fortran 编译环境(如 Intel Visual Fortran 10.1 或 11.1),且 pave-tem. inp 和 pave-tem. for 均在同一目录下。

此时，Abaqus 将首先调用 Intel Visual Fortran Compiler 编译 pave-tem.for；接着调用 Input File Processor 进行 pave-tem.inp 文件的检查；最后调用 Abaqus/Standard 求解器进行模拟计算，直到计算完成。

点击 Job Manager 对话框右侧的[Results]按钮，Abaqus/CAE 将自动进入 Visualization 模块。可以查看不同时刻热量在路面结构层中传递的过程。

依次点击菜单[File]→[Save As...]，弹出 Save Model Database As 对话框，在 File Name 后输入 pave-rut.cae，点击[OK]按钮。

8.2.2 路面车辙的计算

1. Property(属性)模块

采用 Abaqus/CAE 打开第 8.2.1 节生成的 pave-rut.cae 文件，并在 Abaqus/CAE 窗口顶部环境栏 Module 后的下拉框中选择 Property(属性)模块。

点击左侧工具区 (Material Manager)按钮(按钮右侧)，弹出 Material Manager 对话框。在 Name 中选择 sma-13，点击[Edit...]按钮，弹出 Edit Material 对话框。选中 Material Behaviors 下的 Conductivity，点击 (Delete Behavior)按钮，以删除该材料行为，同理删除 Density 和 Specific Heat 材料行为。

依次点击[Mechanical]→[Elasticity]→[Elastic]，选中 Use temperature-dependent data 前的复选框，分别在 Young's Modulus、Poisson's Ratio、Temp 下的空格中输入 8.70e8、0.25、20；同理，输入其他温度下的弹性参数[图 8.15(a)]。依次点击[Mechanical]→[Plasticity]→[Creep]，选中 Use temperature-dependent data 前的复选框，分别在 Power Law Multiplier、Eq Stress Order、Timer Order、Temp 下的空格中输入 6.536e-11、0.937、-0.592、20；同理，输入其他温度下的蠕变参数[图 8.15(b)]；点击[OK]按钮，完成材料 sma-13 的创建。

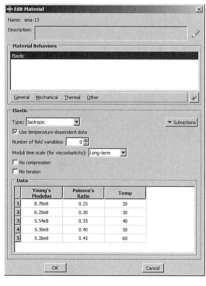
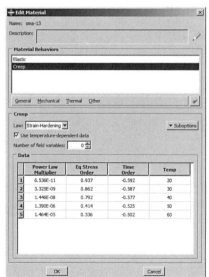

(a) Elastic parameters   (b) Creep parameters

图 8.15　SMA 的弹性参数和蠕变参数

按照相似的步骤,完成沥青层 sup-20、sup-25 的定义;对于 ctb、ls、sg 只需定义常温下材料的杨氏模量和泊松比即可,不需要定义随温度的变化值。

2. Assembly(装配)模块

在 Abaqus/CAE 窗口顶部环境栏 Module 的下拉框中选择 Assembly(装配)模块。

(1) 定义边界集合

依次点击菜单[Tools]→[Set]→[Create],在弹出的 Create Set 对话框的 Name 后输入 leftright,点击[Continue...]按钮,在视图区中同时选择模型左右边界,点击提示区中[Done]按钮,完成集合 leftright 的定义。

同理,完成模型下边界集合 bottom 的定义。

提示:同时选择模型左右边界时,需要按住键盘上的 Shift 键,同时注意不要包含非边界区域。

(2) 定义荷载表面

依次点击菜单[Tools]→[Surface]→[Create],在弹出的 Create Surface 对话框中 Name 后输入 loadface,点击[Continue...]按钮,在视图区中选择路面表面车轮荷载作用的区域(图 8.16 中的两条线段 PQ、RS),点击提示区中[Done]按钮,完成荷载表面 loadface 的定义。

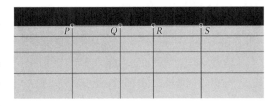

图 8.16　荷载表面 **loadface** 的定义

3. Step(分析步)模块

在 Abaqus/CAE 窗口顶部环境栏 Module 后的下拉框中选择 Step(分析步)模块,以设置分析步。

(1) 创建分析步

点击工具区▣(Step Manager)按钮(⇢按钮右侧),弹出 Step Manager 对话框,同时选中 steady 和 transient 分析步,点击[Delete...]按钮,在弹出的警告窗中选择[YES]按钮;点击[Create...]按钮,将 Name 设为 Step-0,点击[Continue...]按钮;弹出 Edit Step 对话框,将 Time period 设为 1e-10,点击[OK]按钮。

同样,在 Step Manager 对话框中,点击[Create...]按钮,将 Name 设为 Step-1h,并将 Procedure type 设为 Visco[图 8.17(a)],点击[Continue...]按钮;弹出 Edit Step 对话框[图 8.17(b)],将 Description 设为 Visco at 1 h,将 Time period 设为 38.73,将 Nlgeom 设为 On。

 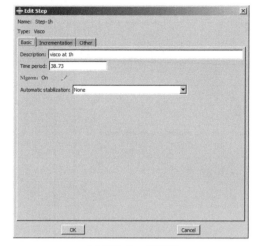

(a) Create Step 对话框　　　　　(b) Edit Step 对话框

图 8.17　分析步 Step-1h 的创建

按照类似的步骤,创建分析步 Step-2h,Step-3h,…,Step-24h。

提示：上述分析步"Step-2h,Step-3h,…,Step-24h"也可在.inp 文件中直接创建,这样更便捷。

提示：在定义上述分析步时,核心是要弄清楚该分析步的时长(Time period),即在该分析步中荷载的累积作用时间。计算公式如下：

$$t = \frac{0.36\,NP}{n_w\,pBv}$$

式中,t——荷载累积作用时间,s;
　　N——荷载作用次数,次;
　　P——车辆轴重,kN;
　　n_w——一个轴上的轮数,个;
　　p——轮胎接地压力,MPa;
　　B——轮胎接地宽度,cm;
　　v——行车速度,km/h。

根据上述计算公式,可得荷载一次作用时间为 0.007 545 s,50 万次荷载作用后的累积作用时间为 3 772 s,如表 8.6 所示。

表 8.6　车辙计算模型荷载参数

轮胎接地宽度 B/cm	21.3	行车速度 v/(km·h^{-1})	80
轮胎接地压力 p/MPa	0.7	一次加载作用时间/s	0.007 545
一个轴上的轮数 n_w/个	4	荷载作用次数 N/次	50
车轴重 P/kN	100	累积荷载作用时间 t/s	3 772

对于上述累积作用时间,可按一天 24 h 内不同时段的交通量分布情况,近似获得一天内每个小时的分段累积作用时间,如表 8.7 所示。

表 8.7 一天 24 h 内不同时段荷载的累积作用次数

时刻	1	2	3	4	5	6	7	8
所占比例/%	1.026 6	0.821 3	0.739 1	0.410 6	0.587 5	0.821 26	1.149 8	2.053 1
累积时间/s	38.73	30.98	27.88	15.49	22.16	30.98	43.38	77.46
时刻	9	10	11	12	13	14	15	16
所占比例/%	2.874 4	4.516 9	5.748 8	7.391 3	7.801 9	6.57	7.391 3	8.623 2
累积时间/s	108.44	170.41	216.88	278.85	294.34	247.86	278.85	325.32
时刻	17	18	19	20	21	22	23	24
所占比例/%	9.033 8	7.801 9	6.980 6	4.927 5	4.106 1	3.695 6	2.874 4	2.053 1
累积时间/s	340.81	294.34	263.35	185.9	154.91	139.42	108.44	77.46

(2) 定义场变量输出

点击工具区 ▦(Field Output Manager)按钮(▦按钮右侧),弹出 Field Output Requests Manager 对话框。点击[Edit...]按钮,弹出 Edit Field Output Request 对话框。将 Output Variable 设为 S,E,EE,IE,U,点击[OK]按钮。

提示:此步骤的主要目的是减少输出需求,从而减少运行时间和磁盘空间占用。在 Edit Field Output Request 对话框中,Output Variable 默认值为:
CDISP,CF,CSTRESS,LE,PE,PEEQ,PEMAG,RF,S,U

点击工具区 ▦(History Output Manager)按钮(▦按钮右侧),弹出 History Output Requests Manager 对话框,点击 H-Output-1 前的绿色"√"标记,当其变为红色"×"时,点击[Dismiss]按钮。

4. Load(载荷)模块

在 Abaqus/CAE 窗口顶部环境栏 Module 后的下拉框中选择 Load(载荷)模块。

(1) 加载

点击工具区 ▦(Create Load)按钮,弹出 Create Load 对话框,将 Name 设为 surfload,将 Step 设为 Step-0,将 Types for Selected Step 设为 Pressure,点击[Continue...]按钮;点击提示区右侧的[Surfaces...]按钮,弹出 Region Selection 对话框,选择 loadface,点击[Continue...]按钮;弹出 Edit Load 对话框,在 Magnitude 后输入 117 371,点击[OK]按钮。

(2) 创建边界条件

点击工具区 ▦(Create Boundary Condition)按钮,弹出 Create Boundary Condition 对话框,将 Types for Selected Step 设为 Displacement/Rotation,点击[Continue...]按钮;弹

出 Region Selection 对话框,选择 leftright,点击[Continue...]按钮,弹出 Edit Boundary Condition 对话框,选中 U1 前的复选框,点击[OK]按钮。

同理,完成模型下边界的定义。与上述不同的是,在 Region Selection 对话框中,应选择 bottom,而在 Edit Boundary Condition 对话框中,选中 U1 和 U2 前的复选框。

5. Mesh(网格)模块

在 Abaqus/CAE 窗口顶部环境栏 Module 后的下拉框中选择 Mesh(网格)模块。

点击左侧工具区 (Assign Element Type)按钮,在视图区中选中整个模型,点击提示区[Done]按钮,弹出 Element Type 对话框。将 Family 设为 Plane Strain,此时对话框中显示单元为 CPE8R(八结点双向二次平面应变四边形单元,减缩积分),点击[OK]按钮,完成单元的定义。

6. Job(作业)模块

在 Abaqus/CAE 窗口顶部环境栏 Module 后的下拉框中选择 Job(作业)模块,以修改并提交作业。

点击左侧工具区 (Job Manager)按钮,弹出 Job Manager 对话框。点击[Rename...]按钮,弹出 Rename Job 对话框,在 Name 后输入 pave-rut,点击[OK]按钮;点击对话框右上角的[Write Input]按钮,弹出一个警告窗口(没有历史数据的输出),点击[Yes]按钮,Abaqus 将在当前工作目录生成名为 pave-rut.inp 的文件。

7. 编辑 inp 文件

采用任何一种文本处理软件打开生成的 pave-rut.inp 文件。在该文件的后部可以看到如下内容:

......

```
**----------------------------------
**
** STEP: Step-0
**
* Step,name=Step-0
* Static
1e-10, 1e-10, 1e-15, 1e-10
**
** LOADS
**
** Name: surfload  Type: Pressure
* Dsload
loadface, P, 117 371.
**
** OUTPUT REQUESTS
```

```
**
*Restart, write, frequency=0
**
** FIELD OUTPUT: F-Output-1
**
*Output, field
*Node Output
U,
*Element Output, directions=YES
E, EE, IE, S
*Output, history, frequency=0
*End Step
**----------------------------------
**
** STEP: Step-1h
**
*Step, name=Step-1h, nlgeom=YES
visco at 1h
*Visco, cetol=0.000 5
38.73, 38.73, 0.000 387 3, 38.73
**
** OUTPUT REQUESTS
**
*Restart, write, frequency=0
**
** FIELD OUTPUT: F-Output-1
**
*Output, field
*Node Output
U,
*Element Output, directions=YES
E, EE, IE, S
*Output, history, frequency=0
*End Step
……
```

为了计算沥青路面的车辙,需要在每个分析步中引入前述计算得到的温度场数据。
(1) 初始温度场
在计算第一个分析步(Step-0)之前,需要引入初始温度场,即:

```
**
** PREDEFINED FIELDS
**
** Name：Predefined Field-1 Type：Temperature
* Initial Conditions，type=TEMPERATURE，file=pave-tem. odb，step=2，inc=1
```

（2）车辙计算分析步温度场

车辙计算分析步，即 Step-1h, Step-2h,…, Step-24h, 均需引入温度场数据，如在分析步 Step-1h 中需要引入如下的温度场：

```
**----------------------------------
**
** STEP：Step-1h
**
* Step, name=Step-1h, nlgeom=YES
visco at 1h
* Visco, cetol=0.000 5
38.73, 38.73, 0.000 387 3, 38.73
```

```
**
**PREDEFINED FIELDS
**
**Name:Predefined Field-1   Type:Temperature
* Temperature，file=pave-tem.odb, bstep=2, binc=1, estep=2, einc=1
```

开始增量步号 — 结束增量步号
开始分析步号 — 结束分析步号

```
**
**OUTPUT REQUESTS
**
…（输出需求省略）
* End Step
----------------------------------
```

在分析步 Step-2h 中需要引入如下的温度场：

```
----------------------------------
**
** STEP：Step-2h
**
* Step, name=Step-1h, nlgeom=YES
visco at 2h
* Visco, cetol=0.0005
30.98, 30.98, 0.000 309 8, 30.98
```

```
**
**PREDEFINED FIELDS
**
**Name:Predefined Field-1   Type:Temperature
*Temperature, file=pave-tem.odb, bstep=2, binc=2, estep=2, einc=2
**
**OUTPUT REQUESTS
**
…(输出需求省略)
* End Step
**------------------------------------
```
（标注：开始增量步号、结束增量步号、开始分析步号、结束分析步号）

其他分析步中温度场的引入过程与上述类似。

保存文件。

提示：上述温度场引入的方法是车辙计算的关键步骤，应重点掌握。

提示：也可采用 Abaqus/CAE 进行温度场的引入（在 Load 模块中），步骤如下：

点击工具区 ▦（Field Manager）（▦ 按钮右侧），弹出 Predefined Field Manager 对话框。点击[Create...]按钮，弹出 Create Predefined Field 对话框，在 Name 后输入 Field-ini，将 Step 设为 Initial，将 Category 设为 Other，将 Types for Selected Step 设为 Temperature，点击[Continue...]按钮；在视图区中选中整个模型，点击提示区[Done]按钮，弹出 Edit Predefined Field 对话框，在 Distribution 后的下拉框中选择 From results or output database file，在 File name 后输入 pave-tem.odb，在 Step 后输入 2，在 Increment 后输入 1，点击[OK]按钮。Abaqus/CAE 返回到 Predefined Field Manager 对话框。

选中 Step-0 下的 Propagated，点击[Edit...]按钮，弹出 Edit Predefined Field 对话框，在 Status 后的下拉框中选择 Reset to initial，点击[OK]按钮。至此，温度场 Field-ini 创建完成（此步骤的主要目的是，使在 initial 分析步中定义的温度场不在 Step-0 以后的分析步中起作用）。

同理，完成温度场 Field-1h，Field-2h，…，Field-24h 的创建。为节省篇幅，仅列出温度场 Field-1h 的创建过程（图 8.18）。图 8.19 为创建结束的引入部分温度场后的 Predefined Field Manager 对话框。

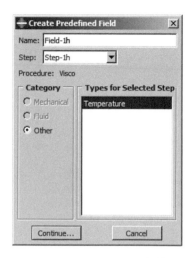
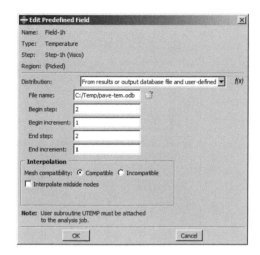

(a) Create Predefined Field 对话框   (b) Edit Predefined Field 对话框

图 8.18 温度场 Field-1h 的创建

图19 引入部分温度场后的 Predefined Field Manager 对话框

完全用 Abaqus/CAE 进行上述温度场的引入,还是很烦琐的。实际上引入部分温度场后,可以按照 inp 文件中上述温度场的内容,很容易快速引入其他温度场。

8. 运行 inp 文件和后处理

在 Abaqus Commander 环境下运行:

abaqus job = pave-rut int

用 Abaqus/Viewer 打开 pave-rut.odb。可以得到作用 50 万次后沥青路面的竖向位移 U2(图 8.20),据此可计算出路面的车辙为:3.80 mm(最大隆起)−(−5.16 mm)(最大凹陷)= 8.96 mm。

提示:上述由竖向位移 U2 计算车辙的方法是一种粗略的估算方法。也可按 3 m 直尺检测路面车辙的方法进行车辙的计算(其值较上述估算方法略小),在此从略。

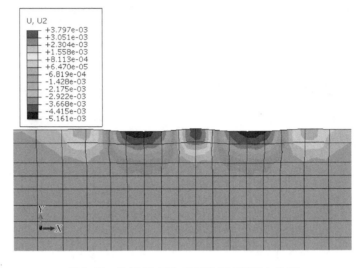

图 8.20 作用 50 万次后沥青路面的竖向位移

8.3 实例:利用黏弹—黏塑性模型计算沥青路面车辙

问题描述:对于实例 8.2 所涉及的路面车辙预估问题,本节采用沥青混合料的黏弹—黏塑性模型,进行了沥青路面车辙的模拟分析。本实例中沥青路面的结构与图 8.2 保持一致,结构涉及参数如表 8.8 所示。

表 8.8 结构涉及参数

结构层位	厚度/cm	动态模量/Pa	泊松比
沥青混合料层	18	黏弹—黏塑性模型	
水泥稳定碎石	40	1.3e10	0.25
石灰土	20	3e9	0.25
土基	—	5e7	0.4

其中沥青混合料采用黏弹-黏塑性本构模型,模型的具体形式见第 4.3.5 节,模型的参数如表 8.9 与表 8.10 所示。

表 8.9 Prony 级数

松弛时间 ρ_i/s	1e−6	1e−5	1e−4	1e−3	1e−2	1e−1	1	1e20
黏弹性模量 E_i/Pa	2.739e9	3.942e9	4.731e9	4.221e9	2.565e9	9.451e8	5.366e8	1.28e8

表 8.10 黏弹—黏塑性参数

参数	参数值
黏弹性基准温度 T_{ref1}/℃	25
黏弹性温度调整系数 θ_{ve}	20 000
内摩擦角 ϕ/rad	0.2
黏聚力模型系数 C_0/Pa	82 000
黏聚力模型系数 C_1/Pa	354 700
黏聚力模型系数 C_2	−250
黏聚力基准温度 T_{ref2}/℃	50
黏聚力温度调整系数 θ_c	4 152
黏塑性模型参数 Γ	3.18e-16
黏塑性模型参数 N	2.4
黏塑性基准温度 T_{ref3}/℃	50
黏塑性温度调整系数 θ_{vp}	−13 790
势函数参数 α	0.25

路面的温度场设置可参照本章 8.2.1 节的方法,本节为简化建模流程,将以 50 ℃ 的均匀温度场作为路面的温度进行分析,读者可自行尝试基于气候的瞬态温度场计算方法。

1. Part(部件)模块

(1) 创建部件

在 Abaqus/CAE 环境下,点击左侧工具区 (Create Part)按钮,弹出 Create Part 对话框,在 Name 后输入 pavement,将 Modeling Space 设为 3D,Type 设为 Deformable,Shape 设为 Solid,Type 设为 Extrustion,在 Approximate size 后输入 10,点击[Continue...]按钮,Abaqus 自动进入草图(Sketcher)环境。

点击左侧工具区 (Create lines:Rectangle)按钮,在提示区输入(0,0)(实际输入时不需要括号,下同),按 Enter 键确认;再输入(1.5,1.5),按 Enter 键确认。按 Esc 键,再点击提示区中的[Done]按钮,在弹出的 Edit Base Extrusion 对话框的 Depth 后输入 2.5,点击[OK]按钮,Abaqus 自动退出草图环境。

提示:路面结构模型的尺寸为长、宽各 1.5 m,厚 2.5 m。由于 3D 模型网格多,计算困难,本书选择 1/4 模型进行建模,通过轴对称边界条件对模型施加约束达到相同的计算结果。

关于 Abaqus/CAE 的具体操作,请参考"3.4.2 实例:路面结构的受力分析"。

(2) 剖分部件

点击菜单栏[Tool]→[Datum...],在弹出的对话框中选择 Type 为 Point,Method 为

Enter coordinates,在提示区输入依次输入(1.5,1.5,2.32),(1.5,1.5,1.92),(1.5,1.5,1.72),按 Esc 键退出。

点击左侧工具区 ■(Partition Cell:Define Cutting Plane)按钮,在提示区选择"垂直于边"(Normal to Edge),依次点击基准点所在的边、基准点,这时在视图区将显示剖分的方向,点击提示区的[Create Partition]按钮。继续点击模型中未剖分的部分实体,点击提示区的[Done]按钮,重复之前的操作,将部件剖分为 4 部分,如图 8.21 所示。

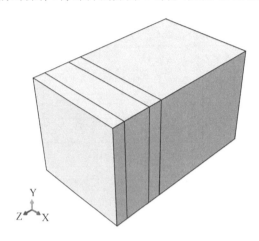

图 8.21　剖分后的路面结构

(3) 保存模型

点击菜单栏[File]→[Save],弹出 Save Model Database as 对话框,在 File Name 后输入 vepm,点击[OK]按钮。

提示:本例的模型文件位于本书配套资料\Chapter 08\02 viscous—elastic—plastic—model\目录下。

---

2. Property(特性)模块

在 Abaqus/CAE 窗口顶部环境栏 Module 后的下拉框中选择 Property(属性)模块。

点击左侧工具区 ■(Create material)按钮,弹出 Edit material 对话框,在 Name 后输入 ASPHALT。依次点击[General]→[User Material],在 Mechnical Constants 下的空格中依次输入如下 29 个参数(每行一个数据,每输入完一个数据后按 Enter 键确认):25,20 000,0.2,82 000,354 700,−250,50,4 152,3.18e−16,2.4,50,−13 790,0.25,2.739e9,3.942e9,4.731e9,4.221e9,2.565e9,9.451e8,5.366e8,1.28e8,1e−6,1e−5,1e−4,1e−3,1e−2,1e−1,1,1e20。选择[General]→[Depvar],在 Number of solution-dependent state variables 后输入 80,点击[OK]按钮,完成材料 ASPHALT 的创建。

提示:上述 29 个常数中,前 13 个参数为表 8.10 中的黏弹—黏塑性参数,后 16 个参数为表 8.9 中的 Prony 级数参数。

上述解答依赖状态变量个数为 80,后文用户子程序(vepm.for)实际用到的个数为 72 个,剩余 8 个变量可供用户编程使用。

参照 8.2 节实例,依次完成 CTB,LS,SG 材料的创建。

点击左侧工具区 (Create Section)按钮,弹出 Create Section 对话框,点击[Continue...]按钮,弹出 Edit Section 对话框。在 Material 后的下拉框中选择 ASPHALT,点击[OK]按钮,完成截面 Section-1 的创建。按照同样的步骤,完成其他材料截面的创建。

点击左侧工具区 (Assign Section)按钮,在视图区中(用鼠标左键)划选路面结构最上层,再点击提示区的[Done]按钮,弹出 Edit Section Assignment 对话框。在 Section 后的下拉框中选择 Section-1,点击[OK]按钮,完成 ASPHALT 材料界面属性的指派。按照同样步骤,依次完成其他材料界面属性的指派,如图 8.22 所示。

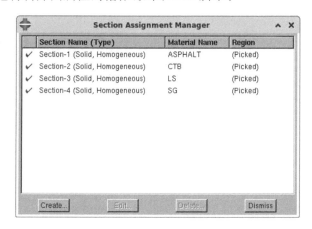

图 8.22　Edit Section Assignment 对话框

3. Assembly(装配)模块

在 Abaqus/CAE 窗口顶部环境栏 Module 后的下拉框中选择 Assembly(装配)模块,以创建装配件。

(1) 部件实例化

点击左侧工具区 (Instance Part)按钮,弹出 Create Instance 对话框,将 Instance Type 设为 Independent(mesh on instance),点击[OK]按钮,以完成部件的实例化。

(2) 剖分面

为方便后续步骤中的荷载定义与网格划分,在此处对模型进行进一步剖分。

点击菜单栏[Tool]→[Datum...],在弹出的对话框中选择 Type 为 Point,Method 为 Enter coordinates,在提示区输入依次输入(0,0.095,2.5),(0.225,0,2.5),(0.065,0,2.5),(0.5,0,2.5),(0,0.5,2.5),按 Esc 键退出输入。

按住键盘 Ctrl 与 Alt 键,按住鼠标左键移动鼠标,旋转模型至合适的角度,能够完整地看到上步中所输入的基准点所在的边。

点击左侧工具区 (Partition Cell:Define Cutting Plane)按钮,框选整个模型,按 Enter 键确认,在提示区选择"垂直于边"(Normal to Edge),依次点击基准点所在的边、基准点,按

Enter 键确认。重复之前的操作,每次剖分时均框选整个模型,将部件进行剖分,结果如图 8.23 所示。

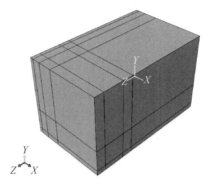

图 8.23 进一步剖分后的模型

4. Step(分析步)模块

在 Abaqus/CAE 窗口顶部环境栏 Module 后的下拉框中选择 Step(分析步)模块,以设置分析步。

点击左侧工具区 ⬛(Create Step)按钮,弹出 Create Step 对话框,在 Name 后输入 Stage1,保持 Procedure type 为 Static,General,点击[Continue...]按钮;弹出 Edit Step 对话框,将 Time Period 设置为 10,Nlgeon 选项改为 On,如图 8.24 所示;点击 Incrementation 选项卡,将 Type 改为 Automatic,将 Maximum Number of increments 设置足够大,例如为 10 000,将 Initial increment size 修改为 0.005,Maximum increment size 修改为 0.5,如图 8.25 所示。

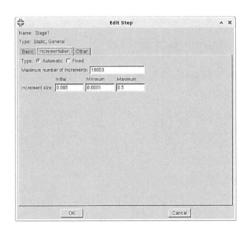

图 8.24 Step 设置 Basic 选项卡　　　　图 8.25 Step 设置 Incrementation 选项卡

重复上述步骤,设置分析步 Stage2,Time Period 为 100,将 Maximum Number of increments 设置为 10 000,Initial increment size 为 0.5,Maximum increment size 修改为 1.0;

设置分析步 Stage3,Time Period 为 662,将 Maximum Number of increments 设置为 10 000,Initial increment size 为 2,Maximum increment size 修改为 10;

设置分析步 Stage4,Time Period 为 3 000,将 Maximum Number of increments 设置为 10 000,Initial increment size 为 10,Maximum increment size 修改为 100。

提示:这个设置是本例中的难点和核心步骤之一。

荷载作用的总时间,即 Stage1～Stage4 的总时间依据表 8.6 的方式进行计算,将其拆分为不同 Stage 的主要目的在于减少计算量,同时保持计算收敛。黏弹—黏塑性模型中带有材料的硬化函数,随塑性的发展,材料的黏塑性应变增量逐渐减小,模型的收敛难度减小,可以放宽时间增量步的长度。也就是说,第一个分析步长的初始值和最大步长值尽量设置得小一些,以便于后续分析步计算的收敛。

该设置方式并不唯一,读者可根据自己的需要酌情进行 Stage 的分解。在 Stage 的分解尝试过程中,可以使用 Step 模块的菜单栏中的[Output]→[Restart Requests...]选项,在后一 Stage 的增量步时间设置过大时从前一增量步的结尾继续计算。若发生不收敛的情况,请首先减小本分析步的增量步大小(即减小 Maximum increment size),重新进行模拟分析;若仍发生计算不收敛的情况,请尝试减小前一分析步的增量步大小。

值得注意的是,本例中沥青路面的温度统一设定为 50 ℃。若读者尝试更高的路面温度(如 60 ℃)时,上述计算不收敛的情况可能更容易发生,这时更有必要减小分析步的增量步大小和初始增量步大小,以达到模拟计算的收敛性。

点击左侧工具区的 ▦(Field Output Manager)按钮(▦按钮右侧),弹出 Field Output Requests Manager 对话框,点击[Edit...]按钮,对话框显示当前分析步为 Stage1,在 Frequency 中选择 every n increments,n=1,在 Output Variables 中输入 S,E,U,SDV,NT,点击[OK]按钮。

点击 Field Output Requests Manager 对话框 Stage2 下表格中的"Propagated",点击[Edit...]按钮,对话框显示当前分析步为 Stage2,在 Frequency 中选择 every n increments,n=2,在 Output Variables 中输入 S,E,U,SDV,NT,点击[OK]按钮。这时 Field Output Requests Manager 对话框 Stage2 下表格中的"Propagated"变成了"Modified"。

同理,完成 Stage3 的输出需求修改,将在 Frequency 中选择 every n increments,n=5;完成 Stage4 的输出需求修改,将在 Frequency 中选择 every n increments,n=10。

提示:参数 Frequency 决定了计算过程中写入 odb 文件中的频率。需要更多计算过程时,可以减小 n 的大小;需要降低 odb 文件的大小以节省储存空间时,可以增加 n 的值。

5. Load(载荷)模块

在 Abaqus/CAE 窗口顶部环境栏 Module 后的下拉框中选择 Load(载荷)模块。

(1) 加载

点击菜单栏中的[Tools]→[Amplitude]→[Create...],在弹出的对话框中选择 Type 为 Tabular,点击[Continue...]按钮;将 Time span 修改为 Total time,其下方表格填写为:

	Time/Frequency	Amplititude
1	0	1
2	3 772	1

点击[OK]按钮,完成 amp-1 的创建。

点击左侧工具区 按钮,弹出 Create Load 对话框,将 Step 修改为 Stage1,将 Types for Selected Step 修改为 Pressure,点击[Continue...]按钮,选择如图 8.26 所示的区域,点击提示区[Done]按钮,弹出 Edit Load 对话框,在 Magnitude 中输入 700 000,Amplitude 选择 amp-1。

(2) 创建边界条件

点击左侧工具区 (Create Boundary Condition)按钮,弹出 Create Boundary Condition 对话框,Types for Selected Step 选择为 Symmetry/Antisymmetry/Encastre,点击[Continue...]按钮;选择 $y=0$ 的所有平面(按住键盘 Ctrl 与 Alt 键,按住鼠标左键移动鼠标,旋转模型至合适的角度,然后进行选择),如图 8.27 所示,点击提示区[Done]按钮。

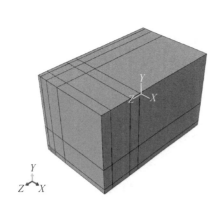 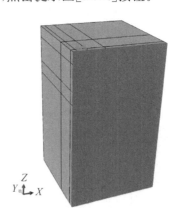

图 8.26 荷载位置　　　　　　图 8.27 选择 $y=0$ 的所有平面

弹出 Edit Boundary Condition 对话框,选择 YSYMM,点击[OK]按钮。同理,选择 $x=0$ 的所有平面,建立 XSYMM 的边界条件。该边界条件模式,模型的受力沿 X 轴与 Y 轴对称,如图 8.28 所示。

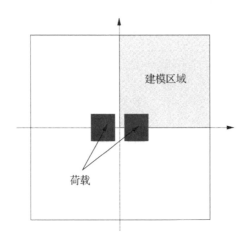

图 8.28 轴对称建模示意图

此外,按住键盘 Ctrl 与 Alt,旋转模型至合适的角度,选择模型底部的所有面,设置模型底面的边界条件为 Symmetry/Antisymmetry/Encastre 类型中的 PINNED。

(3) 设置温度条件

点击左侧工具区 (Create Predefined Field)，将 Step 选择为 Initial，Category 选择 Other，Types for Selected Step 选择 Temperature，点击[Continue...]按钮，框选整个模型，点击提示区[Done]按钮；弹出 Edit Predefined Field 对话框，在 Magnitude 栏中输入 50，点击[OK]按钮，完成温度场的设置。

提示：上述步骤中，一定要将 Step 设为 Initial，不然计算结果将不正确。框选模型时，一定要确保框选了整个模型，不然得不到正确的竖向塑性变形(SDV4)计算结果。

选择菜单栏中的[Model]→[Manager]，在弹出的对话框中，点击[Edit Attributes...]按钮，在弹出的对话框内，定义绝对零度 Absolute zero temperature 为—273.15，点击[OK]按钮，再点击[Dismiss]按钮。

6. Mesh(网格)模块

在 Abaqus/CAE 窗口顶部环境栏 Module 后的下拉框中选择 Mesh(网格)模块。

点击工具区 (Seed Part Instance)按钮，在弹出的 Global Seeds 对话框的 Approximate global size 后输入 0.1，点击[OK]按钮。按照同样的方法，将沥青层上荷载附近的边的局部种子大小设为 0.02，沥青层上的其他位置的局部种子大小设为 0.05(图 8.29)。

点击工具区 (Assign Mesh Controls)按钮，在视图区中选中整个模型，点击提示区中[Done]按钮，弹出 Mesh Controls 对话框，将 Element Shape 设为 Hex，将 Technique 设为 Structure，点击[OK]按钮，点击提示区[Done]按钮，完成网格控制的定义。

点击工具区 (Assign Element Type)按钮，在视图区中选中整个模型，点击提示区[Done]按钮，弹出 Element Type 对话框。保持其余选项为默认，将 Element Controls 中的 Hourglass control 设置为 Enhanced，此时显示的单元类型为 C3D8R(或取消 Reduced integration 的勾选，但该设置会增加模型的计算难度)，点击[OK]按钮，完成单元类型的指定。

点击左侧工具区 (Mesh Part Instance)，点击提示区[Yes]按钮，完成网格划分，其结果如图 8.30 所示。

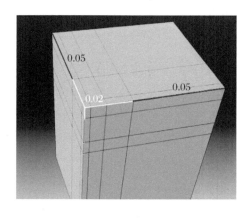
图 8.29　局部种子设置

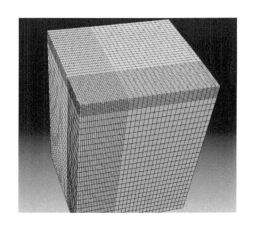
图 8.30　网格划分后的模型

7. Job(作业)模块

在 Abaqus/CAE 窗口顶部的环境栏 Module 后的下拉框中选择 Job(作业)模块,以修改并提交作业。

点击左侧工具区 (Create Job),在 Name 后输入 vepm,点击[Continue...]按钮,点击 General 选项卡,再点击 User subroutine file 后的 按钮,弹出 Select User Subroutine File 对话框,选择 vepm.for 文件;在 Parallelization 中设置适合自己电脑配置的多线程计算,点击[OK]按钮,完成 Job 的创建。点击[Submit]按钮,开始提交计算。

8. 后处理

点击 Job manager 对话框中的[Results]按钮,Abaqus 自动跳转到 Visualization 模块。

依次点击菜单栏[Result]→[Field Output...],弹出 Field Output 对话框,在 Primary Variable 中 Output Variable 中选择 SDV4,可以查询竖向(Z 向)塑性应变的分布(图 8.31 中最大值为 2.158e−4);选择 SDV10 查询屈服函数的分布;选择 U3 查询车辙深度的分布等(图 8.32 中最大值为 0.47mm)。同时,对于读者感兴趣的变量,也同样可以在子程序中添加相关语句,储存至状态数组中,以便在后处理进行读取。

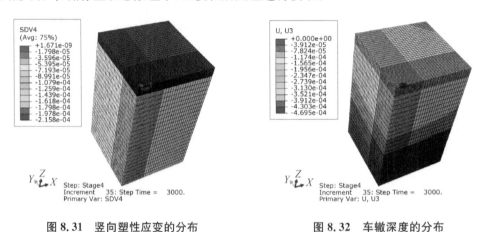

图 8.31　竖向塑性应变的分布　　　　图 8.32　车辙深度的分布

8.4　实例:沥青路面上面层摊铺温度场分析

问题描述:某地区正在铺筑沥青路面结构(如图 8.2)的上面层(4 cm SMA-13)。上面层铺筑从上午 10:00 开始,上午 11:00 结束。摊铺开始时沥青混合料的温度为 160 ℃,铺筑开始时中面层(Sup-20)的平均温度为 40 ℃,下面层(Sup-25)及其以下层次的平均温度为 20 ℃。铺筑期间一天 24 h 代表性气温,以及各种材料的热属性参数等,均与 8.2 节中实例相同。请给出上面层铺筑过程中上面层内的温度场。

1. Step(分析步)模块

在 Abaqus/CAE 环境下,打开第 8.2 节中实例中生成的 pave-tem.cae 文件(位于本书配套资料目录:\Chapter 08\01 pavement rutting\)。在 Abaqus/CAE 窗口顶部环境栏 Module 后的下拉框中选择 Step(分析步)模块,以设置分析步。

点击左侧工具区 ▦ (Step Manager)按钮(←▪按钮右侧),弹出 Step Manager 对话框。用鼠标左键选择 transient 分析步,点击[Edit...]按钮,弹出 Edit Step 对话框,将 Time period 改为 1,点击[OK]按钮(图 8.33)。

(a) Step Manager 对话框

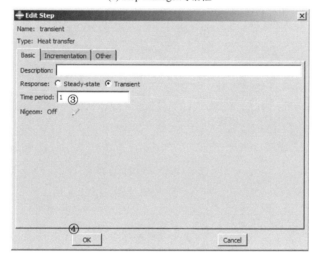

(b) Edit Step 对话框

图 8.33 分析步 transient 的修改

2. Interaction(相互作用)模块

在 Abaqus/CAE 窗口顶部环境栏 Module 后的下拉框中选择 Interaction(相互作用)模块,以定义路面与周围大气进行热交换过程。

(1) 修改幅值曲线(Amplitude)

依次点击菜单[Tools]→[Amplitude]→[Manager...],弹出 Amplitude Manager 对话框,点击[Edit...]按钮,弹出 Edit Amplitude 对话框,在任意数据行上,点击鼠标右键,选择[Clear Table],以删除原有的所有数据。

在 Time/Frequency 下的空格(第 1 行)中输入 0(图 8.34),在 Amplitude 下的空格(第 1 行)中输

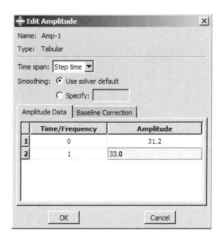

图 8.34 修改后的 Amp-1 数据(上午 10 时、11 时的气温数据)

入 31.2;在 Time/Frequency 下的空格(第 2 行)中输入 1,在 Amplitude 下的空格(第 2 行)中输入 33.0。

(2) 修改 FILM 子程序

在 8.2 节实例中定义了相互作用 surffilm,并编写了配套的用户子程序 FILM。在本例中,因为沥青混合料摊铺从上午 10:00 开始,上午 11:00 结束,总共只有 1 h 的施工时间。而 8.2 节实例中,定义了一天 24 h 的气温变化。在此要对 FILM 程序中的 TIME(1)变量(分析步时间的当前值)做如下改动:

TIME(1)=TIME(1)+10

提示:用户子程序 FILM 的内容如下:

```
!    定义随时间变化的外界温度(第二类边界条件)
     SUBROUTINE FILM ( H, SINK, TEMP, KSTEP, KINC, TIME, NOEL,
    NPT, 1 COORDS, JLTYP, FIELD, NFIELD, SNAME, NODE, AREA)
C
     INCLUDE 'ABA_PARAM.INC'
C
     DIMENSION H(2), TIME(2), COORDS(3), FIELD(NFIELD)
     CHARACTER * 80 SNAME
     v=2.6                      ! v 为日平均风速,m/s,根据实际条件确定
     hc=3.7*v+9.4               ! hc 为对流系数,W/m^2*℃,W=J/s
     H(1)=3600*hc               ! 对流系数,J/(h*m^2*℃)
     H(2)=0
     Tamax=35.6                 !! 日最高气温,℃,根据实际条件确定
     Tamin=22.8                 !! 日最低气温,℃,根据实际条件确定
     Ta=(Tamax+Tamin)/2         ! 日平均气温,℃
     Tm=(Tamax-Tamin)/2         ! 日气温变化幅度,℃
     w=0.2618                   ! 频率,pi/12
     t0=9                       ! 气温变化时间差,h
     TIME(1)=TIME(1)+10         ! 本程序核心之处
     SN1=SIN(w*(TIME(1)-t0))
     SN2=SIN(2*w*(TIME(1)-t0))
     SINK=Ta+Tm*(0.96*SN1+0.14*SN2)
                                ! 日气温变化(两个正弦函数的组合)
C
     RETURN
     END
```

上述用户子程序 FILM 实际上是实现公式(8-3)所示的"气温及对流热交换"。

3. Load(载荷)模块

在 Abaqus/CAE 窗口顶部环境栏 Module 后的下拉框中选择 Load(载荷)模块。

(1) 修改 FDLUX 子程序

在 8.2 节实例中定义了载荷 Load-1,并编写了配套的用户子程序 DFLUX。在本例中,因为沥青混合料摊铺从上午 10:00 开始,上午 11:00 结束,总共只有 1 h 的施工时间。而 8.2 节实例中,定义了一天 24 h 的气温变化。在此要对 DFLUX 程序中的 TIME(1)变量(分析步时间的当前值)做如下改动:

TIME(1)=TIME(1)+10

提示:用户子程序 DFLUX 如下:

```
!      定义随时间变化的热流(第一类边界条件)
       SUBROUTINE DFLUX(FLUX, SOL, KSTEP, KINC, TIME, NOEL,
          NPT, COORDS, 1 JLTYP, TEMP, PRESS, SNAME)
       INCLUDE 'ABA_PARAM.INC'
       DIMENSION FLUX(2), TIME(2), COORDS(3)
       CHARACTER * 80 SNAME
C      user coding to define FLUX(1) and FLUX(2)
       FLUX(2)=0
       Qs=26.3E6              !! 日太阳辐射总量,J/m^2,根据实际条件确定
       c=10.7                 !! 日照时间,h
       m=12.0/c
       q0=0.131 * m * Qs      ! 中午最大辐射,J/s*m^2
       w=0.2618               ! 频率,pi/12
       pi=3.14159265
       as=0.90                !! 路面的太阳辐射吸收率
       TIME(1)=TIME(1)+10           ! 本程序核心之处
       t=TIME(1)-12
       q=q0/(m * pi)
       ak0=q0/pi
       sa0=pi/(2 * m)
       do k=1, 30
       if(k==m)then
       ak=ak0 * (sin((m+k) * sa0)/(m+k)+sa0)
       else
           ak=ak0 * (sin((m+k) * sa0)/(m+k)+sin((m-k) * sa0)/(m-k))
       end if
       q=q+ak * cos(k * pi * t/12)   ! 太阳辐射(Fourier 级数表达式)
       end do
```

```
FLUX(1)=as * q              ! 进入路面的热流量

RETURN
END
```

上述用户子程序 DFLUX 实际上是实现公式(8-2)所示的"太阳辐射"。

注意：由于 Abaqus 调用用户子程序时，只允许使用一个 for 文件，因此须将上述两个用户子程序 FILM 和 DFLUX 并入一个 for 文件(pave-tem-laydown.for)中。

(2) 沥青混合料初始温度的加载

点击左侧工具区 ![icon](Create Boundary Condition)按钮，弹出 Create Boundary Condition 对话框[图 8.35(a)]，在 Name 后输入 top surface heat，将 Step 设为 steady，将 Types for Selected Step 设为 Temperature，点击[Continue...]按钮；在视图区中用鼠标左键划选路面表面层[图 8.35(b)]，点击提示区[Done]按钮；弹出 Edit Boundary Condition 对话框[图 8.35(c)]，在 Magnitude 后输入 160，点击[OK]按钮。

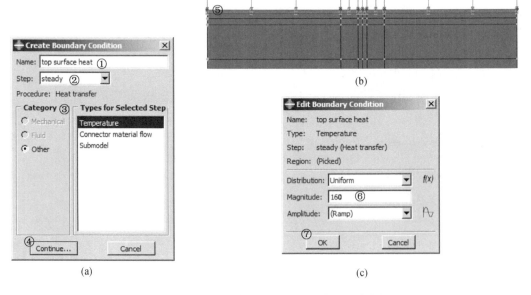

图 8.35 上面层沥青混合料初始摊铺温度的施加

提示：上述初始摊铺温度的施加是摊铺温度场模拟的关键步骤，特别要注意图 8.35 中 Step 的选择。本例中 Step 选为 steady，其历时仅 1e−10(h)，可较好地模拟初始沥青混合料摊铺温度的施加；如果误选为 transient 分析步，由于其历时很长(达到 1 h)，则模拟结果将不正确。

按照同样的步骤，施加中面层初始摊铺平均温度 40 ℃，其施加步骤与上述步骤相同。不同的是，在图 8.35 中①处 Name 改为 mid surface heat，⑤处用鼠标左键划选选择路面中面层，⑥处 Magnitude 改为 40。

按照同样的步骤,施加下面层及以下初始摊铺平均温度 20 ℃,其施加步骤与上述步骤相同。不同的是,在图 8.35①处 Name 改为 other heat,⑤处用鼠标左键划选选择路面下面层及以下所有层次,⑥处 Magnitude 改为 20。

完成所有初始温度加载后的 Boundary Condition Manager 对话框如图 8.36 所示。为了使得施加的初始温度仅作用在 steady 分析步(历时 1e−10)中,用鼠标左键点击 Boundary Condition Manager 对话框中的 Propagated(图 8.36 中①),再点击对话框右侧的[Deactivate]按钮(图 8.36 中②),此时①处 Propagated 将改变为 Inactive。按照同样的步骤,完成其他两个边界条件的处理(图 8.37)。

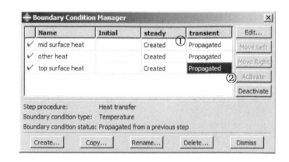   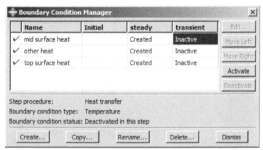

图 8.36　Boundary Condition Manager 对话框　　图 8.37　修改后的 Boundary Condition Manager 对话框

4. Job(作业)模块

在 Abaqus/CAE 窗口顶部环境栏 Module 后的下拉框中选择 Job(作业)模块。

点击左侧工具区 ▓(Job Manager)按钮,弹出 Job Manager 对话框。点击[Rename...]按钮,弹出 Rename Job 对话框,在 Rename pave-tem to 后输入 pave-tem-laydown,点击[OK]按钮;点击 Job Manager 对话框右上角的[Write Input]按钮,Abaqus/CAE 弹出一个警告窗口,点击[YES]按钮,Abaqus/CAE 将在当前工作目录(默认为 C:\Temp)生成名为 pave-tem-laydown.inp 的文件。

切换到 Abaqus Command 环境,在该环境中,运行如下命令:

Abaqus job=*pave-tem-laydown user*=*pave-tem-laydown int*

此时,Abaqus 将首先调用 Fortran 编译器(如 Intel Visual Fortran Compiler)编译 pave-tem-laydown.for;接着调用 Input File Processor 进行 pave-tem-laydown.inp 文件的检查;最后调用 Abaqus/Standard 求解器进行模拟计算,直到计算完成。

5. Visualization(可视化)模块

切换回 Abaqus/CAE 环境,点击 Job Manager 对话框右侧的[Results]按钮,Abaqus/CAE 将自动进入 Visualization 模块。可以查看不同时刻热量在路面结构层中传递的过程。

依次点击菜单[Result]→[Field Output...],弹出 Field Output 对话框,在 Output Variable 中选择 NT11,点击[OK]按钮。点击工具区 ▓(Plot Contours on Deformed Shape)按钮,这时视图区中显示了结点温度(NT11)的云图(图 8.38)。

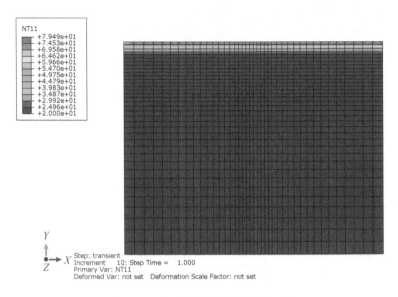

图 8.38　路面结构中的结点温度云图

点击工具栏上 ❶（Query information）按钮，弹出 Query 对话框，点击 Visualization Module Queries 下的 Probe values，弹出 Probe Value 对话框，点击 Probe Values 中 Probe 后的下拉框，选择 Nodes；此时移动鼠标左键点击模型上面层中的一个中点（位于宽度方向上的模型中部，结点编号为 4255），此时结点温度（NT11）为 71.4 ℃（此时分析步时间为 1 h，即上午 11:00）。

依次点击菜单[Result]→[Step/Frame...]，弹出 Step/Frame 对话框，在 Frame 中选择 Index 0（增量步 0，分析步时间 0，即上午 10:00），点击[OK]按钮。按照上述同样的步骤，可获得此时此点的结点温度为 160 ℃。

按照上述同样的步骤，可获得模型中部上面层中点的结点温度，如图 8.39 所示。可以看出，摊铺开始时沥青混合料的温度为 160 ℃，半小时后（即上午 10:30）的温度下降为 96.1 ℃。按照现行沥青路面施工技术规范，在本例的条件下，此上面层的有效压实时间仅为 0.5 h 左右。

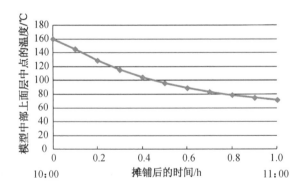

图 8.39　模型中部上面层中点的温度随摊铺时间的变化

8.5 本章小结

本章首先介绍了与沥青路面车辙问题及摊铺温度场有关的基本理论和计算方法，然后分别采用蠕变模型和黏弹—黏塑性模型，模拟了沥青路面的车辙发展过程，分析了沥青路面上面层摊铺温度场。

(1) 进行沥青路面车辙的模拟，首先要进行沥青路面的温度场模拟。在进行温度场模拟时，要重点考虑太阳辐射、气温和对流热交换、路面有效辐射的影响。进行车辙计算时，应保证模型的网格(Mesh)与温度场模拟时的网格(Mesh)完全一致。

(2) 沥青路面车辙计算的关键步骤是要保证温度场数据导入的正确性；沥青路面车辙计算的精度主要取决于沥青混合料的蠕变模型及其参数，以及温度场的准确程度。

(3) 沥青路面上面层摊铺温度场分析过程与沥青路面车辙模拟中的温度场计算类似，但其不同在于初始摊铺沥青混合料温度的施加。

第 9 章 软土地基上路面结构和桥台地基的沉降问题

软土地基上高速公路的不均匀沉降直接影响路面的使用性能,而软土地基上台背填土的沉降是当前桥头跳车的主要根源。为了减小软土地基在运营期间的工后沉降和差异沉降,常采用多种土体增强方式,使之形成复合地基。根据地基中增强体的方向可分为水平向增强体(加筋材料)和竖向增强体(桩)复合地基。目前在高速公路软基处理中应用较多的桩体材料有碎石桩、CFG 桩(水泥粉煤灰碎石桩)、粉喷桩、薄壁管桩等;加筋材料一般有土工织物和土工格栅等。

本章将首先采用 Abaqus 有限元软件模拟土工格栅、桩对减小软土地基不均匀沉降的效果,以及由于不均匀沉降引起的路面结构的附加应力,接着分析了桥台地基的沉降。

9.1 相关理论和计算方法

9.1.1 沉降计算理论和比奥固结方程

1. 沉降计算理论

沉降问题历来是土力学中的主要研究课题之一,早在 20 世纪初,太沙基(Terzaghi)等就曾建立了经典的地基沉降分析法。20 世纪 70 年代以来,随着计算机和有限元技术的发展,人们可以将复杂的土工计算问题编制成有限元计算程序,从而得到较为准确的计算结果。

地基的沉降计算,包括沉降量计算和固结理论。沉降量按其变形分为三部分:初始沉降、固结沉降和次固结沉降,即式(9-1)。初始沉降是由土骨架的畸变和土的瞬时压缩产生的;固结沉降是土体在荷载作用下孔隙水被挤出而产生渗透固结的结果;次固结沉降是地基孔隙水基本停止挤出后,土颗粒和结合水之间的剩余应力调整而引起的沉降。

$$S(t) = S_d(t) + S_c(t) + S_s(t) \tag{9-1}$$

式中,$S(t)$——路基在时间 t 的总沉降;

$S_d(t)$——路基在时间 t 的初始沉降;

$S_c(t)$——路基在时间 t 的固结沉降;

$S_s(t)$——路基在时间 t 的次固结沉降。

固结理论是描述沉降与时间关系的理论,包括太沙基固结理论和比奥(Biot)固结理论。前者建立在许多简化假设的基础上,特别是只考虑孔隙水的竖向流动所引起的竖向变形,常常低估现场实际的沉降速率;比奥固结理论直接从弹性理论导出,可以保证位移大小及其变化进程之间的耦合性,而且在固结层的任一点,都存在超孔隙水压力的消散与总应力变化之间连续的相互作用。

固结沉降的计算通常采用分层总和法,它假定地基土为直线变形体,在外荷载作用下的变形只发生在有限厚度的范围内(即压缩层),将压缩层厚度内的地基土分层,分别求出各分层的应力,然后用土的应力－应变关系求出各分层的变形量,总加起来即为地基的沉降量。分层总和法计算简便,参数容易获取,且计算结果对一般软黏土也符合实际情况,但它不能考虑土的侧向变形,不能考虑时间因素对沉降的影响,对于施工时间相差几年、地基状况存在横向差异的结合部地基的沉降计算,有必要采取更加精确的计算方法。

有限单元法是近代计算岩土力学学科用于分析问题的重要手段之一,它将地基和结构作为一个整体来分析,将其划分为网格,形成离散体结构,可以计算荷载作用下任一时刻地基和结构各点的位移和应力。有限单元法的优点主要体现在:①可以将地基作为二维甚至三维问题来考虑,反映侧向变形的影响。对土体的固结计算,可以用比奥固结理论,避免了一维固结计算的许多不足。②可以考虑土体应力－应变关系的非线性属性,采用非线性弹性的本构模型,或者弹塑性本构模型,如 Duncan-Chang 双曲线模型和 Drucker-Prager 弹塑性模型。③可以考虑应力历史对变形的影响,应力低于和高于前期固结应力时采用不同的弹性模量计算公式。④可以考虑土与结构的共同作用,考虑复杂的边界条件,考虑施工逐级加荷,考虑土层的各向异性等。

2. 比奥固结方程

比奥于 1941 年考虑固结过程中孔隙压力和土骨架变形之间的依赖关系,提出了比奥固结理论。尽管比奥固结理论比太沙基固结理论较为合理完整,但是由于计算上的困难,比奥固结理论一直难以用于解决实际问题。采用级数和积分变换方法,只能对少数简单的边值问题求出解析解。

1969 年,Sandhu 和 Wilson 运用变分原理,首先提出比奥固结方程的有限单元法方程,对位移取二次插值模式,对孔隙压力取线性模式。1970 年,Christian 和 Bochmer 结合有限元和有限差分法求解了比奥固结方程。1977 年,沈珠江对位移和孔隙压力都取线性模式,推导了比奥固结方程的有限单元法方程。1978 年,殷宗泽等根据虚位移原理和流量平衡关系推导了类似的有限单元法方程。

土体的固结包含了水的渗流和土的变形两方面,是两者的耦合问题。比奥固结理论较全面地考虑了两者的结合,是比较完善的多维固结理论。它的基本公式包括平衡微分方程和连续性微分方程两部分。

以平面问题为例,土体中任一点的平衡微分方程如下:

$$\begin{cases} \dfrac{\partial \sigma_x}{\partial x} + \dfrac{\partial \tau_{xy}}{\partial y} + \dfrac{\partial p}{\partial x} = 0 \\ \dfrac{\partial \tau_{xy}}{\partial x} + \dfrac{\partial \sigma_y}{\partial y} + \dfrac{\partial p}{\partial y} + \gamma = 0 \end{cases} \quad (9-2)$$

式中,σ、τ——有效应力;
p——孔隙水应力;

γ——土体饱和容重。

由土体骨架的本构关系可建立式(9-3)：

$$\{\boldsymbol{\sigma}\} = [\boldsymbol{D}]\{\boldsymbol{\varepsilon}\} \tag{9-3}$$

式中，$[\boldsymbol{D}]$为弹性矩阵，也可以取弹塑性矩阵，它可以展开写成：

$$\begin{Bmatrix} \sigma_x \\ \sigma_y \\ \tau_{xy} \end{Bmatrix} = \begin{bmatrix} D_{11} & D_{12} & D_{13} \\ D_{21} & D_{22} & D_{23} \\ D_{31} & D_{32} & D_{33} \end{bmatrix} \begin{Bmatrix} \varepsilon_x \\ \varepsilon_y \\ \gamma_{xy} \end{Bmatrix} \tag{9-4}$$

土力学规定应力或应变受压为正，则几何方程的符号规定与弹性力学的规定相反：

$$\varepsilon_x = -\frac{\partial u}{\partial x}, \varepsilon_y = -\frac{\partial v}{\partial y}, \gamma_{xy} = -\left(\frac{\partial u}{\partial y} + \frac{\partial v}{\partial x}\right) \tag{9-5}$$

联立式(9-2)、式(9-4)和式(9-5)，便得用位移和孔压表示的平衡微分方程：

$$\begin{cases} -\frac{\partial}{\partial x}\left[D_{11}\frac{\partial u}{\partial x} + D_{12}\frac{\partial v}{\partial y} + D_{13}\left(\frac{\partial v}{\partial x} + \frac{\partial u}{\partial y}\right)\right] \\ -\frac{\partial}{\partial y}\left[D_{31}\frac{\partial u}{\partial x} + D_{32}\frac{\partial v}{\partial y} + D_{33}\left(\frac{\partial v}{\partial x} + \frac{\partial u}{\partial y}\right)\right] + \frac{\partial p}{\partial x} = 0 \\ -\frac{\partial}{\partial x}\left[D_{31}\frac{\partial u}{\partial x} + D_{32}\frac{\partial v}{\partial y} + D_{33}\left(\frac{\partial v}{\partial x} + \frac{\partial u}{\partial y}\right)\right] \\ -\frac{\partial}{\partial y}\left[D_{21}\frac{\partial u}{\partial x} + D_{22}\frac{\partial v}{\partial y} + D_{23}\left(\frac{\partial v}{\partial x} + \frac{\partial u}{\partial y}\right)\right] + \frac{\partial p}{\partial y} + \gamma = 0 \end{cases} \tag{9-6}$$

此外，由饱和土体中水的连续条件可推得：

$$\frac{\partial}{\partial t}\left(\frac{\partial u}{\partial x} + \frac{\partial v}{\partial y}\right) - \frac{1}{\gamma_w}\left(\frac{\partial^2 p}{\partial x^2}k_x + \frac{\partial^2 p}{\partial y^2}k_y\right) = 0 \tag{9-7}$$

式中，γ_w——水的容重；

k_x、k_y——土体 x 和 y 方向的渗透系数。

联立式(9-6)和式(9-7)，就是比奥固结微分方程。它包含位移 u、v 以及孔压 p 三个未知变量，由三个偏微分方程构成联立方程组。

求解这样的联立偏微分方程组是困难的，一般只能用数值方法求解。有限单元法对解这样的复杂问题是有效的。已经提出了许多建立比奥固结理论有限元方程的方法，如用变分原理、虚位移原理和流量平衡关系、加权余量法等。其中变分法在数学上严格但物理概念不太明确；虚位移原理和流量平衡方法在物理概念上明确，易于为工程界接受，但难以推广到任何网格情况；加权余量法也是一种数学物理方法，比变分法有更大的灵活性，在解固结问题中比变分法易于理解。

9.1.2 三维固结向平面应变固结的等效转换

由于真空—堆载联合预压地基处理方法(图 9.1)加固深度大、固结速度快、施工方便、成本低廉，较好地解决了路堤填筑过程中的稳定性问题，克服了一般超载预压的缺陷。该法已成为目前处理软土地基，特别是深厚软土和缺砂软土地基施工的首选方法。

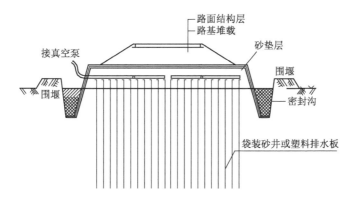

图 9.1 真空—堆载联合预压加固软基示意图

由于袋装砂井或塑料排水板地基固结是典型的三维固结问题,因此,严格来讲应该用三维固结有限元来计算。但由于袋装砂井或塑料排水板的存在,将导致三维有限单元数大大增加,不仅计算量大,而且非常繁杂;同时三维计算所需参数很难通过常规的土工试验获取,使得计算精度难以控制,不便在实际工程中推广应用。相比之下,平面有限元要简单得多,因而得到了广泛的应用。

1. 三维砂井或排水板向二维砂墙的转换

在平面有限元计算前,应根据固结度相等原则,将三维轴对称砂井地基转换为平面应变砂墙地基,如图 9.2 所示(图中 r_w 为砂井半径,r_s 为涂抹半径,R 为砂井的有效排水半径,D 为砂井影响区直径,B 为砂墙间距的一半,b_w 为砂墙半宽,b_s 为涂抹区半宽),然后进行平面应变有限元的计算。

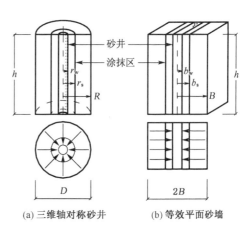

图 9.2 三维轴对称砂井向平面砂墙的等效转换

目前塑料排水板(包括 C 型板和 150 mm 宽板)加固软土地基的固结计算沿用轴对称固结理论,但塑料排水板通常为"一"字形,在应用砂井固结理论计算时,必须按照加固效果相当的原则,将排水板换算成等效的圆形砂井:

$$d_w = \alpha \frac{2(b+\delta)}{\pi} \tag{9-8}$$

式中,d_w——塑料排水板等效为圆形砂井的直径;

b、δ——排水板的宽度与厚度;

α——换算系数。

对于有竖向排水设置的软基,其固结和渗透往往是水平向占主要方面,因此只需要调整水平向渗透系数,而对于竖向可以不做调整,从而实现三维轴对称问题向平面应变问题的等效转换。

考虑到塑料排水板的井径较小,一般计算时可忽略其井阻和涂抹作用对塑料排水板的影响,其等效转换公式为:

$$k_{hp} = \frac{0.67 k_h}{\ln(n) - 0.75} \times \left(\frac{B}{R}\right)^2 \quad (9-9)$$

式中,k_{hp}——平面应变情况下,砂墙影响区域土层的水平向渗透系数;

k_h——轴对称情况下,砂井(或塑料排水板)区域土层的水平向渗透系数;

n——砂井(或塑料排水板)的井径比,R/r_w;

R、B——所代表的意义同前。

提示:在软土的材料定义中,下列语句表示软土的渗透性:

* Permeability, specific=10

0.000 31,0.

上述数据行中 0.000 31 表示软土的渗透系数。

---

2. 真空—堆载联合预压简化有限元计算方法

真空预压法的实质是在总应力 σ 不变的条件下,通过降低孔隙水压力 u 来达到增加有效应力 σ' 的目的。由于真空预压有着不同于堆载预压的加固机理和特点,因此,在进行有限元计算时,必须根据真空—堆载联合预压的特点,对初始条件、孔压边界条件和真空预压荷载进行简化。

(1) 初始条件

假定在进行真空—堆载联合预压前,各单元结点的超静孔隙水压力 $\{\beta_0\}$ 和初始位移 $\{\delta_0\}$ 均为 0,即

$$\{\beta_0\} = 0 \quad (9-10)$$

$$\{\delta_0\} = 0 \quad (9-11)$$

(2) 孔压边界条件

孔压边界取为:砂垫层中所有结点的孔隙水压力为负的真空压力(如 -80 kPa),砂垫层以外的地基表面孔隙水压力为 0,其他边界的孔压未知。这是因为真空预压时,首先降低密封膜下砂垫层中的孔隙水压力,形成膜下真空度,并通过排水通道向下传递。使得土体内部各点与排水通道及砂垫层中各点形成压力差,从而发生由土中向边界的渗流,而在固结过程中,竖向排水通道的孔压是随时间变化的,孔隙水压力在加固过程中保持不变的只有砂垫层和砂垫层以外的地基表面。

(3) 真空预压荷载简化

根据真空度随时间变化曲线,计算真空预压时,让真空预压区表面各点的孔压在一定时间内按线性从 0 增加至某一真空度(如-80kPa);真空卸载时,也让孔压在一定时间内线性减少。

3. 粉喷桩由三维空间向平面问题的转化

粉喷桩软基处理应用中的三维空间问题转换成二维平面问题时,须对粉喷桩弹性模量进行简化处理。由材料力学等效刚度原理可知,通过降低粉喷桩桩体的弹性模量,将路堤纵向上每隔一定距离布置的桩,简化成沿路堤纵向排列的板桩,其目的主要是使板桩纵向长度远远大于桩径,符合平面应变问题的基本条件。转化过程如图9.3所示,转化前后总刚度不变,且板桩厚度与原桩径相等。

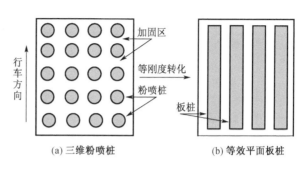

图9.3 粉喷桩等效刚度转化示意图

对群桩来说,转化前总的刚度为

$$S = m \cdot n \frac{AE}{H} \tag{9-12}$$

式中,m——横向桩的根数;
n——纵向桩的根数;
A——桩的截面积,m^2;
E——桩的弹性模量,MPa;
H——桩长,m。

按假设简化后板桩的总刚度为

$$S' = m \cdot \frac{DLE'}{H} \tag{9-13}$$

式中,D——板厚,m;
L——板长,m;
E'——板桩的弹性模量,MPa。

令式(9-12)和式(9-13)相等,得

$$E' = E \frac{nA}{DL} \tag{9-14}$$

9.1.3 附加应力计算

以往的观测资料和数值计算均表明,路堤的沉降呈"弯盆"状,即在路堤的横断面方向,路堤的中心沉降量大,而两侧小,路堤的沉降计算模型如图9.4所示。

通常,路堤表面的沉降曲线可用两种曲

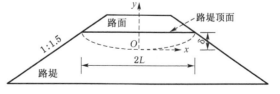

图9.4 路堤沉降计算模型

线来拟合,一种可按二次抛物线形式:

$$y = \frac{4\delta}{(2L)^2}x^2 - \delta \tag{9-15}$$

另一种可按余弦函数分布:

$$y = -\delta\cos(\pi x/2L) \tag{9-16}$$

式中,δ——路堤中部与边缘的最大差异沉降;

L——路堤顶面半幅宽度;

x——距路堤中心点的水平距离;

y——曲线中任意点与路堤顶面的沉降差。

为了计算路面结构各层的附加应力(即由于路基不均匀沉降引起的路面结构内部应力),将路堤顶面沉降值作为已知位移荷载,并按余弦函数 $y = -\delta\cos(\pi x/2L)$ 施加在路堤顶部的整个面上,采用 Abaqus 用户子程序 DISP 编写子程序 weiyi.for,作为位移边界条件施加。

用户子程序 weiyi.for 的编写方法见第 9.2.3 节。

9.2 实例:软土地基上路面结构的沉降分析

9.2.1 水平向增强体(土工格栅)的应用

问题描述:在第 6.3 节实例中,在两个堤趾点之间嵌入一层土工格栅(图 9.5),其材料参数为:截面积为 0.000 15 m²,张拉模量为 3.87×10⁴ MPa/m,泊松比为 0.25。请确定路面竣工 15 年后路表面的不均匀沉降,并与无格栅软基的不均匀沉降做比较。

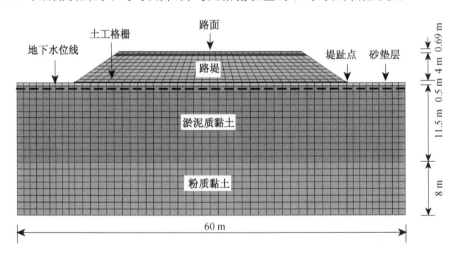

图 9.5 土工格栅增强的软基模型

1. Part(部件)模块

在 Abaqus/CAE 中打开第 6.3 节例子生成的文件 soft-pave.cae(位于本书配套资料目录:\Chapter 06\02 Soft-pave\),另存为 softpave-grid.cae。

在 Abaqus/CAE 环境下,点击左侧工具区 (Create Part)按钮,弹出 Create Part 对话框(图 9.6),将 Name 设为 geogrid,将 Modeling Space 设为 2D Planar,Type 设为 Deformable,Base Feature 设为 Wire,点击[Continue...]按钮,Abaqus 自动进入 Sketch 绘图环境。

点击左侧工具区 (Create lines:Connected)按钮,在提示区输入(-21.035,0)(实际输入时不需要括号,下同),按 Enter 键确认,继续在提示区输入(21.035,0),再按 Enter 键确认。按 Esc 键,再点击提示区[Done]按钮,Abaqus 自动退出绘图环境。

2. Property(属性)模块

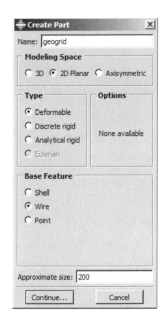

图 9.6 Create Part 对话框

在 Abaqus/CAE 窗口顶部环境栏 Module 后的下拉框中选择 Property(属性)模块。

点击左侧工具区 (Create material)按钮,弹出 Edit material 对话框,在 Name 后输入 geogrid,点击[OK]按钮,完成材料 geogrid 的创建。

提示:材料 geogrid 的属性在 inp 文件中直接编写。

点击左侧工具区 (Create Section)按钮,弹出 Create Section 对话框[图 9.7(a)],在 Name 后输入 geogrid,将 Category 设为 Beam,将 Type 设为 Truss,点击[Continue...]按钮;弹出 Edit Section 对话框[图 9.7(b)],在 Material 后的下拉框中选择 geogrid,将 Cross-sectional area 设为 1.5e-4,点击[OK]按钮,完成截面 geogrid 的创建。

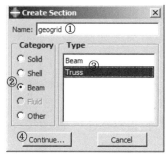   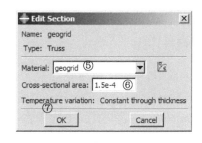

(a) Create Section 对话框   (b) Edit Section 对话框

图 9.7 定义 geogrid 材料截面

点击工具区 (Assign Section)按钮,在视图区中用鼠标左键单击格栅模型,再点击提示区的[Done]按钮；弹出 Edit Section Assignment 对话框，在 Section 后的下拉框中选择 geogrid，点击[OK]按钮完成 geogrid 材料截面的指派。

3. Assembly(装配)模块

在 Abaqus/CAE 窗口顶部环境栏 Module 后的下拉框中选择 Assembly(装配)模块，以创建装配件。

（1）部件实例化

点击工具区 (Instance Part)按钮，弹出 Create Instance 对话框，在 Parts 中选择 geogrid，将 Instance Type 设为 Independent（mesh on instance），点击[OK]按钮，以完成部件 geogrid 的实例化。

（2）定义集合

点击菜单栏 (Create Display Group)按钮，弹出 Create Display Group 对话框，将 Item 设为 Part instance，在对话框右侧中选择 geogrid-1，点击对话框下部 (Replace)按钮，此时视图区中仅显示 geogrid 实例。

依次点击菜单[Tools]→[Set]→[Create]，弹出 Create Set 对话框，在 Name 后输入 geogrid，点击[Continue...]按钮，在视图区中选择格栅材料，点击提示区中[Done]按钮，完成集合 geogrid 的定义。

点击工具栏 (Replace All)按钮，此时视图区将显示全部实例。

4. Interaction(相互作用)模块

在 Abaqus/CAE 窗口顶部环境栏 Module 后的下拉框中选择 Interaction(相互作用)模块，以定义格栅与软基的相互作用模式。

点击左侧工具区 (Create Constraint)按钮，弹出 Create Constraint 对话框[图 9.8(a)]，将 Type 设为 Embedded region，点击[Continue...]按钮；此时提示区信息为"Select the emdedded region"，点击提示区右侧[Set...]按钮，弹出 Region Selection 对话框[图 9.8(b)]，将 Eligible Sets 设为 geogrid，点击[Continue...]按钮；此时提示区信息为"Selection method for host region"，点击[Select Region]按钮，点击提示区右侧的[Set...]按钮，弹出 Region Selection 对话框[图 9.8(c)]，选择 sand，点击[Continue...]；弹出 Edit Constraint 对话框[图 9.8(d)]，点击[OK]按钮。

5. Mesh(网格)模块

在 Abaqus/CAE 窗口顶部环境栏 Module 后的下拉框中选择 Mesh(网格)模块。

点击菜单栏 (Create Display Group)按钮，弹出 Create Display Group 对话框，将 Item 设为 Part instance，在对话框右侧中选择 geogrid-1，点击对话框下部 (Replace)按钮，此时视图区中仅显示 geogrid 实例。

点击左侧工具区 (Seed Part Instance)按钮，在视图区中点击格栅模型，点击提示区[Done]按钮，弹出 Global Seeds 对话框，将 Approximate global size 设为 1，点击[OK]按钮，完成模型种子(Seeds)定义。

点击左侧工具区 (Assign Element Type)按钮，在视图区中点击格栅模型，点击提示

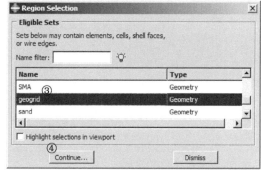

(a) Create Constraint 对话框　　　　　　(b) Region Selection 对话框

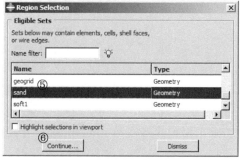

(c) Region Selection 对话框(host region)　　(d) Edit Constraint 对话框

图 9.8　绑定约束的定义

区[Done]按钮；弹出 Element Type 对话框，将 Family 设为 Truss，此时对话框中显示单元为 T2D2(二结点二维桁架)，点击[OK]按钮，完成格栅单元类型的指派。

点击左侧工具区 (Mesh Part Instance)按钮，在视图区中点击格栅模型，点击提示区[Done]按钮，完成格栅网格的划分。

点击工具栏 (Replace All)按钮，此时视图区将显示带有土工格栅的软基模型网格。

6. Job(作业)模块

在 Abaqus/CAE 窗口顶部环境栏 Module 后的下拉框中选择 Job(作业)模块，创建并提交作业。

点击工具区 (Job Manager)按钮(按钮右侧)，弹出 Job Manager 对话框。点击[Rename...]按钮，在弹出的 Rename Job 对话框中输入 softpave-grid，点击[OK]按钮；点击对话框右上角的[Write Input]按钮，Abaqus 将在当前工作目录生成名为 softpave-grid.inp 的文件。

退出 Abaqus/CAE 环境。

7. 编辑 inp 文件

采用任何一种文本处理软件打开生成的 softpave-grid.inp。

打开第 6.3 节中生成的 softpave.inp，复制其中"* End Assembly"后的所有内容，粘贴并替换 softpave-grid.inp 相应的部分,在"＊＊MATERIALS"后添加以下语句,以完成格栅材料的属性定义。

＊Material, name=geogrid
＊Elastic
38.7e+6, 0.25
＊No Compression

保存文件。

提示：本例中应力单位为 kPa。

---

8. 运行 inp 文件和后处理

在 Abaqus Commander 环境下运行:

abaqus job=softpave-grid int

用 Abaqus/Viewer 打开 softpave-grid.odb,并与第 6.3 节的结果进行对比,可以发现:对于路面表面沉降点,增设一层土工格栅后,对竣工时以及 15 年后的沉降影响不大(图 9.9),不均匀沉降仍为 1.4 cm。这表明,采用土工格栅来减小软土地基的不均匀沉降是不可行的。

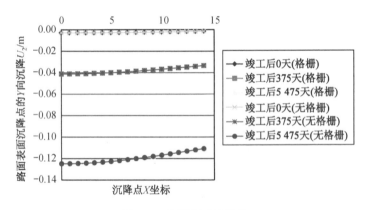

图 9.9 路面表面的沉降

9.2.2 竖向增强体(桩)的应用

问题描述:在第 6.3 节实例中,在两个堤趾点之间嵌入一层土工格栅(其材料参数为:截面积为 0.000 15 m^2,张拉模量为 3.87×10^4 MPa/m,泊松比为 0.25),同时在砂垫层下淤泥质黏土层中打设桩体(图 9.10),桩体直径为 0.5 m,长度为 11.5 m,桩与桩相距 1.0 m。桩体的材料参数为:弹性模量 120 MPa,泊松比 0.20,渗透系数为 1.0e-6 m/d。请分析路面竣工 15 年后路表面的不均匀沉降,并与无格栅、有格栅软基的不均匀沉降做比较。

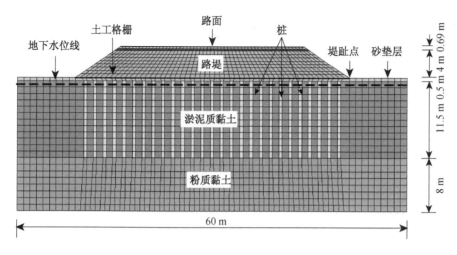

图 9.10 土工格栅＋桩增强的软基模型

1. Part(部件)模块

在 Abaqus/CAE 中打开上节例子中生成的文件 softpave-grid.cae(位于本书配套资料目录:\Chapter 09\01 Soft-pave-grid\),另存为 softpave-pile.cae。

(1) 点击工具区 按钮,在视图区中选择淤泥质黏土层,点击提示区[Done]按钮,Abaqus/CAE 将自动进入 Sketch 绘图环境。

(2) 点击工具区 按钮,在视图区中淤泥质黏土层上边界线(即砂垫层底边界,图 9.11 中线段 AB)上移动鼠标,当出现白色"·"符号(即线段中点)时,点击鼠标左键,移动鼠标到黏土层下边界线,当出现"V"符号(即垂直线)时,点击鼠标左键,按 Esc 键。

(3) 点击工具区 按钮,在视图区中选择刚创建的线段,点击提示区[Done]按钮,在提示区中输入 0.25,按 Enter 键,此时提示区将以虚线显示将要创建的线段,点击提示区[OK]按钮(如果显示不正确,可点击提示区[Flip]按钮,再点击[OK]按钮)。

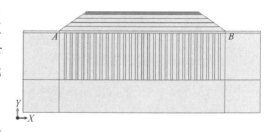

图 9.11 土工格栅＋桩增强的软基部件模型

按同样的方法,创建直径为 0.5 m、长度为 11.5 m、桩与桩相距 1.0 m 的桩体群。

(4) 点击工具区 按钮,选择第(2)步创建的线段。点击提示区[Done]按钮,以删除第(2)步创建的线段。

点击提示区[Done]按钮,退出 Sketch 绘图环境。完成后的软基部件模型如图 9.11 所示。

2. Property(属性)模块

在 Abaqus/CAE 窗口顶部环境栏 Module 后的下拉框中选择 Property(属性)模块。

点击工具区 按钮,弹出 Edit Material 对话框,在 Name 后输入 pile,点击[OK]按钮,完成材料 pile 的创建。

点击工具区 按钮,弹出 Create Section 对话框,在 Name 后输入 pile,保持默认参数不变,点击[Continue...]按钮;弹出 Edit Section 对话框,在 Material 后下拉框中选择 pile,点击[OK]按钮,完成截面 pile 的创建。

点击工具区 按钮,在视图区中用鼠标左键和 Shift 键选择整个桩体群(图 9.12),再点击提示区[Done]按钮;弹出 Edit Section Assignment 对话框,在 Section 后下拉框中选择 pile,点击[OK]按钮,完成材料截面 pile 的指派。

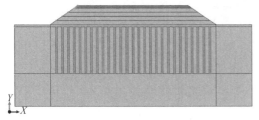

图 9.12　材料截面 pile 的指派

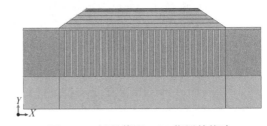

图 9.13　材料截面 soft1 指派的修改

点击工具区 按钮(![] 按钮右侧),弹出 Section Assignment Manager 对话框,选择 soft1,点击[Edit...]按钮;弹出 Edit Section Assignment 对话框,点击 Region:(Picked)后的 按钮,在视图区中用鼠标左键和 Shift 键选择淤泥质黏土层(桩体群除外)所在的区域(图 9.13),再点击提示区[Done]按钮;点击 Edit Section Assignment 对话框中的[OK]按钮,完成材料截面 soft1 指派的修改。

提示:上图中桩体群显示金黄色,表明此时桩体群被指派了两种或两种以上的材料截面。当淤泥质黏土层被指派了正确的材料截面后,桩体群的颜色将与其他被指派了正确材料截面的材料颜色一致。

当一种材料被指派了两种及以上的材料截面时,仅最后指派的材料截面生效。为了减少不必要的错误,请确保每一种材料仅被指派了一种正确的材料截面。

---

3. Assembly(装配)模块

在 Abaqus/CAE 窗口顶部环境栏 Module 后的下拉框中选择 Assembly(装配)模块。

依次点击菜单[Tools]→[Set]→[Create],在弹出的 Create Set 对话框中 Name 后输入 pile,点击[Continue...]按钮,在视图区中选择整个桩体群,点击提示区[Done]按钮完成集合 pile 的定义。

依次点击菜单[Tools]→[Set]→[Edit]→soft1,此时提示区显示的 soft1 所包含的集合已不正确。应组合运用鼠标左键和 Shift 键选择淤泥质黏土层中除桩体外的所有区域(图 9.14),点击提示区[Done]按钮,完成集合 soft1 的修改。

提示:由于在淤泥质黏土中设置了桩体群,所以,所有与该层有关的集合(Sets)可能都将失效,这应该引起足够的注意。如果没有注意到集合的失效问题,很可能导致计算结果不正确或计算不收敛。

4. Mesh(网格)模块

在 Abaqus/CAE 窗口顶部环境栏 Module 后的下拉框中选择 Mesh(网格)模块。此时视图区如图 9.15(a)所示。

点击工具区 (Seed Part Instance)按钮,在视图区中选中整个模型,点击提示区[Done]按钮;弹出 Global Seeds 对话框,将 Approximate global size 设为 1,点击[OK]按钮,完成模型种子(Seeds)定义。

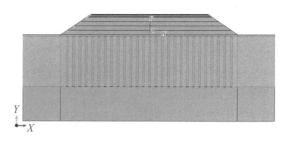

图 9.14 集合 soft1 的修改

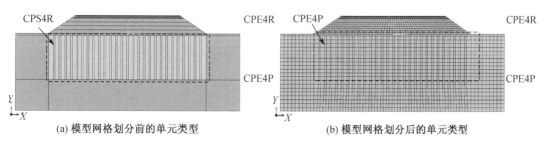

(a) 模型网格划分前的单元类型   (b) 模型网格划分后的单元类型

图 9.15 模型网格划分前后的单元类型

点击工具区 (Assign Mesh Controls)按钮,在视图区中选中整个模型,点击提示区[Done]按钮,弹出 Mesh Controls 对话框,将 Element Shape 设为 Quad,将 Technique 设为 Structured,点击[OK]按钮,完成网格单元控制。

点击工具区 (Assign Element Type)按钮,在视图区中选择模型下半部(除路面结构和路堤外),点击提示区[Done]按钮;弹出 Element Type 对话框,将 Family 设为 Pore Fluid/Stress,此时对话框中显示单元为 CPE4P(四结点平面应变四边形单元,双线性位移,双线性孔压),点击[OK]按钮,点击提示区[Done]按钮,完成模型单元类型的指派。

提示:上述单元类型的指派是必需的。因为在默认的情况下,桩体群所在区域的默认单元类型是 CPS4R[图 9.15(a)]。

点击工具区 (Mesh Part Instance)按钮,在视图区中选中整个模型,点击提示区[Done]按钮,完成模型网格的划分[图 9.15(b)]。

5. Job(作业)模块

在 Abaqus/CAE 窗口顶部环境栏 Module 后的下拉框中选择 Job(作业)模块,创建并提交作业。

点击工具区 (Job Manager)按钮(按钮右侧),弹出 Job Manager 对话框。点击[Rename...]按钮,在弹出的 Rename Job 对话框中输入 softpave-pile,点击[OK]按钮;点击对话框右上角的[Write Input]按钮,Abaqus/CAE 将在当前工作目录生成名为 softpave-pile.inp 的文件。

退出 Abaqus/CAE 环境。

6. 编辑 inp 文件

采用任何一种文本处理软件打开生成的 softpave-pile.inp。

(1) 材料定义

打开第 9.2.1 节中生成的 softpave-grid.inp,复制其中"*End Assembly"后的所有内容,粘贴并替换 softpave-pile.inp 相应的部分,在"**MATERIALS"后添加以下语句,以完成桩体材料的属性定义。

　　*Material, name=pile
　　*Elastic
　　1.2e+05, 0.20
　　*Permeability, specific=10.
　　1.0e−6,0.

(2) 初始条件定义

在 *INITIAL CONDITIONS,TYPE=RATIO 的数据行中,添加以下语句:

　　pile,0.01

在 *INITIAL CONDITIONS,TYPE=STRESS,GEOSTATIC 的数据行中,添加以下语句:

　　pile,−10,−0.5,−20.5,−1,0.428 6,0.428 6
　　pile,−20.5,−1,−251.5,−12,0.428 6,0.428 6

在 *INITIAL CONDITIONS,TYPE=PORE PRESSURE 的数据行中,添加以下语句:

　　pile,0,−0.5,0,−1
　　pile,0,−1,110,−12

(3) GEOSTATIC 分析步的修改

在 *DLOAD 的数据行中,添加以下语句:

　　pile,by,−21

保存文件。

7. 运行 inp 文件和后处理

在 Abaqus Commander 环境下运行:

abaqus job=softpave-pile int

用 Abaqus/Viewer 打开 softpave-pile.odb,并与上节中的结果进行对比,可以发现:

对于路面表面沉降点,增设桩体群后,竣工时以及 15 年后的沉降明显减小(图 9.16),差异沉降几乎可以忽略不计。

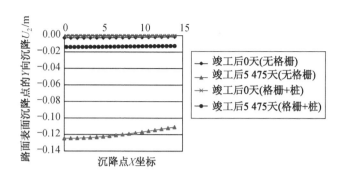

图 9.16 路面表面的沉降(格栅＋桩)

9.2.3 软土地基路面结构的附加应力分析

1. Part(部件)模块

在 Abaqus/CAE 中打开第 9.2.1 节中生成的 softpave-grid.cae 文件(位于本书配套资料目录:\Chapter 09\01 Soft-pave-grid\),另存为 softpave-stress.cae 文件。

点击工具区▦(Part Manager)按钮(▣按钮右侧),弹出 Part Manager 对话框,选择 geogrid,点击右侧[Delete...]按钮,点击[Yes]按钮,确认删除;按同样的方法删除 Part-1。

点击对话框右侧的[Create...]按钮,弹出 Create Part 对话框,将 Name 设为 stress,将 Modeling Space 设为 2D Planar,将 Approximate size 设为 50,点击[Continue...]按钮,进入 Sketch 环境。

点击工具区⚟(Create Lines:Connected)按钮,在提示区中输入(-15.035,0),再在提示区中依次输入(15.035,0)、(14,0.69)、(-14,0.69),最后在视图区中点击(-15.035,0),按 Esc 键退出。点击提示区[Done]按钮,退出 Sketch 环境。

依次点击菜单[Tools]→[Datum...],弹出 Create Datum 对话框,将 Method 设为 Offset From Point;选择路面表面左侧顶点为偏移基准,在提示区输入(-0.06,-0.04,0),按 Enter 键确认。按照同样的方法,仍以路面表面左侧顶点为偏移基准点,分别在提示区中输入(-0.15,-0.10,0)、(-0.51,-0.34,0)、(-0.735,-0.49,0),分别按 Enter 键确认。

按第 6.3 节的方法,完成路面结构层的剖分(图 9.17)。

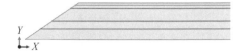

图 9.17 剖分后的路面结构模型(仅显示部分)

2. Property(属性)模块

在 Abaqus/CAE 窗口顶部环境栏 Module 后的下拉框中选择 Property(属性)模块。

点击工具区▦(Material Manager)按钮(▣按钮右边),弹出 Part Manager 对话框。选择 geogrid,点击右侧[Delete...]按钮,点击[Yes]按钮,确认删除。按同样的方法,删除材料 sand、soft1、soft2、SG,点击[Dismiss]按钮退出。

提示：在对话框中选择材料 geogrid 时，按住 Ctrl 键不放，点选材料 sand、soft1、soft2、SG，可一次删除 5 种材料。

点击工具区 ▦（Section Manager）按钮（ ▦ 按钮右边），弹出 Section Manager 对话框。按照上述方法，删除材料截面 geogrid、sand、soft1、soft2、SG，点击[Dismiss]按钮退出。

点击工具区 ▦ 按钮，在视图区中选择路面最上层，点击提示区[Done]按钮；弹出 Edit Section Assignment 对话框，在 Section 后的下拉框中选择 SMA，点击[OK]按钮，完成 SMA 材料截面的指派。按照同样的方法，完成其他材料层（AC20、ATB、GM、CTB）的截面指派。完成截面指派后的 Section Assignment Manager 对话框如图 9.18 所示。

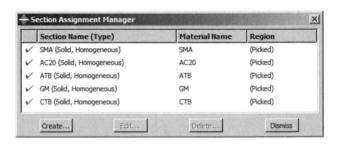

图 9.18　完成截面指派后的 Section Assignment Manager 对话框

3. Assembly(装配)模块

在 Abaqus/CAE 窗口顶部环境栏 Module 后的下拉框中选择 Assembly(装配)模块，这时将弹出如图 9.19 所示的警告窗口，点击[Dismiss]按钮。

点击左侧工具区 ▦（Instance Part）按钮，弹出 Create Instance 对话框，点击[OK]按钮，完成实例 stress 的创建。

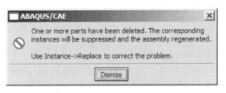

图 9.19　实例被抑制的警告窗口

依次点击菜单[Tools]→[Set]→[Manager]，弹出 Set Manager 对话框。选择 SMA，点击[Edit...]按钮，在视图区中选择路面结构的最上层，点击提示区[Done]按钮，完成集合 SMA 的重新定义。按照同样的方法，完成其他结构层（AC20、ATB、GM、CTB）的重新定义。按照同样的方法，选择路基底面，作为集合 bottom 的重新定义。

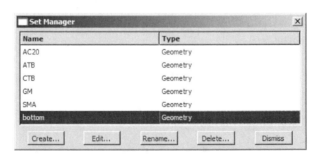

图 9.20　完成集合修改定义后的 Set Manager 对话框

删除 Set Manager 对话框中其他多余的集合定义。完成集合修改定义后的 Set Manager 对话框如图 9.20 所示,点击[Dismiss]按钮退出。

4. Step(分析步)模块

在 Abaqus/CAE 窗口顶部环境栏 Module 后的下拉框中选择 Step(分析步)模块。

点击工具区 (Create Step)按钮,弹出 Create Step 对话框,点击[Continue...]按钮;弹出 Edit Step 对话框,点击[OK]按钮,完成分析步 Step-1 的创建。

5. Interaction(相互作用)模块

在 Abaqus/CAE 窗口顶部环境栏 Module 后的下拉框中选择 Interaction(相互作用)模块。

点击工具区 (Constraint Manager)按钮(按钮右侧),弹出 Constraint Manager 对话框。点击[Delete...]按钮,点击[Yes]按钮确认删除,再点击[Dismiss]按钮。

6. Load(载荷)模块

在 Abaqus/CAE 窗口顶部环境栏 Module 后的下拉框中选择 Load(载荷)模块。

点击工具区 (Create Boundary Condition)按钮,弹出 Create Boundary Condition 对话框,在 Types for Selected Step 中选择 Displacement/Rotation,点击[Continue...]按钮;点击提示区右侧[Set...]按钮,弹出 Region Selection 对话框,选择 bottom,点击[Continue...]按钮;弹出 Edit Boundary Condition 对话框(图 9.21),在 Distribution 后的下拉框中选择 User-defined,并点击 U2 前的复选框,点击[OK]按钮,完成位移荷载的施加。

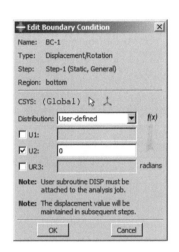

图 9.21 Edit Boundary Condition 对话框

提示:图 9.21 中位移荷载的施加是核心步骤。最容易出错的地方是忘记选择 U2 前的复选框,导致计算结果不正确。

要获得软土地基上路面结构中由于软基不均匀沉降引起的附加应力,必须首先获得软基表面的不均匀沉降,然后需编写用户子程序 DISP,见下文中 weiyi.for 文件。

7. Mesh(网格)模块

在 Abaqus/CAE 窗口顶部环境栏 Module 后的下拉框中选择 Mesh(网格)模块,并将环境栏上 Object 设为 Part,将 Part 设为 stress,即可为模型划分网格。

按照第 6.3.1 节相同的方法,完成模型网格的划分。

8. Job(作业)模块

在 Abaqus/CAE 窗口顶部环境栏 Module 后的下拉框中选择 Job(作业)模块,创建并提交作业。

点击工具区 (Job Manager)按钮(按钮右侧),弹出 Job Manager 对话框。点击[Rename...]按钮,在弹出的 Rename Job 对话框中输入 softpave-stress,点击[OK]按钮;点击对话框右上角[Write Input]按钮,Abaqus/CAE 将在当前工作目录生成名为 softpave-stress.inp 的文件。

退出 Abaqus/CAE 环境。

9. 编辑 inp 文件

采用任何一种文本处理软件打开生成的 softpave-stress.inp 文件。

打开第 9.2.1 中生成的 softpave-grid.inp,复制其中"*End Assembly"后材料 AC20、ATB、CTB、GM 和 SMA 的材料属性定义,粘贴并替换 softpave-stress.inp 相应的部分,保存文件。

10. 编写用户子程序 weiyi.for 文件

用户子程序 weiyi.for 的内容如下:

```
      SUBROUTINE DISP(U, KSTEP, KINC, TIME, NODE, NOEL, JDOF, COORDS)
C
      INCLUDE 'ABA_PARAM.INC'
C
      DIMENSION U(3), TIME(2), COORDS(3)
C
      Parameter(PI=3.141 592 6, L=15.035, TWO=2.0, DELTA=0.07)
      FACTOR=PI/(TWO*L)
      U(1)=-DELTA*COS(FACTOR*(COORDS(1)))
      RETURN
      END
```

其中参数 L 和 $DELTA$ 分别表示路面的底面(即最下一层)宽度的一半、软基的不均匀沉降量,应该根据软基沉降的结果进行取值,如本节中 $L=15.035, DELTA=0.07$。

11. 运行 inp 文件和后处理

在 Abaqus Commander 环境下运行:

abaqus job=softpave-stress user=weiyi int

用 Abaqus/Viewer 打开 softpave-stress.odb 文件。施加位移荷载前后的路面结构模型,如图 9.22 所示。可知路面结构层(CTB)底面最大 S11 为 286 kPa。

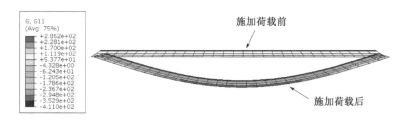

图 9.22 施加位移荷载前后的路面结构模型

值得注意的是,本算例计算路面结构中的附加应力时,位移荷载是一次性施加的,导致路面结构中产生的附加应力较大。在实际的路面结构沉降过程中,沉降是逐步完成的,路面结构中的附加应力可以部分消散,因此实际的附加应力值将小于上述计算值。

9.3 实例:软土地基上桥台结构的沉降分析

问题描述:图 9.23 为桥台地基沉降模型。其中模型总宽度为 74 m,总高度为 50 m(其中路面结构、搭板厚 0.7 m)。水位线位于黏土层与圆砾的界面上,即地下 8 m 处。桥台后的回填料和路堤材料分别分 9 次填筑(加载曲线如图 9.24 所示),然后铺设搭板,最后铺筑路面结构。各种材料属性如表 9.1~9.3 所示。请模拟分层填筑时桥台地基的沉降状况。

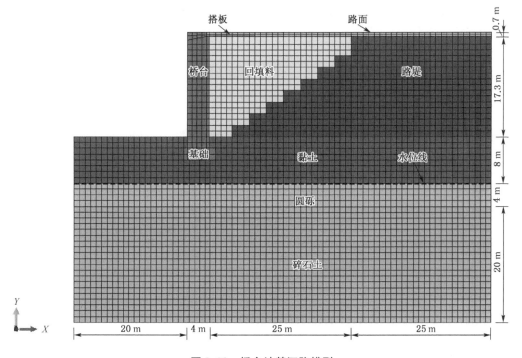

图 9.23 桥台地基沉降模型

表 9.1 桥台地基材料属性

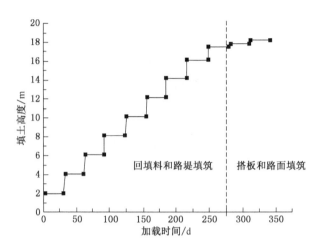

图 9.24 桥台地基加载曲线

材料名称	代号	弹性模量 E/kPa	泊松比 μ	渗透系数 k/(m/d)
碎石土	scree	1.0×10^5	0.18	0.4
圆砾	gravel	5.0×10^4	0.21	0.2
黏土	clay	4.5×10^3	0.26	0.023 1
路堤填土	embankment	6.7×10^4	0.28	—
台后回填土	backfill	6.7×10^4	0.28	—
桥台混凝土	abutment	2.34×10^7	0.15	1.4e-9
桥头搭板	slab	2.34×10^7	0.15	—
路面材料	pave	2.1×10^6	0.3	—

表 9.2 Drucker-Prager 模型参数

材料类型	γ_d/(kN/m³)	c/kPa	φ/°	E/kPa	μ	β/°	k	ψ/°
碎石土 scree	12	—	—	100 000	0.18	28.7	1.0	0
圆砾 gravel	20	—	—	50 000	0.21	28.7	1.0	0
黏土 clay	20	—	—	4 500	0.26	40	1.0	0

表 9.3 Drucker-Prager 模型的硬化参数

碎石土 scree		圆砾 gravel		黏土 clay	
$\sigma_1 - \sigma_3$/kPa	ε_p	$\sigma_1 - \sigma_3$/kPa	ε_p	$\sigma_1 - \sigma_3$/kPa	ε_p
204.99	0.0	77.8	0.0	48	0.0
412.54	0.006	194.56	0.006	319	0.05
757.66	0.026	309.0	0.023	416	0.09

续表 9.3

碎石土 scree		圆砾 gravel		黏土 clay	
$\sigma_1-\sigma_3/\text{kPa}$	ε_p	$\sigma_1-\sigma_3/\text{kPa}$	ε_p	$\sigma_1-\sigma_3/\text{kPa}$	ε_p
887.13	0.040	348.05	0.037	—	—
1 020.71	0.064	377.86	0.056	—	—
1 124.5	0.092	406.22	0.084	—	—
—	—	427.11	0.112	—	—

1. Part(部件)模块

(1) 创建部件

在 Abaqus/CAE 环境下,点击工具区 (Create Part)按钮,弹出 Create Part 对话框,将 Name 设为 ground,将 Modeling Space 设为 2D Planar,Type 设为 Deformable,Base Feature 设为 Shell,点击[Continue...]按钮,Abaqus 自动进入 Sketch 绘图环境。

点击工具区 (Create lines:Connected)按钮,在提示区输入(0,0)(实际输入时不需要括号,下同),按 Enter 键确认,再依次在提示区输入(20,0)、(20,−2)、(19.5,−2)、(19.5,−4)、(25,−4)、(25,−2)、(24,−2)、(24,17.3)、(74,17.3)、(74,−32)、(0,−32)、(0,0),依次按 Enter 键确认。按 Esc 键,再点击提示区[Done]按钮,Abaqus 自动退出绘图环境,完成部件 ground 的创建。

按同样的方法,完成部件 abutment、pave、slab 的创建。

(2) 剖分部件

在环境栏 Part 后的下拉框中选择 ground。

依次点击菜单[Tools]→[Datum...],弹出 Create Datum 对话框,将 Method 设为 Offset From Point;在视图区中选择点 A(图 9.25,其坐标为(24,−2,0)),在提示区输入(0,2,0),按 Enter 键确认。按照同样的方法,仍以点 A 为偏移基准点,分别在提示区输入(0,4,0)、(0,6,0)、(0,8,0)(0,10,0)、(0,12,0)、(0,14,0)、(0,16,0)、(0,18,0),分别按 Enter 键确认;再以点 B 为偏移基准点,分别在提示区输入(0,20,0)、(0,24,0),分别按 Enter 键确认。

按照与前文类似的方法,用 (Partition Face:Sketch)工具,完成部件 ground 的一次剖分。一次剖分后的部件 ground 模型如图 9.25 所示。

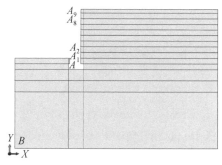

图 9.25 一次剖分后的部件 ground 模型

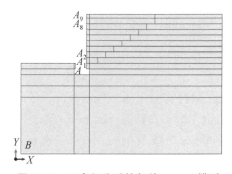

图 9.26 二次剖分后的部件 ground 模型

按照上述同样的方法,以点 A_1 为偏移基准点,在提示区输入(4,0,0),按 Enter 键确认。再以点 A_2 为偏移基准点,在提示区输入(7,0,0),分别按 Enter 键确认。以此类推,以点 A_8 为偏移基准点,在提示区输入(25,0,0),分别按 Enter 键确认。

按照与前文类似的方法,用 (Partition Face:Sketch)工具,完成部件 ground 的二次剖分。二次剖分后的部件 ground 模型如图 9.26 所示。

按同样的方法,完成部件 abutment、pave、slab 的剖分。

提示:为节省篇幅,省略了部件 abutment、pave、slab 的基准创建和剖分的步骤。

剖分的主要目的是便于材料属性赋值、定义结点集(或表面)和划分网格。剖分好的部件,包含在本书配套资料目录\Chapter 09\04 Abutment\ 下的 abutment-gravity.cae 文件中。

---

2. Property(属性)模块

在 Abaqus/CAE 窗口顶部环境栏 Module 后的下拉框中选择 Property(属性)模块。

点击左侧工具区 (Create material)按钮,弹出 Edit material 对话框,在 Name 后输入 abutment,点击[OK]按钮,完成材料 abutment 的创建。按照同样的步骤,完成其他材料(scree、gravel、clay、backfill、embankment、slab、pave)的创建。

点击左侧工具区 (Create Section)按钮,弹出 Create Section 对话框,在 Name 后输入 abutment,将 Category 设为 Solid,将 Type 设为 Homogenous,点击[Continue...]按钮;弹出 Edit Section 对话框,在 Material 后下拉框中选择 abutment,点击[OK]按钮,完成截面 abutment 的创建。按照同样的方法,完成其他材料截面的创建。

点击左侧工具区 (Assign Section)按钮,在视图区中选择整个 abutment 部件模型,再点击提示区[Done]按钮;弹出 Edit Section Assignment 对话框,在 Section 后的下拉框中选择 abutment,点击[OK]按钮,完成 abutment 材料截面的指派。按照同样的方法,完成其他材料截面的指派。

提示:在上述界面赋予材料属性时,需要在环境栏 Part 后的下拉框中选择不同的部件,如部件 abutment、ground、pave、slab。选中某个部件后,Section Assignment Manager 对话框中仅显示该部件包含的材料。

---

3. Assembly(装配)模块

在 Abaqus/CAE 窗口顶部环境栏 Module 后的下拉框中选择 Assembly(装配)模块,以创建装配。

(1) 部件实例化

点击左侧工具区 (Instance Part)按钮,弹出 Create Instance 对话框(图 9.27),在 Parts 中同时选择 abutment、ground、pave、slab,将 Instance Type 设为 Independent(mesh on instance),点击[OK]按钮,以完成部件的实例化。

(2) 定义集合(Set)
- 材料层集合

依次点击菜单[Tools]→[Set]→[Manager],弹出 Set Manager 对话框,点击[Create...]按钮;弹出 Create Set 对话框,在 Name 后输入 scree,点击[Create...]按钮,在模型中选择模型最下一层,点击提示区[Done]按钮,完成材料层集合 scree 的定义。按照同样的方法,完成其他材料层(gravel、clay、embankment、backfill、abutment、slab、pave 等)的定义(表 9.4)。

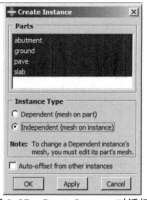

图 9.27 Create Instance 对话框

提示:由于模型较复杂,在定义集合的过程中,可灵活采用 (Create Display Group)方法,仅显示模型中需要显示的部分。

表 9.4 模型中定义的所有材料层集合

序号	集合名称	位 置	备 注
1	abutment	实例 abutment-1	其基础与 clay 相接,台背与 backfill、slab 和 pave 相接
2	backfill	实例 ground-1 中的 backfill	呈倒阶梯状,下端与 clay 相接,上端与 slab、pave 相接,右侧与 embankment 相接
3	backfill1 ⋮ backfill9	实例 ground-1 中的 backfill 的最下一层 ⋮ backfill 的最上一层	backfill 共被分为 9 层(从下至上依次为 backfill1～backfill9),backfill1 与 clay 相接
4	clay	实例 ground-1 中的 clay	下与 gravel 相邻,上与 abutment、backfill1、embankment1 相邻
5	embankment	实例 ground-1 中的 embankment	呈正阶梯状,下端与 clay 相接,上端与 pave 相接,左侧与 backfill 相接
6	embankment 1 ⋮ embankment 9	实例 ground-1 中的 embankment 最下一层 ⋮ embankment 最上一层	embankment 共被分为 9 层(从下至上依次为 embankment1～embankment9),embankment1 与 clay 相邻
7	gravel	实例 ground-1 中的 gravel	上与 clay 相邻,下与 scree 相邻
8	pave	实例 pave-1	左与 abutment、slab 相接,下与 backfill9、embankment9 相邻
9	pave1 pave2	实例 pave-1 的下层 实例 pave-1 的上层	左与 slab 相接,下与 backfill9、embankment9 相邻 左与 abutment 相接,下与 slab、pave1 相邻
10	scree	实例 ground-1 中的 scree	模型的最下层,上与 gravel 相邻
11	slab	实例 slab-1	左与 abutment 相邻,上与 pave1 相邻,右与 pave2 相邻,下与 embankment9 相邻

- 边界的集合

按照上述同样的方法,点击 Set Manager 对话框中的[Create...]按钮;弹出 Create Set 对话框,在 Name 后输入 left,点击[Continue...]按钮;在模型中选择模型最左面的边界(线段),点击提示区[Done]按钮,完成左边界 left 的定义。按照同样的方法,完成其他边界的定义(表 9.5)。

表 9.5 模型中定义的所有边界集合

序号	集合名称	位置	备注
1	ab-bottom	实例 abutment-1 基础底面	与 clay 相接
2	ab-left	实例 abutment-1 基础左侧	与 clay 相接
3	ab-right	实例 abutment-1 基础右侧	与 clay 相接
4	bottom	实例 ground-1 中 scree 的底部	模型的底部
5	em-right1 ⋮ em-right9	实例 ground-1 中 embankment 右侧边界 1 ⋮ embankment 右侧边界 9	实例右侧最下端,与 scree 相邻 ⋮ 实例右侧最上端,与 pave 相邻
6	left	模型左侧边界	scree、gravel 和 clay 左侧
7	pa-left1 pa-left2	实例 pave-1 的左侧边界 1 实例 pave-1 的左侧边界 2	与 slab 相接 与 abutment 相接
8	pa-right1 pa-right2	实例 pave-1 的右侧边界 1 实例 pave-1 的右侧边界 2	实例右侧下端,与 embankment 相邻 实例右侧上端
9	right	模型下部右侧边界	scree、gravel 和 clay 右侧
10	sb-left	实例 slab-1 左侧边界	与 abutment 相接
11	sb-right	实例 slab-1 右侧边界	与 pave 相接

- 排水边界的集合

采用 (Create Display Group)方法,在视图区中只显示 ground-1 实例。

按照上述同样的方法,点击 Set Manager 对话框中[Create...]按钮,弹出 Create Set 对话框,在 Name 后输入 freesurf,点击[Continue...]按钮,在模型中选择模型左上面的边界(线段),点击提示区[Done]按钮,完成自由排水边界 freesurf 的定义(图 9.28)。按照同样的方法,完成内部排水边界 inisurf 的定义。

提示:完整集合的定义,参见本书配套资料目录\Chapter 09\04 Abutment\下的 abutment-gravity.cae 文件。

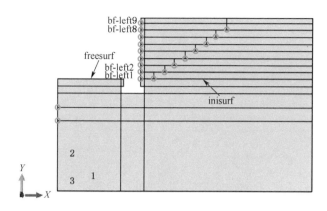

图 9.28 排水边界和接触面集合的定义

4. Interaction(相互作用)模块

在 Abaqus/CAE 窗口顶部环境栏 Module 后的下拉框中选择 Interaction(相互作用)模块。

(1) 定义接触面(Surface)

本算例中的接触面主要是桥台 abutment 与台背填土 backfill 之间的接触,以及搭板 slab 与路面 pave、台背填土 backfill 之间的接触等。

桥台 abutment 与台背填土 backfill 之间的接触:由于台背填土 backfill 是分层填筑的,故每层填土均需定义与桥台的接触面 bf-left1, bf-left2,…, bf-left9。依次点击菜单[Tools]→[Surface]→[Manager],点击[Create...]按钮,弹出 Create Surface 对话框,将 Name 设为 bf-left1,在视图区选择与桥台接触的面(线段,即第一层回填土 backfill1 的左边界),点击提示区[Done]按钮,完成接触面 bf-left1 的定义(图 9.28)。

按照同样的方法,完成其他接触面的定义(表 9.6)。

提示:接触是 Abaqus 中的难点,很多计算不收敛的问题就出在接触处理上。要做好接触问题,首先要在两个实例接触面上定义一对接触面(主面 master surface 和从面 slave surface)。

本例中接触面共 17 对,其中 14 对为普通接触对(contact pairs),另外 3 对为绑定约束对(Tie constraint),这些接触面的完整定义,参见本书配套资料目录\Chapter 09\04 Abutment\下的 abutment-gravity.cae 文件。

表 9.6 模型中定义的所有接触面

序号	表面对	位　置	备　注
1	at-base cl-base	实例 abutment-1 与实例 ground-1 中 clay 的交界面	分别位于 abutment 与 clay 上

续表 9.6

序号	表面对	位置	备 注
2	at-right1 bf-left1 ⋮ at-right9 bf-left9	实例 abutment-1(右侧)与实例 ground-1 中 backfill(左侧)的交界面 ⋮ 实例 abutment-1(右侧)与实例 ground-1 中 backfill(左侧)的交界面	分别位于 abutment 与 backfill 第一层(最下层)上 ⋮ 分别位于 abutment 与 backfill 第九层(最上层)上
3	at-right10 sl-left	实例 abutment-1(右侧)与实例 slab-1(左侧)的交界面	分别位于 abutment 与 slab 上
4	at-right11 pv-left1	实例 abutment-1(右侧)与实例 pave-1(左侧)的交界面	分别位于 abutment 与 pave 上
5	at-top sl-bottom1	实例 abutment-1(右上侧)与实例 slab-1(底部)的交界面	分别位于 abutment 与 slab 上
6	sl-bottom2 bf-top1	实例 slab-1(底部)与实例 ground-1 中 backfill(上部)的交界面	分别位于 slab 与 backfill 上
7	sl-right pv-left2	实例 slab-1(右侧)与实例 pave-1(左侧)的交界面	分别位于 slab 与 pave 上
8	sl-top pv-bottom1	实例 slab-1(上部)与实例 pave-1(底部)的交界面	分别位于 slab 与 pave 上
9	pv-bottom2 bf-top2	实例 pave-1(底部)与实例 ground-1 中 backfill(上部)、embankment(上部)的交界面	分别位于 pave、backfill 和 embankment 上

(2) 定义接触属性

点击左侧工具区 (Create Interaction Property)按钮,弹出 Create Interaction Property 对话框,将 Name 设为 lowyessep,点击[Continue...]按钮;弹出 Edit Contact Property 对话框(图 9.29),点击 Mechanical,选择 Tangential Behavior,点击 Friction formulation 右侧的下拉框,选择 Penalty,将 Friction Coeff 设为 0.2;再次点击 Mechanical,选择 Normal Behavior,保持默认参数不变,点击[OK]按钮,完成接触属性 lowyessep 的定义。

提示:接触属性 lowyessep 允许两个接触面在分析过程中产生分离(即 Allow separation after contact)。

(3) 定义接触

点击工具区 (Create Interaction)按钮,弹出 Create Interaction 对话框,将 Name 设为 abut-backfill1,Type for Selected Step 设为 Surface-to-Surface contact (Standard),点击[Continue...]按钮;点击提示区右侧[Surface...]按钮,弹出 Region Selection 对话框,选择 at-right1,点击[Continue...]按钮;点击提示区[Surface]按钮,在弹出的 Region Selection 对话框中选择 bf-left1,再次点击[Continue...]按钮;弹出 Edit Interaction 对话框(图 9.30),将 Discretization method 设为 Node to surface,将 Use supplementary contact points

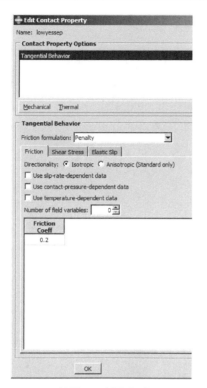
(a) Tangential Behavior

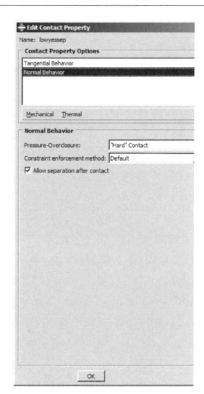
(b) Normal Behavior

图 9.29　接触属性 lowyessep 的定义

设为 Never，在 Contact interaction property 后的下拉框中选择 lowyessep，点击[OK]按钮，完成接触 abut-backfill1 的定义。

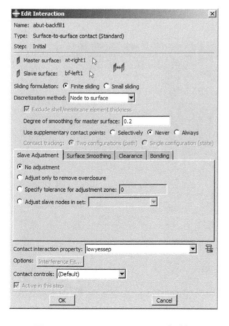

图 9.30　Edit Interaction 对话框

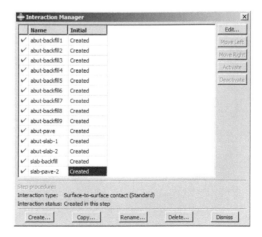

图 9.31　完整的接触定义

按照同样的方法,完成其他接触的定义,完成后的接触定义如图 9.31 所示。

提示:上述接触定义主要包括桥台(abutment)与回填土(backfill)的接触定义(abut-backfill1~abut-backfill9)、桥台(abutment)与路面(pave)的接触定义(abut-pave)、桥台(abutment)与搭板(slab)的接触定义(abut-slab-1、abut-slab-2)、搭板(slab)与回填土(backfill)的接触定义(slab-backfill),以及搭板(slab)与路面(pave)的接触定义(slab-pave-2),共 14 对。

这些接触定义的详细信息,参见本书配套资料目录\Chapter 09\04 Abutment\下的 abutment-gravity.cae 文件。

(4)定义约束

桥台基础与周围土体的约束:点击工具区 (Create Constraint)按钮,弹出 Create Constraint 对话框,将 Name 设为 abut-ground,将 Type 设为 Tie,点击[Continue...]按钮;点击提示区右侧[Surface...]按钮,弹出 Region Selection 对话框,选择 at-base,点击[Continue...]按钮;点击提示区[Surface]按钮,在弹出的 Region Selection 对话框中选择 cl-base,再次点击[Continue...]按钮;弹出 Edit Constraint 对话框,点击[OK]按钮,完成接触面 abut-ground 的定义[图 9.32(a)]。

按照上述同样的步骤,完成搭板与上覆路面之间(slab-pave)、路面与台后填土路堤之间(pave-backfill)的约束[图 9.32(b)(c)]。

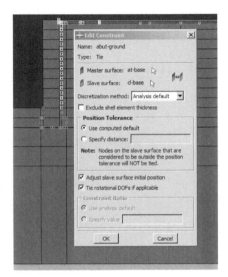

(a) 绑定约束 abut-ground

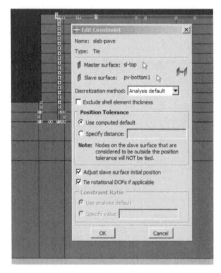

(b) 绑定约束 slab-pave

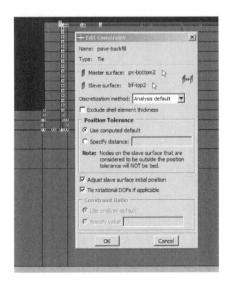

(c) 绑定约束 pave-backfill

图 9.32 绑定约束的定义

提示：搭板(slab)与上覆路面(pave)之间、路面(pave)与台后填土路堤(backfill、embankment)之间的接触是本例题计算收敛与否的关键。读者可自行尝试将上述接触面对设为普通的接触面对进行试算，可加深对普通接触(Interaction)和约束(Constraint)的理解。

5. Mesh(网格)模块

在 Abaqus/CAE 窗口顶部环境栏 Module 后的下拉框中选择 Mesh(网格)模块。

(1) 实例 ground-1

采用 ⬚(Create Display Group)方法，在视图区中只显示 ground-1 实例。

点击左侧工具区 ⬚(Seed Part Instance)按钮，在视图区中选中整个模型，点击提示区[Done]按钮；弹出 Global Seeds 对话框，在 Approximate global size 后输入 1，点击[OK]按钮，完成模型种子(Seeds)的定义。

点击左侧工具区 ⬚(Assign Mesh Controls)按钮，在视图区中选中整个模型，点击提示区[Done]按钮；弹出 Mesh Controls 对话框，将 Element Shape 设为 Quad，将 Technique 设为 Structured，点击[OK]按钮，完成网格单元控制。

点击左侧工具区 ⬚(Assign Element Type)按钮，在视图区选择模型的最下三层(即碎石土、圆砾和黏土层，不包括桥台基础)，点击提示区[Done]按钮；弹出 Element Type 对话框，将 Family 设为 pore Fluid/Stress，此时对话框中显示单元为 CPE4P，点击[OK]按钮；在视图区选择模型其他全部区域，点击提示区[Done]按钮；弹出 Element Type 对话框，将 Family 设为 Plane Strain，此时对话框中显示单元为 CPE4R，点击[OK]按钮，完成部件模型单元的指派。

点击左侧工具区 ⬚(Mesh Part Instance)按钮，在视图区中选中整个模型，点击提示区[Done]按钮，完成实例 ground-1 网格的划分(图 9.33)。

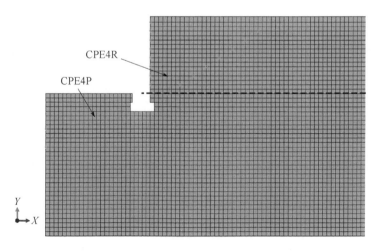

图 9.33　划分完成后的实体 ground-1 网格

(2) 实例 abutment-1

采用 (Create Display Group)方法,在视图区中只显示 anutment-1 实例。

点击左侧工具区 (Seed Part Instance)按钮,在视图区中选中整个模型,点击提示区[Done]按钮;弹出 Global Seeds 对话框,在 Approximate global size 后输入 1,点击[OK]按钮,完成模型种子(Seeds)的定义。

点击左侧工具区 (Assign Mesh Controls)按钮,在视图区中选中整个模型,点击提示区[Done]按钮;弹出 Mesh Controls 对话框,将 Element Shape 设为 Quad,将 Technique 设为 Structured,点击[OK]按钮,完成网格单元控制。

点击左侧工具区 (Assign Element Type)按钮,在视图区选择与黏土接触的部分,点击提示区[Done]按钮;弹出 Element Type 对话框,将 Family 设为 pore Fluid/Stress,此时对话框中显示单元为 CPE4P,点击[OK]按钮;在视图区选择模型其他全部区域,点击提示区[Done]按钮;弹出 Element Type 对话框,将 Family 设为 Plane Strain,此时对话框中显示单元为 CPE4R,点击[OK]按钮,完成部件模型单元的指派。

点击左侧工具区 (Mesh Part Instance)按钮,在视图区中选中整个模型,点击提示区[Done]按钮,完成实例 abutment-1 网格的划分[图 9.34(a)]。

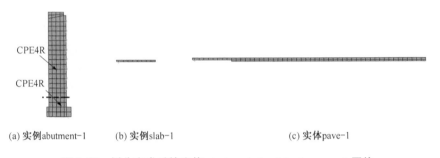

(a) 实例abutment-1　　(b) 实例slab-1　　(c) 实体pave-1

图 9.34　划分完成后的实体 abutment-1、slab-1、pave-1 网格

(3) 实体 slab-1 和 pave-1

按照上述同样的步骤,完成实例(slab-1、pave-1)网格的划分[图 9.34(b)(c)]。完成后的模型总体网格如图 9.35 所示。

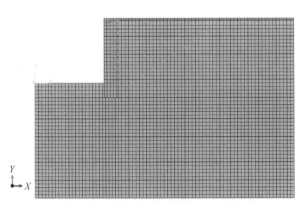

图 9.35　完成网格划分的模型网格

提示：对某些具体问题而言，不同实例之间的网格密度匹配直接影响到模拟计算的收敛性。读者可以尝试将本例中实例 abutment-1、slab-1、pave-1 的网格密度增加一倍，重新进行模拟计算，以加深对网格划分的理解。

6. Job(作业)模块

在 Abaqus/CAE 窗口顶部环境栏 Module 后的下拉框中选择 Job(作业)模块，创建并提交作业。

点击左侧工具区 (Job Manager)按钮(按钮右侧)，弹出 Job Manager 对话框。点击[Create...]按钮，弹出 Create Job 对话框，将 Name 设为 abutment-gravity，点击[Continue...]按钮，点击 Edit Job 对话框中的[OK]按钮；点击对话框右上角的[Write Input]按钮，Abaqus 将在当前工作目录生成名为 abutment-gravity.inp 的文件。

退出 Abaqus/CAE 环境。

7. 编辑 inp 文件

采用任何一种文本处理软件打开生成的 abutment-gravity.inp 文件。

(1) 材料属性定义

在"*Material, name=abutment"后添加如下语句，以完成材料 abutment 的定义：

*Elastic
  2.34e7, 0.15
*Permeability, specific=10.
  1.4e−9, 0.

编写类似的语句，完成材料 backfill、clay、embankment、gravel、pavement、scree 和 slab 的属性定义。

(2) 初始条件定义

按照第 6.3.2 节同样的方法，进行初始条件的定义。

*INITIAL CONDITIONS, TYPE=RATIO
  scree, 0.63
  gravel, 0.72
  clay, 0.98
  abutment, 0.05
*INITIAL CONDITIONS, TYPE=STRESS, GEOSTATIC
  clay, 0, 0, −160, −8, 0.528 6, 0.528 6
  gravel, −160, −8, −200, −12, 0.428 6, 0.428 6
  scree, −200, −12, −400, −32, 0.328 6, 0.328 6
*INITIAL CONDITIONS, TYPE=PORE PRESSURE
  clay, 0, 0, 0, −8
  gravel, 0, −8, 40, −12

scree, 40, −12, 240, −32

(3) GEOSTATIC 分析步

本例题中的 GEOSTATIC 分析步的完整内容如下：

**------------------------------------
**STEP1: GEOSTATIC
**
*Step, nlgeom, name=geo, unsymm=yes
*Geostatic   　　　　　　　地应力分析的主要命令
*Boundary ⎫
bottom, 1, 2
left, 1, 1
right, 1, 1
freesurf, 8, 8   ⎬ 边界条件
inisurf, 8, 8
abut-left, 1,1
abut-bottom, 2, 2 ⎭
*model change, remove ⎫
embankment
backfill   ⎬ 为模拟分层填筑,先取消部分集合
slab
pave   ⎭
*model change, type=contact pair, remove ⎫
bf-left1, at-right1
bf-left2, at-right2
bf-left3, at-right3
bf-left4, at-right4
bf-left5, at-right5
bf-left6, at-right6
bf-left7, at-right7   ⎬ 取消部分集合的同时,需要取消相应的接触
bf-left8, at-right8
bf-left9, at-right9
pv-left1, at-right11
sl-bottom1, at-top
sl-left, at-right10
bf-top1, sl-bottom2
pv-left2, sl-right ⎭
**
**LOADS
**

```
*Dload
abutment, by, -20  ⎫
clay, by, -20       ⎬  加载
gravel, by, -20     ⎪
scree, by, -12     ⎭
*End Step
```

(4) 填筑第一层回填料和路堤材料

```
**---------------------------------------
**
**STEP2: fill1
**
*Step, nlgeom, name=fill1, amplitude=RAMP, unsymm=yes
*Soils, consolidation
0.5, 1, , ,
**
*Boundary
em-right1, 1, 1       ⎫
*model change, add    ⎬  边界条件的变化,激活先前被取消的部分集合
backfill1             ⎪
embankment1           ⎭
*Model Change, type=CONTACT PAIR, add
bf-left1, at-right1    ⎫
*dload                 ⎬  激活先前被取消的部分接触,并加载
backfill1, by, -20    ⎪
embankment1, by, -20  ⎭
*End Step
```

(5) 施工间隙期的模拟

```
**---------------------------------------
**
**STEP3: dissipate1
**
*Step, nlgeom, name=dissipate1, amplitude=RAMP, unsymm=yes
*Soils, consolidation, utol=10
0.1, 30, , ,            施工间隙期为 30 d
*End Step
```

按照(4)(5)的步骤,完成其他材料层(包括搭板和路面)填筑的模拟。

保存文件。

8. 运行 inp 文件和后处理

在 Abaqus Commander 环境下输入以下命令：

abaqus job＝abutment-gravity int

用 Abaqus/Viewer 打开 abutment-gravity.odb。从桥台地基沉降云图（图 9.36）可以看出，台后地基最大沉降为 65.6 cm。将图中椭圆区域放大（图 9.37），可知台后回填料与桥台之间以及搭板与回填料之间存在分离（脱空）现象。

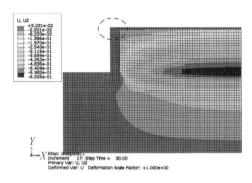 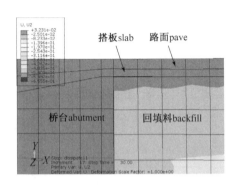

图 9.36　桥台地基沉降云图　　　　图 9.37　桥台、回填料、搭板之间的分离现象

9.4　本章小结

本章采用有限元方法，进行了软土地基上路面结构和桥台地基沉降问题的模拟计算。

（1）软土地基的固结沉降一般采用分层总和法进行计算，但不能考虑土体的侧向变形和时间因素对沉降的影响；比奥固结方程包含了水的渗流和土的变形两方面，更为合理。

（2）一般采用土工格栅和各种桩对软土地基进行加固和处治。土工格栅几乎没有减小软基不均匀沉降的作用，桩体可以大幅减小软基的整体沉降和不均匀沉降。

（3）软土地基上路面结构沉降计算的精度主要取决于软土地基材料模型及其相关参数；软土地基路面结构的附加应力计算的关键在于位移荷载的施加。

（4）桥台地基沉降问题模拟的关键在于桥台与台后土体的接触处理，以及桥头搭板与台后土体的接触处理，尤其是后者的处理更为关键。

（5）桥台地基沉降问题极易产生计算不收敛的问题。出现此问题时，应首先查找桥台与台后土体、搭板与台后土体的接触，其次应检查软土地基的模型及其相应参数。

第 10 章 路堤边坡稳定性问题

边坡稳定性分析是经典土力学最早试图解决而仍未圆满解决的课题之一。自 1927 年弗伦纽斯提出圆弧滑动法以来，至今已出现数十种土坡稳定分析法。对于匀质土坡，传统方法主要有极限平衡法、极限分析法和滑移线场法等，其中极限平衡法在工程中应用较广，但需要事先知道边坡的滑动面位置和形状。而目前的各种数值分析方法，一般只能得出边坡应力、位移、塑性区，无法得到边坡危险滑动面以及相应的安全系数。

用有限元法分析边坡稳定问题可克服极限平衡方法中将土条假设为刚体的缺点，考虑了土体的弹塑性本构关系，以及变形对应力的影响；能模拟边坡的失稳过程及滑移面形状的影响；可适用于任意复杂的边界条件；求解安全系数时，可以不需要假定滑移面的形状，也不需要进行条分。强度折减弹塑性有限元法是目前在土坡稳定分析中适用性较广泛的一种数值分析方法，它将强度折减技术与弹塑性有限元法相结合，在给定的评判指标下，通过调整折减系数对边坡的稳定性进行分析，求得边坡的最小稳定安全系数。

本章首先简要介绍强度折减弹塑性有限元法分析路堤边坡稳定性的基本原理，然后采用有限元方法进行路堤边坡稳定性问题的模拟分析。

10.1 相关理论和计算方法

1. 强度折减弹塑性有限元法分析边坡稳定性的原理

强度折减有限元分析法，最早由 Griffiths 等提出。在我国，郑颖人等将其称为"强度折减法"。这种方法分析边坡稳定性问题的基本思想与传统的极限平衡方法一致，均可称之为强度储备安全系数法。

该方法分析边坡稳定性的基本原理是，将边坡土体的实际强度参数 c'、φ' 值同时除以一个折减系数 F_{trial}（大于 1 的系数），得到一组折减后的新的 c''、φ'' 值，即

$$\begin{cases} c'' = \dfrac{c'}{F_{trial}} \\ \varphi'' = \arctan\left|\dfrac{1}{F_{trial}}\tan\varphi'\right| \end{cases} \quad (10\text{-}1)$$

然后将折减后的 c''、φ'' 值作为新的材料参数代入有限元进行试算。当有限元计算收敛时，取 F_{trial} 稍大一些后再试算，直到有限元计算不收敛时为止。当由于强度参数的折减而造成有限元计算不收敛时，说明此时土体达到临界极限状态，边坡发生剪切破坏，此时可得到临界滑动面、边坡的应力、位移和安全系数。

这种强度折减技术特别适合用有限元方法来实现，适合于对理想弹塑性土体的二维平

面应变问题的分析。早在 1975 年,Zienkiewicz 就用此方法分析边坡稳定性问题,由于需要花费大量的时间而在具体应用中受到限制。后来,Wong 给出了用有限元方法分析边坡稳定性误差产生的原因。现在,强度折减有限元法正成为边坡稳定分析研究的新趋势。

2. 强度折减弹塑性有限元法分析的基本方法

在有限元分析中可以考虑各种复杂的本构模型,但目前在工程分析中最普遍的还是理想弹塑性模型,因为理想弹塑性的结果与极限平衡法的结果最具可比性。对于一般的路面边坡,主要控制土体的剪切破坏,对塑性区分布、大小的计算精度要求较高,对位移的要求相对较低。因此,在工程分析中仍大量采用理想弹塑性模型(如 Mohr Coulomb 模型、Drucker-Prager 模型)。

按增量理论,土体的弹塑性应力应变关系为

$$\{d\boldsymbol{\sigma}\} = ([\boldsymbol{D}^e] - (1-r)[\boldsymbol{D}^p])\{d\boldsymbol{\varepsilon}\} \tag{10-2}$$

式中,$[\boldsymbol{D}^e]$——弹性矩阵;

$[\boldsymbol{D}^p]$——塑性矩阵。

$$[\boldsymbol{D}^p] = \frac{[\boldsymbol{D}^e]\left|\frac{\partial g}{\partial \sigma}\right|\left|\frac{\partial f}{\partial \sigma}\right|^T[\boldsymbol{D}^e]}{\left|\frac{\partial f}{\partial \sigma}\right|^T[\boldsymbol{D}^e]\left|\frac{\partial g}{\partial \sigma}\right|} \tag{10-3}$$

r 可按式(10-4)计算:

$$r = -f_0/(f_1 - f_0) \tag{10-4}$$

式中,f_0——初始应力状态(弹性)对应的屈服函数值;

f_1——试探应力状态(塑性)对应的屈服函数值。

当 $r=1$ 时,使用弹性矩阵;当 $r=0$ 时,使用完全塑性矩阵;当 $0<r<1$ 时,表示单元由弹性向弹塑性状态过渡,使用弹塑性矩阵。

3. 强度折减弹塑性有限元法分析的模型

对于路面工程中的边坡问题,可作为理想弹塑性回填体的平面应变问题来研究。

(1) 有限元模型

进行有限元分析时,先根据边坡的几何形状、大小及边界条件,建立边坡的几何模型。然后进行单元网格划分。分析时,先假定回填体开始为弹性的,模型在网格内所有高斯点生成正应力和剪应力,然后将这些应力与破坏准则相比。如果特定高斯点上的应力位于破坏面内,则该点仍是弹性的;如果位于破坏面上或以外,则该点处于屈服状态,则屈服应力在网格中被重新分配。当足够数目的高斯点发生屈服时,土体则发生整体剪切破坏。

(2) 回填体模型

对于一般土质边坡,与传统的极限平衡法分析边坡的稳定性问题一样,强度折减有限元分析中最重要的回填体参数是重度 γ、有效强度指标 c' 和 φ'。

(3) 回填体重力荷载的计算

在每一个单元上,由土体自重产生的重力荷载 $\boldsymbol{p}^{(e)}$ 按式(10-5)求得:

$$p^{(e)} = \gamma \int_{S^e} \boldsymbol{N}^{\mathrm{T}} \mathrm{d} S^e \tag{10-5}$$

式中，S——单元面积；

e——单元号。

这个积分结果是将每个单元的面积与土的重度的乘积作为单元重力荷载，然后再分配到各个结点上。

(4) 边坡稳定安全系数的求解

传统的极限平衡法分析边坡稳定性时，最危险滑动面的准确搜索往往较为困难。纯粹的数值分析方法如有限元法等，通常也只能得出边坡应力、位移、塑性区等，而无法直接得到边坡的安全系数。强度折减技术与有限元计算方法的结合，则可以在计算边坡应力、位移、塑性区的基础上，直接得到边坡的破坏面特征和稳定性安全系数。

• 边坡安全系数的定义

Duncan 指出，边坡安全系数可以定义为：使边坡刚好达到临界破坏状态时，对土的剪切强度进行折减的程度，即定义安全系数是土的实际剪切强度与临界破坏时折减后的剪切强度的比值。按照强度折减理论，当由于强度参数的折减而造成有限元计算不收敛时，边坡发生剪切破坏，则在此前最后一次收敛计算所对应的强度参数的折减系数 F_{trial} 即可定义为边坡的稳定性安全系数 K，即：

$$F_{\mathrm{trial}} = K = \frac{c'}{c'_{\mathrm{f}}} \text{ 或 } F_{\mathrm{trial}} = K = \frac{\tan \varphi'}{\tan \varphi'_{\mathrm{f}}} \tag{10-6}$$

式中，c'_{f}、φ'_{f}——有限元最后一次收敛计算所对应的黏聚力和摩擦角折减值。

• 边坡破坏状态的确定

进行强度折减弹塑性有限元分析时，边坡的稳定性通常采用解的不收敛性作为破坏准则。在最大迭代次数内，如果计算不能收敛，就意味着没有发现同时既能满足破坏准则又能满足整体平衡的应力分布，也就说明土体已经破坏了。因此，破坏状态就定义为计算不收敛的状态，认为边坡的破坏和数值计算上的不收敛是同时发生的。

边坡整体失稳将发生于强度软弱带或应力集中区，该部位土体单元将产生不同程度的不可恢复的塑性变形，若发生塑性变形的软弱带或应力集中区相互贯通，则表明边坡土体内将在相互贯通的剪切破坏面发生整体失稳。塑性应变的大小能够从本质上描述回填体的屈服或破坏发展过程，采用从坡脚到坡顶贯通，并且出现某一幅值的总等效塑性应变区来评判回填体的整体失稳破坏是比较合理的。

在给定的强度折减系数条件下，通过 Abaqus 软件的模拟运算得到计算结果，以云图的方式显示出等效塑性区发展。没有达到贯通或出现局部屈服破坏时，说明在此折减系数下边坡是稳定的；继续增大折减系数，当在某些结点处相邻迭代步间塑性应变增加过大或等效塑性应变达到屈服极限时，塑性区已经贯通坡顶，而等效塑性应变和位移有无限发展的趋势，有明显的突变，表明此时边坡已处于临界破坏状态，此时的强度折减系数就定为边坡的最小整体稳定安全系数。

10.2 实例:边坡稳定性分析

问题描述:对于如图 10.1 所示的边坡模型,路面厚 69 cm,路堤为 8 m 高的回填土,路基为 2 m 厚的粉质黏土和 8 m 厚的淤泥质黏土,边坡比为 1∶1.5。模型中所有材料均采用 Mohr Coulomb 弹塑性模型,其参数如表 10.1 所示。请分析该边坡的稳定性。

表 10.1 边坡模型计算参数

材料类型	$\gamma_d/(10^3\,\text{kg/m}^3)$	c/kPa	$\varphi/°$	E/kPa	μ
路面材料 pavement	2.3	60	35	1.2×10^6	0.3
路堤回填土 backfill	1.82	15	25	50 000	0.35
粉质黏土 siltyclay	1.78	14	22	45 000	0.35
淤泥质黏土 mudclay	1.76	12	20	40 000	0.4

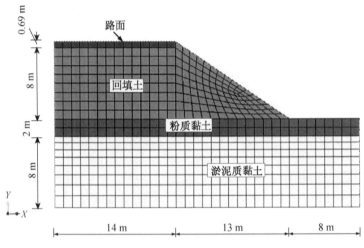

图 10.1 路面边坡模型

1. Part(部件)模块

(1) 创建部件

在 Abaqus/CAE 环境下,点击工具区 (Create Part)按钮,弹出 Create Part 对话框,将 Name 设为 slope,将 Modeling Space 设为 2D Planar,Type 设为 Deformable,Base Feature 设为 Shell,点击[Continue...]按钮,Abaqus/CAE 自动进入 Sketch 草图环境。

点击工具区 (Create lines: Connected)按钮,在提示区输入(0,0)(实际输入时不需要括号,下同),按 Enter 键确认,再依次在提示区输入(35,0)、(35,10)、(27,10)、(14,18.69)、(0,18.69)、(0,0),依次按 Enter 键确认。按 Esc 键,再点击提示区[Done]按钮,

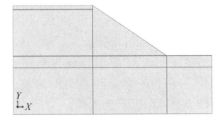

图 10.2 剖分后的部件 slope 模型

Abaqus/CAE 自动退出草图环境,完成部件 slope 的创建。

（2）剖分部件

用鼠标左键按住工具区(Create Datum Point：Enter Coordinates)图标不放,稍等片刻,在弹出的系列图标中选择(Create Datum Point：Offset From Point)按钮,在视图区中选择模型左下角点(坐标为(0,0,0)),在提示区输入(0,8,0),按 Enter 键确认。按照同样的方法,仍以该点为偏移基准点,在提示区输入(0,18,0),分别按 Enter 键确认。

按前文类似方法,用(Partition Face：Sketch)工具,完成部件 slope 的剖分(图10.2)。

2. Property(属性)模块

在 Abaqus/CAE 窗口顶部环境栏 Module 后的下拉框中选择 Property(属性)模块。

点击工具区(Create Material)按钮,弹出 Edit Material 对话框,在 Name 后输入 mudclay,依次点击[General]→[Density],将 Mass Density 设为 1.76;再依次点击[Mechanical]→[Elasticity]→[Elastic],将 Young's Modulus 设为 40 000,将 Poisson's Ratio 设为 0.4;再依次点击[Mechanical]→[Plasticity]→[Mohr Coulomb Plasticity],将 Friction Angle 设为 20,将 Dilation Angle 设为 0;点击 Cohesion 选项卡,将 Cohesion Yield Stress 设为 12,将 Abs Plastic Strain 设为 0;点击[OK]按钮,完成材料 mudclay 的创建。按照相似的步骤,完成其他材料(siltyclay、backfill、pavement)的创建。

提示：本例中应力单位为 kPa。

点击工具区(Create Section)按钮,弹出 Create Section 对话框,将 Category 设为 Solid,将 Type 设为 Homogenous,点击[Continue...]按钮。在弹出的 Edit Section 对话框中 Material 后下拉框中选择 mudclay,点击[OK]按钮,完成截面 Section-1 的创建。按照同样的方法,完成其他材料截面的创建。

点击工具区(Assign Section)按钮,在视图区中选择模型最下部三个区域,再点击提示区[Done]按钮,在弹出的 Edit Section Assignment 对话框中 Section 后下拉框中选择 Section-1,点击[OK]按钮完成 mudclay 材料截面的指派。按照同样的方法,完成其他材料截面的指派(图 10.3)。

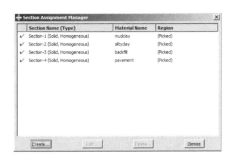

图 10.3　Section Assignment Manager 对话框

3. Assembly(装配)模块

在 Abaqus/CAE 窗口顶部环境栏 Module 后的下拉框中选择 Assembly(装配)模块,以创建装配件。

（1）部件实例化

点击工具区(Instance Part)按钮,弹出 Create Instance 对话框,点击[OK]按钮,以完成部件的实例化。

(2) 定义集合(Set)

• 边界的集合

依次点击菜单[Tools]→[Set]→[Manager],弹出 Set Manager 对话框,点击[Create...]按钮,在弹出的 Create Set 对话框中,在 Name 后输入 left,点击[Continue...]按钮,在模型中选择模型最左面的边界(线段),点击提示区[Done]按钮,完成左边界 left 的定义。按照同样的方法,完成模型右边界 right、模型底边界 bottom 的定义。

• 整个模型的集合

按照同样的步骤,创建包含整个模型的集合 all。

4. Step(分析步)模块

在 Abaqus/CAE 窗口顶部环境栏 Module 后的下拉框中选择 Step(分析步)模块,以设置分析步。

点击工具区 ⚙(Create Step)按钮,弹出 Create Step 对话框,保持默认参数不变,点击[Continue...]按钮,弹出 Edit Step 对话框,点击 Incrementation 选项卡,将 Maximum number of increments 设为 200,在 Initial 下输入 0.1,Minimum 下输入 1e-9;点击 Other 选项卡,将 Equation Solver 下的 Matrix Storage 设为 Unsymmetric,点击[OK]按钮。

提示:在上一步中,一定要将 Equation Solver 下的 Matrix Storage 设为 Unsymmetric,如果采用默认值(即 Use solver default),有可能出现计算不收敛现象。

这一步是本算例模拟成功与否的关键步骤之一。

---

5. Load(载荷)模块

在 Abaqus/CAE 窗口顶部环境栏 Module 后的下拉框中选择 Load(载荷)模块。

(1) 重力荷载的施加

点击工具区 ⚙(Create Load)按钮,弹出 Create Load 对话框,将 Types for Selected Step 设为 Gravity[图 10.4(a)],点击[Continue...]按钮,弹出 Edit Load 对话框[图 10.4(b)],点击 Region 后的 ▸(Edit Region...)按钮,在弹出的 Region Selection 对话框中选择 all,点击[Continue...]按钮,点击提示区[Done]按钮;将 Edit Load 对话框中的 Component 1 设为 0,将 Component 2 设为 −9.81,点击[OK]按钮。

(a) Create Load 对话框

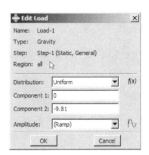
(b) Edit Load 对话框

图 10.4　重力荷载的加载

提示：上述重力荷载的加载是本算例的关键步骤之一。

（2）定义边界条件

点击工具区 ■(Create Boundary Condition)按钮,弹出 Create Boundary Condition 对话框,将 Types for Selected Step 设为 Displacement/Rotation,点击[Continue...]按钮,点击提示区[Sets...]按钮,弹出 Region Selection 对话框,选择 left,点击[Continue...]按钮,弹出 Edit Boundary Condition 对话框,选中 U1 前的复选框,点击[OK]按钮,完成左边界(left)条件的定义。按照同样的步骤,完成模型右边界(right)条件(U1=0)和底部边界(bottom)条件(U1=U2=0)的定义。

6. Mesh(网格)模块

在 Abaqus/CAE 窗口顶部环境栏 Module 后的下拉框中选择 Mesh(网格)模块,并将环境栏上 Object 设为 Part,即可划分网格。

点击工具区 ■(Seed Part Instance)按钮,在弹出的 Global Seeds 对话框中,将 Approximate global size 设为 1,点击[OK]按钮;点击工具区 ■(Seed Edges)按钮,在视图区用鼠标左键划选图 10.5 中的 4 条线段(分别标记为 1、2、3、4),点击提示区[Done]按钮,在弹出的 Local Seeds 对话框(图 10.6)中,将 Method 设为 By number,将 Bias 设为 Single,在 Bias Ratio(>=1,后输入 2,点击[OK]按钮。

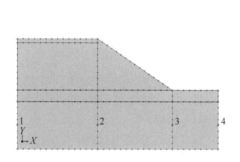

图 10.5　模型种子(Seeds)的定义　　　图 10.6　Local Seeds 对话框

点击工具区 ■(Assign Mesh Controls)按钮,在视图区中选中整个模型,点击提示区[Done]按钮,弹出 Mesh Controls 对话框,将 Element Shape 设为 Quad,将 Technique 设为 Structured,点击[OK]按钮,完成网格单元控制。

点击工具区 ■(Assign Element Type)按钮,在视图区选中整个模型,点击提示区[Done]按钮,弹出 Element Type 对话框。将 Geometric Order 设为 Quadratic,将 Family 设为 Plane Strain,此时对话框中显示单元为 CPE8R,点击[OK]按钮,完成模型单元的指定。

点击工具区 ■(Mesh Part Instance)按钮,点击提示区[Yes]按钮,完成模型网格的划分(图 10.7)。

7. Job(作业)模块

在 Abaqus/CAE 窗口顶部环境栏 Module 后的下拉框中选择 Job(作业)模块,创建并提交作业。

点击工具区 (Job Manager)按钮,弹出 Job Manager 对话框。点击[Create...]按钮,弹出 Create Job 对话框,将 Name 设为 slope,点击[Continue...]按钮,点击 Edit Job 对话框中的[OK]按钮。

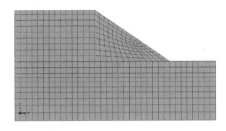

图 10.7　完成网格划分的模型网格

点击 Job Manager 对话框右上角的[Submit]按钮,Abaqus/CAE 将在当前工作目录生成名为 slope.inp 的文件,并调用 Abaqus/Standard 求解器进行求解,直至计算结束。

8. 后处理

上述计算结束后,点击 Job Manager 对话框中[Results]按钮,Abaqus/CAE 将自动跳转到 Visualization 模块。

图 10.8　参数未折减前($F_{trial}=1.00$)的 PEEQ 云图

(1) 参数折减前的 PEEQ(等效塑性应变)云图

图 10.8 为参数未折减前(即 $F_{trial}=1.00$)路面边坡模型的 PEEQ(积分点上的等效塑性应变)云图。

(2) 参数折减后的 PEEQ 云图

按照前述参数折减的方法(在 inp 文件中修改 Mohr Coulomb 弹塑性模型参数值,即 c'、φ' 值),可得参数折减后的 PEEQ 云图,如图 10.9 所示。从等效塑性应变发展趋势可知,该边坡的稳定系数在 1.60 左右。

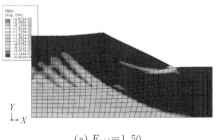
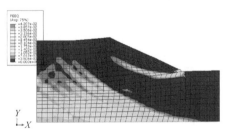

(a) $F_{trial}=1.50$　　　　　(b) $F_{trial}=1.60$

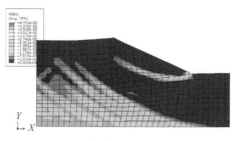

(c) $F_{trial}=1.62$

图 10.9 不同参数折减后的 PEEQ 云图

10.3 本章小结

本章首先简要介绍了强度折减弹塑性有限元法分析路堤边坡稳定性的基本原理,然后采用有限元方法进行了路堤边坡稳定性问题的模拟分析。

(1) 强度折减弹塑性有限元的核心是对土体的强度参数进行折减,达到临界收敛状态时的折减系数 F_{trial} 即为边坡土体的稳定系数。

(2) 采用强度折减弹塑性有限元分析路堤边坡稳定性问题时,需进行多次折减试算,直至有限元计算不收敛时为止。

第11章 水泥混凝土路面上的接缝传荷问题

普通水泥混凝土路面是当前主要公路路面类型之一,由于其造价相对低廉、板体承载力高、使用年限长,被广泛应用于各种等级的公路建设中,尤其在低等级公路中占有很高的比重。水泥混凝土是一种热敏感性材料,具体表现为热胀冷缩,这种由热胀冷缩引起的温度应力与车辆荷载引起的荷载应力叠加在一起,可造成水泥混凝土路面的破坏,如断板、错台、翘曲等。

由于水泥混凝土路面的热敏感性,常设置接缝,将混凝土面板切割成长 4~6 m、宽 4~5 m的板块来减小混凝土面板内的温度应力,这些不得不设置的接缝成为水泥混凝土路面的薄弱环节。为了加强相邻板块之间的传荷能力,通常在相邻板块之间设置传力杆。

本章主要采用 Abaqus 有限元软件,分析有、无传力杆时的混凝土路面板的受力情况。至于水泥混凝土路面的温度应力模拟,可参考沥青路面温度场模拟的实例,在此从略。

11.1 实例:水泥混凝土路面的接缝传荷模拟

问题描述:某地区代表性水泥混凝土路面结构如图 11.1 所示。各部件尺寸及相应的材料属性分别如表 11.1、表 11.2 所示。请分析有、无传力杆时的混凝土路面板的受力情况。

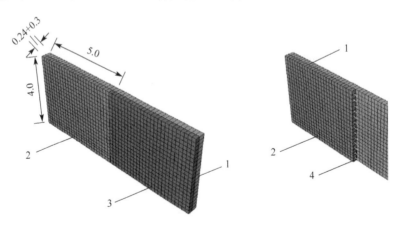

1—基础;2—水泥混凝土面板 1;3—水泥混凝土面板 2;4—传力杆
图 11.1 混凝土面板和基础以及传力杆示意图(单位:m)

表 11.1 各部件尺寸

部件	长/m	宽/m	厚/m	备注
水泥混凝土面板(slab-1、slab-2)	5.0	4.0	0.24	
基础 Base	10.01	4.0	0.3	
传力杆 Rebar	0.41	—	—	间距 0.3 m,共 13 根(距板边 0.2 m);两端埋置长度 0.2 m,中端间隙 0.01 m

表 11.2 各部件所用材料属性

部件	材料名称	弹性模量 E/MPa	泊松比 μ	备注
水泥混凝土面板(slab-1、slab-2)	Concrete	31 000	0.15	
基础 Base	Base	2 000	0.2	
传力杆 Rebar	Steel	200 000	0.3	截面半径 0.013 m

11.1.1 无传力杆的混凝土路面受力

1. Part(部件)模块

在 Abaqus/CAE 环境下,点击左侧工具区 (Create Part)按钮,弹出 Create Part 对话框,在 Name 后输入 base,将 Modeling Space 设为 3D,Type 设为 Deformable,Base Feature 设为 Solid,点击[Continue...]按钮,Abaqus 自动进入草图(Sketch)环境。

点击左侧工具区 (Create lines:Connected)按钮,在提示区输入(0,0)(实际输入时不需要括号,下同),按 Enter 键确认;再依次分别在提示区输入(10.01,0)、(10.01,4)、(0,4)、(0,0),依次按 Enter 键确认。按 Esc 键,再点击提示区[Done]按钮,Abaqus 将退出草图环境,并弹出 Edit Base Extrusion 对话框[图 11.2(a)],在 Depth 后输入 0.3,点击[OK]按钮,完成三维基础(base)部件的创建。这时视图区如图 11.2(b)所示。

(a) Edit Base Extrusion 对话框

(b) 完成后的部件 base

图 11.2 三维基础(base)部件的创建

按照上述同样的方法,完成三维混凝土板(slab-1、slab-2)部件的创建(图 11.3)。

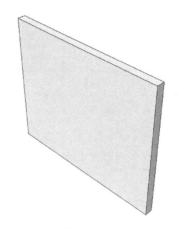

(a) Edit Base Extrusion 对话框　　　　　(b) 完成后的部件 slab-1、slab-2

图 11.3　三维混凝土板(slab-1、slab-2)部件的创建

2. Property(特性)模块

在 Abaqus/CAE 窗口顶部环境栏 Module 后的下拉框中选择 Property(属性)模块。

点击左侧工具区 (Create material)按钮,弹出 Edit material 对话框,在 Name 后输入 Concrete。依次点击[Mechanical]→[Elasticity]→[Elastic],分别在 Young's Modulus、Poisson's Ratio 下的空格中输入 3.1e10、0.15,点击[OK]按钮,完成材料 Concrete 的创建。

按照相似的步骤,完成其他材料(Base)的创建。

点击左侧工具区 (Create Section)按钮,弹出 Create Section 对话框,点击[Continue...]按钮,弹出 Edit Section 对话框。在 Material 后的下拉框中选择 Concrete,点击 [OK]按钮,完成截面 Section-1 的创建。按照同样的步骤,完成其他材料截面的创建。

点击环境栏 Part 后的下拉框选择 slab-1(即 Part: slab-1　);再点击左侧工具区 (Assign Section)按钮,在视图区中(用鼠标左键)划选整个模型(slab-1),再点击提示区[Done]按钮,弹出 Edit Section Assignment 对话框。在 Section 后的下拉框中选择 Section-1,点击 [OK]按钮,完成 Concrete 材料界面属性的指派。按照同样步骤,完成其他材料界面属性的指派。

提示：slab-1、slab-2 均采用 Concrete 材料。

3. Assembly(装配)模块

在 Abaqus/CAE 窗口顶部环境栏 Module 后的下拉框中选择 Assembly(装配)模块,以创建装配件。

(1) 部件实例化

点击左侧工具区 (Instance Part)按钮,弹出 Create Instance 对话框,用鼠标左键划选所有部件,将 Instance Type 设为 Independent(mesh on instance),点击[OK]按钮

［图 11.4(a)］,以完成所有部件的实例化。

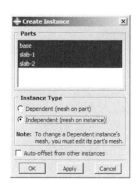

(a) Create Instance 对话框

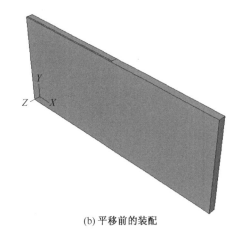

(b) 平移前的装配

图 11.4 部件实例化

提示：部件在未实例化之前分别位于各自的局部坐标系中,当进行实例化后,这些部件将位于一个整体坐标系中,可能会发生部件局部重叠或完全重合的现象［图 11.4(b)］,这主要与创建部件时的局部坐标有关。

读者在进行本例的实际操作时,实例化后各部件的位置可能会与本例不同,只要经过操作后的最后位置与本例相同,就不会对最后计算结果产生影响。

(2) 创建集合

点击工具栏 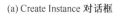 后的下拉框,选择 Cells。

创建集合 Base(即路面基础)：依次点选菜单［Tools］→［Set］→［Create...］,弹出 Create Set 对话框,在 Name 后输入 Base,点击［Continue...］,用鼠标左键点选视图区中的 base-1 实例,点击提示区［Done］按钮,完成集合 Base 的创建。

点击工具栏 (Create Display Group)按钮,弹出 Create Display Group 对话框(图 11.5),在 Item 下选择 Part Instances,在右侧选择 base-1,再点击对话框下部 (Remove)按钮(以隐藏部件实例 base-1);再在右侧选择 slab-2-1,点击 (Remove)按钮(以隐藏部件实例 slab-2-1,因为 slab-1-1 和 slab-2-1 位置完全重合);点击［Dismiss］按钮,关闭 Create Display Group 对话框。这时视图区仅部件实例 slab-1-1 可见。

创建集合 slab-1：依次点选菜单［Tools］→［Set］→［Create...］,弹出 Create Set 对话框,在 Name 后输入 slab-1,点击［Continue...］,用鼠标左键点选视图区中的 slab-1-1 实例,点击提示区［Done］按钮,完成集合 slab-1 的创建。

创建集合 slab-2：由于 slab-2-1 实例已被隐藏,需要首先将其显示出来。步骤为：点击工具栏 (Create Display Group)按钮,弹出 Create Display Group 对话框,在 Item 下选择 Part Instances,在右侧选择 slab-2-1,再点击对话框下部 (Replace)按钮。这时视图区显示部件实例 slab-2-1。再按上述同样的方法,创建集合 slab-2。

图 11.5 Create Display Group 对话框

点击工具栏 ◎(Replace All)按钮,以重新显示所有的部件实例。

(3) 部件实例操作

点击工具区 (Translate Instance)按钮,用鼠标左键点选 base-1 实例,点击提示区 [Done]按钮,点击结点 1,再点击结点 2,点击提示区 [OK] 按钮。这时视图区如图 11.6 所示。

点击工具栏 (Create Display Group)按钮,弹出 Create Display Group 对话框,在 Item 下选择 Part Instances,在右侧选择 slab-1-1,再点击对话框下部 (Remove)按钮(以隐藏部件实例 slab-1-1)。

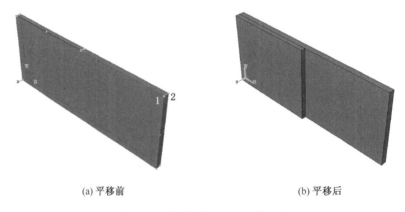

(a) 平移前　　　　　　　　　　　　(b) 平移后

图 11.6　部件实例 base-1 的平移

点击工具区 (Translate Instance)按钮,用鼠标左键点选 slab-2-1 实例,点击提示区

[Done]按钮,点击结点 3(位于实例 slab-2-1 上,而非实例 base-1 的中点),再点击结点 4,点击提示区[OK]按钮。这时视图区如图 11.7 所示。

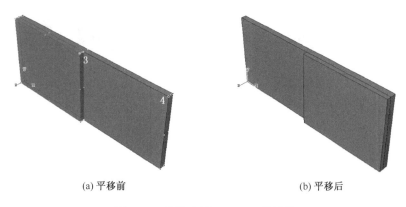

(a) 平移前　　　　　　　　　　(b) 平移后

图 11.7　部件实例 slab-2-1 的平移

点击工具栏 ◎(Replace All)按钮,以重新显示所有的部件实例。这时视图区如图 11.8 所示(注意模型中部实例 slab-1-1 与 slab-2-1 之间有一条宽 1 cm 的缝)。

(4) 定义表面

点击工具栏 ◎(Remove Selected)按钮,点击提示区"Select entities to replace:"后的下拉框,选择 Instance,再点击视图区中的实例 slab-2-1,点击提示区[Done]按钮。这时视图区中的实例 slab-2-1 被隐藏。

依次点击菜单[Tools]→[Partition...],弹出 Create Partition 对话框[图 11.9(a)],将 Type 设为 Cell,将 Method 设为 Extend face;在视图区中选择实例 base-1,点击提示区 [Done]按钮;再选择实例 slab-1-1 的平面 ZY([X 轴正向,图 11.9(b)],点击提示区[Create Partition]按钮,完成实例 base-1 的一次剖分。

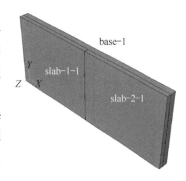

图 11.8　平移完成后的装配

(a) Create Partition 对话框　　　(b) 选择平面 ZY(X正向)

图 11.9　实例 base-1 的一次剖分

按照类似的步骤,以实例 slab-2-1 为基础,完成对实例 base-1 的二次剖分(图 11.10,图中实例 slab-1-1、slab-2-1 已被隐藏)。

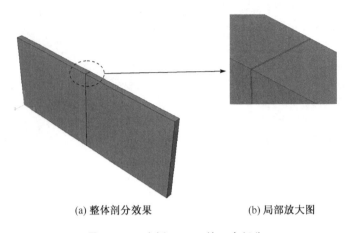

(a) 整体剖分效果　　　　(b) 局部放大图

图 11.10　实例 base-1 的二次剖分

提示：上述步骤的作用是剖分实例 base-1，以便实现后文中实例 slab-1-1、slab-2-1 与其相互作用的定义。

依次点击菜单[Tools]→[Surface]→[Create...]，弹出 Create Surface 对话框，在 Name 后输入 base-1-1-upper，点击[Continue...]按钮，在视图区中选择实例 base-1 的上表面（靠近平面 ZY），点击提示区[Done]按钮，完成表面 base-1-1-upper 的定义（图 11.11）。

按照类似的步骤，完成表面 base-1-2-upper 的定义。

点击工具栏 ◎（Replace All）按钮，以重新显示所有的部件实例。点击工具栏 ◎（Replace Selected）按钮，点击提示区"Select entities to replace："后的下拉框，选择 Instance，再点击视图区中的实例 slab-1-1，点击提示区[Done]按钮，这时视图区仅显示实例 slab-1-1。点击工具栏上 ♻（Rotate View）按钮，在视图区中点击鼠标左键并滑动一定距离，露出实例 slab-1-1 的下表面（沿 Z 轴负向）。

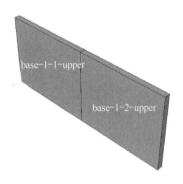

图 11.11　表面 base-1-1-upper 的定义

提示：恢复视图区中的默认坐标系的步骤为：依次点击菜单[View]→[Toolbars]→[Views]，弹出 Views 浮动工具栏，点击浮动栏上的 ↙（Apply Iso View）按钮即可。

依次点击菜单[Tools]→[Surface]→[Create...]，弹出 Create Surface 对话框，在 Name 后输入 slab-1-1-lower，点击[Continue...]按钮，在视图区中选择实例 slab-1-1 的下表面（即 Z 轴负向），点击提示区[Done]按钮，完成表面 slab-1-1-lower 的定义。

按照上述类似的步骤，定义表面 slab-2-1-lower（实例 slab-2-1 的下表面）、base-1-

lower(实例 base-1 的下表面),如图 11.12 所示。

点击工具栏 ◎(Replace All)按钮,以重新显示所有的部件实例。

4. Step(分析步)模块

在 Abaqus/CAE 窗口顶部环境栏 Module 后的下拉框中选择 Step(分析步)模块,以设置分析步。

图 11.12 定义的所有表面

点击左侧工具区 ←■(Create Step)按钮,弹出 Create Step 对话框,保持默认参数不变,点击[Continue...]按钮;弹出 Edit Step 对话框(图 11.13),点击 Incrementation 选项卡,在 Increment size(Initial 下)后输入 0.1,点击[OK]按钮。

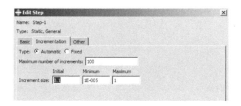

图 11.13 分析步的定义

5. Interaction(相互作用)模块

在 Abaqus/CAE 窗口顶部环境栏 Module 后的下拉框中选择 Interaction(相互作用)模块。

本例中需要定义的相互作用如表 11.3 所示。

表 11.3 本例中的相互作用

序号	相互作用名称	相互作用类型	主表面	从表面
1	slab-1-base	Surface-to-surface contact(Standard)	slab-1-1-lower	base-1-1-upper
2	slab-2-base	Surface-to-surface contact(Standard)	slab-2-1-lower	base-1-2-upper
3	base	Elastic foundation	base-1-lower	—

(1)定义相互作用(slab-1-base、slab-2-base)

点击工具区 (Create Interaction Property)按钮,弹出 Create Interaction Property 对话框[图 11.14(a)],在 Name 后输入 slab-base,将 Type 设为 Contact,点击[Continue...]按钮;弹出 Edit Contact Property 对话框[图 11.14(b)],依次点击[Mechanical]→[Tangential Behavior],在 Friction 选项卡中的 Friction Coeff 的空格中输入 0.6;再依次点击[Mechanical]→[Normal Behavior],保持默认参数不变;点击[OK]按钮,完成接触属性 slab-base 的定义。

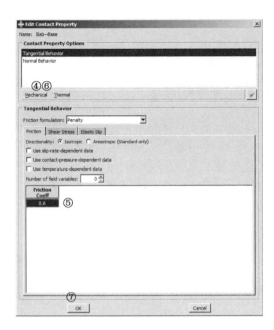

(a) Create Interaction Property 对话框　　　　　(b) Edit Contact Property 对话框

图 11.14　接触属性 slab-base 的定义

点击工具区 ■(Create Interaction)按钮,弹出 Create Interaction 对话框[图 11.15(a)],在 Name 后输入 slab-1-base,将 Types for Selected Step 设为 Surface-to-surface contact (Standard),点击[Continue...]按钮;点击提示区右侧的[Surface...]按钮,弹出 Region Selection 对话框,选择 slab-1-1-lower,点击[Continue...]按钮;点击提示区[Surface]按钮,在弹出的 Region Selection 对话框中,选择 base-1-1-upper,点击[Continue...]按钮;弹出 Edit Interaction 对话框[图 11.15(b)],保持默认参数不变,点击[OK]按钮。

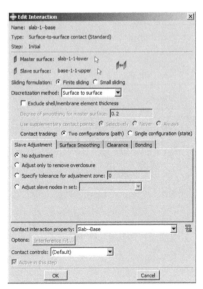

(a) Create Interaction 对话框　　　　　(b) Edit Interaction 对话框

图 11.15　接触 slab-1-base 的定义

按照上述类似的步骤，完成接触 slab-2-base 的定义。

(2) 定义弹性基础

点击左侧工具区 按钮，弹出 Create Interaction 对话框(图 11.16)，在 Name 后输入 base，将 Types for Selected Step 设为 Elastic foundation，点击[Continue...]按钮；在弹出的 Region Selection 对话框中，选择 base-1-lower，点击[Continue...]按钮；在提示区"Foundation stiffness per area"后输入 50 000 000(即 50 MPa)，按 Enter 键，完成弹性基础的定义。

6. Load(载荷)模块

在 Abaqus/CAE 窗口顶部环境栏 Module 后的下拉框中选择 Load(载荷)模块。

图 11.16 弹性基础 base 的定义

(1) 剖分荷载加载区域

点击工具栏 按钮，用鼠标左键划选模型中部接缝区域，以放大该区域。依次点击菜单[Tools]→[datum...]，弹出 Create Datum 对话框，将 Type 设为 Point，Method 设为 Offset from point，选择图 11.17 中的结点(位于 slab-1-1 实例上)，直接按 Enter 键创建基准 1；用鼠标左键再次点选 Create Datum 对话框中的 Offset from point，在视图区中点选基准 1，在提示区中"Offset(X,Y,Z)："后输入 0.0,0.2,0.0，按 Enter 键创建基准 2。按照同样的步骤，创建基准 3、4、5(其与基准 1 的偏移分别为(0.0, 0.386,0.0)、(0.0,0.514,0.0)和(0.0,0.7,0.0))。再以基准 2 为偏移点，创建基准 6(其与基准 2 的偏移为(−0.192,0.0,0.0))。

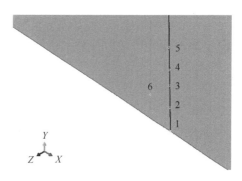

图 11.17 荷载基准 1～6 的创建

提示：上述基准是为施加轴载准备的。按照荷载应力等效的原则，可将双圆均布荷载换算为矩形荷载(图 11.18)，这样等效的主要目的是方便网格划分，以提高网格质量。

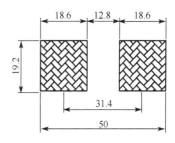

图 11.18 等效矩形荷载(单位：cm)

点击工具区 (Partition Face: Sketch) 按钮，点选实例 slab-1-1 的上表面（沿 Z 轴正向），点击提示区[Done]按钮，点选实例 slab-1-1 的右侧边（沿 X 轴正向），Abaqus 自动进入 Sketch 环境。按例 3.4.2 的方法，用 (Create Lines: Connected) 按钮，完成实例 slab-1-1 的上表面的剖分[图 11.19(a)]。点击提示区[Done]按钮，Abaqus 退出 Sketch 环境。这时视图区如图 11.19(b)所示。

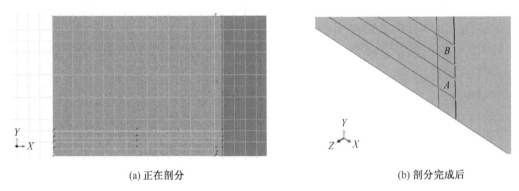

(a) 正在剖分   (b) 剖分完成后

图 11.19 实例 slab-1-1 的上表面的剖分

（2）定义荷载

点击左侧工具区 (Create Load)按钮，弹出 Create Load 对话框[图 11.20(a)]，将 Step 设为 Step-1，将 Types for Selected Step 设为 Pressure，点击[Continue...]按钮；同时（按 Shift 键）点选图 11.19(b)中的区域 A 和区域 B，点击提示区[Done]按钮；弹出 Edit Load 对话框[图 11.20(b)]，在 Magnitude 后输入 7e5，点击[OK]按钮。

 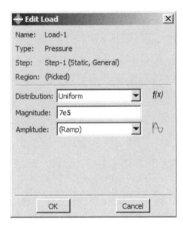

(a) Create Load 对话框   (b) Edit Load 对话框

图 11.20 标准载荷的加载

（3）创建边界条件

点击左侧工具区 (Create Boundary Condition)按钮，弹出 Create Boundary Condition 对话框，在 Name 后输入 $ZY-X+$，将 Types for Selected Step 设为 Displacement/Rotation，点击[Continue...]按钮；点选视图区中的平面 $Z-Y$（沿 X 轴正向）[图 11.21(a)]，点

击提示区[Done]按钮；弹出 Edit Boundary Condition 对话框[图 11.21(b)]，选中 U1、U2 前的复选框，点击[OK]按钮。

(a) 选择ZY平面(沿X轴正向)　　　　(b) Edit Boundary Condition对话框

图 11.21　边界条件 ZY－X＋的定义

按照上述类似步骤，完成平面 ZY(沿 X 轴负向)边界的定义(必要时，点选工具栏上 ↻ (Rotate View)按钮)。

7. Mesh(网格)模块

在 Abaqus/CAE 窗口顶部环境栏 Module 后的下拉框中选择 Mesh(网格)模块。

(1) 模型布种

点击左侧工具区 ▦(Seed Part Instance)按钮，在视图区中选择所有部件实例，点击提示区[Done]按钮，弹出 Global Seeds 对话框，在 Approximate global size 后输入 0.2，点击[OK]按钮。

(2) 网格控制指派

点击左侧工具区 ▦(Assign Mesh Controls)按钮，在视图区中选中整个模型，点击提示区[Done]按钮，弹出 Mesh Controls 对话框，保持默认参数不变，点击[OK]按钮，完成网格单元控制。

(3) 单元类型指派

点击左侧工具区 ▦(Assign Element Type)按钮，在视图区中选中整个模型，点击提示区[Done]按钮，弹出 Element Type 对话框。将 Geometric Order 设为 Quadratic，将 Family 设为 3D Stress，此时对话框下部显示单元为 C3D20R(二十结点二次六面体单元，减缩积分)，点击[OK]按钮，完成单元类型的定义。

(4) 划分网格

点击左侧工具区 ▦(Mesh Part Instance)按钮，在视图区中选中整个模型，点击提示区[Done]按钮，完成整个模型网格的划分(图 11.22)。

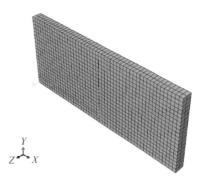

图 11.22　完成网格划分的路面结构模型

8. Job(作业)模块

在 Abaqus/CAE 窗口顶部环境栏 Module 后的下拉框中选择 Job(作业)模块,创建并提交作业。

点击左侧工具区 (Job Manager)按钮,弹出 Job Manager 对话框。点击[Create...]按钮,弹出 Create Job 对话框,在 Name 后输入 Concrete_without_rebar,点击[Continue...]按钮;弹出 Edit Job 对话框,点击[OK]按钮;点击 Job Manager 对话框右侧的[Submit]按钮。此时,Abaqus/CAE 将首先调用 Abaqus 输入文件处理器(对 Concrete_without_rebar.inp 进行检查,无误后进行下一步),接着调用 Abaqus/Standard 求解器进行模拟计算,直到计算完成。

点击 Job Manager 对话框右侧的[Results]按钮,Abaqus/CAE 将自动进入 Visualization 模块。

9. Visualization(可视化)模块

点击左侧工具区 (Plot Contours on Deformed Shape)按钮,再点击工具栏 (Field Output Dialog)按钮,弹出 Field output 对话框,将 Output Variable 设为 U,将 Component 设为 U3,点击[OK]按钮。

点击左侧工具区 (Common Options)按钮,弹出 Common Plot Options 对话框(图 11.23),将 Deformation Scale Factor 设为 Uniform,在 Value 后输入 10,点击[OK]按钮。

提示:这一步骤是为了调整默认的变形缩放因子,以使得变形不过于夸张。

依次点击菜单[Viewport]→[Viewport Annotation Options],弹出 Viewport Annotation Options 对话框,点击 Legend 选项卡,点击 Text 下的[Set font...]按钮,弹出 Select Font 对话框(图 11.24),将 Settings 中 Size 设为 14(points),点击 Apply To 中 Triad、Legend、Title block 和 State block 前的复选框,点击[OK]按钮。再点击 Viewport Annotation Options 对话框中的[OK]按钮,这时视图区如图 11.25 所示。由于没有设置传力杆,因此仅在加荷一侧(slab-1)产生了最大 0.57 mm 的竖向位移,未加荷一侧(slab-2)未产生任何竖向位移。

依次点击菜单[File]→[Save As...],弹出 Save Model Database As 对话框,在 File Name 后输入 Concrete without rebars.cae,点击[OK]按钮。

第 11 章　水泥混凝土路面上的接缝传荷问题

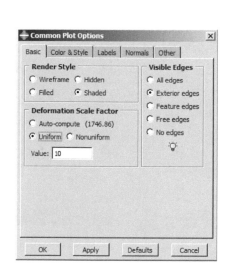

图 11.23　Common Plot Options 对话框　　图 11.24　Select Font 对话框

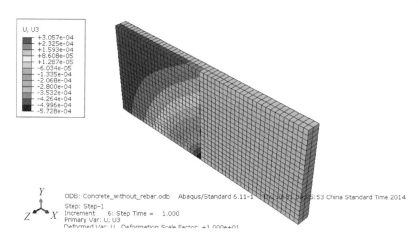

图 11.25　水泥混凝土板的主应力云图(无传力杆)

11.1.2　有传力杆的混凝土路面受力

1. Part(部件)模块

在 Abaqus/CAE 环境中,依次点击菜单[File]→[Open...],弹出 Open Database 对话框,选择 Concrete without rebars.cae 文件,点击[OK]按钮。再依次点击菜单[File]→[Save as...],弹出 Save Model Database As 对话框,在 File Name 后输入 Concrete with rebars,点击[OK]按钮。

点击左侧工具区 按钮,弹出 Create Part 对话框(图 11.26),在 Name 后输入 rebar,将 Modeling Space 设为 3D,Type 设为 Deformable,Base Feature 设为 Wire,在 Approximate size 后输入 20,点击[Continue...]按钮,Abaqus 自动进入草图(Sketch)环境。

点击左侧工具区 按钮,在提示区输入(0,0)(实际输入时不需要括号,下同),按 Enter 键确认;再在提示区输入(0.41,0),按 Enter 键确认。点击左侧工具区 按钮,选择提示区的[Copy]按钮,用鼠标左键划选第一根传力杆,点击提示区[Done]按钮,在提示区输入(0,0),按 Enter 键确认,再在提示区输入(0,0.3),按 Enter 键确认。此时提示区如图 11.27(a)所示。

按照同样的步骤,创建完 13 根传力杆,完成后的传力杆如图 11.27(b)所示。

点击提示区[Done]按钮,Abaqus 将退出草图环境。

2. Property(属性)模块

在 Abaqus/CAE 窗口顶部环境栏 Module 后的下拉框中选择 Property(属性)模块。

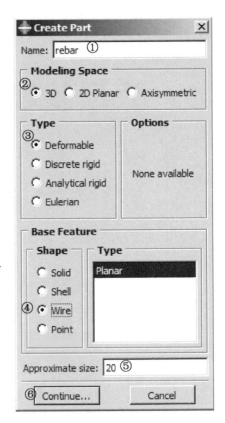

图 11.26　部件 rebar 的创建

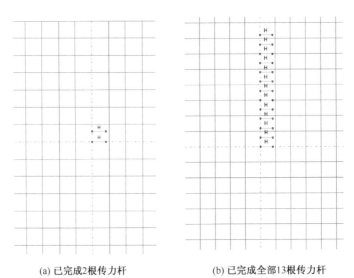

(a) 已完成2根传力杆　　　(b) 已完成全部13根传力杆

图 11.27　在 Sketch 环境中创建传力杆

(1) 创建材料

点击左侧工具区 (Create Material)按钮,弹出 Edit Material 对话框(图 11.28),在 Name 后输入 Steel。依次点击[Mechanical]→[Elasticity]→[Elastic],分别在 Young's Modulus、Poisson's Ratio 下的空格中输入 2e11、0.3,点击[OK]按钮,完成材料 Steel 的创建。

(2) 创建剖面

点击左侧工具区 (Create Profile)按钮,弹出 Create Profile 对话框[图 11.29(a)],将 Shape 设为 Circular,点击[Continue...]按钮,弹出 Edit Profile 对话框[图 11.29(b)],在 r 后输入 0.013,点击[OK]按钮。

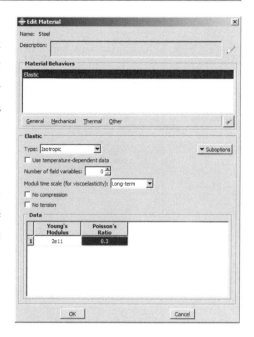

图 11.28　Steel 材料属性的定义

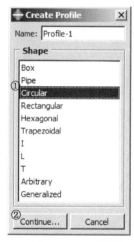
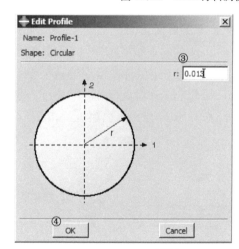

(a) Create Profile 对话框　　(b) Edit Profile 对话框

图 11.29　传力杆剖面的定义

(3) 创建截面

点击左侧工具区 (Create Section)按钮,弹出 Create Section 对话框[图 11.30(a)],将 Category 设为 Beam,将 Type 设为 Beam,点击[Continue...]按钮;弹出 Edit Beam Section 对话框[图 11.30(b)],在 Material name 后的下拉框中选择 Steel,点击[OK]按钮,完成截面 Section-3 的创建。

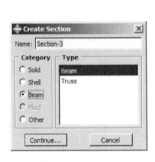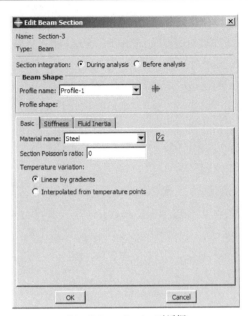

(a) Create Section 对话框   (b) Edit Beam Section 对话框

图 11.30　传力杆截面(梁截面)的定义

(4) 指派截面和梁截面方向

点击环境栏 Part 后的下拉框选择 rebar(即 Part: rebar)，再点击左侧工具区 (Assign Section)按钮，在视图区中用鼠标左键划选整个模型(rebar)，再点击提示区[Done]按钮，弹出 Edit Section Assignment 对话框(图 11.31)。在 Section 后的下拉框中选择 Section-3，点击[OK]按钮，完成 Steel 材料界面属性的指派。

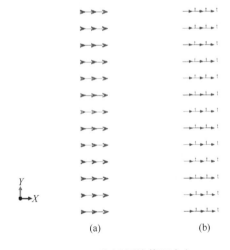

图 11.31　传力杆截面(梁截面)的指派　　图 11.32　指派梁的截面方向

依次点击菜单[Assign]→[Beam Section Orientation]，用鼠标左键划选所有传力杆，点击提示区[Done]按钮，此时提示区如图 11.32(a)所示；提示区显示"Enter an approximate n1 direction (Tangent vectors are shown) 0.0, 0.0, −1.0"，按 Enter 键确认，此时提示区

如图 11.32(b)所示,点击[OK]按钮确认。

3. Assembly(装配)模块

在 Abaqus/CAE 窗口顶部环境栏 Module 后的下拉框中选择 Assembly(装配)模块。

(1) 部件实例化

点击左侧工具区 (Instance Part)按钮,弹出 Create Instance 对话框,用鼠标左键选择部件 rebar,将 Instance Type 设为 Independent(mesh on instance),点击[OK]按钮,以完成部件 rebar 的实例化。

(2) 创建集合

点击工具栏 (Create Display Group)按钮,弹出 Create Display Group 对话框,在 Item 下选择 Part Instances,在右侧选择 rebar-1,点击对话框下部 (Replace)按钮,此时视图区中仅显示实例 rebar-1,点击[Dismiss]按钮,关闭 Create Display Group 对话框。

创建集合 Rebar(即传力杆):依次点选菜单[Tools]→[Set]→[Create...],弹出 Create Set 对话框,在 Name 后输入 Rebar,点击[Continue...],用鼠标左键点选视图区中的 rebar-1 实例,点击提示区[Done]按钮,完成集合 Rebar 的创建。

点击工具栏 (Replace All)按钮,以重新显示所有的部件实例。

(3) 部件实例操作

点击工具栏 (Remove Selected)按钮,在提示区"Select entities to remove"后的下拉框中选择 Instances,再在视图区中点击实例 slab-1-2,点击提示区[Done]按钮,此时视图区如图 11.33(a)所示。

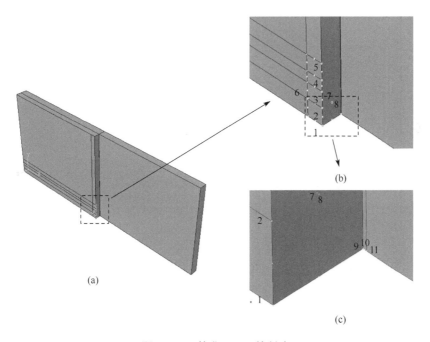

图 11.33 基准 7~11 的创建

点击工具栏 (Box Zoom View)按钮,用鼠标左键划选图 11.33(a)中所示虚框区域,此时该区域被放大。依次点击菜单[Tools]→[Datum...],弹出 Create Datum 对话框,将 Method 设为 Offset from point,在视图区中选择基准2,在提示区"Offset (X,Y,Z)"中输入 (0.0,0.0,−0.12),按 Enter 键确认,此时在实例 slab-1-1 的平面 ZY(沿 X 轴正向)上创建了基准7;再在视图区中点击基准7,在提示区"Offset (X,Y,Z)"中输入(0.005,0.0,0.0),完成基准8的创建。

点击工具栏 (Box Zoom View)按钮,用鼠标左键划选图 11.33b 中所示虚框区域,此时该区域被放大。依次点击菜单[Tools]→[Datum...],弹出 Create Datum 对话框,将 Method 设为 Offset from point,在视图区中选择基准1,在提示区"Offset (X,Y,Z)"中输入 (0.0,0.0,−0.24),按 Enter 键确认,完成基准9的创建;再在视图区中点击基准9,在提示区"Offset (X,Y,Z)"中输入(0.005,0.0,0.0),完成基准10的创建;再在视图区中点击基准10,在提示区"Offset (X,Y,Z)"中输入(0.005,0.0,0.0),完成基准11的创建[图 11.33(c)]。

提示:基准7、8、9、10、11 是为平移传力杆做准备的,其中基准8为平移后第一根(其 Y 坐标最小)传力杆的中点。

点击工具栏 (Auto-Fit View)按钮,此时视图区显示整个模型(其中实例 slab-2-1 被隐藏)。点击工具栏 (Remove Selected)按钮,在提示区"Select entities to remove"后的下拉框中选择 Instances,再在视图区中点击实例 slab-1-1,点击提示区[Done]按钮,此时视图区如图 11.34(a)所示。

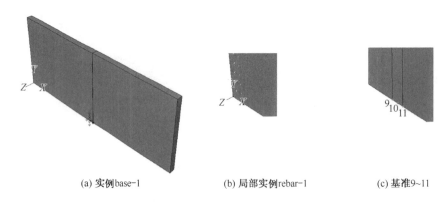

(a) 实例base-1　　(b) 局部实例rebar-1　　(c) 基准9~11

图 11.34　实例 base-1 和 rebar-1

用鼠标左键点击工具栏 (Select Entities Inside and Crossing the Drag Shape)按钮不放,在弹出的按钮中选择 (Select Entities Inside the Drag Shape)。

点击工具区 (Translate Instance)按钮,用鼠标左键划选所有传力杆实例 rebar-1,点击提示区[Done]按钮,点击第一根传力杆[位于平面 ZX,图 11.34(b)]的中点,再点击图 11.34(c)中的基准10,点击提示区[OK]按钮。这时视图区如图 11.35(a)所示。

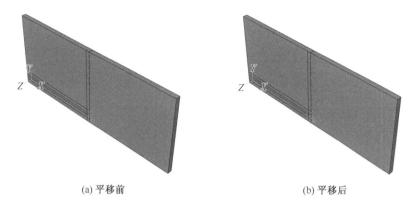

(a) 平移前　　　　　　　　　　　　(b) 平移后

图 11.35　实例 rebar-1 的平移

点击工具区 (Translate Instance)按钮,用鼠标左键划选所有传力杆实例 rebar-1,点击提示区[Done]按钮,点击图 11.34(c)中的基准 10,点击图 11.33(b)中的基准 8,点击提示区[OK]按钮,这时视图区如图 11.35(b)所示。完成传力杆实例 rebar-1 的平移。

点击工具栏 (Replace All)按钮,重新显示所有的部件实例。

4. Interaction(相互作用)模块

在 Abaqus/CAE 窗口顶部环境栏 Module 后的下拉框中选择 Interaction(相互作用)模块。

本例中需要新增一个约束定义,如表 11.4 所示。

表 11.4　新增的约束定义

序号	约束名称	约束类型	主区域(host region)	内置区域
1	slab-rebar	Embedded region	slab-1	Rebar

点击左侧工具区 (Create Constraint)按钮,弹出 Create Constraint 对话框[图 11.36(a)],将 Type 设为 Embedded region,点击[Continue...]按钮;点击提示区右侧的[Set...]按钮,弹出 Region Selection 对话框[图 11.36(b)],选择 Rebar,点击[Continue...]按钮;点击提示区[Select Region]按钮,弹出 Region Selection 对话框[图 11.36(c)],选择 Slab-1,点击[Continue...]按钮;弹出 Edit Constraint 对话框[图 11.36(d)],保持默认参数不变,点击[OK]按钮。

　　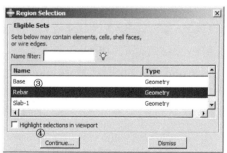

(a) Create Constraint 对话框　　　　　(b) Embedded region 选择

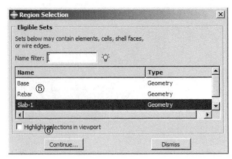 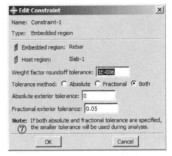

(c) Host region 选择　　　　　　(d) Edit Constraint 对话框

图 11.36　约束 Constraint-1 的定义

按照同样的步骤,定义约束 Constraint-2(图 11.37)。注意,其 Host region 为 Slab-2。

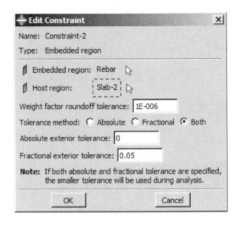

图 11.37　约束 Constraint-2 的定义

提示：这一步是本例的关键步骤之一,其主要作用是将传力杆 Rebar 埋置在混凝土面板(Slab-1、Slab-2)之中。

5. Load(载荷)模块

在 Abaqus/CAE 窗口顶部环境栏 Module 后的下拉框中选择 Load(载荷)模块。

点击左侧工具区 ![icon](Create Boundary Condition)按钮,弹出 Create Boundary Condition 对话框,在 Name 后输入 Rebar,将 Types for Selected Step 设为 Displacement/Rotation,点击[Continue...]按钮;弹出 Region Selection 对话框,选择 Rebar,点击[Continue...]按钮;弹出 Edit Boundary Condition 对话框,选中 UR1 前的复选框,点击[OK]按钮。

提示：这一步也是本例的关键步骤之一,其主要作用是约束传力杆 Rebar 沿 X 轴的转动。

6. Mesh(网格)模块

在 Abaqus/CAE 窗口顶部环境栏 Module 后的下拉框中选择 Mesh(网格)模块。

(1) 实例 slab-1-1、slab-2-1 和 base-1 网格的划分

按照 11.1.1 节例子中的步骤,完成实例 slab-1-1、slab-2-1 和 base-1 网格的划分。

(2) 实例 rebar-1 网格的划分

点击工具栏 (Create Display Group)按钮,弹出 Create Display Group 对话框,在 Item 下选择 Part Instances,在右侧选择 rebar-1,点击对话框下部 (Replace)按钮,此时视图区中仅显示实例 rebar-1,点击[Dismiss]按钮,关闭 Create Display Group 对话框。

点击左侧工具区 (Seed Part Instance)按钮,在视图区中选择实例 rebar-1,点击提示区[Done]按钮,弹出 Global Seeds 对话框,保持默认参数不变,点击[OK]按钮。

点击左侧工具区 (Assign Element Type)按钮,在视图区中选择实例 rebar-1,点击提示区[Done]按钮,弹出 Element Type 对话框。保持默认参数不变,此时对话框下部显示单元为 B31(两结点空间线性梁单元),点击[OK]按钮,完成单元类型的定义。

点击左侧工具区 (Mesh Part Instance)按钮,在视图区中选择实例 rebar-1,点击提示区[Done]按钮,完成实例 rebar-1 的划分。

点击工具栏 (Replace All)按钮,重新显示所有的部件实例。

7. Job(作业)模块

在 Abaqus/CAE 窗口顶部环境栏 Module 后的下拉框中选择 Job(作业)模块,以修改并提交作业。

点击左侧工具区 (Job Manager)按钮,弹出 Job Manager 对话框;点击[Rename...]按钮,弹出 Rename Job 对话框,在 Name 后输入 Concrete_with_rebar,点击[OK]按钮;点击 Job Manager 对话框右侧的[Submit]按钮。此时,Abaqus/CAE 将首先调用 Abaqus 输入文件处理器对 Concrete_with_rebar.inp 进行检查,无误后调用 Abaqus/Standard 求解器进行模拟计算,直到计算完成。

点击 Job Manager 对话框右侧的[Results]按钮,Abaqus/CAE 自动进入 Visualization 模块。

8. Visualization(可视化)模块

点击工具区 (Plot Contours on Deformed Shape)按钮,再点击工具栏 (Field Output Dialog)按钮,弹出 Field output 对话框,将 Output Variable 设为 U,将 Component 设为 U3,点击[OK]按钮。

点击工具区 (Common Options)按钮,弹出 Common Plot Options 对话框,将 Deformation Scale Factor 设为 Uniform,在 Value 后输入 10,点击[OK]按钮。

按照 11.1.1 节例子中的方法,改变 Triad 等的字体大小为 14(points),这时视图区如图 11.38 所示。对比图 11.25 可以看出,由于在 slab-1 与 slab-2 之间设置了传力杆,不仅加荷一侧(slab-1)产生了最大 0.47 mm 的竖向位移,在未加荷一侧(slab-2)也产生了最大 0.45 mm 的竖向位移,即挠度传荷系数为 0.45 mm/0.47 mm=0.96;同时加荷一侧(slab-1)

的最大竖向位移为 0.57 mm（无传力杆）和 0.47 mm（有传力杆）。

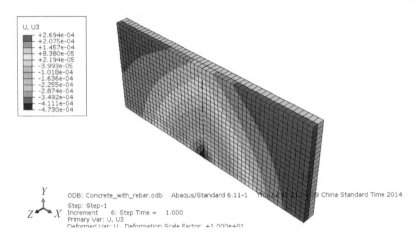

图 11.38　水泥混凝土板的主应力云图（有传力杆）

11.2　本章小结

本章主要分析了有、无传力杆时水泥混凝土面板的受力情况。

（1）无传力杆时，仅在受荷板中产生应力和位移，相邻面板内不承受相应的荷载；当设置有传力杆时，不仅受荷板承受车辆荷载，而且相邻面板分担部分荷载，使得受荷板中的应力和位移减小。

（2）在模拟中，必须正确设置（平移）各部件，以创建合理的装配；设置传力杆的关键步骤是将传力杆埋置在相邻面板内，且传力杆的 UR1（自由度 4）必须被约束。

第12章 水泥混凝土路面上的轮胎振动噪声问题

公路交通的大量增多带来了日益严重的环境问题,交通噪声已经成为人们普遍关注的环境问题之一,人们迫切希望减少这种噪声烦扰。在车辆高速行驶时,轮胎/路面噪声在交通噪声中占有很大的比重,研究轮胎/路面噪声对减缓交通噪声具有重要的意义。相比于沥青路面,水泥路面上的噪声问题尤其严重。

现有轮胎/路面噪声的研究大都采用现场测试的方法来获得,但现场测试易受测试装置、天气条件、周边交通状况等因素的影响,且不能从根本上解释轮胎/路面噪声的定量产生机制。而采用有限元软件模拟轮胎/路面噪声的方法,为弄清噪声的定量产生机制,提供了一种有效手段。

轮胎振动噪声是轮胎/路面噪声的重要组成部分,本章将采用 Abaqus 有限元软件模拟水泥路面上轮胎行驶过程中的振动噪声,以期为轮胎/路面噪声研究提供参考。

12.1 相关理论和计算方法

1. 轮胎振动噪声

轮胎胎体结构的不均匀性、轮胎花纹块不断撞击路面以及路面的粗糙性等因素,会激励轮胎花纹块及轮胎接地区胎体的振动而辐射噪声,即振动噪声,它是轮胎/路面噪声的重要声源之一,主要包括冲击振动噪声、滑移振动噪声、复原振动噪声和路面振动噪声。

2. 轮胎振动噪声的模拟分析方法

车辆行驶在路面上时,路面的凹凸构造会引起轮胎胎体、胎面以及胎侧的振动,这种振动会引起空气的振动,从而产生振动噪声,即振动噪声主要由轮胎与路面接触时产生,涉及三个物体:空气、轮胎和路面结构,对应的有三种界面接触形式:轮胎与路面、空气与轮胎、空气与路面。

(1) 轮胎模型

轮胎结构及其力学特征都相当复杂,各组成材料属性也很复杂。在建立轮胎结构的有限元模型时,必须考虑轮胎的几何非线性、材料非线性及接触非线性,但这样会导致计算过程非常复杂,十分耗时,且难以收敛。故在条件合理的情况下,可以对轮胎结构进行简化。轮胎接触路面时,轮胎振动噪声主要由胎面、胎体以及胎侧的振动带动周围空气的振动而产生。在本章的模拟中,将轮胎结构简化成光面轮胎,且轮胎材料采用橡胶材料。

橡胶材料是典型的超弹性材料,呈现不可压缩的特点,在较小的应力作用下会产生高度变形,且在经历大变形后仍能恢复原状。对于这样的超弹性材料而言,其应力应变关系通常用不同形式的数学本构模型来表征。

对于各向同性材料,应变能密度可表示为应变偏量能与体积应变能之和,其形式如下:

$$U = f(\overline{I_1} - 3, \overline{I_2} - 3) + g(J - 1) \tag{12-1}$$

令 $g = \sum_{i=1}^{N} \frac{1}{D_i}(J-1)^{2i}$,并进行泰勒展开,可得:

$$U = \sum_{i+j=1}^{N} C_{ij}(\overline{I_1} - 3)^i (\overline{I_2} - 3)^j + \sum_{i=1}^{N} \frac{1}{D_i}(J-1)^{2i} \tag{12-2}$$

其中,N——多项式阶数;

D_i——决定材料的可压缩程度,如果所有的 D_i 都为 0,则表示材料完全不可压缩。

对于唯像的本构模型,无论 N 值是多少,多项式第一阶($N=1$)的系数决定了初始剪切模量 u_0 和初始体积模量 k_0:

$$u_0 = 2(C_{10} + C_{01}) \tag{12-3}$$

$$k_0 = 2/D_1 \tag{12-4}$$

当 $N=3$ 时,多项式模型可简化成减缩多项式形式,即 Yeoh 形式。

$$U = \sum_{i=1}^{3} C_{i0}(\overline{I_1} - 3)^i + \sum_{i=1}^{3} \frac{1}{D_i}(J-1)^{2i} \tag{12-5}$$

在小变形情况下,C_{10} 为初始剪切模量,该模型能较好地模拟材料特性。在中等变形情况下,材料的硬度偏小,第二个系数 C_{20} 为负,但在大变形情况下,材料的硬度过大,第三个系数 C_{30} 为正。Yeoh 本构模型形式相对简单,在较大变形范围内,与橡胶材料实验数据拟合效果较好,同时模型对复杂的变形状态具有较好的预报能力。因此,轮胎橡胶模型选择 Yeoh 本构模型。另外,运用 Abaqus/Explicit 进行分析时,考虑到计算时长和结果的收敛性,需要充分考虑橡胶材料微小的可压缩性,故反映可压缩性的参数 D 不可单纯地设为 0。

轮胎在路面上滚动时,轮胎运动由平移运动和旋转运动合成。轮胎滚动时,周围空气会发生扭曲和移动现象,因而在轮胎前后方产生的噪声声压级会有差别。轮胎在实际的行驶过程中会发生垂直振动,振动的幅度受水泥刻槽路表面纹理幅值(刻槽深度)的影响。轮胎的垂直振动距离一般在 0.1~3 mm 之间,垂直振动使轮胎产生变形,这是振动噪声声源的重要组成部分。

但在具体的建模过程中,轮胎与空气、路面与空气是紧密地耦合在一起的,当轮胎平动时,与轮胎接触的空气形状会发生变化,轮胎与空气、路面与空气之间的接触面也会发生变化,建立与真实情况相接近的动态模型会使得模拟变得非常复杂,且不易收敛。同时轮胎在滚动过程中带动周围空气的扰动所产生的噪声在轮胎路面噪声中所占的比例很小。此外,在 Abaqus 中,轮胎在刻槽路面上滚动时很难感知路表面纹理的构造形式,轮胎不会产生振动运动,故需手动给轮胎施加垂直振动位移。为了简化计算过程并能建立有效的有限元模型,对模型做出如下处理:①保持轮胎在模型中的空间位置不变,仅给轮胎施加旋转速度,使轮胎在原地做滚动运动;②在 Abaqus 中的 Amplitude 中设置轮胎垂直振动位移随时间变化的幅值曲线,再通过边界条件施加给轮胎。

(2) 路面模型

在本章的模拟中,路面结构采用水泥混凝土路面结构。由于路面基层及土基对噪声几乎没有什么影响,故将水泥混凝土路面板的尺寸设定为长×宽×高(1.0 m×1.0 m×0.1 m)。

路面对轮胎振动噪声的影响主要体现在路面纹理上,路面纹理波长和幅值对振动噪声有重要影响。在本章的模拟中用振动频率和振动幅值来代替路表面纹理波长和幅值对轮胎振动的影响。通过对轮胎施加位移周期曲线来描述轮胎的振动噪声。所施加的位移周期通过时间值来设置,一个周期的时间长度对应着轮胎的振动频率,即纹理波长对轮胎振动形式的影响。相应的位移幅值对应着轮胎的振动幅度,即纹理幅度对轮胎振动的影响。

(3) 空气模型

空气作为模型的声学媒介,与轮胎、路面相接触。单独的轮胎路面结构无法产生噪声,只有将空气与轮胎、空气与路面耦合后才能产生噪声。因此空气也是模型的重要组成部分,它的属性对噪声有重要影响。

空气是无限的,声音的传播也是无限的,而有限元中模型只能是有限的长度和宽度。但在模拟中可以对空气的左、右、前、后及上边界施加*Non reflecting 的边界条件,模拟无限的空气单元。根据轮胎和路面的尺寸,使空气、轮胎、路面三者在空间位置上对应起来,设定空气的三维尺寸如下:长×宽×高(1.0 m×1.0 m×0.8 m)。空气模型定位在路面结构上方,两者接触面尺寸相同,使得空气与路面进行耦合。在建立空气模型的过程中,要预留出一块与轮胎结构相同的空腔,以便让轮胎放置其中,让轮胎与空气进行耦合。轮胎与空气、路面与空气间的接触关系采用绑定约束来定义,结构与空气形成耦合。结构的振动传递到空气中,引起空气的振动;结构的变形引起空气体积的变化,进而形成噪声。

12.2 轮胎振动噪声计算实例

问题描述:如图 12.1 所示,轮胎放置在水泥混凝土路面板中部,轮胎内表面受到 0.4 MPa 的充气压力,在垂直方向受到 2 kN 的体力,且轮胎以 6 rad/s 的角速度进行旋转。轮胎、路面和空气的尺寸如表 12.1 所示。轮胎采用 Yeoh 本构模型,其参数如表 12.2 所示;混凝土路面板采用线弹性材料模型,其材料参数如表 12.3 所示;空气参数如表 12.4 所示。采用位移周期曲线来代替路面纹理波长和幅值对轮胎振动噪声的影响,如表 12.5 所示。请确定轮胎在水泥混凝土路面上旋转时产生的振动噪声。

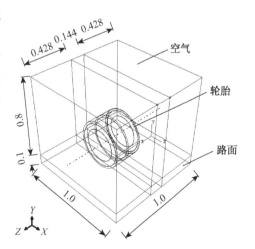

图 12.1 轮胎—路面—空气耦合模型(单位:m)

表 12.1　不同部件的尺寸

部件	长/m	宽/m	高/m	备注
水泥路面	1.0	1.0	0.1	
空气	1.0	1.0	0.8	正中位置挖出轮胎的位置
轮胎	0.2(内环半径) 0.22(外环半径)	0.14	0.02(厚度)	胎冠参数
	0.15(内环半径) 0.2(外环半径)	0.002	0.05(厚度)	胎侧参数

表 12.2　橡胶材料参数

参数	Yeoh 本构模型参数表						密度/(kg/m³)
	C_{10}	C_{20}	C_{30}	D_1	D_2	D_3	
数值	0.70e6	−0.27e6	0.09e6	7.25e−8	0	0	1 100

表 12.3　混凝土路面材料参数

材料类型	弹性模量/MPa	泊松比	密度/(kg/m³)
水泥混凝土	30 000	0.15	2 400

表 12.4　空气参数

材料类型	体积模量/Pa	密度/(kg/m³)
空气	142 000	1.2

表 12.5　不同时刻轮胎垂直振动位移

时刻/s	位移幅值/m
0	0
0.000 4	0.000 2
0.000 8	0

1. Part(部件)模块

(1) 创建路面部件

在 Abaqus/CAE 环境下,点击左侧工具区 (Create Part)按钮,弹出 Create Part 对话框,将 Name 设为 pave,将 Modeling Space 设为 3D,将 Type 设为 Deformable,在 Base Feature 中,将 Shape 设为 Solid,将 Type 设为 Extrusion,将 Approximate size 设为 2,点击[Continue...]按钮,Abaqus 自动进入 Sketch 绘图环境。

点击左侧工具区 (Create lines：Connected)按钮,在提示区输入(−0.5,−0.05)(实际输入时不需要括号,下同),按 Enter 键确认;分别继续在提示区输入(−0.5,0.05)、(0.5,

0.05)、(0.5,−0.05)、(−0.5,−0.05),再按 Enter 键确认。按 Esc 键,点击提示区[Done]按钮,退出绘图环境。弹出 Edit Base Extrusion 对话框(图 12.2),将 Depth 设为 1。

(2) 创建空气部件

点击左侧工具区 按钮,弹出 Create Part 对话框,将 Name 设为 air,将 Modeling Space 设为 3D,将 Type 设为 Deformable,在 Base Feature 中,将 Shape 设为 Solid,将 Type 设为 Extrusion,将 Approximate size 设为 2,点击[Continue...]按钮,进入 Sketch 绘图环境。

图 12.2　Edit Base Extrusion 对话框

点击左侧工具区 按钮,在提示区输入(−0.5,0.05),按 Enter 键确认;分别继续在提示区输入(0.5,0.05)、(0.5,0.85)、(−0.5,0.85)、(−0.5,0.05),再按 Enter 键确认。按 Esc 键,点击提示区[Done]按钮,退出绘图环境。弹出 Edit Base Extrusion 对话框,将 Depth 设为 0.428,点击[OK]按钮。此时视图区如图 12.3(a)所示。

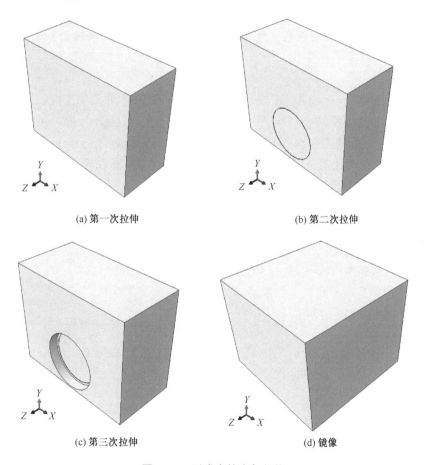

(a) 第一次拉伸　　　　　　　　(b) 第二次拉伸

(c) 第三次拉伸　　　　　　　　(d) 镜像

图 12.3　形成中的空气部件

点击左侧工具区 ，提示区的信息变为"select a plane for the solid extrusion"，在视图区选择朝 Z 轴正向的平面 XY。此时提示区的信息变为"Select an edge or axis that will appear vertical and on the right"，在视图区中选择右边垂直平面 ZX 的线段，进入 Sketch 绘图环境。

点击左侧工具区 按钮，将视图区的矩形的四个端点重新连接，点击左侧工具区 (Create Circle：Center and Perimeter)按钮，根据矩形的四个端点坐标确定圆形的圆心坐标和圆周上一点坐标(见下列提示)，分别在提示区输入，按 Enter 键确认。按 Esc 键，点击提示区[Done]按钮，退出绘图环境。弹出 Edit Extrusion 对话框(图 12.4)，将 Depth 设为 0.002；点击[OK]按钮，关闭 Edit Extrusion 对话框。此时视图区如图 12.3(b)所示。

图 12.4　Edit Extrusion 对话框

提示：进入 Sketch 绘图环境时，平面矩形的四个点的坐标会有所变化，需根据矩形四个点的坐标来确定圆形的圆心坐标。圆形的半径为 0.2 m，且圆心的位置须在矩形的垂直轴线上，圆形的最低点距离矩形的底边 0.03 m。本例中圆心坐标和圆上一点的坐标分别为(0，−0.17)、(0，−0.37)。

点击工具区 ，在视图区仍选择朝 Z 轴正向的平面 XY，选择右边垂直平面 ZX 的线段，进入 Sketch 绘图环境。点击工具区 按钮，将视图区的矩形的四个端点重新连接，点击工具区 (Create Circle：Center and Perimeter)按钮，根据矩形的四个端点坐标来确定圆形的圆心坐标和圆上一点坐标，此时的圆形半径有所变化(见下列提示)。分别在提示区输入，按 Enter 键确认。按 Esc 键，点击提示区[Done]按钮，退出绘图环境。弹出 Edit Extrusion 对话框，将 Depth 设为 0.07；点击[OK]按钮，关闭 Edit Extrusion 对话框。此时视图区如图 12.3(c)所示。

提示：此次圆形半径为 0.22 m，圆形的最低点距离矩形底边 0.01 m，这是为了在轮胎与路面接触区域填充一部分空气。圆点坐标须在矩形的垂直轴线上。本例中圆心坐标和圆上一点的坐标分别为(0，−0.20)、(0，−0.42)。

点击工具区 按钮，提示区的信息变为"Select a plane about which to reflect"，在视图区选择拉伸后的平面，即朝 Z 轴正向的平面 XY(图 12.5 中 A 区域)。此时视图区如图 12.3(d)所示。

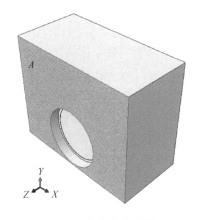
图 12.5 空气部件反射面

图 12.6 Edit Revolution 对话框

(3) 创建轮胎部件

点击左侧工具区 (Create Part)按钮,弹出 Create Part 对话框,将 Name 设为 tire,将 Modeling Space 设为 3D,将 Type 设为 Deformable,在 Base Feature 中,将 Shape 设为 Solid,将 Type 设为 Revolution,将 Approximate size 设为 2,点击[Continue...]按钮,进入 Sketch 绘图环境。

点击工具区 (Create lines: Connected)按钮,在提示区输入(0.2, 0.07),按 Enter 键确认;分别在提示区输入(0.22, 0.07)、(0.22, −0.07)、(0.2, −0.07)、(0.2, 0.07),再依次按 Enter 键确认。按 Esc 键,点击提示区[Done]按钮,退出绘图环境。弹出 Edit Revolution 对话框(图 12.6),将 Angle 设为 360,点击[OK]按钮。此时视图区如图 12.7(a)所示。

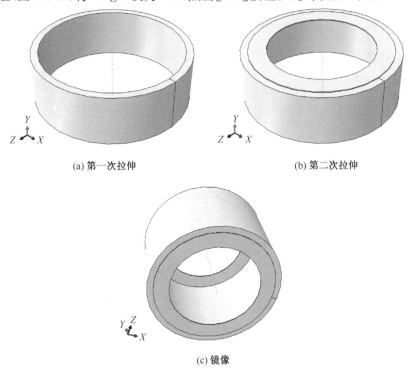

(a) 第一次拉伸   (b) 第二次拉伸

(c) 镜像

图 12.7 形成中的轮胎部件

点击工具区 (Create Solid：Extrude)按钮，在视图区选择平面 XZ 内朝 Y 轴正向的圆环平面[图 12.8(a)中 A 区域]，选择圆环外圈的圆周线段，进入 Sketch 绘图环境。点击工具区 (Create Circle：Center and Perimeter)按钮，在提示区分别输入(0，0)，(−0.2，0)，按 Enter 键确认；再次点击 (Create Circle：Center and Perimeter)按钮，在提示区分别输入(0，0)，(−0.15，0)，按 Enter 键确认；按 Esc 键，点击提示区[Done]按钮，退出绘图环境。弹出 Edit Extrusion 对话框，将 Depth 设为 0.002，点击[OK]按钮。此时视图区如图 12.7(b)所示。

点击工具区 (Create Mirror)按钮，在视图区选择朝 Y 轴负向的平面 XZ[图 12.8(b)中 B 区域]。此时视图区中的轮胎部件如图 12.7(c)所示。

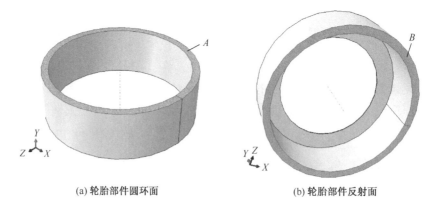

(a) 轮胎部件圆环面　　　　　　　　　(b) 轮胎部件反射面

图 12.8　轮胎部件圆环面和轮胎部件反射面的选择

提示：此示例对轮胎进行了简化，读者可以根据自己的需求对轮胎做进一步的精化。

---

2. Property(特性)模块

在 Abaqus/CAE 窗口顶部环境栏 Module 后的下拉框中选择 Property(特性)模块。

(1) 创建材料

点击左侧工具区 (Create Material)按钮，弹出 Edit Material 对话框，在 Name 后输入 concrete。依次点击[General]→[Density]，将 Mass Density 设为 2 400；再依次点击[Mechanical]→[Elasticity]→[Elastic]，将 Young's Modulus 设为 30 000E6，Poisson's Ratio 设为 0.15；点击[OK]按钮，完成材料 concrete 的创建。

点击左侧工具区 (Create Material)按钮，弹出 Edit Material 对话框(图 12.9)，在 Name 后输入 rubber。依次点击[General]→[Density]，将 Mass Density 设为 1 100；依次点击[Mechanical]→[Elasticity]→[Hyperelastic]，在 Strain energy potential 后的下拉框中选择 Yeoh，将 Input source 设为 Coefficients。在 Data 栏中，将 C10 设为 0.70E6，C20 设为 −0.27E6，C30 设为 0.09E6，D1 设为 7.25E−8，D2、D3 为 0；点击[OK]按钮，完成材料 rubber 的创建。

点击左侧工具区 (Create Material)按钮，弹出 Edit Material 对话框，在 Name 后输入

air。依次点击[General]→[Density]，将 Mass Density 设为 1.2；依次点击[Other]→[Acoustic Medium]，将 Bulk Modulus 设为 142 000；点击[OK]按钮，完成材料 air 的创建。

(2) 创建截面属性

点击左侧工具区 (Create Section)按钮，弹出 Create Section 对话框，在 Name 后输入 concrete，点击[Continue...]按钮；弹出 Edit Section 对话框，在 Material 后的下拉框中选择 concrete，点击[OK]按钮，完成截面 concrete 的创建。

按照同样的步骤，完成其他材料截面的创建。

(3) 指派截面属性

点击环境栏 Part 后的下拉框选择 pave（即 Part: pave）；点击左侧工具区 (Assign Section)按钮，在视图区中选择 pave 部件，再点击提示区[Done]按钮；弹出 Edit Section Assignment 对话框，在 Section 后下拉框中选择 concrete，点击[OK]按钮，完成 concrete 材料截面的指派。

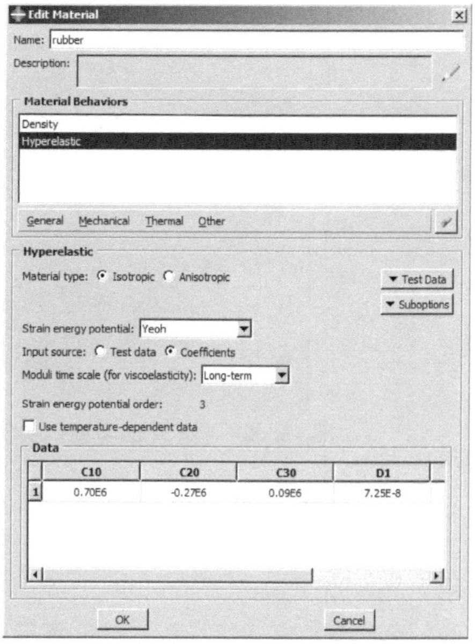

图 12.9　Rubber 材料属性的定义

按照上述同样的步骤，完成其他材料截面的指派。

3. Assembly(装配)模块

在 Abaqus/CAE 窗口顶部环境栏 Module 后的下拉框中选择 Assembly(装配)模块，以创建装配件。

(1) 部件实例化

点击左侧工具区 (Instance Part)按钮，弹出 Create Instance 对话框，用鼠标左键划选所有部件，将 Instance Type 设为 Independent(mesh on instance)，点击[OK]按钮，以完成所有部件的实例化。

在当前的装配件中，空气与路面的位置是正确的，而轮胎需要重新定位，将其正确地安放在空气模型中。

(2) 重新定位轮胎部件

点击窗口顶部的 (Create Display Group)按钮，弹出 Create Display Group 对话框，在 Item 中选择 Part instances，在右栏中选择 air-1 和 tire-1，然后点击窗口底部的 (Replace)按钮，在视图区显示空气和轮胎实例，如图 12.10 所示。

依次点击菜单[Tools]→[View Cut]→[Manager]，在弹出的 View Cut Manager 对话框(图 12.11)中勾选 Z-plane，并使 Position 的滚动条移动到对话框中所示位置，约在 0.5 左右处。点击窗口顶部的 (Rotate View)按钮，将模型旋转至如图 12.12(a)所示的角度。以便在轮胎上施加一个定位约束。

图 12.10　显示轮胎与空气实例的位置　　图 12.11　View Cut Manager 对话框

在主菜单中选择[Constraint]→[Face to Face],这时提示区的信息变为"Select a planar face or datum plane of the movable instance",点击轮胎侧面的任意位置,提示区的信息显示为"Select a planar face or datum plane of the fixed instance",点击空气实例中圆形平面的任意位置[图 12.12(a)],会显示平面的方向。在窗口底部的提示区点击[Flip]按钮来更正方向,然后点击[OK]按钮。提示区中显示出两个面默认的距离为 0.0,按 Enter 键确认。此时视图区如图 12.12(b)所示。

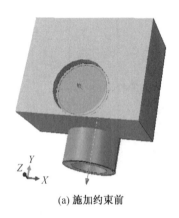
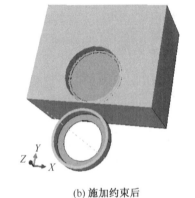

(a) 施加约束前　　　　　　　　　　　(b) 施加约束后

图 12.12　施加 Face to Face 约束前后的轮胎和空气实例

提示：施加定位约束时,总是先点击需要移动的实例(例如轮胎实例),再点击固定不动的实例(例如空气实例),注意不要颠倒次序。

如果希望修改或删除已经完成的操作,可以使用窗口左侧的模型树。例如,在模型树中逐级展开 Model-1/Assembly/Position Constraints,就可以看到上面添加的 Face to Face 定位约束。在 Face to Face-1 上点击右键,就可以修改或删除此约束。

点击窗口左侧的 (Translate Instance)按钮,窗口底部提示区信息显示为"Select the instance to translate",在视图区点击轮胎实例,点击提示区[Done]按钮,提示区信息变为"Select a start point for the translation vector",点击轮胎实例的中心点,提示区信息变为

"Select an end point for the translation vector",点击空气实例中圆形平面的圆点,然后点击[OK]按钮。此时视图区如图 12.13 所示,轮胎已经平移到了正确的位置。

点击菜单[Tools]→[View Cut]→[Manager],在弹出的 View Cut Manager 对话框中将原来勾选的 Z-Plane 去掉;点击工具栏 ◎(Replace All)按钮,在视图区显示空气、轮胎和路面实例,如图 12.14 所示。此时模型的各个部件都已装配完成。

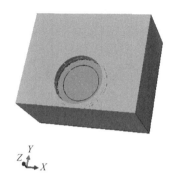 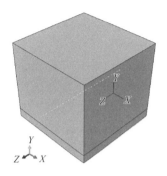

图 12.13　实例平移后的模型　　　　图 12.14　装配完成的模型

4. Mesh(网格)模块

在 Abaqus/CAE 窗口顶部环境栏 Module 后的下拉框中选择 Mesh(网格)模块。

(1) 模型剖分

点击菜单[Tools]→[Datum],弹出 Create Datum 对话框,将 Type 设为 Point,Method 设为 Offset from point,在模型中选择点 A(图 12.15),在提示区输入(0, 0, -0.428)(点 B),按 Enter 键确认;按同样的方法,创建点 C(与点 A 的偏移量为(0, 0, -0.572))。

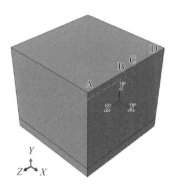  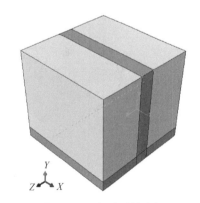

图 12.15　创建基准 Datum 点　　图 12.16　Create Partition 对话框　　图 12.17　剖分后的实例

点击菜单[Tools]→[Partition],弹出 Create Partition 对话框,将 Type 设为 Cell,Method 选定为 Define cutting plane(图 12.16);在视图区中划选 air-1 实例和 pave-1 实例,点击提示区[Done]按钮,再次点击提示区[Point & Normal]按钮,依此选择模型中的点 B、线段 AB(图 12.15),然后点击提示区[Create Partition]按钮。按同样的方法,剖分剩余的平面,剖分完成的实例如图 12.17 所示。

提示：空气模型中被挖出一块圆柱体（用来放置轮胎实例），需沿着圆柱体的纵向进行剖分才能对空气模型进行网格划分。

(2) 空气模型的网格划分

点击窗口顶部的 (Create Display Group)按钮,弹出 Create Display Group 对话框,在 Item 中选择 Part instances,在右栏中选择 air-1,然后点击窗口底部的 (Replace)按钮,此时视图区显示空气实例。

点击左侧工具区 (Seed Part Instance)按钮,在视图区中选中整个模型,点击提示区[Done]按钮;弹出 Global Seeds 对话框,将 Approximate global size 设为 0.05,点击[OK]按钮。

点击左侧工具区 (Assign Mesh Controls)按钮,在视图区中选中整个模型,点击提示区[Done]按钮;弹出 Mesh Controls 对话框,将 Element Shape 设为 Tet,点击[OK]按钮,完成网格单元控制。

点击左侧工具区 (Assign Element Type)按钮,在视图区中选中整个模型,点击提示区[Done]按钮;弹出 Element Type 对话框。将 Element Library 设为 Explicit,将 Family 设为 Acoustic,此时对话框中显示单元为 AC3D4(四结点声学线性四面体单元),点击[OK]按钮,完成单元类型的指派。

点击左侧工具区 (Mesh Part Instance)按钮,在视图区中选中整个模型,点击提示区[Done]按钮,完成空气模型网格的划分[图 12.18(a)]。

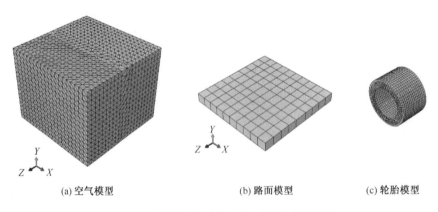

(a) 空气模型　　　　　　(b) 路面模型　　　　　　(c) 轮胎模型

图 12.18　网格划分后的空气、路面和轮胎模型

提示：Tet 单元精度虽然不是很高,但能模拟任意的几何形状。由于空气模型被挖空一部分,故空气模型的网格单元采用 Tet 单元。

(3) 路面模型的网格划分

点击窗口顶部的 (Create Display Group)按钮,弹出 Create Display Group 对话框,在 Item 中选择 Part instances,在右栏中选择 pave-1,然后点击窗口底部的 (Replace)按钮,

此时视图区显示路面实例。

点击左侧工具区 (Seed Part Instance)按钮,在视图区中选中整个模型,点击提示区[Done]按钮;弹出 Global Seeds 对话框,将 Approximate global size 设为 0.1,点击[OK]按钮。

点击左侧工具区 (Assign Mesh Controls)按钮,在视图区中选中整个模型,点击提示区[Done]按钮,弹出 Mesh Controls 对话框,将 Element Shape 设为 Hex,将 Technique 设为 Structured,点击[OK]按钮,完成网格单元控制。

点击左侧工具区 (Assign Element Type)按钮,在视图区中选中整个模型,点击提示区[Done]按钮;弹出 Element Type 对话框,将 Element Library 设为 Explicit,将 Family 设为 3D Stress,此时对话框中显示单元为 C3D8R(八结点线性六面体单元,减缩积分,沙漏控制),点击[OK]按钮,完成单元类型的指派。

点击左侧工具区 (Mesh Part Instance)按钮,在视图区中选中整个模型,点击提示区[Done]按钮,完成路面模型网格的划分[图 12.18(b)]。

(4) 轮胎模型的网格划分

点击窗口顶部的 (Create Display Group)按钮,弹出 Create Display Group 对话框,在 Item 中选择 Part instances,在右栏中选择 tire-1,然后点击窗口底部的 (Replace)按钮,此时视图区显示轮胎实例。

点击左侧工具区 (Seed Part Instance)按钮,在视图区中选中整个模型,点击提示区[Done]按钮;弹出 Global Seeds 对话框,将 Approximate global size 设为 0.02,点击[OK]按钮。

点击左侧工具区 (Assign Mesh Controls)按钮,在视图区中选中整个模型,点击提示区[Done]按钮,弹出 Mesh Controls 对话框,将 Element Shape 设为 Hex,将 Technique 设为 Sweep,点击[OK]按钮,完成网格单元控制。

点击左侧工具区 (Assign Element Type)按钮,在视图区中选中整个模型,点击提示区[Done]按钮;弹出 Element Type 对话框,将 Element Library 设为 Explicit,将 Family 设为 3D Stress,此时对话框中显示单元为 C3D8R(八结点线性六面体单元,减缩积分,沙漏控制),点击[OK]按钮,完成单元类型的指派。

点击左侧工具区 (Mesh Part Instance)按钮,在视图区中选中整个模型,点击提示区[Done]按钮,完成轮胎模型网格的划分[图 12.18(c)]。

5. Step(分析步)模块

在 Abaqus/CAE 窗口顶部环境栏 Module 后的下拉框中选择 Step(分析步)模块,以设置分析步。

点击左侧工具区 (Create Step)按钮,弹出 Create Step 对话框[图 12.19(a)],并将 Procedure type 设为 Dynamic, Explicit,点击[Continue...]按钮;弹出 Edit Step 对话框[图 12.19(b)],将 Time period 设为 0.01,点击[OK]按钮。

点击左侧工具区 (Create Step)按钮,弹出 Create Step 对话框,将 Procedure type 设为 Dynamic, Explicit,点击[Continue...]按钮;弹出 Edit Step 对话框,将 Time period 设为 0.1,点击[OK]按钮。

 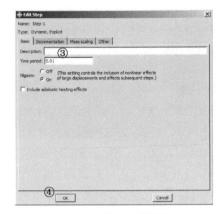

(a) Create Step对话框   (b) Edit Step对话框

图 12.19 分析步 Step-1 的定义

提示：在分析中，如果只建立一个分析步，将全部荷载施加到模型上，有可能无法收敛。建议建立两个分析步，在后续施加荷载的过程中，先在第一个分析步施加较小的荷载，使模型平稳地建立起来，然后在第二个分析步中施加真实的荷载。这样虽然分析步的数目增多了，但减小了收敛的难度，计算时间可能反而会缩短。

6. Interaction(相互作用)模块

在 Abaqus/CAE 窗口顶部环境栏 Module 后的下拉框中选择 Interaction(相互作用)模块，以定义轮胎、路面与空气的接触关系。

(1) 定义表面

点击窗口顶部的 (Create Display Group)按钮，弹出 Create Display Group 对话框，在 Item 中选择 Part instances，在右栏中选择 air-1，然后点击窗口底部的 (Replace)按钮，在视图区显示空气实例。

依次点击菜单[Tools]→[Surface]→[Create]，在弹出的 Create Surface 对话框中的 Name 后输入 air-outer，点击[Continue...]按钮，在视图区中选择空气模型的外表面(图 12.20(a)中 A 区域，不包括空气模型底面)，点击提示区[Done]按钮，完成表面 air-outer 的定义。

按照上述同样步骤，依此定义空气实例的下表面 air-bottom(与路面接触的面)、空气实例的内表面 air-inner(与轮胎外表面接触的面)、路面实例的上表面 pave-up(与空气下表面接触的面)、轮胎实例的外表面 tire-outer(与空气内表面接触的面)、轮胎实例的内表面 tire-inner，依次如图 12.20(b)~(f)所示的各个表面(图中 B、C、D、E、F 区域)。

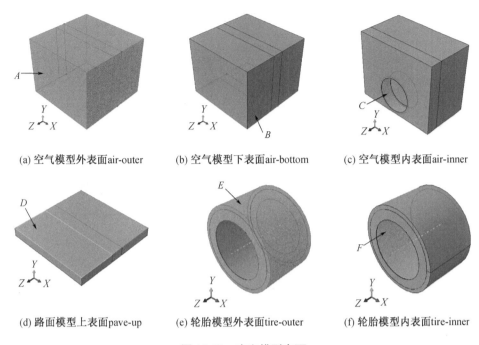

(a) 空气模型外表面air-outer　　(b) 空气模型下表面air-bottom　　(c) 空气模型内表面air-inner

(d) 路面模型上表面pave-up　　(e) 轮胎模型外表面tire-outer　　(f) 轮胎模型内表面tire-inner

图 12.20　定义模型表面

完成表面定义后的 Surface Manager 对话框如图 12.21 所示。

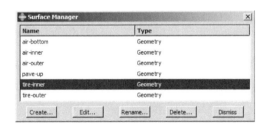

图 12.21　完成表面定义后的 Surface Manager 对话框

(2) 定义参考点

依次点击菜单[Tools]→[Reference Point...]，这时提示区信息变为"Select point to act as a reference point"，在轮胎的中轴线上选择一点作为轮胎的参考点。

(3) 定义集合

点击窗口顶部的 (Create Display Group)按钮，使视图区显示轮胎实例。

依次点击菜单[Tools]→[Set]→[Create]，在弹出的 Create Set 对话框中的 Name 后输入 tire，点击[Continue...]按钮，在视图区选择整个轮胎实例，点击提示区[Done]按钮，完成集合 tire 的定义。按照上述同样步骤，完成集合轮胎参考点(即 tire-ref)的定义。

(4) 定义接触属性(Interaction Property)

点击左侧工具区 (Create Interaction Property)按钮，弹出 Create Interaction Property 对话框[图 12.22(a)]，将 Type 设置为 Acoustic impedance，点击[Continue...]按钮；弹出 Edit Interaction Property 对话框[图 12.22(b)]，将 Data type 设为 Admittance，在 Admittance(real)一栏中输入 1.28E−8,在 Admittance(imaginary)一栏中输入 2E−5,点击[OK]按钮,完成接触属性的定义。

(a) Create Interaction Property对话框　　(b) Edit Interaction Property对话框

图 12.22　接触属性的定义

(5) 定义相互作用(Interaction)

点击左侧工具区 (Create Interaction)按钮,弹出 Create Interaction 对话框[图 12.23(a)],在 Step 中选择 Step-1,在 Types for Selected Step 中选择 Acoustic impedance,点击[Continue...]按钮,点击提示区右侧的[Surface...]按钮;弹出 Region Selection 对话框,选择 air-outer,点击[Continue...]按钮;弹出 Edit Interaction 对话框[图 12.23(b)],将 Definition 设置为 Nonreflecting,点击[OK]按钮,完成空气模型外表面的接触定义。

(a) Create Interaction对话框　　(b) Edit Interaction对话框

图 12.23　空气模型外表面接触的定义

提示：空气是无限的,声音的传播也是无限的。而在有限元中,空气模型是有限的,故需在空气模型外表面施加边界条件来模拟无限的空气单元。

点击左侧工具区 (Create Interaction)按钮,弹出 Create Interaction 对话框,点击

[Continue...]按钮;弹出 Region Selection 对话框,选择 air-inner,点击[Continue...]按钮;弹出 Edit Interaction 对话框,将 Definition 设置为 Tabular,点击[OK]按钮,完成空气模型内表面的接触定义。

点击左侧工具区 (Create Constraint)按钮,弹出 Create Constraint 对话框[图 12.24(a)],将 Type 设为 Tie,点击[Continue...]按钮,此时提示区信息变为 Choose the master type,点击提示区[Surface]按钮;弹出 Region Selection 对话框[图 12.24(b)],选择 pave-up,点击[Continue...]按钮;再次点击提示区[Surface]按钮;弹出 Region Selection 对话框[图 12.24(c)],选择 air-bottom,点击[Continue...]按钮;弹出 Edit Constraint 对话框[图 12.24(d)],点击[OK]按钮,完成路面 pave-up 与空气 air-bottom 之间的接触定义。按照上述同样步骤,用同样的约束方式,定义轮胎外表面 tire-outer 与空气内表面 air-inner 之间的接触。

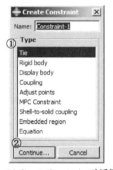
(a) Create Constraint对话框

(b) Region Selection对话框(选择主面)

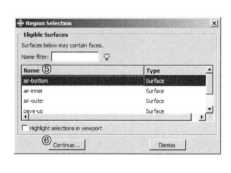
(c) Region Selection对话框(选择从面)

(d) Edit Constraint对话框

图 12.24 绑定(Tie)约束的定义

提示:选择刚度较大、网格较粗的表面为主面。

点击左侧工具区 (Create Constraint)按钮,弹出 Create Constraint 对话框[图 12.25(a)],将 Type 设为 Coupling,点击[Continue...]按钮,此时提示区信息变为"Select the constraint control points",点击提示区右侧的[Sets...]按钮;弹出 Region Selection 对话框[图 12.25(b)],选择 tire-ref,点击[Continue...]按钮;再次点击提示区[Surface]按钮,点击提示区右侧的[Surface...]按钮;弹出 Region Selection 对话框[图 12.25(c)],选择 tire-outer,点击[Continue...]按钮;弹出 Edit Constraint 对话框[图 12.25(d)],点击[OK]按钮,完成轮胎外表面 tire-outer 与轮胎参考点 tire-ref 之间的耦合。

完成约束定义后的 Constraint Manager 对话框如图 12.26 所示。

(a) Create Constraint对话框

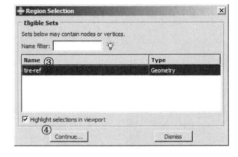
(b) Region Selection对话框(选择参考点)

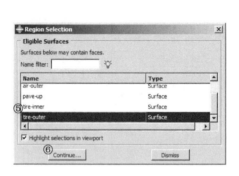
(c) Region Selection对话框(选择表面)

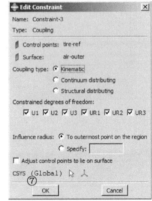
(d) Edit Constraint对话框

图 12.25 耦合(Coupling)约束的定义

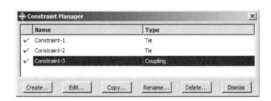

图 12.26 完成约束定义后的 Constraint Manager 对话框

7. Load(载荷)模块

在 Abaqus/CAE 窗口顶部环境栏 Module 后的下拉框中选择 Load(载荷)模块。

(1) 定义幅值曲线(Amplitude)

依次点击菜单[Tools]→[Amplitude]→[Create],弹出 Create Amplitude 对话框[图

12.27(a)],将 Type 设为 Tabular,点击[Continue...]按钮;弹出 Edit Amplitude 对话框[图 12.27(b)],在 Time/Frequency 下的空格(第 1 行)中输入 0,在 Amplitude 下的空格(第 1 行)中输入 0;在 Time/Frequency 下的空格(第 2 行)中输入 0.000 1,在 Amplitude 下的空格(第 2 行)中输入 1;点击[OK]按钮完成幅值 Amp-1 的定义。

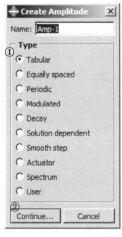
(a) Create Amplitude对话框

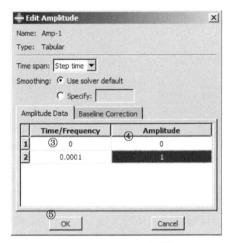
(b) Edit Amplitude对话框

图 12.27　幅值 Amp-1 的定义

点击菜单[Tools]→[Amplitude]→[Create],弹出 Create Amplitude 对话框[图 12.28(a)],将 Type 设为 Tabular,点击[Continue...]按钮;弹出 Edit Amplitude 对话框(图12.28b),在 Time/Frequency 下的空格(第 1 行)中输入 0,在 Amplitude 下的空格(第 1 行)中输入 0;在 Time/Frequency 下的空格(第 2 行)中输入 0.000 4,在 Amplitude 下的空格(第 2 行)中输入 1;在 Time/Frequency 下的空格(第 3 行)中输入 0.000 8,在 Amplitude 下的空格(第 3 行)中输入 0;点击[OK]按钮完成幅值 Amp-2 的定义。

(a) Create Amplitude对话框

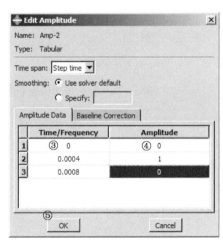
(b) Edit Amplitude对话框

图 12.28　幅值 Amp-2 的定义

(2) 加载

点击左侧工具区 按钮,弹出 Create Load 对话框[图 12.29(a)],将 Name 设为 inflation,将 Types for Selected Step 设为 Pressure,点击[Continue...]按钮;弹出 Region Selection 对话框[图 12.29(b)],选择 tire-inner,点击[Continue...]按钮;弹出 Edit Load 对话框[图 12.29(c)],将 Magnitude 设为 4,在 Amplitude 下拉框中选择 Amp-1,点击[OK]按钮。

(a) Create Load对话框

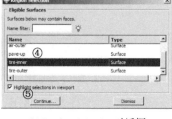
(b) Region Selection对话框

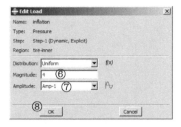
(c) Edit Load对话框

图 12.29 充气压力荷载 inflation 的定义

点击左侧工具区 按钮,弹出 Load Manager 对话框[图 12.30(a)],点击 Step-2 下的 Propagated,再点击窗口右侧区的[Edit...]按钮;弹出 Edit Load 对话框[图 12.30(b)],将 Magnitude 设为 400 000,点击[OK]按钮。

(a) Load Manager对话框

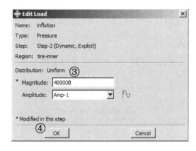
(b) Edit Load对话框

图 12.30 充气压力荷载 inflation 的定义修改

点击左侧工具区 按钮,弹出 Create Load 对话框[图 12.31(a)],将 Name 设为 load,将 Step 设置为 Step-1,且将 Types for Selected Step 设为 Body force,点击[Continue...]按钮;弹出 Region Selection 对话框[图 12.31(b)],选择 tire,点击[Continue...]按钮;弹出 Edit Load 对话框[图 12.31(c)],在 Component 2 后输入 −4,在 Amplitude 下拉框中选择 Amp-1,点击[OK]按钮。

 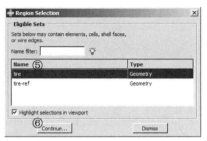 

(a) Create Load对话框　　(b) Region Selection对话框　　(c) Edit Load对话框

图 12.31　体力荷载 load 的定义

点击工具区▣(Load Manager)按钮,弹出 Load Manager 对话框[图 12.32(a)],点击 Step-2下的 Propagated,再点击窗口右侧区的[Edit...]按钮;弹出 Edit Load 对话框[图 12.32(b)],将 Component 2 设为-2 000,点击[OK]按钮。

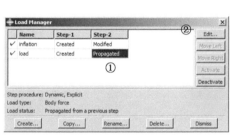 

(a) Load Manager对话框　　　　　(b) Edit Load对话框

图 12.32　体力荷载 load 的定义修改

提示:为了保证模型能平稳地建立起来,并保证模型计算结果的收敛性,轮胎受到的充气压力和体力分成两个分析步进行施加。

(3) 创建边界条件

点击工具区▣(Create Boundary Condition)按钮,弹出 Create Boundary Condition 对话框[图 12.33(a)],将 Step 设置为 Step-2,并将 Types for Selected Step 设为 Displacement/Rotation,点击[Continue...]按钮;弹出 Region Selection 对话框[图 12.33(b)],选择 tire-ref,点击[Continue...]按钮;弹出 Edit Boundary Condition 对话框[图12.33(c)],选择 U2 前的复选框,在复选框后输入-0.000 2,在 Amplitude 下拉框中选择 Amp-2,点击 [OK]按钮。

再次点击工具区▣(Create Boundary Condition)按钮,弹出 Create Boundary Condition 对话框[图 12.34(a)],将 Types for Selected Step 设为 Velocity/Angular velocity,点击 [Continue...]按钮;弹出 Region Selection 对话框,选择 tire-ref,点击[Continue...]按钮; 弹出 Edit Boundary Condition 对话框[图 12.34(b)],选择 VR3 前的复选框,在复选框后输

入 6，点击[OK]按钮。

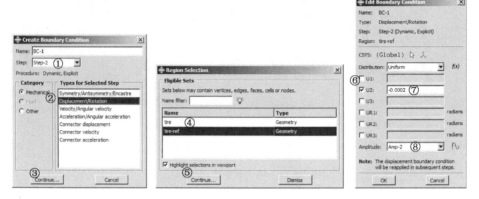

(a) Create Boundary Condition对话框　　(b) Region Selection对话框　　(c) Edit Boundary Condition对话框

图 12.33　位移边界条件 BC-1 的定义

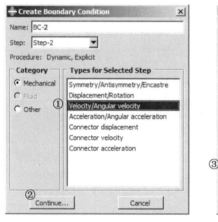 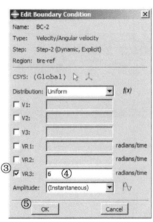

(a) Create Boundary Condition对话框　　(b) Edit Boundary Condition对话框

图 12.34　角速度边界条件 BC-2 的定义

8. Job(作业)模块

在 Abaqus/CAE 窗口顶部环境栏 Module 后的下拉框中选择 Job(作业)模块，以定义并提交作业。

点击左侧工具区 ▦(Job Manager)按钮，弹出 Job Manager 对话框，点击[Create...]按钮；弹出 Create Job 对话框，在 Name 后输入 vibration-noise，点击[Continue...]按钮；弹出 Edit Job 对话框，点击[OK]按钮。

点击 Job Manager 对话框右上角的[Submit]按钮，Abaqus 将在当前工作目录生成名为 vibration-noise.inp 的文件，并调用 Abaqus/Explicit 求解器进行计算。计算完成后，点击[Results]按钮，Abaqus 将自动进入 Visualization 模块。

9. Visualization(可视化)模块

点击左侧工具区 (Plot Contours on Deformed Shape)按钮,再点击工具栏 (Field Output Dialog)按钮;弹出 Field output 对话框,将 Output Variable 设为 POR,点击[OK]按钮。

依次点击菜单[Viewport]→[Viewport Annotation Options],弹出 Viewport Annotation Options 对话框,点击取消 Show title block 前的复选框;点击 Legend 选项卡,点击 Text 下的[Set font...]按钮;弹出 Select Font 对话框,将 Settings 中 Size 为 14(points),点击 Apply to 中 State Block 前的复选框,点击[OK]按钮。再点击 Viewport Annotation Options 对话框中的[OK]按钮。

点击左侧工具区 (View Cut Manager)按钮(按钮右侧),弹出 View Cut Manager 对话框,点击 Z-Plane 前的复选框,此时视图区如图 12.35 所示。

点击菜单栏 (Query information)按钮,弹出 Query 对话框,点击 Visualization Module Queries 下的 Probe value;弹出 Probe Values 对话框,点击 Probe 后的下拉框,选择 Nodes;在视图区点击图 12.35 中的点 B(距轮胎中面的距离为 0.5 m),此时的 Probe Values 对话框如图 12.36 所示。可以获知此时点 B 由轮胎振动引起的声压为 0.306 Pa。根据噪声分贝与声压的关系: $L_\mathrm{p} = 10 \lg \dfrac{P_z^2}{P_0^2}$,可知由轮胎振动引起的噪声为: $L_\mathrm{p} = 10 \lg \dfrac{0.306^2}{(2 \times 10^{-5})^2} = 83.7 \,(\mathrm{dB})$。

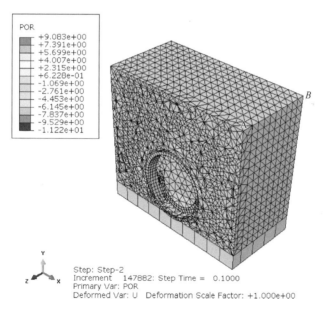

图 12.35 轮胎振动引起的声压分布云图(0.1 s)

按照上述同样的步骤,获取时刻 0.005~0.1 s 时点 B 的声压,再转换成噪声分贝值,结果如图 12.37 所示。可以看出,在此期间点 B 的振动噪声从高位(95.7 dB)振荡衰减,到达 0.1 s 时基本稳定在 83 dB 左右。

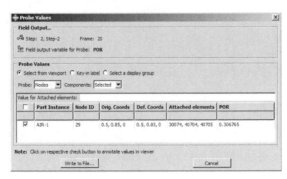 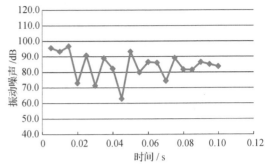

图 12.36 Probe Values 对话框　　　　图 12.37 点 B 的振动噪声衰减图

依次点击菜单[File]→[Save As...]，弹出 Save Model Database As 对话框，在 File Name 后输入 vibration noise.cae，点击[OK]按钮。

12.3 本章小结

本章首先介绍了与轮胎振动噪声有关的基本理论和计算方法，然后采用有限元方法进行了轮胎振动噪声的模拟计算。

(1) 建立了轮胎的三维空间模型，并根据轮胎的空间形状建立空气模型，最后将轮胎与空气、路面模型耦合起来建立振动噪声模型。轮胎及路面与空气的接触关系定义为绑定约束，轮胎的振动传递到空气模型中，引起周围空气的振动，进而产生振动噪声。

(2) 轮胎振动噪声的关键点是如何给轮胎施加垂直振动位移，作为轮胎的输入激励。本例中采用位移边界条件(以及幅值曲线)完成了竖向振动位移的施加。

第 13 章 沥青混合料细观结构建模及黏弹性响应分析

在道路工程中,沥青混合料的本构模型是长期以来的研究重点之一,准确表征沥青混合料的力学行为,是进行路面力学分析的基础。沥青混合料作为颗粒复合材料,在不同荷载与环境情况下,表现出复杂的力学行为。在小应变情况下表现为黏弹性,在高温和大应变情况下表现出显著的塑性特性,在重复荷载作用下随着损伤积累表现出疲劳行为并进一步发展为材料的断裂。其中黏弹性力学响应发生在材料变形的初期以及全过程,对于路面材料与结构的力学分析至关重要。

目前有限元分析中,大多假定沥青混合料为性质均一的固体材料,根据力学试验结果,计算得到沥青混合料的宏观本构模型参数,并输入到有限元中。但实际上沥青混合料为颗粒复合材料,其宏观力学性质受到细观几何形态的影响,因此建立其细观结构的有限元模型,并分析其黏弹性力学响应具有重要意义。

本章首先简要介绍了黏弹性本构模型理论及其有限元实现方法的基本原理,然后采用有限元方法进行了沥青混合料细观结构的建模和动态模量试验的模拟分析。

13.1 相关理论和计算方法

13.1.1 常规黏弹性本构模型参数拟合

黏弹性本构模型普遍基于唯象学方法构建,即通过弹簧和黏壶两种基本的力学元件,经过串联、并联组合,组合成为本构模型。一个弹簧和一个黏壶串联组成 Maxwell 模型,一个弹簧和一个黏壶并联组成 Kelvin 模型,它们是最基础的黏弹性本构模型,并分别对应松弛和蠕变两种力学行为。将多个 Maxwell 模型并联可以构成广义 Maxwell 模型,将多个 Kelvin 模型串联可以构成广义 Kelvin 模型,其中的每个 Maxwell 或 Kelvin 模型称为一个子模型。

广义 Maxwell 模型和广义 Kelvin 模型,多年以来被广泛用来表征沥青混合料的黏弹性力学行为。其优点一方面在于为可以调节的子模型提供了物理上的可扩展性,通过增减子模型的数量,可以达到表征精度和模型复杂度的均衡最优;另一方面其自然指数为核函数的数学形式,在微积分处理如时频域转化时的拉普拉斯变换中,能够提供良好的数学便捷性,也有助于提高数值计算效率。广义 Maxwell 模型和广义 Kelvin 模型在时域的表达式可以分别由 Prony 级数和 Dirichley 级数表征,如表 13.1 所示。

表 13.1　广义模型时域和频域下的表达式

模型	时域	频域
广义 Maxwell 模型	$E(t) = E_\infty + \sum_{i=1}^{n} E_i \mathrm{e}^{-t/\tau_i}$	$E^*(i\omega) = E_\infty + \sum_{i=1}^{n} E_i \dfrac{i\omega\tau_i}{1+i\omega\tau_i}$
广义 Kelvin 模型	$D(t) = D_0 + \sum_{j=1}^{m} D_j (1 - \mathrm{e}^{-t/\rho_j})$	$D^*(i\omega) = D_0 + \sum_{i=1}^{m} D_j \dfrac{1}{1+i\omega\rho_j}$

注：E_∞ 和 D_0 分别为平衡模量和瞬时柔度；E_i 和 D_j 分别为子模型的松弛模量和蠕变柔度；$\tau_i = E_i/\eta_i$ 为松弛时间，$\rho_i = D_j\eta_j$ 为延迟时间，η 为黏壶的黏性系数。

由于 Abaqus 有限元计算过程中，在每个增量步中，通过主程序提供应变增量 $\Delta\varepsilon$ 进行计算，本质上为松弛行为，因此采用广义 Maxwell 模型（图 13.1）能够高效计算，本节后续内容也针对广义 Maxwell 模型开展。

广义 Maxwell 模型为松弛模型，获取其模型参数最直接的方法是通过沥青混合料的松弛试验数据进行拟合，但是开展室内松弛试验难度大，试验离散性大，数据不稳定。目前常用的方法是通过动态模量试验数据进行广义 Maxwell 模型参数的标定。动态模量试验（T0738-2011）已纳入交通部《公路工程沥青及沥青混合料试验规程》（JTG E20-2011），具有成熟的试验规程，试件在重复压缩荷载作用多次后达到稳定时读取数据，试验结果的稳定性好。动态模量试验获取沥青混合料的动态模量，通过广义 Maxwell 模型频域下的数学表达式进行拟合。

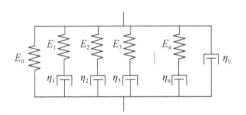

图 13.1　广义 Maxwell 模型

如表 13.1 中所示，黏弹性本构模型除了时域下的数学表征，在频域内的力学响应可用复数模量表达。将复数模量分为实部和虚部，如式（13-1）：

$$E^* = E' + iE'' \tag{13-1}$$

式中，E^* 为复数模量；E' 为储存模量；E'' 为损失模量；i 为虚数单位。

动态模量是复数模量的绝对值，反映了材料抵抗变形的能力，动态模量的表达式为：

$$|E^*| = \sqrt{(E')^2 + (E'')^2} \tag{13-2}$$

动态模量可以通过试验达到稳定状态时的应力幅值 σ_0 和应变幅值 ε_0 的比值来确定，即：

$$|E^*| = \frac{\sigma_0}{\varepsilon_0} \tag{13-3}$$

相位角 ϕ 描述材料黏性部分和弹性部分的相对大小，由式（13-4）确定：

$$\phi = 2\pi f \Delta t \tag{13-4}$$

式中，f 为施加荷载的频率；Δt 为试验中应变滞后于应力的时间。对于完全弹性材料 $\phi = 0°$，对于完全黏性材料 $\phi = 90°$。随着相位角的增加，材料的黏性增加。储存模量、损失模量、动态模量和相位角有如下关系：

$$\begin{cases} E' = |E^*|\cos\phi \\ E'' = |E^*|\sin\phi \end{cases} \tag{13-5}$$

广义 Maxwell 模型的松弛模量和复数模量的表达式为：

$$E'(f) = E_\infty + \sum_{i=1}^{n} E_i \frac{f^2 \tau_i^2}{f^2 \tau_i^2 + 1} \tag{13-6}$$

$$E''(f) = \sum_{i=1}^{n} E_i \frac{f \tau_i}{f^2 \tau_i^2 + 1} \tag{13-7}$$

在已知离散的动态黏弹性数据的情况下，可利用数学转换方法获取广义 Maxwell 模型的 Prony 级数参数。已有很多研究提出 Prony 级数参数拟合方法，但考虑到沥青混合料的特性以及拟合过程的简便性，普遍采用配置法进行参数拟合。

配置法预先人为配置各个 Maxwell 子模型的松弛时间，而相应的 E_∞ 和 E_i 值可建立为一组联立的方程组，将式(13-6)通过最小二乘原理拟合离散的试验数据，得出平衡模量和弹性模量等参数。

参数拟合过程的目标函数如下：

$$\underbrace{E'(f_m) - E_\infty}_{\{A\}} = \underbrace{\sum_{i=1}^{n} \frac{f_m^2 \tau_i^2}{f_m^2 \tau_i^2 + 1}}_{[B]} \underbrace{E_i}_{\{C\}} \tag{13-8}$$

式中，m 为加载频率的个数；向量 $\{A\}$、$\{C\}$ 分别为 $E'(f_m) - E_\infty$ 和 E_i；$[B]$ 为关系矩阵。松弛模量 Prony 函数参数通过求解下面的线性代数方程组获得：

$$\{C\} = [B]^{-1}\{A\} \tag{13-9}$$

由于 E_i 为子模型松弛模量，具有明确的物理意义，但上述线性方程无法保证求得的参数为非负，因此在拟合过程中需要添加 $E_i \geqslant 0$ 的约束条件。

根据前述试验规程，目前动态模量常见的测试条件中，通常采用 0.01 Hz、0.1 Hz、0.5 Hz、1.0 Hz、5 Hz、10 Hz、20 Hz、25 Hz 几种频率，基本反映了沥青混合料在 0.01～100 s 时间尺度的力学行为，因此根据 Prony 级数形式松弛模量的特性，松弛时间分别配置为 0.01 s、0.1 s、1 s 和 10 s，即常用的广义 Maxwell 常包含 4 个子模型。

13.1.2 连续谱黏弹性本构模型及参数拟合

(1) 连续谱模型

前一节中介绍了目前常规的利用配置法拟合损失模量频域表达式，计算得到广义 Maxwell 本构模型参数的方法。配置法的前提是需要人为选定子模型个数，再分别配置相应的松弛时间，能够满足宏观有限元分析中的黏弹性响应模拟计算。但本章后续将建立沥青混合料细观结构有限元模型，模拟多个频率下的动态黏弹性响应，因此本节中提供了另一种借助分数阶黏弹性本构模型进行参数拟合的方法。

前述广义 Maxwell 模型中的 E_i 和 τ_i 的组合也被称为松弛时间谱，广义模型的松弛时间谱由离散的 E_i 和 τ_i 组成，因此也称为离散时间谱。相应地，广义模型也称为离散谱模型。

黏弹性本构模型的积分型本构可写为卷积积分的形式：

$$\sigma(t) = \int_0^t E(t-\xi) \frac{\mathrm{d}\varepsilon}{\mathrm{d}\xi} \mathrm{d}\xi \qquad (13\text{-}10)$$

式中，σ 为应力；E 为松弛模量；ε 为应变；t 为时间；ξ 为积分变量。

离散谱模型的松弛时间用 Prony 级数表示如下：

$$E(t) = E_\mathrm{e} + \sum_{i=1}^n E_i \mathrm{e}^{-t/\tau_i} \qquad (13\text{-}11)$$

当离散谱模型中的子模型个数 n 趋近于无穷大且 τ_i 的间隔趋近于无穷小时，则式(13-11)可写为积分形式如下：

$$E(t) = E_\mathrm{e} + \int_0^\infty \frac{H(\xi)}{\xi} \mathrm{e}^{-t/\xi} \mathrm{d}\xi \qquad (13\text{-}12)$$

式中，$H(\xi)$ 为连续谱函数。

广义模型虽然具有自身的优势，但是其精度严重依赖于松弛时间谱，即子模型的个数以及其在松弛时间轴上的分布。当子模型个数过少时，松弛时间必然无法覆盖足够大的频率范围，或者在较大的频率范围内无法精确地表征每个频率下的力学响应。而当子模型个数过多时，又会导致模型参数的标定面临很大的数学问题。

而由式(13-12)可见，连续谱函数在松弛时间轴上可以从 0 一直覆盖到无穷大，在很大的频率范围下都可以表征材料的力学性能，也无须人为地选定松弛时间谱的范围，避免了确定参数时的困难。

相应地，频域下动态模量的连续谱表达式如下：

$$E^*(\mathrm{i}\omega) = \zeta\{E(s)\}|_{s=\mathrm{i}\omega} = E'(\mathrm{i}\omega) + \mathrm{i}E''(\mathrm{i}\omega) \qquad (13\text{-}13)$$

$$E'(\mathrm{i}\omega) = E_\mathrm{e} + \int_0^\infty \frac{H(\xi)}{\xi} \frac{\omega^2 \xi^2}{1+\omega^2 \xi^2} \mathrm{d}\xi \qquad (13\text{-}14)$$

$$E''(\mathrm{i}\omega) = \int_0^\infty \frac{H(\xi)}{\xi} \frac{\omega \xi}{1+\omega^2 \xi^2} \mathrm{d}\xi \qquad (13\text{-}15)$$

式中，E^* 为复数模量；ζ 为拉普拉斯变换；s 为拉普拉斯变换符号；E' 为存储模量；E'' 为损失模量。

(2) 2S2P1D 模型

2S2P1D 模型由两个弹簧、两个抛物线元件和一个黏壶组成，是一种专门针对沥青混合料提出的连续谱模型。其唯象学结构如图 13.2 所示。

组成 2S2P1D 模型的三种力学元件中，弹簧和黏壶与广义模型中相同，而抛物线元件则由以下的本构关系表征：

蠕变柔度：$J(t) = a \left(\dfrac{t}{\tau}\right)^h \qquad (13\text{-}16)$

复数模量：$E^*(\mathrm{i}\omega) = \dfrac{(\mathrm{i}\omega\tau)^h}{a\Gamma(h+1)} \qquad (13\text{-}17)$

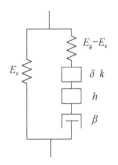

图 13.2 2S2P1D 模型唯象学结构

式中，a 和 h 为材料常数；$\omega = 2\pi f$ 为角频率；τ 为特征时间，用来表征时温等效原理，并可由 WLF 方程来表示。

$$\tau(T) = \alpha_T \cdot \tau_{\text{ref}} \quad (13\text{-}18)$$

式中，τ_{ref} 为参考温度时的特征时间；α_T 为温度 T 时的转换因子，由式(13-19)来表示。

$$\log(\alpha_T) = \frac{-C_1(T - T_{\text{ref}})}{C_2 + (T - T_{\text{ref}})} \quad (13\text{-}19)$$

式中，C_1 和 C_2 为 WLF 方程的参数；T_{ref} 为参考温度。

2S2P1D 模型的复数模量表达式如下：

$$E^*(i\omega) = E_e + \frac{E_g - E_e}{1 + \delta(i\omega\tau)^{-k} + (i\omega\tau)^{-h} + (i\omega\beta\tau)^{-1}} \quad (13\text{-}20)$$

式中，E_e 为平衡模量，即频率趋近于 0 时的松弛模量；E_g 为瞬时模量，即频率趋近于无穷大时的松弛模量；δ 和 k 为第一个抛物线元件的参数；h 为第二个抛物线元件的参数，且令 $0 < k < h < 1$；β 为黏壶的牛顿黏度参数。

2S2P1D 模型需要标定的参数包含 7 个模型参数和 2 个 WLF 方程参数，式(13-18)～式(13-20)用来作为参数拟合的求解方程，而拟合的目标函数如下：

$$\min F(E_e, E_g, \delta, k, h, \beta, \tau_{\text{ref}}, C_1, C_2) = \frac{1}{N}\left[\sqrt{\sum_{i=1}^{N}\left(1 - \frac{|E_{c,i}^*|}{|E_{t,i}^*|}\right)^2} + \sqrt{\sum_{i=1}^{N}\left(1 - \frac{\phi_{c,i}}{\phi_{t,i}}\right)^2}\right] \quad (13\text{-}21)$$

式中，$|E_{c,i}^*|$ 和 $|E_{t,i}^*|$ 分别为计算和试验得到的动态模量；$\phi_{c,i}$ 和 $\phi_{t,i}$ 分别为计算和试验得到的相位角；N 为所有频率下的动态模量试验数据量。

拟合过程可以利用商业数学软件，如 Matlab、Mathematica 等，通过非线性约束规划实现，各软件均有内置的相关函数可以调用，如 Nelder-Mead 多维极值单纯形构造法。具体拟合过程不在此展开讨论，仅提供一组沥青砂浆的 2S2P1D 模型参数以便后续模拟计算使用，如表 13.2 所示。

表 13.2 沥青砂浆 2S2P1D 模型参数

平衡模量	瞬时模量	第一抛物线元件参数		第二抛物线元件参数	黏壶的牛顿黏度参数	参考温度时的特征时间	WLF 方程参数	
E_e /MPa	E_g /MPa	δ	k	h	$\beta/(\text{Pa}\cdot\text{s})$	τ_{ref} /s	C_1	C_2
0.00	40 166.80	5.45	0.20	0.52	1 247.25	0.13	83.58	712.758

2S2P1D 并不是 Abaqus 内置的本构模型，通过 UMAT 子程序实现也较为困难，但可以通过连续谱函数积分型本构关系来转化为离散谱函数，即转化为广义 Maxwell 模型输入 Abaqus 中。

式(13-12)中的连续谱函数 $H(\xi)$ 可以通过式(13-12)计算：

$$H(\tau) = \pm\frac{1}{\pi}\text{Im}E^*\left(\frac{1}{\tau}e^{\pm i\pi}\right) \quad (13\text{-}22)$$

式中，E^* 为复数模量；Im 表示复数模量的虚部。

则 2S2P1D 模型的连续谱函数为：

$$H(\tau) = \frac{E_g}{\pi \sqrt{A^2 + B^2}} \sin\phi \qquad (13\text{-}23)$$

其中：

$$A = 1 + \delta \left(\frac{\tau_{\text{ref}}}{\tau}\right)^{-k} \cos k\pi + \left(\frac{\tau_{\text{ref}}}{\tau}\right)^{-h} \cos h\pi - \left(\frac{\tau_{\text{ref}}}{\tau}\beta\right)^{-1}$$

$$B = \delta \left(\frac{\tau_{\text{ref}}}{\tau}\right)^{-k} \sin k\pi + \left(\frac{\tau_{\text{ref}}}{\tau}\right)^{-h} \sin h\pi$$

$$\phi = \arctan \frac{B}{A}$$

通过将式(13-12)中的积分离散化，可以得到如下形式：

$$E(t) = E_e + \int_0^\infty \frac{H(\xi)}{\xi} e^{-t/\xi} d\xi = E_e + \sum_{i=1}^n \left[\frac{H(\tau_i)}{\tau_i} \cdot \Delta\tau_i\right] e^{-t/\tau_i} \qquad (13\text{-}24)$$

对比式(13-11)和式(13-24)，可以得到连续谱函数的离散化形式如下：

$$E_i = \frac{H(\tau_i)}{\tau_i} \cdot \Delta\tau_i \qquad (13\text{-}25)$$

其中松弛时间间隔需要人为选定，根据研究结论，当松弛时间在对数坐标上均匀分布时，离散谱函数向连续谱函数的收敛速度最快，即可以用包含尽可能少子模型的广义 Maxwell 模型来准确表征连续谱 2S2P1D 模型。因此对连续谱函数的离散化做如下处理：

$$E(t) = E_e + \int_{-\infty}^\infty H(\xi) e^{-t/\xi} d\ln\xi \qquad (13\text{-}26)$$

$$E_i = H(\tau_i) \cdot \Delta\ln\tau_i \qquad (13\text{-}27)$$

式中，根据研究结论 $\tau_i = 10^{\frac{1}{\ln 10}}$。

根据式(13-23)和式(13-27)，可以将表 13.2 中的 2S2P1D 模型参数转化为广义 Maxwell 模型参数（表 13.3）。本书选择了 70 个子模型的广义 Maxwell 模型，松弛时间从 $10^{-20} \sim 10^{10}$ s，足以涵盖沥青混合料和沥青路面中可能出现的时域范围。

表 13.3　2S2P1D 模型参数转化为广义 Maxwell 模型参数

Log τ_i /s	E_i /MPa	Log τ_i /s	E_i /MPa	Log τ_i /s	E_i /MPa	Log τ_i /s	E_i /MPa
−20	5.62	−12.18	209.28	−4.37	2 129.44	3.45	61.14
−19.57	7.15	−11.75	253.33	−3.93	2 099.05	3.89	37.16
−19.13	8.74	−11.31	305.95	−3.5	2 027.57	4.32	21.78
−18.7	10.68	−10.88	368.51	−3.06	1 921.77	4.75	11.99
−18.26	13.06	−10.45	442.38	−2.63	1 790.36	5.19	5.87

续表 13.3

Log τ_i /s	E_i /MPa	Log τ_i /s	E_i /MPa	Log τ_i /s	E_i /MPa	Log τ_i /s	E_i /MPa
−17.83	15.96	−10.01	528.95	−2.19	1 642.51	5.62	2.39
−17.39	19.5	−9.58	629.42	−1.76	1 486.44	6.06	0.783
−16.96	23.83	−9.14	744.63	−1.33	1 328.45	6.49	0.216
−16.53	29.11	−8.71	874.87	−0.89	1 172.42	6.93	0.053 8
−16.09	35.55	−8.27	1019.45	−0.46	1 019.84	7.36	0.012 8
−15.66	43.4	−7.84	1 176.44	−0.02	870.49	7.79	0.002 98
−15.22	52.97	−7.41	1 342.29	0.41	723.86	8.23	0.000 687
−14.79	64.62	−6.97	1 511.54	0.85	581.14	8.66	0.000 157
−14.35	78.78	−6.54	1 676.86	1.28	446.56	9.1	3.59e−05
−13.92	95.98	−6.1	1 829.32	1.71	326.74	9.53	8.19e−06
−13.49	116.84	−5.67	1 959.16	2.15	227.71	10	1.88e−06
−13.05	142.09	−5.23	2 057	2.58	151.95		
−12.62	172.57	−4.8	2 115.25	3.02	97.82		

与前一节的拟合方法不同，本节通过连续谱本构模型进行数据预处理再转化为广义 Maxwell 的方法，能够更加完整地获取全部时频域范围内的沥青砂浆黏弹性力学信息，并在广义 Maxwell 参数确定的过程中规避了超定方程组不唯一解的数学问题。

13.2 实例：沥青混合料动态模量试验模拟

目前沥青路面结构及沥青混合料的有限元模拟，多采用宏观模型，即假定沥青混合料宏观上是均一的连续固体。但沥青混合料是一种典型的复合颗粒材料，且组成沥青混合料的沥青砂浆、集料和空隙三者的力学性质差异显著，仅模量上就存在数量级的差别。因此细观结构对于沥青混合料宏观力学行为的影响非常显著，有必要建立沥青混合料细观结构有限元模型，开展力学分析，从而能够从机理上解释沥青混合料的宏观力学行为。

问题描述：本实例中以动态模量试验为分析对象，建立一种虚拟动态模量试验方法，通过建立沥青混合料试件的细观结构有限元模型，并施加正弦波荷载，计算沥青混合料的黏弹性响应以及动态模量值。

1. Sketch(草图)模块

在 Abaqus/CAE 环境下，依次点击顶部菜单栏[File]→[Import]→[Sketch...]按钮，弹出 Import Sketch 对话框，找到 aggregate.sat 文件，选择[OK]按钮。点击环境栏中 Sketch 下拉框，选择 aggregate 可以看到导入的集料颗粒草图如图 13.3 所示，点击提示区[Done]按钮。

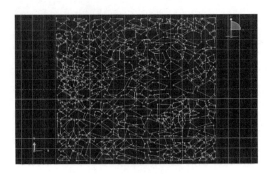

图 13.3　导入集料颗粒草图

提示：沥青混合料的集料颗粒草图可以通过两种方法获取：一种是通过 CT 扫描得到沥青混合料内部集料的分布，再通过图像处理方法提取集料颗粒边界，并转化为 sat 文件导入；另一种是通过数学算法随机生成集料颗粒的几何参数，再通过投放算法生成一定空间内的集料分布。本节中采用 CT 扫描与图像处理方法获取集料分布的 sat 文件，主要在于可以与试验结果进行对比，验证有限元建模方法的有效性和准确性。关于导入文件格式，Abaqus 支持 dxf 和 sat 两种格式的导入，但 Abaqus 帮助文档中指出（如图 13.4），dxf 格式的多边形实体（Spline and polyline）只能被转化为节点（Points），而 sat 格式的多边形实体（Spline and polyline）才能在草图中被转化为多边形（Spline）。

AutoCAD entity	Sketcher entity		ACIS entity	Sketcher entity
Line	Line		Line	Line
Circle	Circle		Circle	Circle
Arc	Arc	dxf　　sat	Arc	Arc
Vertex	Point		Vertex	Point
			Ellipse	Ellipse
Spline and polyline	Points		Spline and polyline	Spline

图 13.4　Abaqus 导入草图格式要求

2. Part（部件）模块

（1）创建沥青混合料部件

在 Abaqus/CAE 环境下，点击左侧工具区 ⌷（Create Part）按钮，弹出 Create Part 对话框，在 Name 后输入 DM-sample，将 Modeling Space 设为 2D Planar，Type 设为 Deformable，Base Feature 设为 Shell，在 Approximate size 后输入 200，点击［Continue…］按钮，Abaqus 自动进入草图（Sketcher）环境。

点击左侧工具区 ⌇（Create lines：Rectangle）按钮，在提示区输入（-50,-50）（实际输入时不需要括号，下同），按 Enter 键确认；再在提示区输入（50,50），按 Enter 键确认。按 Esc 键，再点击提示区［Done］按钮，Abaqus 自动退出草图环境。

提示：通常沥青混合料动态模量试件采用直径 10 cm、高度 15 cm 的圆柱形试件，但受限于 CT 扫描仪的尺寸限制，本次成型的试件为直径 10 cm、高度 10 cm 的圆柱形试件。横断面为 10 cm×10 cm 的正方形。

用鼠标左键点击左侧工具区 按钮，Abaqus 自动进入草图（Sketcher）环境。

用鼠标左键点击左侧工具区 按钮，在弹出的小窗口中选择 aggregate，并点击[OK]按钮。此时会发现导入的草图比刚创建的部件大，坐标位置也不正确，这是因为 sat 中尺寸信息是根据图像像素决定的，因此草图尺寸偏大，可通过操作进行匹配。

用鼠标左键点击提示区[Scale]按钮，点击选择草图左上角的节点，在提示区对话框中输入 0.08929，按 Enter 键确认。用鼠标左键点击提示区[Translate]按钮，点击选择草图左上角的节点，在提示区对话框中输入(−50,52.5)，按 Enter 键确认。点击上方工具栏中 按钮，可使图形居中显示，可以看出草图竖向长度要大于 10 cm，这是因为 CT 扫描过程中采用的试件高度略大，在动态模量试验前对上下面进行了切割整平，因此在建模过程中也切除上下边界约 0.5 cm 的部分。点击提示区[Done]按钮，再次点击提示区[Done]按钮，完成试件表面的剖分（图 13.5）。

图 13.5 沥青混合料试件剖分结果

（2）创建压头部件

在 Abaqus/CAE 环境下，点击左侧工具区 (Create Part)按钮，弹出 Create Part 对话框，在 Name 后输入 indenter，将 Modeling Space 设为 2D Planar，将 Type 设为 Discrete rigid，在 Approximate size 后输入 200，点击[Continue...]按钮，Abaqus 自动进入草图（Sketcher）环境。

点击左侧工具区 (Create lines：Connected)按钮，在提示区输入(−50,50)，按 Enter 键确认；再在提示区输入(55,50)，按 Enter 键确认。按 Esc 键，再点击提示区[Done]按钮，Abaqus 自动退出草图环境。依次点击菜单栏中[Tools]→[Reference Point...]，在提示区输入(0,50)，按 Enter 键确认，此时视图区显示"×RP"标记。

点击窗口顶部工具栏上的 (Save Model Database)按钮，键入所需的文件名（如 13_dynamic_modulus_test），点击[OK]按钮，Abaqus/CAE 会自动加上". cae"后缀。

3. Property(特性)模块

在 Abaqus/CAE 窗口顶部环境栏 Module 后的下拉框中选择 Property(属性)模块。

点击左侧工具区 (Create Material)按钮，弹出 Edit Material 对话框，在 Name 后输入 asphalt mortar。依次点击[Mechanical]→[Elasticity]→[Elastic]，在 Moduli time scale(for viscoelasticty)的下拉菜单中选择 Instantaneous。在下方 Data 表格中，将 Young's modulus 设为 40 166.8，Poisson's Ratio 设为 0.35。再依次点击[Mechanical]→[Elasticity]→[Viscoelastic]，在 Domian 的下拉菜单中选择 Time，在 Time 的下拉菜单中选择 Prony，在下方列表中填入以下参数。其中 g_i_Prony 和 k_i_Prony 两列数据相同，为表 13.4 中"g_i 或 k_i"列数据；tau_i_Prony 列数据为表 13.4 中"tau_i"列数据。建议可以将表中数据在 Excel 中编辑为三列，复制粘贴入 Abaqus 中。检查参数是否输入完整，应为 70 行，如图 13.6 所示。确定参数无误后，点击[OK]按钮，完成沥青砂浆材料属性的创建。

表 13.4 黏弹性本构模型 Prony 级数输入参数

g_i 或 k_i	tau_i	g_i 或 k_i	tau_i	g_i 或 k_i	tau_i
0.000 14	1.00E−20	0.01 567	2.65E−10	0.014 468	7.016 736
0.000 178	2.72E−20	0.018 539	7.20E−10	0.011 118	19.073 47
0.000 218	7.39E−20	0.021 781	1.96E−09	0.008 135	51.847 06
0.000 266	2.01E−19	0.02 538	5.32E−09	0.005 669	140.934 9
0.000 325	5.46E−19	0.029 289	1.45E−08	0.003 783	383.100 8
0.000 397	1.48E−18	0.033 418	3.93E−08	0.002 435	1 041.376
0.000 486	4.03E−18	0.037 632	1.07E−07	0.001 522	2 830.753
0.000 593	1.10E−17	0.041 747	2.90E−07	0.000 925	7 694.785
0.000 725	2.98E−17	0.045 543	7.90E−07	0.000 542	20 916.59
0.000 885	8.10E−17	0.048 776	2.15E−06	0.000 298	56 857.2
0.001 081	2.20E−16	0.051 211	5.83E−06	0.000 146	154 553.9
0.001 319	5.99E−16	0.052 662	1.59E−05	5.95E−05	420 121
0.001 609	1.63E−15	0.053 015	4.31E−05	1.95E−05	1 142 007
0.001 961	4.42E−15	0.052 258	0.000 117	5.39E−06	3 104 298
0.00 239	1.20E−14	0.050 479	0.000 319	1.34E−06	8 438 357
0.002 909	3.27E−14	0.047 845	0.000 866	3.19E−07	22 937 832
0.003 537	8.89E−14	0.044 573	0.002 354	7.41E−08	62 351 491
0.004 296	2.42E−13	0.040 892	0.006 398	1.71E−08	1.69E+08
0.00 521	6.57E−13	0.037 007	0.017 393	3.91E−09	4.61E+08
0.006 307	1.78E−12	0.033 073	0.047 278	8.94E−10	1.25E+09
0.007 617	4.85E−12	0.029 189	0.128 516	2.04E−10	3.4E+09
0.009 174	1.32E−11	0.02 539	0.349 343	4.67E−11	9.25E+09
0.011 014	3.58E−11	0.021 672	0.949 612		
0.013 169	9.74E−11	0.018 021	2.581 313		

图 13.6 Prony 级数参数输入

提示：该处输入的 Prony 级数参数 tau_i 为松弛时间；g_i 和 k_i 分别对应剪切松弛模量 G 和体积松弛模量 K，在泊松比恒定的情况下，可以通过松弛模量和泊松比计算得到：

$$G=\frac{E}{2(1+\mu)} \tag{13-28}$$

$$K=\frac{E}{3(1-2\mu)} \tag{13-29}$$

但需要特别注意的是，此处输入的 g_i 和 k_i 数值，并不是剪切松弛模量和体积松弛模量，而是它们与瞬时模量的比值，具体计算方法如下。

13.1 节中介绍了 Prony 级数表示的广义 Maxwell 模型松弛模量，其数学表达式如下：

$$E(T) = E_\infty + \sum_{i=1}^{n} E_i \mathrm{e}^{-t/\tau_i} \tag{13-30}$$

当时间 t=0 时，$E(t) = E_\infty + \sum_{i=1}^{n} E_i = E_g$，即为表 13.2 中的 E_g，也是[Elastic]中填写的 Young's modulus，其代表瞬时模量(Instantaneous modulus)；这也是在 Moduli time scale(for viscoelasticty)的下拉菜单中选择 Instantaneous 的原因，读者也可以思考如果在下拉菜单中选择 Long-term，需要对应填写上式中的哪个参数？将式(13-30)中的 E_i 通过式(13-28)和(13-29)转化为剪切松弛模量 G_i 和体积松弛模量 K_i，将 E_g 转化为 G_g 和 K_g，则 G_i/G_g 和 K_i/K_g 即为需要输入的 g_i_Prony 和 k_i_Prony，因此也可以看出，g_i_Prony 和 k_i_Prony 每一列的数值之和应该小于等于 1，如果输入参数大于 1，则 Abaqus 会报错提示。同时也可以看出，当采用恒定泊松比时，g_i_Prony 和 k_i_Prony 两列数值是完全相同的。

接下来创建集料的材料属性,再次点击左侧工具区 (Create Material)按钮,弹出 Edit Material 对话框,在 Name 后输入 aggregate。依次点击[Mechanical]→[Elasticity]→[Elastic]。在下方 Data 表格中,将 Young's modulus 设为 50 000,Poisson's Ratio 设为 0.25,点击[OK]按钮。

点击左侧工具区 (Create Section)按钮,弹出 Create Section 对话框,点击[Continue...]按钮,弹出 Edit Section 对话框。在 Material 后的下拉框中选择 aggregate,点击[OK]按钮,完成截面 Section-1 的创建。按照同样的步骤,完成沥青砂浆材料截面 Section-2 的创建。

点击环境栏 Part 后的下拉框,选择 DM-sample,此时视图区将显示沥青砂浆。

点击左侧工具区 (Assign Section)按钮,在视图区中(用鼠标左键)点击砂浆区域的任意一点选中砂浆部分,如图 13.7 所示,点击提示区[Done]按钮,弹出 Edit Section Assignment 对话框。在 Section 后的下拉框中选择 Section-2,点击[OK]按钮,完成 asphalt mortar 材料界面属性的指派。

图 13.7　选中混合料中的砂浆部分

再次(用鼠标左键)点击砂浆区域的任意一点选中砂浆部分,点击工具栏 Display Group 中的 (Remove Selected)按钮,隐藏砂浆部分,仅显示集料颗粒,划选全部集料颗粒,点击提示区[Done]按钮,弹出 Edit Section Assignment 对话框。在 Section 后的下拉框中选择 Section-1,点击[OK]按钮,完成 aggregate 材料界面属性的指派。点击工具栏 Display Group 中的 (Replace All)按钮,还原全部视图区域。

4. Assembly(装配)模块

在 Abaqus/CAE 窗口顶部环境栏 Module 后的下拉框中选择 Assembly(装配)模块,以创建装配件。

点击左侧工具区 (Instance Part)按钮,弹出 Create Instance 对话框,将 Instance Type 设为 Independent(mesh on instance),按下 Ctrl 键的同时(用鼠标左键)分别点击 DM-sample 和 indenter,即同时选中两个部件,点击[OK]按钮,以完成部件的实例化。

5. Step(分析步)模块

在 Abaqus/CAE 窗口顶部环境栏 Module 后的下拉框中选择 Step(分析步)模块,以设置分析步。

点击左侧工具区 ↤(Create Step)按钮,弹出 Create Step 对话框,将 Procedure type 设为 Visco(图 13.8),点击[Continue...]按钮;弹出 Edit Step 对话框,在 Time period 后输入 1,在 Nlgeom 后选择 On。选择 Incrementation 选项卡,在 Maximum number of increments 后输入 2 000,在下一行 Increment size 的三个文本框中分别输入 0.001、1E-005、0.001,在 Creep/swelling/viscoelastic strain error tolerance 中输入 0.005,点击[OK]按钮。

(a) Create Step 对话框　　　　　　　　(b) Edit Step 对话框

图 13.8　分析步设置

提示: 动态模量试验会开展多个频率下的加载,本次算例计算 10 Hz,即一个加载周期为 0.1 s 的加载条件,共计算 10 个周期,分析步总时长为 1 s。室内动态模量试验的数据采样频率为每个周期 50 个数据点,本模拟中采用每个周期 100 个数据点的采样频率,因此 Increment size 中设置初始步长(Initial)和最大步长(Maximum)均为 0.001 s,即一个周期的 1/100。

6. Interaction(相互作用)模块

点击左侧工具区 ⬚(Create Interaction Property)按钮,弹出 Create Interaction 对话框,将 Type 设为 Contact,点击[Continue...]按钮,弹出 Edit Contact Property 对话框,依次点击[Mechanical]→[Tangential Behavior],保持默认设置即可。再依次点击[Mechanical]→[Normal Behavior],保持默认设置即可,点击[OK]按钮。

点击工具栏 Display Group 中的 ⬚(Create Display Group)按钮,弹出 Create Display Group 对话框,在 Item 中选择 Part instances,在右侧选择 DM-sample-1,点击下方 ⬚(Replace)按钮,按 Esc 键。依次点击[Tools]→[Surface]→[Create...],弹出 Create Surface 对话框,在 Name 后输入 load_area,点击[Continue...]按钮,在视图区依次点选顶部的各条边,如图 13.9 所示,点击提示栏[Done]按钮。

同理,点击工具栏 Display Group 中的 ⬚(Create Display Group)按钮,弹出 Create Display Group 对话框,在 Item 中选择 Part instances,在右侧选择 indenter-1,点击下方 ⬚(Replace)按钮,按 Esc 键。依次点击[Tools]→[Surface]→[Create...],弹出 Create Surface 对话框,在 Name 后输入 indenter,点击[Continue...]按钮,在视图区选择 indenter 实例,点击提示区[Done]按钮,这时视图区 indenter 实例中部会出现两个三角形标识,如图13.10 所示,在提示区点击下面那个三角形对应颜色的按钮,通常应为[Yellow],点击提示栏[Done]按钮。

点击工具栏 Display Group 中的 ●(Replace All)按钮,还原全部视图区域。

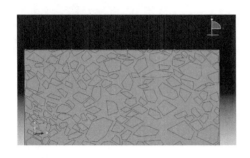
图 13.9 创建 Surface:load_area

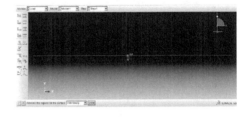
图 13.10 创建 Surface:indenter

点击左侧工具区 🗔(Create Interaction)按钮,弹出 Create Interaction 对话框,将 Type 设为 Surface-to-surface contact(Standard),点击[Continue...]按钮;点击提示区[Surfaces...]按钮,弹出 Region Selection 对话框,选择 indenter,点击[Continue...]按钮;点击提示区[Surface]按钮,在 Region Selection 对话框中选择 load_area,点击[Continue...]按钮;弹出 Edit Interaction 对话框,保持默认参数不变,点击[OK]按钮。

7. Load(载荷)模块

在 Abaqus/CAE 窗口顶部环境栏 Module 后的下拉框中选择 Load(载荷)模块。

(1) 加载

依次点击[Tools]→[Amplitude]→[Create...],在 Name 后输入 load,点击[Continue...]按钮,弹出 Edit Amplitude 对话框,在对话框内输入时间间隔 0.002 s 的半正矢函数值,如图 13.11,点击[OK]按钮。

提示:半正矢函数计算公式如下:

$$Amplitude = \frac{1}{2} \times [1-\cos(2\pi f \cdot \text{Step time})] \quad (13-31)$$

式中,f 为加载频率,本算例中为 10;Step time 为分析步时间,以 0.002 s 为间隔,即左侧一列为 0、0.002、0.004、…,右侧一列为代入式(13-31)计算得到的结果。建议可以在 Excel 中计算,复制粘贴 Abaqus 中。

点击左侧工具区 🗔(Create Load)按钮,弹出 Create Load 对话框,点击[Continue...]按钮;点选 indenter 部件上的 RP(参考点),弹出 Edit Load 对话框,在 CF2 后输入-30,在 Amplitude 的下拉菜单中选择 load,点击[OK]按钮。

点击工具区 🗔(Create Load)按钮,在弹出的 Create Load 对话框中将 Step 设为 Step-1,将 Types for Selected Step 设为 Concentrated force,点击[Continue...]按钮,点击视图

区 indenter 上的 RP 参考点,点击提示区[Done]按钮,弹出 Edit Load 对话框,将 CF1 设为 0,CF2 设为-30,Amplitude 设为 load,点击[OK]按钮,完成荷载的施加。

(2) 创建边界条件

依次点击[Tools]→[Set]→[Create...],弹出 Create Set 对话框,在 Name 后输入 bottom,点击[Continue...]按钮,在视图区依次点选底部的各条边,如图 13.12 所示,点击提示栏[Done]按钮。

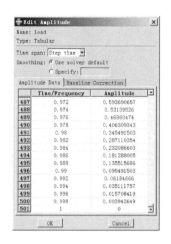
图 13.11 加载幅值(Amplitude)设置

图 13.12 创建 Set:bottom

点击左侧工具区 ▨(Create Boundary Condition)按钮,弹出 Create Boundary Condition 对话框,在 Name 后输入 bottom bc,将 Types for Selected Step 设为 Displacement/Rotation,点击[Continue...]按钮;点击提示区右侧[Sets]按钮,弹出 Region Selection 对话框,选择 bottom,点击[Continue...]按钮,弹出 Edit Boundary Condition 对话框,选中 U2 前的复选框,点击[OK]按钮。

点击左侧工具区 ▨(Create Boundary Condition)按钮,弹出 Create Boundary Condition 对话框,在 Name 后输入 corner,将 Types for Selected Step 设为 Displacement/Rotation,点击[Continue...]按钮;在视图区内点选最左下角的节点,点击[Done]按钮,弹出 Edit Boundary Condition 对话框,选中 U1、U2 前的复选框,点击[OK]按钮。

点击左侧工具区 ▨(Create Boundary Condition)按钮,弹出 Create Boundary Condition 对话框,在 Name 后输入 RP,将 Types for Selected Step 设为 Displacement/Rotation,点击[Continue...]按钮;在视图区内点选 indenter 的 RP(参考点),点击[Done]按钮,弹出 Edit Boundary Condition 对话框,选中 U1、UR3 前的复选框,点击[OK]按钮。

8. Mesh(网格)模块

在 Abaqus/CAE 窗口顶部环境栏 Module 后的下拉框中选择 Mesh(网格)模块。

(1) DM-sample 实例的网格划分

点击工具栏 Display Group 中的 ▨(Create Display Group)按钮,弹出 Create Display Group 对话框,在 Item 中选择 Part instances,在右侧选择 DM-sample-1,点击下方 ▨(Replace)按钮,按 Esc 键。这时视图区仅显示 dm-sample 实例。

点击左侧工具区■(Seed Part Instance)按钮,在视图区中选中整个模型,点击提示区[Done]按钮,弹出 Global Seeds 对话框。在 Approximate Global Size 后输入 1,点击[OK]按钮。

点击左侧工具区■(Assign Mesh Controls)按钮,在视图区中选中整个模型,点击提示区[Done]按钮,弹出 Mesh Controls 对话框。在 Element Shape 中选择 Tri,在 Technique 中选择 Free,点击[OK]按钮。

点击左侧工具区■(Assign Element Type)按钮,在视图区中选中整个模型,点击提示区[Done]按钮,弹出 Element Type 对话框。将 Family 设为 Plane Stress,此时对话框中显示单元为 CPS3(三结点平面应力三角形单元),点击[OK]按钮,完成单元的定义。

点击左侧工具区■(Mesh Part)按钮,在视图区中选中整个模型,点击提示区[Done]按钮。

(2)indenter 实例的网格划分

点击工具栏 Display Group 中的■(Create Display Group)按钮,弹出 Create Display Group 对话框,在 Item 中选择 Part instances,在右侧选择 indenter-1,点击下方■(Replace)按钮,按 Esc 键。这时视图区仅显示 dm-sample 实例。

点击左侧工具区■(Seed Part Instance)按钮,在视图区中选中整个模型,点击提示区[Done]按钮,弹出 Global Seeds 对话框。在 Approximate Global Size 后输入 1,点击[OK]按钮。

点击左侧工具区■(Assign Element Type)按钮,在视图区中选中整个模型,点击提示区[Done]按钮,弹出 Element Type 对话框。保持默认参数不变,此时对话框中显示单元为 R2D2[二结点二维线性刚性连接(用于平面应变或平面应力)],点击[OK]按钮,完成单元的定义。

点击左侧工具区■(Mesh Part)按钮,在视图区中选中整个模型,点击提示区[Done]按钮。

点击工具栏 Display Group 中的■(Replace All)按钮,还原全部视图区域。

划分完成的模型网格如图 13.13 所示。

9. Job(作业)模块

在 Abaqus/CAE 窗口顶部环境栏 Module 后的下拉框中选择 Job(作业)模块,以修改并提交作业。

点击左侧工具区■(Job Manager)按钮,弹出 Job Manager 对话框。点击[Create...]按钮,弹出 Create Job 对话框,在 Name 后输入 DM-test,点击[Continue...]按钮;弹出 Edit Job 对话框,点击

图 13.13　模型网格划分结果

[OK]按钮;点击 Job Manager 对话框右上角的[Wreite Input]按钮,Abaqus/CAE 将在当前工作目录(默认为 C:\Temp)生成名为 DM-test.inp 的文件。

提示:此处可根据电脑硬件配置情况,在 Edit Job 对话框中,点击 Parallelization 选项

卡,勾选 Use multiple processors,并填入你希望参与计算的 CPU 数量,CPU 数量增加会加快计算速度,但会降低其他程序运行的效率。

点击 Job Manager 对话框右上角的[Submit]按钮,Abaqus/CAE 将开始计算。

10. 后处理

当 Job Manager 对话框中 Status 栏显示当前 Job 状态为 Completed 时,点击[Results]按钮打开结果文件并进入 Visualization 模块。

在工具栏 Field Output 中依次选择[Primary]→[U]→[U2],点击左侧工具区 (Plot Contours on Deformed Shape)按钮,可以看到模型中的竖向位移云图如图 13.14 所示。

在左侧模型树中,(用鼠标左键)双击 XY Data,选择 ODB field output,点击[Continue...]按钮,弹出 XY Data from ODB field output 对话框,在 Position 后选择 Unique Nodal,选中 U:Spatial displacement 中的 U2;选择 Elements/Nodes 选项卡,点击[Edit Selection]按钮,在视图区选中 indenter 部件的 RP(参考点),点击提示区[Done]按钮,点击 XY Data from ODB field output 对话框中的[Save]按钮,按 Esc 键。

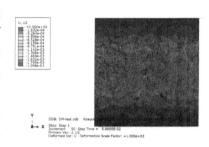

图 13.14 竖向位移 U2 云图

在左侧模型树中,点击 XY Data 左侧加号,右键单击下方出现的条目"U:U2…",点击右键菜单中的[Edit...]按钮,弹出 Edit XY Data 对话框,其中即为沥青混合料试件的竖向位移随时间的变化曲线,结合 Load 模块中输入的半正矢荷载曲线,即可通过动态模量试验规程(JTG E20－2011 T0738)中的方法计算动态模量值为:$|E^*|=(30/0.1)/(0.0010771975/0.1)=27\,850$ MPa。

13.3 本章小结

本章首先介绍了与沥青混合料黏弹性本构模型及参数标定有关的基本理论和计算方法,然后采用有限元方法进行了虚拟动态模量试验的模拟计算:

(1) 进行虚拟动态模量试验模拟,需要先通过室内试验获取沥青砂浆和集料的本构模型参数,即分别为广义 Maxwell 的 Prony 级数参数和弹性模量。

(2) 广义 Maxwell 的 Prony 级数参数在输入到 Abaqus 时采用剪切松弛模量和体积松弛模量的形式,且输入的是比值而不是直接输入参数值,并且 Viscoelastic 需配合 Elastic 同时使用,以便输入瞬时模量。

(3) 模型建立了由离散刚体构成的压头,用以模拟真实的动态模量试验加载条件。

(4) 荷载输入以应力控制形式,因此计算结果中提取竖向位移 U2 数值用以计算动态模量。

参 考 文 献

[1] 王勖成,邵敏. 有限单元法基本原理和数值方法[M]. 2版. 北京:清华大学出版社,1997.
[2] 朱伯芳. 有限单元法原理与应用[M]. 3版. 北京:中国水利水电出版社,2000.
[3] 庄茁. ABAQUS有限元软件6.4版入门指南[M]. 北京:清华大学出版社,2004.
[4] 庄茁. ABAQUS非线性有限元分析与实例[M]. 北京:科学出版社,2005.
[5] 石亦平,周玉蓉. ABAQUS有限元分析实例详解[M]. 北京:机械工业出版社,2006.
[6] Dassault Systèmes. Abaqus/CAE User's Manual[Z], 2011.
[7] Dassault Systèmes. Abaqus Analysis User's Manual[Z], 2011.
[8] Dassault Systèmes. Abaqus User Subroutines Reference Manual[Z], 2011.
[9] Dassault Systèmes. Abaqus Keywords Reference Manual[Z], 2011.
[10] 沈成康. 断裂力学[M]. 上海:同济大学出版社,1996.
[11] 王宏畅. 半刚性基层沥青路面两阶段设计方法研究[D]. 南京:东南大学,2005.
[12] 龙晓鸿,张澄,张青军,等. 含多裂纹沥青路面的动力响应分析[J]. 岩土力学,2011,32(S2):250-255.
[13] 杜军虎,韩丁. 沥青混合料有限元断裂分析的网格特性[J]. 合肥工业大学学报(自然科学版),2012,35(7):942-946.
[14] Aure T W, Ioannides A M. Numerical analysis of fracture process in pavement slabs[J]. Canadian Journal of Civil Engineering, 2012, 39(5):506-514.
[15] Wang H N, Zhang C, Yang L, et al. Study on the rubber-modified asphalt mixtures' cracking propagation using the extended finite element method[J]. Construction and Building Materials, 2013, 47:223-230.
[16] Zhong Z P, Wan S, Jiang Z W. Numerical analysis of crack propagation path using an advanced element cracking method[J]. Strength of Materials, 2014, 46(2):241-249.
[17] Ayatollahi M R, Pirmohammad S, Sedighiani K. Three-dimensional finite element modeling of a transverse top-down crack in asphalt concrete[J]. Computers and Concrete, 2014, 13(4):569-585.
[18] Park H J, Eslaminia M, Kim Y R. Mechanistic evaluation of cracking in in-service asphalt pavements[J]. Materials and Structures, 2014, 47(8):1339-1358.
[19] 李辉. 沥青路面车辙形成规律与温度场关系研究[D]. 南京:东南大学,2007.
[20] 李辉,黄晓明,张久鹏,等. 基于连续变温的沥青路面车辙模拟分析[J]. 东南大学学报(自然科学版),2007,37(5):915-920.

[21] 付凯敏. 沥青路面结构车辙模拟及抗车辙性能研究[D]. 南京:东南大学,2008.
[22] 张久鹏. 基于黏弹性损伤理论的沥青路面车辙研究[D]. 南京:东南大学,2008.
[23] Chazallon C, Koval G, Hornych P, et al. Modelling of rutting of two flexible pavements with the shakedown theory and the finite element method[J]. Computers and Geotechnics, 2009, 36(5): 798-809.
[24] Abu Al-Rub R K, Darabi M K, Huang C W, et al. Comparing finite element and constitutive modelling techniques for predicting rutting of asphalt pavements[J]. International Journal of Pavement Engineering, 2012, 13(4): 322-338.
[25] 赵维炳,施建勇. 软土固结和流变[M]. 南京:河海大学出版社,1996.
[26] Indraratna B, Redana I W. Plane-strain modeling of smear effects associated with vertical drains[J]. Journal of Geotechnical and Geoenvironmental Engineering, 1997, 123(5): 474-478.
[27] 李玲玲. 砂井地基平面问题的变形计算和有限元分析[D]. 杭州:浙江大学,2002.
[28] 王金昌,陈页开. ABAQUS在土木工程中的应用[M]. 杭州:浙江大学出版社,2006.
[29] 杨庆刚. 软土地基高速公路路面结构组合研究[D]. 南京:东南大学,2007.
[30] 程培峰,慕万奎,姜海洋,等. 土工格栅加固浅层软土地基的有限元分析[J]. 中国公路学报,2008,21(2):6-11.
[31] 吴莎,王晓东. 土工格栅加固斜坡路堤的数值模拟[J]. 土工基础,2013,27(6):38-40.
[32] Ma J L, Aziz H Y, Su C H, et al. Settlement prediction and behaviour of pile foundations in deep clayey soil deposits[J]. Journal of Central South University, 2014, 21(4): 1554-1564.
[33] 张兴强,闫澍旺,赵成刚. 台背填土受交通荷载反复作用和桥台影响分析[J]. 公路,2002,47(5):31-35.
[34] 刘萌成. 桥台后回填差异沉降控制标准及设计方法研究[D]. 南京:东南大学交通学院,2005.
[35] 沈正. 桥台回填轻质固化粉煤灰应用技术研究[D]. 南京:东南大学,2007.
[36] Griffiths D V, Lane P A. Slope stability analysis by finite elements[J]. Géotechniques, 1999, 49(3): 387-403.
[37] Dawson E M, Roth W H. Drescher A. Slope stability analysis by strength reduction[J]. Géotechnique, 1999, 49(6): 835-840.
[38] 郭院成,陈涛,钱辉. 基于强度折减的边坡动力安全系数确定方法研究[J]. 土木工程学报,2012,45(S2):117-120.
[39] Lin H, Xiong W, Cao, P. Stability of soil nailed slope using strength reduction method[J]. European Journal of Environmental and Civil Engineering, 2013, 17(9): 872-885.
[40] 孙军,李贵勇. 基于有限元动力强度折减的边坡稳定性分析[J]. 公路,2013,58(12):61-63.

[41] Mukhlisin M, Baidillah M R, Ibrahim A, et al. Effect of soil hydraulic properties model on slope stability analysis based on strength reduction method[J]. Journal of the Geological Society of India, 2014, 83(5):586-594.

[42] 胡伟. 有限元法在分析混凝土路面传力杆传荷能力中的应用[J]. 西部探矿工程, 2005, 17(5): 142-144.

[43] Prabhu M, Varma A, Buch N. Analytical investigation of the effects of dowel misalignment on concrete pavement joint opening behaviour[J]. International Journal of Pavement Engineering, 2009, 10(1):49-62.

[44] 陈小兵. 基于裂缝形成规律的连续配筋混凝土路面结构设计方法研究[D]. 南京:东南大学, 2013.

[45] 罗勇, 袁捷. 三维有限元法对水泥混凝土道面接缝传荷作用的模拟方法研究[J]. 公路交通科技, 2013, 30(3): 32-38.

[46] Kwan A K H, Ng P L Modelling dowel action of discrete reinforcing bars for finite element analysis of concrete structures[J]. Computers and Concrete, 2013, 12(1): 19-36.

[47] Al-Humeidawi B H, Mandal P. Evaluation of performance and design of GFRP dowels in jointed plain concrete pavement part 2: numerical simulation and design considerations[J]. International Journal of Pavement Engineering, 2014, 15(8): 752-765.

[48] Dai L M. An experimental and numerical study of tire/pavement noise on porous and nonporous pavements[J]. Journal of Environmental Informatics, 2008, 11(2): 62-73.

[49] 常亮. 基于胎/路纹理耦合的轮胎振动发声研究[D]. 武汉:武汉理工大学, 2010.

[50] 程冬冬. 子午线轮胎三维精细网格有限元分析[D]. 上海:东华大学, 2014.

[51] 王丽雪, 李子然, 夏源明. 轮胎泵浦噪声的数值模拟[J]. 中国科学技术大学学报, 2014, 44(6): 483-487.

[52] 杨玉芳. 水泥路面典型纹理与路面噪声关系研究[D]. 南京:东南大学, 2014.

[53] 童巨声. 柔性基层路面车辙与疲劳预估研究[D]. 南京:东南大学, 2019.

[54] 顾临皓. 基于粘弹性损伤及断裂力学的沥青混合料路用性能细观仿真研究[D]. 南京:东南大学, 2019.